책을 읽으며 일제치하의 고단한 삶과 억압에 저항했던 여러 '운동'과
그 운동가들을 떠올린다. 그리고 그 시대에도 열도가 높던
'노동' '민족' '여성' 사이의 충돌과 길항에 대해서도 생각한다. 거기엔
치명적인 분열과, 해결할 수 없는 '시대의 한계'도 있었다.
그러다 문득 다른 생각이 들어 생각의 방향을 바꾸었다.
'근대'가 시작된 이래, 여성이 노동의 주체이지 않았던 적도, 이중 삼중의 굴레를
뒤집어쓴 '민족'이지 않았던 적도 없었던 것이다.
방직공장에서든, 일본인 가정의 식모로든, 미쓰코시 백화점 판매원이든,
또 늘 '봉건'에 귀속된 것으로 간주되는 '구여성'이든,
그들의 모든 일과 돌봄은 식민지 자본주의의 컨베이어벨트 속으로
가차 없이 끌려들어 갔다. '노동'과 '여성'은 어쩌다 분리된 것이 아니고,
한국 여성이 진 이중고·삼중고 안에 그대로 같이 녹아 있었다.
다만 억압과 고통이 짓누르고 '운동'이 그것을 재현하거나 대표하지 못했던 것이다.
위대한 투쟁을 감행한 강주룡이나 훗날의 김진숙은
그들 여성 노동자 중 물론 가장 견결하고 뛰어난 '송곳'이었기에,
그 얼굴과 말과 몸들에는 대표되거나 조직되지 못한 수없이 많은 이들의
일과 삶이 스며 있었던 것이겠다. 지금도 그렇겠다. 새삼스럽게,
책은 그런 깨달음을 다시 쨍하게 주었다.

천정환 성균관대 국어국문학과 교수

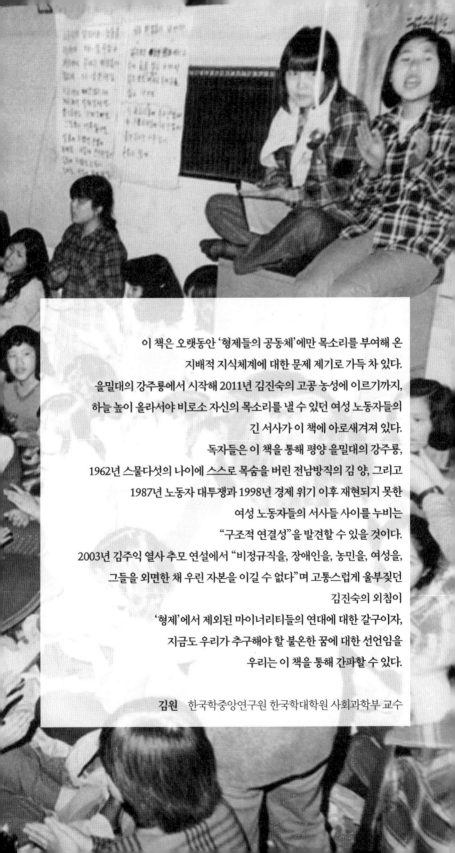

이 책은 오랫동안 '형제들의 공동체'에만 목소리를 부여해 온
지배적 지식체계에 대한 문제 제기로 가득 차 있다.
을밀대의 강주룡에서 시작해 2011년 김진숙의 고공 농성에 이르기까지,
하늘 높이 올라서야 비로소 자신의 목소리를 낼 수 있던 여성 노동자들의
긴 서사가 이 책에 아로새겨져 있다.
독자들은 이 책을 통해 평양 을밀대의 강주룡,
1962년 스물다섯의 나이에 스스로 목숨을 버린 전남방직의 김 양, 그리고
1987년 노동자 대투쟁과 1998년 경제 위기 이후 재현되지 못한
여성 노동자들의 서사들 사이를 누비는
"구조적 연결성"을 발견할 수 있을 것이다.
2003년 김주익 열사 추모 연설에서 "비정규직을, 장애인을, 농민을, 여성을,
그들을 외면한 채 우린 자본을 이길 수 없다"며 고통스럽게 울부짖던
김진숙의 외침이
'형제'에서 제외된 마이너리티들의 연대에 대한 갈구이자,
지금도 우리가 추구해야 할 불온한 꿈에 대한 선언임을
우리는 이 책을 통해 간파할 수 있다.

김원 한국학중앙연구원 한국학대학원 사회과학부 교수

체공녀 연대기 1931~2011

남화숙 지음   남관숙 옮김   후마니타스

차례

서론 *009*

일러두기

- 이 책은 2021년 코넬대학 출판부에서 출간된 *Women in the Sky*의
번역본이지만 상당 부분 한국어판에 맞춰 저자에 의해 수정되었다.

- 과거 역사적 문헌들에 등장하는 표기들은 현재의 맞춤법에 맞지 않더라도
독해에 방해가 되지 않는 한 가급적 그대로 따랐다. 하지만 한자를 한글로
전환하는 과정에서 발생하는 일부 불일치들(예: 체공滯空, 테공)은 현대적 표기
방식을 따라 일치시켰다.

- 일제강점기 시절에는 일본의 지명과 인명 등 고유명사를 모두 조선식
독음으로 읽었으며 해방 이후에도 국한문 혼용체가 사용되면서 이 같은 언어
습관은 오랫동안 이어졌다. 이 책에선 일본어 외래어표기법에 입각해 표기하는
현대적 원칙을 지키되, 조선 내 일본 기업과 언론사 등의 경우 당시 관행을 따라
표기한 곳이 있다(예: 가네가후치 방적=종연방적).

- 성차별적 표현들은 최대한 지양하고자 했으나 맥락에 따라 관행적 표현을
따른 곳들이 있다(예: 과부, 미망인, 미혼, 남녀).

- 노래 영화 온라인 매체명 등은 홑화살괄호(〈 〉)로, 논문 단편소설 등은
홑낫쇠(「 」)로, 단행본은 겹낫표(『 』)로 표기했다.

- 직접 인용문 안의 대괄호(〔 〕)는 저자 남화숙의 첨언이다.

- 외국어 고유명사의 표기는 국립국어원 외래어표기법을 따랐으나 굳어진
표현은 그대로 사용한 경우도 있다.

서론

"체공녀 돌현!" 1931년 5월 30일, 식민지 조선의 일간지 『동아일보』는 평양에서 발발한 고무 노동자 파업을 보도하며 이런 자극적인 제목을 달았다. 다음날 신문에는 유서 깊은 평양의 을밀대 지붕 위에 한 여성 고무 노동자가 올라앉은 사진이 큼직하게 실렸다(이 책 29쪽 <그림 1> 참조). 지금 우리는 이 흑백 사진에서 여성의 얼굴을 어렴풋이밖에 볼 수 없지만, 팔짱을 끼고 을밀대 기와지붕 한쪽 끝에 쭈그려 앉은 자세에서 결연한 의지를 읽을 수 있다. 쪽을 진 것으로 보이는 전통적인 머리 모양이나 흰 저고리에 검정 치마를 한 옷차림은 당시 노동계급 여성의 일상 복장으로 사진 아래쪽에 보이는 두 남성의 옷차림과 대조된다. 뒷모습뿐이지만 밝은 색 중절모를 비스듬히 눌러쓰고 있는 남자는 부르주아층으로 보이고, 그 앞에 선 제복 모자를 쓴 남자는 현장에 파견된 경찰이나 학생으로 추정된다. 이 사진은 평양 노동계급과 중산층 세력의 맞닥뜨림, 그리고 그것을 감시하는 일제 식민당국이라는, 근대 격동기 조선의 의미심장한 역사적 장면을 포착한 셈이다.

　이 사진과 함께 실린 기사는 지붕에 올라앉은 여성의 말솜씨를 크게 칭찬했다. 기사는 을밀대 아래 모인 70명이 넘는 평양 시민을 상대로 그가 얼마나 열정적으로 공장 측의 잘못을 규탄하고 공장노동자들의 참담한 노동 실상을 알렸는지 전한다. 기자에 따르면 지붕 위의 여성은 자신이 일하는 평원고무에서 임금 삭감이 관철되면 평양 시내 고무산업 전체의 임금 삭감으로 이어질 것이며 따라서 "2000여 명 고무 직공의 생활"이 위협받을 것이라는 점을 근거로 자신들은 공장 측이 선언한 임금 삭감을 받아들일 수 없다고 명쾌하게 설명했다. 그의 "일장 연설"은 당시 현장의 군중 속에 있다가 그 연설을 들은 개신교 장로 림씨를 눈물짓게 할 만큼 감동적이었다. 평양 지식인들은 파업 노동자들의 입장을 대변하는 이 여성 노동자의 "달변"에 놀라움을 표했고 그 연설의 명료함에 감탄했다. 한 기자는 그의 연설에서 높은 수준의 계급의식을 보았다고 썼고, 한 시인은 그를 용감하고 의지가 강한 "녀투사"라고 추앙하는 수필을 썼다.[1] 이런 에피소드들은 당시 "체공녀" 강주룡

---

[1]　무호정인(오기영) 1931, 40; 김창술 1931, 51.

의 등장이 만들어 낸 파장을 짐작케 한다.

지적이고 자기 주관이 확고한 여공이 중산층 시민들을 내려다보며 달변으로 강렬한 연설을 하는 이 같은 장면은 당시나 지금이나 매우 낯설게 느껴지는 일이다. 그런 이미지는 수동적인 피해자로 그려지던 기존의 여공상과 모순되기 때문이다. 통념에 의하면, 온순한 존재로 인식되는 이들 여공이 전투적 행동에 나서게 되는 것은 그들의 순진함과 무지를 이용한 외부 세력의 조종 때문이었다. 이들이 노조의 지원이 있건 없건 억압적 노동 통제에 맞서 줄기차게 고도의 투쟁성을 보여 왔다는 사실에도 불구하고, 근현대 한국의 국가 형성 과정에서 여공에 대한 이런 식의 고정관념은 점점 더 공고해져 갔다.

1970, 80년대 여성 노동자들이 노동운동과 민주화 운동에 활발히 참여했음에도 불구하고 이런 상황은 바뀌지 않았다. 수출 주도 산업화 전략 속에서 여공의 수가 급증한 1970년대가 되면 그 이미지는 훨씬 나빠져 '공순이'라는 멸칭까지 붙게 된다. 6장에서 분석하겠지만, 1990년대부터 진행된 신자유주의화 과정은 여성의 노동자로서의 가치를 더욱더 떨어뜨리는 결과를 낳았다. 이는 노동자들이 국가 형성 과정에 동원되거나 저항을 조직하는 방식 등에서 젠더 동학이 작동한 때문이었다.

이 책은 이와 같이 20세기 한국의 근대화와 노동운동의 발전 과정에서 여성 노동자들이 담당했던 중대한 역할과 그들에 대한 역사적 서사 사이에서 끈질기게 지속돼 온 커다란 간극을 이해하려는 시도다. 여성 노동자들의 말이 기록으로 남는 건 드문 일이었지만 그들의 비가시성을 설명하는 데 연구 자료의 부족만을 탓할 수는 없다. 아카이브들은, 비록 대개의 경우 수사기관이나 언론 매체의 관점에 의해 굴절된 형태이기는 해도, 그들이 해온 일들에 대한 기록으로 넘쳐 난다. 여성 노동자들은 행동으로 말했고 파업 요구 조건이나 당시 언론에 조각조각 등장하는 발언들을 통해 생각의 흔적을 남겼다. 이를 좀 더 깊이 들여다본다면 그들의 행동이 어떤 정치·경제·사회적 조건 속에서 일어났는지 추론할 수 있고, 나아가 그것이 사회의 민주적 변화를 모색하는 변혁의 동력을 어떻게 증폭시켜 갔는지 알 수 있다. 나는 이 책에서 식민지 시기와 해방 후 한국사의 중요한 순간에 사회가 여공들을 주목했던 방식에 초점을 맞추고, 이후 이들의 이야기가 잊히게 된 조건이 무엇이었는지 설명해 보려 한다.

여공에 대한 사회적 인식의 변화를 추적하고 여성 노동자들 사이에서 나타나는 의식의 변화를 들여다보려는 이 같은 시도는 더 크게는 한국 사회 깊숙이 강고히 뿌리내리고 있는 보수성에 대한 나의 지적 관심에서 나온 것이다. 한국은 그 초현대적이고 범세계주의적인 라이프스타일의 외피 밑에 여전히 심각한 계급 차별과 젠더 차별을 감추고 있는 사회로 남아 있다. 20세기 내내 급진적 정치사회 운동들이 강력한 진보적 충동을 드러내며 활발히 활동해 왔음에도 불구하고 이와 관련한 사회적 갈등은 첨예하다.

20세기 한국 근대사에서 계급 이데올로기와 젠더 이데올로기가 어떻게 진화해 왔는지에 대한 연구는 아직 충분히 이루어지지 못했다. 전근대 시기 한국에서는 1000년 이상 지속돼 온 노비 제도와 가부장제에 뿌리박은 위계적 사회 체계가 자연적인 질서로 받아들여졌다. 그 속에서 노비의 노동을 떠올리게 하는 비농업 육체노동은 하층계급의 표식으로 멸시의 대상이었으며, 여성에 대한 남성의 우월성은 사회를 조직하는 결정적 원칙이었다. 하지만 20세기에 접어들며 제국주의 경쟁의 시기에 새로 등장한 민족주의 이데올로기는 식민지 조선의 엘리트들이 노동계급과 심지어 여성까지도 민족의 핵심 구성원으로 받아들이도록 강요했다. 오랜 마음의 습관은 쉬이 바뀌지 않았지만, 새 시대가 발산하는 엄청난 에너지 속에서 하층계급과 여성은 동등한 사회 구성원으로서의 자격을 염원할 수 있게 되었다.

물론 이 같은 근대화와 민족 만들기 과정이 단선적으로 진행된 것은 아니었다. 20세기 전반기 동안 계속된 식민 지배와 반식민 저항운동의 역사는 계급과 젠더 정치를 복잡하게 만들었고, 해방 후 냉전 구도 속에서 미국의 헤게모니 아래 진행된 남한의 민족국가 건설 과정은 계급과 젠더 관계를 둘러싼 정치적·이데올로기적·사회적 협상의 불안정성을 증폭시켰다. 이 같은 격동하는 정치 지형에서 노동자와 여성을 사회·경제적으로 어떻게 위치 지을 것인가는 20세기 내내 복잡하게 얽히고설킨 중차대한 문제였다.

이 책은 처음부터 끝까지 여공, 즉 여성 산업 노동자에 주목한다. 이들은 가사노동자, 성노동자와 더불어 역사적으로 사회의 밑바닥에서 계급 차별과 성 차별을 온몸으로 겪어 왔다. 따라서 여공과 그들의 투쟁은 20세기 한국의 민족국가 건설 과정에서 계급 차별과 성 차별의 동학이 어떻게 진화해 왔는지를 이해하는 데 중요한 실마리를 제공해 줄 수 있다.

여공에 대한 나의 지적 관심은 수십 년 전으로 거슬러 올라간다. 1980년대 후반, 여성운동과 학생운동을 경험한 연구자로서 나는 한국의 민주화 과정을 설명하는 논의들을 마주하고 부당하다는 생각을 떨쳐 낼 수 없었다. 당시는 1987년 6월 항쟁에 뒤이은 7, 8, 9월의 노동자 대투쟁을 통해 남성 노동자, 특히 중공업 노동자들이 긴 침묵을 끝내고 노동운동의 주도권을 장악한 시점이었다. 활동가들과 진보적인 학자들은 새롭게 등장한 이들의 노동조합운동을 축복하면서 이전 시기 여성이 주도했던 노동자 투쟁에 비판의 시선을 돌렸다. 1970년대 노동운동을 주도했던 여성 노동운동가들은 민주화 이후 젠더 불평등의 현실이 나아지기를 바랐지만 그들의 기대는 외면당하고 오히려 과거의 기여가 평가절하됐다. 바로 그 여성들의 노동운동이 노동자 대투쟁이 가능할 수 있었던 조건을 마련했는데도 말이다. 여성이 지배적인 산업의 여성 노동자들이 권위주의 정권 아래서 수행한 이 초창기 투쟁의 조건들은 무시한 채 이들은 1970년대 민주 노동운동의 소위 "한계"들을 무자비하게 강조했다. 이에 따르면 1970년대 운동은 (이후 전개될 남성 주도의 노동운동과 달리) 국가와 자본의 폭력에 효과적으로 맞설 물리력을 갖추지 못했으며, 정치투쟁으로 나아가지 못하고 경제투쟁에만 매몰돼 있었다. 따라서 여성 노동자들의 희생과 성취는 남성이 주도하는 진정한 노동운동의 시작이라는 역사적 사건의 일종의 전사前史로 자리매김된다.

이 불공정한 관점에 맞설 효과적인 대항 서사를 꾸릴 언어나 도움이 될 전거를 찾지 못한 나는 좌절감 속에서 식민지 시기 여성운동 연구를 접고(근우회 운동이 석사 논문의 주제였다) 한국 노동사를 공부하기로 결심했다. 나는 한국 사회운동의 젠더 관계가 어떤 경로를 거쳐 그런 결과를 낳게 되었는지 이해하고 싶었다. 그러다 운 좋게도 부산에서 당시까지 거의 알려지지 않았던 매우 중요한 노조 아카이브를 맞닥뜨리면서 — 영도의 한진중공업 노조 사무실에 오랫동안 보관돼 온 서류철들에는 1960~80년대 노조 활동을 담은 각종 회의록, 서신 등의 자료들이 빼곡했다 — 조선소 노동자들에 대한 책을 쓰게 되었다.[2] 이 박사 논문 작업에서 나는 노동, 자본, 국가, 공동체가 복잡하고 역동적인 방

[2]   Nam 2009a.

식으로 얽히는 근대화의 큰 역사적 맥락 속에서 노동자들을 이해하는 것이 아주 중요하다는 점을 배웠다. 한국의 민족국가 건설의 역사를 제대로 이야기하려면 노동을 중요한 요소로 끌어들이지 않을 수 없다는 점 역시 확인했다. 조선업의 남성 노동자에 대한 연구를 거치며 내게 젠더는 경제 발전과 노동의 저항을 이해하는 데 모두 핵심적인 분석 범주로 떠올랐다. 그 연구를 통해 나는 개발독재가 만들어 낸 특정한 국가-자본-노동의 관계가 '생계 부양자' 역할에 기초한 남성 노동자들의 주체 형성 과정에 영향을 미쳤음을 알게 되었다. 그 역할을 유지하려는 욕망이 종종 조선소 남성 노동자들을 결의에 찬 투쟁으로 나아가게 했던 것이다.

이 같은 통찰을 바탕으로 이 책에서 나는 여성 노동자들의 노동운동 실천에 초점을 두면서 식민지 시기와 해방 후를 아우르는 훨씬 긴 시간의 역사를 살펴본다. 이 책은 1920년대부터 끈질기게 인상적인 투쟁들을 이어 왔음에도 불구하고 여성 노동자들이 왜 사회적 지지와 공감대를 지속시키는 일에 성공하지 못했는가를 묻는다. 왜 여성들은 조직화된 노동운동의 변두리로 밀려났으며, 왜 여성이 수행한 노동운동의 기억들은 다른 면에서는 진보적인 활동가나 학자들의 서술에서조차 저평가되거나 무시되었을까? 이 책은 해방 직후 탈식민 시기에 국가, 기업, 남성 노동자들이 새로운 노자 관계를 구성해 간 특정한 방식들에 주목하고, 그 결과 형성된 사회경제적·정치적 조건 속에서 어떻게 여공과 그들의 투쟁에 대한 젠더화된 특정 서사들이 사회적으로 깊이 뿌리내리게 되었는지 탐구한다. 또 자신들의 투쟁이 평가절하되는 상황에서 더 나은 사회를 꿈꾸는 진보적 노력에 동참하는 일이 여성 노동자들에게 어떤 의미를 가졌는지도 묻는다.

여성 노동자들의 발걸음을 따라가는 이 여정을 통해 그들이 꿈꾸던 고고한 이상을 포착하고 공감할 수 있으며, 가능성이 열려 있던 역사의 순간을 목격하는 것이 가능하다고 나는 믿는다. 우리는 여성 노동자들이 어떻게 주체적 행위 능력agency을 개발해 왔는지, 또 어떤 식으로 사회가 규정한 젠더 규범의 경계를 넘나들며 사람들을 놀라게 했는지 알 수 있을 것이다.

내가 처음 노동사 연구에 발을 들이던 1980년대 후반 이후 한국의 노동사 연구는 크게 발전했고, 여성 노동운동에 대한 연구 역시 늘어나 그 폭과 깊이를 여기서 충분히 반영하기는 쉽지 않았다.[3] 이 책에서는 지성사와 사회운동사, 정치적으로 중요한 인물들이나 운동 조직 등에 대한 연구 성과들이 축적돼 있음에도 학계 밖에는 잘 알려져 있지 않은 상황을 고려해, 관련 문헌의 존재를 알리려 노력했다. 다만 학술 문헌의 리뷰로 글의 흐름이 끊기지 않도록 이런 부분들은 각주에 언급해 두었으니 특정 문제에 관심을 가진 독자는 이를 참고하기 바란다.

이 책은 여공 투쟁의 역사에서 핵심이 되는 몇몇 순간을 집중 조

---

[3] 식민지 시대 여성 노동자에 대한 한국 노동사 연구들은 주로 섬유 및 고무산업의 노동조건을 다루며 쟁의를 분석하면서 여성 노동자들이 보인 계급의식의 수준이나 민족주의의 강도를 가늠하는 것을 목표로 하는 경우가 많았다. 최근 연구들에서는 여성 노동자의 일터에서의 경험과 저항 행동을 통해 그들의 주체성을 평가하려는 시도가 이루어지고 있다(예를 들면 Janice Kim 2009, Yoo 2008). 그러나 여성 노동자에 대한 사회적 인식과 여성 노동자의 주체 의식에 대해 질문을 던지는 연구는 드물다. 식민지기 이후 여성 노동자와 젠더 이슈를 다룬 연구로는 Barraclough 2012, 김준 2002, 김준 2010, 김경일 2005, 김경일 2010, Seung-Kyung Kim 1997, Moon 2005, Nam 2009a, Nam 2009c, Nam 2019 등을 참조.

명하면서 다른 여공들에 비해 특히 자료상 흔적을 많이 남긴 주인공들을 통해 그 역사를 탐구하는 방식을 택했다. 식민지 시기에는 강주룡 같은 노동자들이 고무신을 생산하던 평양의 고무 신발 산업에 초점을 맞췄다(1~3장). 해방 후 역사에서는 1950년대 초반 남한에서 두 번째로 큰 도시이자 전시 수도였던 부산에서 일어난 방직공장 파업을 살펴보았고(4장), 이어 1970년대에서 1980년대 초에 걸쳐 서울과 수도권에서 활발했던 여성 주도의 민주 노동조합운동을 조명했다(5장). 마지막 6장에서는 신발 노동자들이 다시 주인공으로 등장하는데, 여기서는 나이키나 리복 같은 세계적인 해외 기업을 위해 신발을 만들던 부산의 신발 노동자들의 운명을 따라가 보았다.

이 마지막 장에는 주인공이 한 사람 더 등장하는데, 바로 용접공 김진숙이다. 내가 그를 처음 만난 것은 대한조선공사(1989년 이후 한진중공업, 2021년 이후 HJ중공업) 노동자들에 대한 박사 논문을 준비할 때였다. 그는 1980년대 이후 대한조선공사 노조의 민주화 투쟁에서 핵심 지도자 중 한 사람이었다. 한진중공업 노조는 1990년대가 되면 한국에서 가장 강하고 투쟁성이 높은 노동조합의 하나로 자리하는데, 김진숙은 그 투쟁의 중심에 있었다. 나는 2009년 논문에서 그가 1986년 해고 이후 끊임없이 한진중공업 노동자들과 함께 싸우는 과정을 살펴보았고, 여성이 큰 비중을 차지하는 비정규직 노동자의 문제를 끌어안으면서 점차 문제의식을 확장해 가는 모습에 주목한 바 있었다.[4]

2011년, 김진숙은 부산 영도의 한진중공업 조선소 크레인 위에 올라갔다. 309일에 걸쳐 35미터 크레인 위에서 고공 농성을 감행한 그

---

[4] Nam 2009c.

를 바라보면서 나는 1980년대 대학에서 식민지 역사를 공부할 때 내 눈길을 끌었던 지붕 위에 올라앉은 강주룡의 이미지를 자주 떠올렸다. 김진숙은 강주룡에 대한 막연했던 나의 관심에 불을 붙였고 나는 그 흔적을 찾기 위해 자료를 뒤지기 시작했다. 뛰어난 언변과 생각의 명료한 표현, 창의적인 전술과 동료 노동자들을 위해 희생을 서슴지 않는 점 등 김진숙과 강주룡은 여러모로 닮은 점이 많았다. 강주룡과 마찬가지로 김진숙의 말과 행동이 사람들을 당황하게 한 것은, 그가 카리스마 넘치는 지도자로서 여성 노동자에 대한 기존의 통념을 무너뜨리는 인물이었기 때문이다. 흥미롭게도 김진숙의 크레인 농성에서 을밀대 지붕 위의 강주룡을 떠올린 것은 나뿐만이 아니었다. 그의 농성 덕분에 강주룡은 긴 망각의 역사에서 깨어나 다시 회자되기 시작했다.

이 시기 강주룡이 새로 획득한 가시성은 1930년대와는 다른 정치·사회적 조건에서 구현된 것이었다. 2018년 8·15 광복절 기념식 연설을 지켜보던 나는 문재인 대통령이 강주룡의 이름을 불렀을 때 깜짝 놀랐다. 이 순간은 강주룡을 아는 노동사 연구자들 모두에게 신선한 충격으로 다가왔을 것이다. 연설에서 문 대통령은 여성 독립투사들과 그들을 발굴하고 기념할 민족국가의 책무를 강조했다. 잊힌 활동가들을 적극적으로 기념함으로써 "또 하나의 광복의 완성"을 이루자는 이 열정적인 민족주의적 호소 중에 문 대통령은 강주룡을 을밀대의 지붕에서 "여성해방, 노동해방"의 대의를 외친 열렬한 민족 "지사"로 묘사했다. 이 책의 마지막 장에서 나는 김진숙의 크레인 농성에 의해 시동이 걸린 이와 같은 기억 만들기의 경로를 검토하면서 기억과 역사 쓰기의 정치적 성격을 숙고해 볼 것이다.

각 장이 다루는 주제들을 간단히 짚어 보면 다음과 같다. 우선, 1장은 식민지기 산업화와 노동운동의 맥락에서 평양의 고무산업과 고무 노동자를 살펴보면서 강주룡과 평원고무 파업을 분석한다. 당시 파업의 핵심 쟁점이었던 여성 노동자의 적절한 임금 수준을 둘러싼 논쟁은, 평양의 부르주아 민족주의 운동의 상황과 민족주의 엘리트층의 분열과 관련돼 있었다. 2장은 강주룡과 지역 공산주의 운동의 연계를 검토한다. 강주룡과 공산주의 조직가들을 연결하는 역할을 한 것은 조영옥이라는 여성 활동가였다. 따라서 당대의 여성운동이 여성 산업 노동자와 노동문제에 대해 어떤 자세를 취했는지 알아보고, 근대 교육의 세례를 받은 '신여성'이라는 새로운 세대의 등장을 살펴본다. 이들 신여성 가운데 일부는 조영옥처럼 여공들을 조직하는 지하 활동에 참여했다. 여성 노동자 투쟁의 급증은 사회주의 활동가들만이 아니라 급진적인 작가들의 관심을 끌었고, 이들의 작품 속에도 여공 캐릭터가 등장하기 시작했다. 2장의 마지막 절에서 이들 작품 중 일부, 특히 고무 여공을 묘사하는 이야기들을 검토해 본다.

3장은 민족주의 계열의 언론이 여공 활동가에 대해 말하는 방식을 분석해 여공에 대한 사회적 인식의 변화를 살펴보고, 일부 여공 사이에서 나타난 새로운 형태의 주체 의식에 주목한다. 이어 평원고무 파업의 결과를 살펴보면서, 특히 노동자 소유 공장을 건설하는 대단히 흥미로운 실험을 집중 조명해 본다. 그리고 마지막 절에서 강주룡이 이후 어떻게 기억되었는지를 검토해 본다.

4장부터 논의의 대상은 해방 후 남한으로 옮겨 간다. 식민지기 마지막 10년은 일제가 조선을 병참 기지로 급속히 재구성함에 따라 경제와 사회의 근본적 변화가 일어나는 시기로, 노동운동은 거의 불가능한 상황이었다. 이 시기 일어난 사회적 변화와 저항, 협력의 경험은 이후 한국인의 탈식민 민족국가 건설에 지속적으로 큰 영향을 미쳤다. 한편으로는 민족주의 세력에 의해 제안되었고 다른 한편으로는 전시 식민정부가 강요했던 민족/제국을 위한 '노자협조' 이데올로기가 한 예인데, 이는 해방 후 남한에서 노동자들의 의식과 반공주의 노동운동의 방향을 형성하는 데 상당한 영향을 끼쳤다. 4장은 격동의 1950년대를 부산 조선방직(조방)에서 일어난 노동쟁의를 중심으로 살펴본다. 1951~52년에 일어난 이 역사적인 조방 쟁의는 1953년, 상당히 진보적인 노동법이 국회를 통과하는 데 일조했다. 1930년대 초 평양의 고무 파업에서와 같이 여성 노동자들은 또다시 쟁의에서 핵심 역할을 수행했고, 이는 1950년대 한국 사회에서 어느 정도 인정받은 것으로 보이지만, 조방 쟁의의 과정과 그 효과는 식민지기 고무 파업 때와는 상당히 달랐다. 해방 후의 여러 조건들은 이전과 크게 다른 국가-노동-자본의 관계를 형성했고, 그 안에서 남성 통제하의 노동조합운동이 남성 노동자들의 이해와 권리를 확립하기 위해 노력하면서 여성 노동자들의 이해는 외면받았다.

5장은 남한의 경제개발기인 1960년대부터 1980년대까지의 역사를 다룬다. 여기서는 특히 1960년대부터 시작된 남성 생계 부양자 모델과 가족 생활임금 담론의 제도화가 여공의 비가시성을 지속시킨 방식에 초점을 맞춘다. 또 여성 공장노동자들이 1970, 80년대에 풀뿌리 조직력을 키우며 현장에서 직면했던 성차별에 대해 비판적인 의식과 실천들을 개발해 간 방식들을 탐구한다. 식민지기 사회주의 운동가들과 마찬가지로 급진적 지식인과 학생들은 여성 노동자의 혁명적 가능성을 알아보았다. 그리하여 또다시 학생 출신 노동운동가들과 노동자들이 소위 '노학 연대'를 형성했고, 이런 과정이 1970년대 노동운동을 둘러싼 기억 정치를 한층 더 복잡하게 만들었다.

마지막 6장은 1987년 이후 민주화와 신자유주의화의 시기를 다루며, 노조에서나 사회에서 여공의 기여를 여전히 평가절하하고 비가시적으로 만드는 조건들을 탐색해 본다. 이를 위해 우선은 1990년대 자본의 해외 도피에 저항한 부산의 신발 노동자들을 중심으로 1987년 노동자 대투쟁을 전후로 노조 운동 내에서 젠더 정치가 어떻게 변화해 가는지를 분석한다. 21세기 신자유주의하에서도 해결되지 않고 있는 젠더 문제의 현실은 여성 용접공 김진숙의 사례에서 뚜렷이 드러난다. 노동자들이 1980, 90년대에 대대적 파업을 통해 얻어 낸 성과는 이 시기에 이르면 비용 절감과 노조 파괴를 목표로 하는 신경영전략 아래 심각하게 잠식되어 간다. 1997~98년 IMF 위기 이후 노동력의 비정규직화가 급속히 진행되고, 조직화된 대규모 중공업 정규직 남성 노동자들까지 그 영향권에 들게 되자 곳곳에서 노동쟁의가 장기간 치열하게 지속됐다. 한편 산업 노동자를 민족국가 건설의 본질적인 구성 요소로 보는 사회적 인식이 쇠퇴하면서 한국 사회에서 노동자 투쟁은 더 이상 관심을 끌지 못하게 되었다. 신자유주의 원칙 아래 경제가 재편되면서 여성 노동자들이 불안정한 일자리에 배치되는 비율은 더 높아졌지만 조직 노동운동은 계속 남성 정규직에만 초점을 맞췄다.

2000년대 초반부터 노동조합운동이 뒤늦게 비정규직 문제에 관심을 가지기 시작했지만, 경제 재편 과정에서 뚜렷이 나타난 젠더 불평등의 문제나 뿌리 깊은 노동시장 성별 분리의 역사는 고려하지 못했다. 한편 조직 노동운동의 주변부에 있는 여성 비정규직 노동자들은 저항의 주도 세력으로 대두했고, 광범한 연대 행동과 창의적인 문화적 전술, 그리고 포기를 모르는 저항 의지로 사회적 관심과 공감을 이끌어 내기 시작했다. 6장은 전국적으로 알려진 여성 노동운동가라는 아주 드문 위치에서 조직 노동운동의 젠더화된 권력관계에 대해 점차 페미니즘적 목소리를 내기 시작한 김진숙의 이야기를 중심으로 이 새로운 흐름을 따라가 본다. 그리고 책의 말미에서는 지난 100년간의 여성 노동운동사에 대해 현재 한국 사회에서 진행되고 있는 기억 작업을 평가해 볼 것이다. 근래에는 과거 민주노조 운동을 이끌었던 여공들이 자신들에 대한 그간의 평가절하에 항의하며 "그때 우리가 없었더라면?" 같은 근본적인 질문을 제기하기 시작했다.[5] 나는 1930년대 강주룡과 고무 노동자들부터 오늘날의 비정규 여성 노동자들과 김진숙까지 여러 시대 다양한 그룹의 여공 활동가들의 이야기를 쓰면서 이 통렬한 질문을 항상 떠올렸다.

만약 여성 노동자들이 더 나은 사회를 향한 싸움에 계속해서 동력을 제공했으며, 아무리 사회적으로 기억되지 않는다 해도 그들의 희생적 행동이 한국 사회의 바탕에 흐르는 민주적 박동을 증폭시켜 온 것이 맞다면, 그들의 역사적 기여를 부정하는 역사 쓰기를 우리는 어떻게 평가해야 할까? 여성 공장노동자를 비롯한 노동계급 여성에 대한 사회적 편견이 지속되면서도, 동시에 노동운동 내부의 남성 중심적 문화에 대한 비판적 목소리가 강해지고 있는 최근의 상황은 한국 사회에 대해 무엇을 말해 주고 있는가? 여공을 중심에 놓고 지난 100년의 한국사를 재조명한 이 책을 통해 젠더·계급·민족주의 정치가 어떻게 변화하며 한국 사회를 만들어 왔는지, 그리고 여성 노동자들의 목소리에 귀 기울이는 것이 왜 중요한지를 독자들이 함께 묻고 생각하게 되기를 바란다.

[5] 이 구절은 원로 노동운동가 이철순이 『가시철망 위의 넝쿨장미』(박민나 2004) 권두언에서 제기한 "그때 그대들이 없었더라면"이라는 물음에서 따왔다. 자세한 논의는 이 책 6장을 참조.

1장

식민지 평양에
체공녀가 나타났다

1931년 5월 29일 이른 아침, 을밀대 밑을 지나던 평양 시민들은 누각 지붕 위에 쪼그리고 앉아 열변을 토하는 한 여성을 발견하고 깜짝 놀랐다. 그는 지붕에 사다리를 대면 바로 뛰어내려 죽겠다고 했다. 을밀대는 평양 시내를 가로지르는 대동강의 북쪽 기슭, 경치 좋은 모란봉 가장자리에 자리 잡고 있었다. 그가 올라앉은 을밀대 누각 앞쪽(남쪽)은 지상에서 7미터 높이였지만 반대쪽은 가파른 산등성이를 따라 북쪽으로 이어진 평양 성곽의 일부로 석축 위에 세워져 "떨어지면 뼈도 추리지 못할 만큼 위험"했다.[1] 을밀대 일대는 평양 시민들에게 인기 있는 아침 산책 코스였다. 당시 아침 산책은 건강한 생활습관을 통해 근대적 시민을 양성하는 민족주의 프로그램의 일환으로 각광받고 있었다.[2] 따라서 을밀대 지붕은 대중의 관심을 끌려는 목적을 가진 시위자에게 아주 훌륭하고 창의적인 선택이었다. 이 여성의 전례가 없는 전술은 놀란 청중들 사이에 큰 반향을 일으켰고, 그와 그의 사연에 대해 언론의 관심을 끄는 데 성공했다.

그의 이름은 강주룡. 평원고무에서 일하는 여직공이었다. 스스로 나중에 밝힌 바에 따르면 그는 광목천 한쪽 끝에 돌을 묶어 지붕 위로 던져 올린 후 그걸 잡고 올라갔다. 평양 경찰서는 그를 끌어내리기 위해 경관 40여 명을 출동시키고 소방대를 불렀다. 강주룡은 평원고무 파업이 자신의 공장 일에 그치지 않고 평양의 고무 노동자 2000명의 운명을 판가름할 싸움이라고 설명한 뒤 군중 앞에서 이렇게 선언했다.

나는 평원고무 사장이 이 앞에 와서 임금감하의 선언을 취소하기까지는 결코 내려가지 않겠습니다. 끝까지 임금감하를 취소치 않으면

---

[1] 『동아일보』 1931/05/30, 05/31. 원래 을밀대는 6세기 중엽 고구려가 평양성의 내성을 쌓으면서 그 북장대로 세운 것으로, 현재의 건물은 1714년에 다시 세운 것이다(<한국민족문화대백과사전>encykorea.aks.ac.kr 검색일 2016/05/03).

[2] 민족주의계 지도자 조만식은 관서체육회 회장(1931~37)으로 봉사하는 등 스포츠에 대해 큰 열정을 보였는데, 1932년 2월 평양 시민의 건강을 위한 프로그램으로 조기 체조회를 발족했다. 매일 아침 7시에 서묘 동편 광장에 모여 15분간 체조를 하고 을밀대까지 구보로 가서 해산하는 프로그램이었다. 그 뒤로도 조만식은 이른 아침 일어나 대동강을 따라 부벽루와 을밀대를 한 바퀴 도는 산책을 즐겼다고 한다(장규식 2007, 148).

나는…… 근로대중을 대표하야 죽음을 명예로 알 뿐입니다.[3]

노동계급 여성이 공공장소에서 이토록 대담한 행동을 벌이며, 무산자 연대와 고용주의 개탄스러운 행동 같은 무거운 주제에 대해 "달변"의 연설을 한 이 이례적 사건은 언론의 주목을 끌었고 다음날 전국적인 뉴스가 되었다.[4] 그 후 몇 주 동안 『동아일보』는 거의 매일 농성자 강주룡과 이 전례 없는 고공 농성의 배경인 고무 파업 상황에 대한 보도를 이어 갔다.[5] 또 민족주의 잡지 『동광』은 1931년 7월호에 강주룡과의 인터뷰를 실었다.[6] 인터뷰를 한 무호정인(본명 오기영)은 그의 을밀대 연설을 통해 "체공녀 강주룡의 계급의식의 수준을 엿볼수 잇다"고 평가했다. 신문들은 강주룡을 "옥상녀" "을밀대의 여인" "여(자)투사"라고 부르며 시위를 흥미진진하게 묘사했다.[7] 시인 김창술은 그를 "아지-프로(선동 선전)의 신전술"을 전개한 "서부전선의 녀투사"라 불렀다.[8] 혹자는 그를 "여장부"라 부르며 존경을 표했다.[9] 그중에서

[3] 무호정인 1931, 40.

[4] 『동아일보』 1931/05/30, 05/31; 『조선일보』 1931/05/30; 『매일신보』 1931/05/30.

[5] 1931년 당시 『동아일보』는 조선 최고의 판매부수를 자랑하고 있었고(3만 3035부), 부르주아 민족주의 좌파를 대표하는 『조선일보』가 2만6883부로 그 뒤를 이었다. 총독부 기관지인 『매일신보』는 2만2258부로 3위, 『중앙일보』(『중외일보』의 전신, 1933년 3월부터는 『조선중앙일보』)가 1만9310부로 4위였다(김수진 2009, 493-94).

[6] 『동광』은 수양동우회의 기관지 역할을 한 영향력 있는 잡지였고, 당시 조선의 민족주의 운동에서 중요한 위상을 차지하고 있었다. 따라서 이 잡지에 강주룡의 인터뷰 기사가 실린 것은, 비록 짧은 기간이었지만, 그가 전국적인 주목을 받는 데 일조했다.

[7] 『동아일보』 1932/08/17; 『중앙일보』 1931/12/30 참조.

도 그를 대표하는 별칭이 된 것은『동아일보』가 5월 30일자 기사에 "평양 을밀대에 체공녀 돌현"이라는 제목을 붙이며 처음 세상에 내놓은 신조어 '체공녀'였다.

이렇게 해서 새로운 유형의 여성 정치인이 탄생했다. 한 고무 여공이 이처럼 전국적인 관심을 이끌어 낼 수 있었던 조건들은 1920년대 초부터 조성돼 오고 있었다. 식민지 조선의 노동운동은 1930년대 초 이미 성숙한 단계에 접어든 상태였다. 이 시기 강력한 세력을 형성한 사회주의 노동운동의 영향 아래 산업 노동자들은 혁명의 토대를 만드는 임무에 매진할 것을 요구 받았다. 1931년 5월 평원고무 노동자들이 파업에 돌입했을 당시 섬유·고무공장의 여성 노동자들은 이미 여러 차례 파업을 벌인 바 있는 베테랑들이었다. 강주룡은 노동자들이 축적해 온 풍부한 저항의 레퍼토리에 고공 농성이라는 새로운 전술을 추가해 사회의 관심을 이끌어 내는 데 성공한 것이다.

전 세계적 불황의 여파로 심각한 타격을 입은 사회에서 계급 갈등이 심화되는 현실에 압박받은 일부 엘리트들이 그의 이야기에 귀 기울일 준비가 되어 있었다는 사실 또한 중요했다. 강주룡은 식민지 조선에서 노동문제가 부르주아 민족주의자들을 몹시 곤혹스럽게 만들고 있던 그 특별한 순간에 을밀대 지붕 위에 올랐던 것이다. 당시 노동쟁의들 가운데 평양의 재계 엘리트들을 특히 난감하게 했던 것은 신발공장과 양말공장의 노동자들이었다. 평양의 공장주 대부분이 조선인이었고, 이 지역 엘리트들은 지역의 개신교 민족주의 운동과 깊이 연관돼

[8] 김창술 1931, 51.
[9] 『동아일보』 1931/06/10.

◇을밀대 안에 존 평원 고무직공◇

<그림 1>

평양 을밀대 위 강주룡의 고공 농성을 다룬 1931년 5월 31일자 『동아일보』 2면 상단 일부.

있었기 때문에 강주룡의 행동은 평양 지역 부르주아 기독교 리더십의 정당성과 연결된 문제이기도 했다.

1930년대 초 조선에서 여성의 적극적 사회 활동이 그다지 특별한 일은 아니었다. 식민지 조선의 언론은 1920년대부터 신여성에 대한 열띤 논쟁을 벌여 왔고, 사회운동과 정치운동에 참여하는 여성들의 이야기는 강주룡이 등장할 무렵이면 조선의 독자들에게도 낯설지 않았다. 당시 여성운동은 이미 조선의 사회운동과 반식민지운동에서 무시할 수 없는 세력으로 성장해 있었다. 1927년 5월, 사회주의계와 비사회주의계 여성운동가들이 힘을 모아 신간회의 자매 조직으로 만든 근우회는 1931년 해체될 때까지 국내외 60여 개 지부를 설립했고 회원이 수천 명에 달했다(이 책 2장 참조). 평원고무의 파업 상황과 파업 지도자 강주룡·최용덕이 평양 경찰서에 검거된 사실을 보도한 『동아일보』 1931년 6월 11일자는 같은 지면에서 유명한 사회주의 여성 활동가이자 근우회 지도자인 허정숙이 서울의 악명 높은 서대문 형무소에 재수감되었음을 알리고 있다.[10] 하지만 강주룡의 경우 정규교육을 받지 못한 공장노동자로 근대 교육을 받은 전형적인 신여성과는 이질적인 존재였다.[11] 『중앙일보』는 1931년 연말 회고에서 "을밀대 옥상녀자 강

---

[10] 허정숙은 서울 여학생들의 반식민 시위 사건의 배후 주모자로 몰려 1년 선고를 받았으나 출산을 위해 잠시 석방돼 있었다. 경성 여학생 시위운동('근우회 사건'이라고도 불림)에 대해서는 이 책 2장 참조.

[11] 1930년 당시 농촌("읍면") 지역 보통학교 취학률 통계를 보면 여아의 5.1퍼센트, 남아의 26.7퍼센트에 불과하며, 도시("부")의 경우 각각 30.2퍼센트, 60.4퍼센트다. 1944년 5월 1일자 총독부 비밀 보고서에 따르면, 조선인의 교육 수준을 높이기 위한 식민 정부 차원의 광범한 노력이 있은 후에도 여성 인구 1259만9000여 명 중 약 89퍼센트가 교육을 전혀 받지 못했고(남성의 경우 약 67퍼센트), 여성 중에 중등교육과 고등교육 이수자는 각각 약 0.3퍼센트와 0.02퍼

주룡"의 행동을 "조선에서 로자쟁의로 유사 이래 신기록을 지어내인" 것으로 평가했다.[12]

평원고무의 파업 여공들

'체공녀'라는 신조어를 만들어 낸 『동아일보』의 첫 보도는 다음과 같이 그에게 왜 그런 별명을 붙이게 되었는지에 대한 실마리를 제공하며 끝을 맺는다.

> 일본 로동쟁의에 연돌남과 비하야 평양로동쟁의의 여직공이 을밀대 다락우에서 체공을 계속하랴던 것은 호대조의 에피소트이라고 한다.[13]

'연돌남'煙突男은 원래 일본의 노동당 소속 활동가 다나베 기요시田辺潔에게 붙여진 별명으로, 그는 1930년 후지가스방적 가와사키 공장 파업 당시 공장 굴뚝에 올라 농성을 벌여 일본 사회를 떠들썩하게 한 인물이다.[14] 그가 교착상태에 빠진 쟁의 상황을 타개하고자 굴뚝에 올라갔을

센트에 불과했다. 이 수치는 오성철, 『식민지 초등교육의 형성』(교육과학사, 2000)에 기초해 정리된 김수진(2009, 66-67, 73)의 <표 1-4>에서 가져왔다.
[12] 『중앙일보』1931/12/30.
[13] 무호정인의 『동광』 인터뷰 기사는 『동아일보』 기사의 이 내용과 '체공녀'라는 별칭을 가져다 쓰고 있는데, 이는 무호정인이 『동아일보』 평양지국 기자의 필명이라는 사실에 비추어 놀라운 일이 아니다. 역사학자 정용욱은 『한겨레』 기고문에서 무호정인이 오기영임을 밝혔다(정용욱 2018). 오기영의 배경에 대해서는 이 책 3장에서 자세히 다룬다.
[14] 다나베 기요시와 1930년 후지가스방적 파업에 대해서는 橋本哲哉 1997

당시 며칠 뒤면 쇼와 천황을 태운 열차가 이 지역을 지나갈 예정이었는데, 경찰은 다나베가 굴뚝에 걸어 놓은 붉은 깃발을 천황이 볼까 두려워했다. 경찰과 노농당 대표의 중재로 긴박한 협상이 이어졌고, 수천 명의 구경꾼이 굴뚝 아래서 이 드라마를 지켜보았다. 결국 세간의 이목을 집중시킨 다나베의 행동 덕분에 노동자들에게 유리한 합의가 이루어졌고, 다나베는 130시간 22분 만에 굴뚝에서 내려왔다.

다나베의 개가는 언론 보도를 통해 조선에 알려졌고, 1930년대 초 일본에서 이어진 다른 '연돌남' 사건들도 간간이 지면에 소개되었다.[15] 다나베의 연돌남 사건을 자세히 보도한 『아사히신문』과 『가이조』 등 일본의 주요 잡지들이 식민지 조선에 널리 배포되고 있었던 점을 고려할 때, 당시 조선의 기자들 사이에 '연돌남'이라는 용어는 분명 널리 알려져 있었던 것으로 보이며[16] 강주룡을 '연돌녀'로 지칭한 신

참조. 다나베의 연돌 농성 이후 비슷한 사건들이 여러 건 발생했고, 이들도 '연돌남'이라는 이름을 얻었다.

[15] 『동아일보』 1930/11/24, 1931/02/05, 1931/05/15; 『중앙일보』 1932/04/30 참조. 예를 들어 한 『동아일보』 기사(1931/05/15)는 도쿄 일본염직회사의 노동자 '연돌남'에 대해 보도했는데, 그는 306시간에 걸친 굴뚝 농성으로 회사의 가혹한 정리해고 명령을 철회시켰다.

[16] 예를 들어, 1931년 조선에 이입된 『오사카 아사히신문』, 『도쿄 아사히신문』, 『오사카 마이니치신문』 등 주요 일본 신문의 부수는 총 8만7951부였고 그중 조선인 구독자분은 5980부였다. 1930년대 초 수천 명의 조선인이 『가이조』改造와 『주오고론』中央公論 등 일본의 '종합교양' 잡지를 구독하고 있었고, 일본 잡지의 조선인 구독자 수는 1929년 6047부에서 1935년 1만3355부로 크게 늘고 있었다(김수진 2009, 112, 494-95). 노동자 출신 노동소설가로 유명한 작가 이북명은 「연돌남」이라는 제목의 단편을 좌파 성향 잡지 『비판』 1937년 2월호에 발표했다. 높은 연돌(굴뚝)의 이미지는 식민지기에 산업화와 계급투쟁의 엄청난 힘을 연상시키는 데 자주 사용되었는데, 한국에서 1990년대 이후 조선소 크레인과 그 위에 올라간 노동자들의 농성 이미지가 만들어 내는 효과와 유사하다 할 수 있다.

문 기사도 한 건 확인된다.[17] 하지만 강주룡에게 가장 자주 사용된 별칭은 『동아일보』사회부 기자 오기영이 만든 '체공녀'였다.

평원고무 공장의 파업은 5월 17일 임금 삭감 발표로 촉발됐다.[18] 한 해 전인 1930년 10개 고무공장의 노동자 1800여 명이 참가한 대규모 연대 파업에도 불구하고 평양시 고무신 노동자들의 임금은 이미 대폭 삭감된 상태였다. 그런 상황에서 평원고무는 고무신 종류에 따라 켤레당 보수를 4.5전(100전=1원), 3.6전, 2.7전에서 각각 4전, 3전, 2전으로 또다시 인하한 것이다.[19] 파업이 시작되자 조선인이 소유하고 있던 49인 규모의 평원고무는 파업 노동자를 모두 해고하고 새로 직공을 채용하기 시작했다. 이에 여공들은 "단식동맹"을 조직하고 5월 28일 공장을 점거했다. 그러나 공장 점거 농성이라는 "신전술"은 경찰이 파업 참가자들을 공장 밖으로 내쫓고 공장 부지를 사수하기 시작하면서 좌절되었다. 공장 밖으로 쫓겨나 "대성통곡"하는 동료들을 지켜보던 강주룡은, 항의의 뜻으로 나무에 목을 매어 "세상사람에게 평원

2000년 이후 한국에서는 공장 굴뚝이나 각종 타워 등 높은 구조물 위로 올라간 노동자들의 절박한 농성 투쟁이 이어지면서 '굴뚝인'이라는 신조어가 생겨났고 페이스북 신문 <굴뚝일보>www.facebook.com.gultukilbo도 탄생했다.

[17] 『조선중앙일보』1933/10/31.

[18] 『동아일보』1931/05/20.

[19] 조선총독부가 발행한 조선 원화의 공식 교환가치는 일본 엔화와 동일하게 설정되었으며, 1원, 5원, 10원, 100원 지폐가 조선 식민지와 일본의 지배 아래 있던 중국 일부 지역에서 유통되었다(한국은행 2004, 3, 8-19). 일본 엔화와 미국 달러 사이의 환율은 1928~31년 사이에 달러당 2엔을 조금 넘는 수준(예컨대 1928년 달러당 2.15엔, 1930년 2.02엔)을 유지하다가 1932년에는 달러당 3.56엔으로 급등했다(Lawrence H. Officer, "Exchange Rates between the United States Dollar and Forty-one Currencies," www.measuringworth.com/exchangeglobal/ 참조).

공장의 횡포를 호소할 맘을 먹엇"다가 을밀대 지붕 위에 올라 "아츰에 사람이 몽이면 실컨 평원공장의 횡포나 호소하고 시원히 죽자고 맘을 돌렷"다.[20] 그래야만 과부의 자살이 으레 불러올 오해를 피하고 사측의 부당함을 세상에 마음껏 말할 수 있다고 생각했기 때문이다. 강주룡은 소방관 세 명이 뒤쪽으로 몰래 올라와 그를 아래 설치된 그물로 밀쳐 떨어뜨린 오전 8시 40분경까지 9시간 가까이 지붕 위에서 버텼다. 추락 후 그는 의식을 잃었고 경찰에 체포됐다. 이후 15명의 여성 노동자들이 다시 공장을 습격했지만 경찰은 이들을 다시 해산했다.[21]

강주룡은 경찰서에 끌려간 후 "물한모금 마시려고 아니하고 강경한 태도를 취하"며 "76시간"이나 단식투쟁을 함으로써 다시 한 번 대중을 놀라게 했다.[22] 파업 여공 30여 명도 단식투쟁에 동참했고, 지역의 공장노동자들과 여러 노동단체의 지지가 쏟아졌다.[23] 그러나 경영진은 단호했고 노동자들이 공장을 다시 '습격'하지 못하도록 경찰의 지원을 요청했다. 강주룡은 5월 31일 자정 직전에 풀려났지만 경찰은 다음 날 그의 동료 네 명을 체포했다. 이들도 단식투쟁을 시작해 6월 3일 석방될 때까지 57시간 동안 단식을 이어 갔다. 『동아일보』 기사는 이들이 그렇게 오랜 시간 "물한방울, 밥한술" 먹지 않아서 "세상을 놀라게"

[20] 무호정인 1931, 42.
[21] 무호정인 1931, 40, 42; 『동아일보』 1931/05/31.
[22] 『조선일보』 1931/05/31; 『동아일보』 1931/06/03. 이 "76시간"은 신문에 보도된 강주룡의 구금 기간 약 63시간(5월 29일 오전 8시 40분부터 5월 31일 밤 11시 30분)보다 길다. 아마도 강주룡의 단식 시간을 5월 28일 저녁의 마지막 식사로부터 계산한 듯하다.
[23] 평양노동연맹은 파업을 적극 지지하는 결의안을 통과시켰고 일부 노동자들은 동정 태업을 시작했다(『동아일보』 1931/06/01; 『조선일보』 1931/05/20).

했음을 강조하고 있다.[24]

사측은 파업을 분쇄하기 위해 직공을 더 충원하는 것으로 대응했다. 이에 파업 여공들은 공장 밖을 지키며 이 '파업깨기꾼'들의 출퇴근을 방해했다. 한 번은 신직공들이 전차를 타고 파업 노동자들로부터 도망치려 하자 십수 명의 여성 노동자가 선로 위에 눕는 일도 있었다. 또 신직공이 탄 자동차에 돌을 던지는가 하면 분뇨를 던지는 일도 서슴지 않았다.[25] 이들 간의 물리적 충돌은 잦은 일이었다. 여덟 명의 파업깨기꾼이 파업 본부로 끌려가 파업 노동자들로부터 "여러가지 리해를 간절히 설명"받은 끝에 노동자들에게 "사과"를 한 일도 있었다.[26] 이런 전투적인 방해 전술 덕에 31명까지 갔던 신직공 수는 6월 4일, 19명으로 줄어들었다. 다음날 노동자들은 공장으로 달려가 사장과 대면하고 파업 해결을 원한다면 해고 노동자 문제는 잠시 제쳐 두고 일단 신직공에게 삭감 전의 원래 임금을 지급하라고 요구했다.

강주룡은 경찰 구금에서 풀려나자마자 다시 파업단본부로 돌아가 투쟁을 진두지휘했다.[27] 6월 8일, 평원고무 이사회는 회의를 열어 임금 삭감 계획을 포기하고 파업 노동자 중 27명을 재고용하는 대신 신규 채용한 37명 중 20명을 그대로 유지하기로 결정했다. 이는 파업 노

[24] 『동아일보』 1931/06/04, 1931/06/05.

[25] 『동아일보』 1931/06/05; 『조센신문』朝鮮新聞(이하 『조선신문』) 1931/06/07. 『조선신문』의 노동 관련 기사는 영진 편, 『일제하 조선관계 신문자료 집성』 1~6권에서 찾아볼 수 있다. 이 자료는 주로 노동과 소작 관계 신문 기사의 모음철로 일본어 신문을 포함해 식민지 조선에서 유통되던 35개 지역, 전국지가 망라돼 있다. 서울에 기반을 둔 『조선신문』은 발행 부수가 가장 많은 일본어 전국지였다(지수걸 1989, 278).

[26] 『동아일보』 1931/06/04, 1931/06/06.

[27] 『동아일보』 1931/06/03.

동자 20명이 희생되는 것을 의미했지만 강주룡의 고공 농성이 전국적으로 큰 관심을 불러일으키고 회사에 대한 압박이 커지며 나온 사측의 타협안이었다. 실제로 사회질서 악화 가능성에 민감한 평양 경찰은 이 사회가 열린 날 회사 대표를 소환해 임금 삭감과 파업 참가자 전원 해고가 산업 평화에 도움이 되지 않는다며 비판한 바 있었다.[28] 회사의 제안은 신직공에게도 삭감 이전 수준의 임금을 지급해야 한다는 파업 노동자들의 요구에 대한 응답이기도 했다. 여공들은 파업에 참여한 동료 노동자들의 "희생"을 허용하지 않는다는 원칙에 따라 이 제안을 거부했다. 이 시점에서 노동자들이 또다시 공장을 "습격"할 것을 우려한 경찰은 6월 10일, 강주룡과 또 다른 지도자 최용덕을 체포했다.[29] 『조선신문』이 파업의 "양 지도자"라 부른 이 둘은 또다시 단식투쟁을 시작했다(이 단식은 54시간 지속됐다). 다음날 경찰은 또 다른 파업 지도자 김취선을 체포했다. 이 세 명의 "투사들"을 잃게 되자 파업은 흔들리기 시작했다.[30]

　『동광』의 강주룡 인터뷰는 이렇게 상황이 급박하게 전개되던 와중인 6월 7일, 평원고무 인근 선교리 파업단 본부에서 진행됐다.[31] "이 여자는 어떤 사람인가? 어떤 생애를 하며, 어떤 환경의 지배를 받앗나?"

---

[28]　『동아일보』 1931/06/03, 1931/06/10.

[29]　강주룡·최용덕의 체포와 단식투쟁에 대해서는 『동아일보』 1931/06/11 과 1931/06/13; 『조선신문』 1931/06/17 참조.

[30]　『동아일보』 1931/06/15.

[31]　평양의 남서쪽, 대동강 남쪽에 위치한 선교리는 지역 자본가들을 포용하며 식민 정부가 추진한 도시 개발계획에 따라 1920년대에 새로 개발된 지역이었다 (오미일 2015, 413, 415). 인터뷰 진행자 무호정인은 '체공녀'의 첫인상을 다음과 같이 묘사한다. "유달리 안광을 발하는 작은 눈, 매섭게 생긴 코, 그리고 상상 이상 의 달변은 첫 인상으로 수월치 않은 여자라는 것이엇다"(무호정인 1931, 40).

가 『동광』의 편집자들이 무호정인에게 주문한 질문이었다. 이 인터뷰와 강주룡에 대한 다른 기사들 덕분에 우리는 식민지 조선의 다른 어떤 여성 노동운동 지도자보다 그의 삶에 대해 더 많이 알게 된 것이다.

그렇다고 다른 여성 파업 지도자들의 행동이 강주룡에 비해 덜 인상적이었다는 뜻은 아니다. 강주룡과 함께한 오양도(27세), 리인봉(31세), 황도신(34세), 김취선(36세)은 단식투쟁을 여러 번 해본 베테랑들로 파업 여공에 대해 동정적 논조를 보인 장문의 기사에 주인공으로 등장한다(이 책 3장 참조).[32] 황도신과 김취선은 강주룡보다 나이가 많았고, 리인봉은 강주룡과 동갑내기였던 것으로 보인다. 이들 간의 연대는 끈끈했다. 강주룡이 식민지 시대 노동자 출신 여성 노동운동가 중 오늘날 기억되고 있는 거의 유일한 인물이지만, 노동 대의에 대한 헌신이나 용기, 지도력 측면에서 그를 단 한 명의 예외적 인물로 간주할 이유는 없다. 최용덕, 김취선 등 평원고무의 다른 지도자들도 강주룡과 어깨를 나란히 하며 싸웠다.[33] 당시 끈질기게 지속되었던 수많은 여성 노동자들의 파업에 대한 언론 보도가 충분히 보여 주듯이, 평원고무의 파업처럼 강도 높은 여공 투쟁의 사례는 드물지 않았다. 그렇다면 여공들의 이런 투쟁성은 무엇으로 설명할 수 있을까? 이 질문에 답하기 위해서는 평원고무 파업에서 잠시 벗어나 1930년대 초 평양시의 전반적인 경제적·사회적 조건을 살펴볼 필요가 있다.

[32] 『동아일보』 1931/06/05.
[33] 김취선과 최용덕은 평원고무 노동자들의 지도자로 인정받고 있었다. 『조선일보』 기사에 따르면 여공 100여 명이 참석해 5월 23일 백선행기념관에서 열린 평양 고무 노동자의 회합에서 김취선이 의장으로 자리했고, 신임 집행부에 평원고무 여공을 대표해 최용덕이 자리 잡았다(『조선일보』 1931/05/28).

평양, 고무신 산업, 고무 노동자

식민지 조선의 고무 회사들은, 1930년대 후반부터 전시의 필요에 따라 타이어를 비롯한 군수물자를 생산하게 되기 전까지 주로 고무신을 생산했다. 대부분의 고무신 회사는 조선인이 소유한 중소기업이었으며 평양·서울·부산에 있었는데, 이 부문에 대한 일본 자본의 대규모 투자는 주로 부산에 집중되었다.[34] 고무신 산업은 1920년대 메리야스(주로 양말 제조) 산업과 함께 조선인 자본이 많이 유입된 산업이었다. 이 두 산업 모두 대규모 자본 투자가 필요하지 않았고 생산도 대단히 노동집약적이었다. 특히 여성을 주로 고용하는 공장의 경우 노동 비용은 낮은 수준에 머물렀다.[35] 고무신이 대중화되면서 양말에 대한 수요도 증가했다. 1927년 평양은 조선 전체 양말 생산량의 60퍼센트 이상을 차지하고 있었다. 평양의 조선인 소유 중소기업 중 고무 기업들이 자본 투자 면에서 가장 규모가 컸다.[36] 고무신 부문은 일부 생산공정의 기계화로 인해 메리야스·정미·주류 제조업보다는 많은 자본이 필요했기 때문에 여러 자본가가 자금을 모아 회사를 설립하는 경우가 많았다. 고

[34] 전국적으로 화학 부문에서 종업원 수 기준 고무산업의 비중은 1925년 67.2퍼센트에 달했으나 1930년에는 55.7퍼센트로.감소했고, 1935년에는 45.5 퍼센트로 떨어졌다. 한편, 1930년대에 니혼질소의 자회사인 흥남의 조센질소를 포함, 일본 중화학공업 기업의 조선 내 대규모 투자가 증가하면서 1925년 5.7퍼센트였던 비료업의 비중은 1930년 21.1퍼센트, 1935년 45.1퍼센트로 증가했다 (이정옥 1990, 171-72).

[35] 같은 글, 190-91. 고무산업의 여성 노동자 비율은 1920년대 중반부터 1930년대 중반까지 약 67~68퍼센트를 유지했지만, 비료 산업에서는 여성 노동자 비율이 훨씬 낮아서, 1925년 6.8퍼센트에서 1930년 16.6퍼센트, 1935년 24.2 퍼센트로 증가한다(같은 글, 173).

[36] 평양 고무산업의 상황에 대한 이 절의 논의는 다음에 기대고 있다. 오미일 2007, 133-37; 오미일 1994, 214-17; 송지영 1989/1959, 237.

무신은 1910년대 중반 일본에서 들어온 수입품으로 처음 시장에 등장했는데, 1923년이 되면 이미 12개의 조선인 고무신 회사가 급성장하는 고무신 시장을 놓고 경쟁을 벌이고 있었다.[37] 고무신 공장에 대한 조선인 사업가들의 투자가 늘면서 1920년대 후반에는 고무신 가격이 크게 하락해 고객층이 확대되고 고무신의 인기는 더욱 높아졌다.[38]

조선인 자본가들의 투자가 활발했던 곳은 서울과 평양이었다. 평양을 포함한 서북 지역은 근대 이전부터 중부나 남부 지역보다 상업 활동이 대체로 더 두드러졌다. 조선과 중국 사이의 외교 및 무역로가 서북 지역을 통과했고, 반상업적 편향이 강한 유교 문화의 지배력이 남쪽보다 훨씬 약했기 때문이다. 상대적으로 발달된 교통망과 시장, 저렴한 에너지 지원(석탄 매장량과 수력 발전), 생산에 필요한 풍부한 물과 원자재에 대한 접근성, 저렴한 임금 수준, 공장 건설을 위한 부지 등의 조건 덕분에 산업이 발전하기 좋은 장소이기도 했다.[39] 1930년대 당시 사람들은 평양이 "조선의 오사카" 또는 "조선의 기타큐슈"가 될 것이라고 내다보았다.[40]

평양은 또한 부르주아 민족주의 운동의 핵심 무대이기도 했다. 서

---

[37]   이충렬 2011, 125-26; 김경일 2004a, 110. 조선 최초의 고무신 회사는 대륙고무로 1919년 서울에서 창립되었다(박승돈 1969). 평양에 세워진 최초의 고무신 회사는 1921년 창립된 동아고무였다. 고무신 산업의 초기 역사에 대해서는 위 자료들 외에 오미일 1994; 주익종 1997을 참조.

[38]   고무신 소비량은 1921년 60만 켤레에서 1930년 2200만 켤레, 1937년 3700만 켤레로 증가했다. 고무신 자급률은 1931년 75퍼센트, 1937년 거의 100퍼센트에 달했다(주익종 1997, 85-87).

[39]   오미일 2007, 113-16.

[40]   같은 글, 109. 1936년 『동아일보』의 한 기고자는 평양의 조선인 기업들이 이룬 경제적 성취, 특히 그들이 고무신과 메리야스 산업을 장악한 사실을 축하하며 평양을 "조선의 맨체스터"라 불렀다(『동아일보』 1936/06/03).

울에서 물산장려운동이 시작된 1923년보다 훨씬 이른 1920년 조선물산장려회가 설립된 곳도 평양이었다. 그리고 '조선의 예루살렘'이라는 별칭이 보여 주듯이 식민지 조선에서 개신교 운동의 중심지이기도 했다. 1920년 평양의 개신교 기독교인은 8200명으로(장로회 8개 교회 5700명과 감리회 5개 교회 2500명), 평양의 조선인 총인구 5만4643명의 15퍼센트를 차지했다. 이에 비해 전국적으로 조선인 총인구(1691만6078명) 중 개신교 신자(32만3574명) 비율은 2퍼센트에도 미치지 못했다.[41]

평양의 산업 및 상업 활동은 지역의 기독교 엘리트가 주도했는데, 이들 가운데 다수가 1900년대 초부터 시작된 민족주의 운동에 깊이 가담해 그 일환으로 교육 및 산업·상업 활동에 관여하고 있었다.[42] 1920년대 초부터 평양의 유력 인사들은 메리야스·고무신 공장을 비롯해 여러 산업에 적극적으로 투자하기 시작했다. 이들의 기업 활동은 조선의 사회와 경제를 근대화해 '문명개화'와 민족 독립의 조건을 조성해야 한다는 당시의 민족주의적 요청에 부응하는 것이었다. 조선인 자본가들은 민족의 근대적 경제 기반을 구축한 주체로서 사회에서 도덕적 리더십을 주장하고자 했고, 많은 기업인들이 부르주아 민족주의 운동에 참여했다.[43] 평양의 유지들은 대개 기독교(대부분 개신교) 사업가이자 도시 엘리트 지식인, 민족주의 운동가로서 여러 역할들을 동시에 수행하면서 학연, 지연, 소속 교회, 협회 활동 등으로 촘촘히 얽힌 네트워크를

[41] 장규식 2001, 259.

[42] 오미일 1995와 오미일 2002 참조.

[43] 식민지 조선에서 부르주아('문화민족주의') 운동과 '사회주의' 운동이 분열하고 치열한 대립을 벌인 역사에 대해서는 Robinson 1988의 분석을 참조. 문화민족주의 그룹의 이념과 경제 프로그램에 관해서는 오미일 2002, 6장과 9장 참조.

통해 연결돼 있었다. 평양 출신의 민족주의 작가 주요섭은 "평양의 기독교는 중산계급 이상 유산자 계급의 전유물"이라고 썼다.[44]

평양은 1920년대 노동운동의 핵심 거점 중 하나였고, 1930년대에는 전쟁에 따른 급격한 산업화로 중공업 노동자들이 북부에 집중되면서 원산, 함흥, 흥남 등 북동부 산업 중심지와 함께 공산주의가 주도하는 혁명적 노동운동의 중심 거점이 되었다. 당시의 한 신문 기사는 평양을 "강산으로 냉면으로 기독교로 공업으로 노동쟁의로 기생으로 유명"한 곳으로 묘사한다.[45] 한국 자본주의 발전의 여명기인 1920년대 초 조선인 기업가들은 적어도 수사학적으로는 노동자와 가부장적 관계를 형성하는 경우가 많았고, 산업 노동자의 조직화 노력에 기꺼이 동참하는 사례도 종종 있었는데, 이는 그들의 민족자본가적 관점에서

[44] 주요섭, 1930, 「10년 만에 본 평양」, 『별건곤』 32호: 47(장규식 2001, 266에서 재인용). 주요섭의 부친은 장로교 목사였고, 시인, 기자, 사업가, 정치인 등 다방면으로 활동한 주요한이 그의 형이었다.

[45] 『동아일보』 1931/12/28. 이 글은 "1931년의 평양 사회상"이라는 제하에 그해 평양에서 일어난 일들을 돌아보는데, 언급된 사건들 중에는 반중국인 폭동도 있다. 이는 만주 완바오산사건(1931년 7월 3일)에 대한 과장된 국내 보도에 의해 촉발되어 평양, 인천, 서울을 비롯한 여러 도시에서 발생한 중국인 상인·노동자에 대한 약탈·린치·살해 사건으로 평양의 사상자 수는 다른 지역보다 월등히 높았다(주익종 1994, 120; 전봉관 2008). 오기영은 잡지 『동광』에 실린 「평양 폭동 사건 회고」라는 제목의 기고문에서 평양 시내에서 수백 명의 성난 군중이 폭도로 변해 어린아이와 여성까지 살해하던 그 비극적인 밤이 드러낸 "민족의식의 오용"을 개탄한다. 1931년의 반중국인 폭동에 대해서는 전봉관 2008; Byung Wook Jung 2017; 정병욱 2013 참조. 평안도는 국경과 가까워 중국인 이주의 영향을 가장 많이 받았다. 1931년 폭동의 결과 평양에서 중국 상인의 세력이 급격히 감소했고, 중국인들의 강력한 제조업·상업 네트워크로 인해 어려움을 겪고 있던 조선 기업들, 특히 메리야스(양말) 기업이 혜택을 보았다. 고무산업에는 이 사건의 영향이 덜했다(주익종 1994, 119-23).

비롯된 것이었다.[46] 하지만 1920년대 중반에 이르러 '조선인 기업에 좋은 것이 곧 조선인에게 좋은 것'이라는 이들의 민족 자본주의적 논리는 더 나은 임금과 인간적 대우를 요구하는 노동자들의 거센 저항에 부딪혀 정당성의 위기를 맞게 된다.

당시 용어로 '사회주의자'는 다양한 이념적 성향을 가진 급진적 민족주의자들을 의미했는데, 그중 핵심 세력은 공산주의자(마르크스-레닌주의자)와 아나키스트였다.[47] 하지만 다른 도시에 비해 평양은 혁명적 민족주의 세력의 지원을 받으며 계속 힘을 키워 가는 노동운동의 거센 도전에도 불구하고 식민지기 내내 조선인 자본가들과 그들이 지원하는 문화적 민족주의 운동이 사회적으로 강력한 영향력을 유지하던 곳이었다.[48] 따라서 평양 고무산업의 노동-자본 관계와 이를 둘러싼 민족주의 정치를 살펴봄으로써 우리는 식민지 조선의 민족주의 엘리트, 특히 서북계 기독교 민족주의자들의 비전과 정치에 대한 이해를 넓힐 수 있다. 이들 개신교 지식인, 운동가, 사업가 중 다수는 해방 후 북을 탈출해 남한에 정착했으며, 남한 민족국가 건설 과정의 보수적 성격에 큰 영향을 미쳤다.

식민지 조선에서 고무신 산업의 주요 중심지였던 평양·서울·부

[46] 김경일 1992, 7장; 오미일 2002, 6장.
[47] 1917년 러시아혁명 이후 아시아의 다른 지역에서와 마찬가지로 반제투쟁에 나선 식민지 조선의 활동가들 사이에서도 사회주의 사상이 주목을 받았고, 사회주의 세력은 곧 부르주아 민족주의 진영의 리더십에 도전하는 독립운동 세력으로 부상했다. 아나키스트와 마르크스-레닌주의 그룹은 1920년대 내내 치열하고 때론 폭력을 동반한 싸움을 벌였는데, 이는 당시 '아나-볼 투쟁'이라 불렸다. 1920년대 후반이 되면 후자, 즉 볼셰비키가 승기를 굳힌다. 식민지 노동운동의 초기 역사는 반제 독립운동 전반의 이런 정치적 흐름을 반영한다.
[48] 김경일 1992, 379-80.

산은 모두 고무신 수요가 가장 많은 대도시였다. 고무신 수요는 계절적 요인에 따라 가을 추수철에 가장 높았는데, 이는 그때가 농업경제에서 그나마 가용 소득을 확보하기 쉬운 시기였기 때문이다. 평양에서 37년 이상 고무 노동자로 일했던 조영길의 회고에 따르면, 고무공장은 음력 7월 중순부터 연말까지는 바빴으나 음력 1월부터는 주문 부족으로 조업이 정상적으로 이루어지지 못했다.[49] 또 음력 5월 단오부터 7월까지 도급제로 일하는 고무 노동자들은 거의 수입이 없는 형편이었다. 고무산업과 정미산업은 계절적으로만 기혼 여성을 고용하는 경향이 있었다. 평양과 부산에서는 서울에 비해 인근 군으로부터 나이 어린 여성을 채용하는 비율이 다소 높았을지 모르지만, 고무산업의 이런 계절적 고용에는 시골에서 모집된 미혼 여공보다 상대적으로 나이가 많고 도시에 거주하는 기혼 여성이 더 적합하다고 여겨졌다(그에 반해 섬유산업은 기숙사 같은 곳에 수용해 장시간 통제가 가능한 미혼 여성을 장기적으로 고용하는 경향이 있었다).[50] 여성 고무 노동자의 대다수는 20~30대였으며, 이들 중 상당수는 자녀를 둔 기혼 여성이었다.[51] 고무공장에서는 엄격한 성별분업에 따라 여성은 주로 금형을 만들거나 밑창을 조립하는 작업을 수행하고, 고가의 장비를 가동하는 기술 집약적인 작업은 남성이 담당했다.[52]

---

[49]   송지영 1989/1959, 239-40. 이는 1957년 북한의 『로동신문』에 실린 조영 길의 회고를 바탕으로 한 것이다.

[50]   김경일 2004a, 97. 하지만 1930년대 후반부터는 산업이 군수품 생산을 위해 재편되면서 고무산업에서 유년 노동력이 성인 여성 노동력을 대체하기 시작했다(이정옥 1990, 193).

[51]   이정옥 1990, 212.

[52]   같은 글, 201-3.

조선인 고무공장 소유주들은 1923년 6월 서울을 시작으로 일찍부터 산업협회를 설립했다. 평양과 부산에서도 1920년대 후반에 각각 고무산업협회가 설립되었다.[53] 1930~31년 평양의 고무공장 파업은 전조선고무동업연합회의 결의에 따라 회원사들이 일률적으로 임금을 삭감하면서 촉발된 것이었다. 1929년부터 1930년대 중반까지 전국에서 발생한 대부분의 고무 파업은 같은 패턴을 따랐다. 즉, 1930~31년의 고무 파업은 조선 노동자들을 겨냥한 평양 자본가들의 잘 준비된 공세의 결과였으며, 온건 민족주의자들은 노동자계급의 요구와 자본주의 발전을 통한 민족국가 건설이라는 부르주아적 비전 사이에 끼어 난처한 입장이었다.

일제가 매년 집계한 통계자료에 따르면, 1930년 조선의 여성 공장노동자는 2만8288명으로 전체 공장노동자 8만3900명의 33.7퍼센트에 달했다.[54] 이들 여공 중 무려 95퍼센트가 가장 여성화된 3대 산업(섬유·식품·화학)에 종사하고 있었다.[55] 화학 부문에 고용된 여성의

---

[53] 고무산업협회에 관해서는 김경일 2004a, 85 참조.

[54] 김경일 2004b, 46, <표 2-3>; 이정옥 1990, 175, <표 4-21>. 이 성비는 1928~40년 사이 큰 변화 없이 31.7~34퍼센트 정도에 머물렀다.

[55] 그중 가장 큰 그룹의 여성 노동자는 섬유산업 종사자 1만5373명인데, 이는 섬유산업 전체 종업원 1만9011명의 80.9퍼센트를 차지한다. 식품 산업 부문에는 6362명(총 2만7055명 중 23.5퍼센트), 화학산업 부문에는 5173명(총 1만4720명 중 35.1퍼센트)의 여성이 일하고 있었다(김경일 2004b, 46, <표 2-3>). 항시적으로 5명 이상의 종업원을 고용하는 기업의 데이터를 바탕으로 한 『조선총독부 통계 연보』 통계에 따르면, 전체 산업 인력(직공으로 분류된 육체노동자)에서 여성이 차지하는 비율은 1930년대 내내 33퍼센트 내외로 안정적으로 유지되는 한편, 산업 노동자 총수는 1930년 8만3900명에서 1935년 13만5797명으로, 1940년에는 23만688명으로 증가했다(이정옥 1990, 175). 1940년 당시 7만3202명의 여성 공장노동자가 있었는데, 이는 1930년 수준에서 259퍼센트 급

수는 1921년 112명에서 1940년 1만9777명으로 증가했으며, 고무 파업이 절정에 달했던 1920년대 말에서 1930년대 초에는 고무산업이 화학산업에서 여성을 가장 많이 고용한 산업이었다.[56] 역사적인 평양의 고무 노동자 연대 파업이 일어난 1930년, 식민 정부 통계에 따르면 전국 고무산업 종사자 수는 사무직 및 기술자 245명(남성 244명, 여성 1명)과 육체노동자 4971명(남성 1336명, 여성 3635명)을 포함해 5320명이었다.[57] 또 당시 평양의 고무 노동자는 약 2100명으로 전국 고무산업 노동력의 약 40퍼센트를 차지했으며, 그해 파업에 참여한 평양의 고무 여공은 1200명으로 전체 고무 여공의 33퍼센트에 해당했다.[58]

평양에 정착해 고무공장에 취업한 강주룡은 이런 고무 여공들에게서 나타나는 일반적인 특징을 공유하고 있었다. 강주룡은 평안북도

증한 것이다(김경일 2004b, 46).

[56] 비료산업의 여성 노동자 비율(1930년 16.6퍼센트, 1935년 24.2퍼센트, 1940년 20.9퍼센트)은 고무산업(1930년 67.9퍼센트, 1935년 68.6퍼센트, 1940년 59.3퍼센트)보다 훨씬 낮았지만, 1935년이면 여성 노동자 수에서 비료 산업이 고무산업을 따라잡고 화학 부문에서 여성 고용의 선두 주자로 부상했다(이정옥 1990, 171-73).

[57] 김경일 2004a, 92, <표 2-5>.

[58] 서형실은 1935년에 발표된 조선총독부 통계를 사용해 1930년 화학 부문의 기혼 여성 노동자 비율을 80.7퍼센트로 계산했다(서형실 1989, 36). 1935년에 평안고무 사장 김동원은 평양 전체 인구의 약 10분의 2에 해당하는 2만여 명이 고무신과 메리야스 산업에 생계를 의존하고 있다고 언급했다(오미일 2007, 136). 총독부 통계에 따르면 1930년 평양의 총 취업자("유업자") 수는 4만1989명인데(서형실 1989, 43), 1930년 기준 시의 총인구는 14만703명으로 조선인 11만6899명, 일본인 2만73명, 중국인 3534명이었다[Korean Statistical Information Service, 「인구총조사, 인구 부문, 총조사 인구(1930년)」. kosis.kr]. 같은 해 조선 전체 인구는 일본인 52만7016명, 중국인 9만1783명을 포함해 2105만8305명이었다.

강계에서 비교적 유복한 가정에서 태어났지만, 아버지의 사업 "실패"로 집안의 재산을 모두 잃고 열네 살 때 가족 모두가 만주 서간도로 이주했다.[59] 거기서 "농사하면서 7년 동안 살"던 강주룡은 1920년경인 스무 살 때 통화현의 "겨우 15세의 귀여운 도련님"과 혼인하게 되었다. "첫눈에 아조 귀여운 사람 사랑스런 사람이라는 인상을 얻엇"던 그의 남편 최전빈과는 "부부의 의"가 퍽 좋았어서 "동리가 다 부러워하엿"다. 그러나 혼인한 지 1년 여 만에 그들 "부부의 생애에 큰 변동"이 생겼다. 최전빈이 유명한 독립운동가 백광운(본명 채찬)이 이끄는 독립단(무호정인과의 인터뷰 기사에는 검열 탓에 "○○단"으로 기재돼 있다)에 가담한 것이다. 놀랍게도 강주룡은 남편을 따라 게릴라 부대 생활을 함께하기로 결정한다. "물론 나도 남편과 같이 풍찬노숙하며 ○○단을 따라다녓습니다." 강주룡의 회고에 따르면, 게릴라 부대 경험이 "6, 7개월"쯤 된 시점에 남편은 그를 집으로 돌려보냈고, 그로부터 "5, 6개월 후" 본가에서 "백여 리" 되는 촌락에서 "남편의 병이 위독하다는 소식을 듣고 달려 갓슬 때" 남편은 "벌서 틀"려 버린 상태였다. 그리하여 1922년경 그는 과부가 되었다.

시집에서는 최전빈의 죽음이 강주룡 탓이라고 의심해 "남편 죽인 년이라고 중국경찰에 고발하야" 경찰서에 일주일간 갇혔다 풀려났다. "돌봐주는 이도 없어서 1주일을 꼼박 굴멋습니다"라고 당시 고생스러웠던 사정을 술회한 강주룡은 "그런데 이번 사흘쯤 단식이야 쉽지 않아

[59] 식민지 시기에는 일상생활에 음력이 널리 사용되었으므로 현존하는 문서에 기록된 나이를 통해 그의 생년을 정확히 파악하는 것은 쉽지 않지만, 1901년 생으로 추정된다. 『동아일보』는 1931년 파업 당시 그의 나이를 30세로 썼고(『동아일보』, 1931/05/30, 05/31), 1932년 사망 기사에는 32세로 기록했다(『동아일보』 1932/08/17). 이하의 강주룡 생애사는 무호정인 1931을 참고한 것이다.

요?"라고 슬쩍 자신의 폭넓은 경험에 기댄 자신감을 내비쳤다. 스물네 살 때 조선으로 돌아온 후 부모와 남동생을 위해 가장 노릇을 한 사실을 그는 "내가 밥버리를 하면서 아들노릇을 하엿습니다"라고 표현했다.[60] 가족은 1926년이나 1927년께 평양으로 이주했고, 강주룡은 시내 고무공장에 취업했다. "작년 파업이 이러나기 바로 전에" 고무직공 조합에 가입했다는 그의 진술로 미루어 우리는 그가 1930년 평양의 고무 노동자 총파업에 참여했음을 알 수 있다.

평양 고무 파업의 역사

1930년대 초 평양 고무산업의 노동-자본 갈등에서 일견 단순해 보이지만 여러 문제가 얽혀 있는 아주 중요한 질문이 수면 위로 떠올랐다. 세계적 대공황의 시대에 여성 공장노동자에게 지불되어야 할 정당한 임금 수준은 어느 정도인가? 1930~31년 평양에서 고무 파업이 일어나자 평양의 조선인 엘리트, 종교계, 다양한 사회주의 운동 그룹, 산업 노동자, 그리고 식민지 정부는 이 근본적인 질문을 중심으로 바람직한 계급·젠더 관계를 결정하는 싸움에 얽혀 들었다. 이 파업의 과정과 결과는 파업에 참여한 여성들의 삶과 의식뿐만 아니라 조선 내 다양한 민족주의 운동의 정치적·이념적 방향에도 상당한 영향을 끼쳤다.

　식민지 조선의 고무산업에서는 여러 공장이 인접해 있고 경영 행위가 상호 조정하에 이루어짐에 따라 지역 내 여러 공장이 참여하는 연대 파업이 발생하는 경향이 있었다. 사회학자 김경일에 따르면, 고무산

---

[60] 앞에 언급한 『동아일보』의 사망 기사(1932/08/17)는 강주룡(32세)의 가족으로 모친(65세), 부친(61세), 오빠(33세)와 남동생(15세)을 언급한다.

업은 "가장 강렬하고 지속적인 노동운동이 전개된 부문 중 하나"였다.[61] 대부분의 파업은 임금 삭감으로 촉발되었으며, 자주 등장하는 요구 사항으로는 임금 문제 외에도 가학적인 감독자의 해임, 노동자들이 깊이 혐오하던 벌금 제도 폐지, 해고 노동자 복직 등이 있었다.

고무 산업에서 벌어진 최초의 파업은 1920년 2월 서울에서 두 공장의 고무 노동자 100여 명이 파업을 벌인 사건인데, 이때는 조선에 노동조합 같은 노동자 조직이 생겨나기 전이었다.[62] 그로부터 3년 후 서울에서 또 다른 고무 노동자 파업이 발생했고, 임금 삭감에 반대하는 7개 공장노동자 150여 명이 한 달간 파업을 지속했다.[63] 이 1923년 파업 당시 여성 노동자들이 시작한 "아사동맹", 즉 단식투쟁이 사회적으로 큰 지지를 얻어 노동단체와 사회주의 단체들이 조사팀을 파견하고 공개 토론회를 열었다. 언론 보도는 특히 단식투쟁이 시작된 후 대체로 노동자 측에 동정적이었다. 이 "조선에서 최초라고 말해지는" 단식 농성 소식을 접하고, '경성고무여공파업 아사동맹동정단'이 조직되어 파업 노동자를 위한 기금 모금에 나섰고, 『동아일보』는 사측의 입장을 비판하는 사설을 게재했다. 우호적인 여론은 노동자들이 파업에서 긍정적인 결과를 얻는 데 일조했다. 1923년 서울의 고무 파업은 자발적·지속적·전투적 투쟁을 통해 노동운동 및 사회운동 단체들의 폭넓은 지지를 이끌어 내고 민족주의 언론의 동정적 보도를 불러일으키는 식민지

---

[61] 김경일 2004a, 107.

[62] 김경일 2004b, 102. 식민지기 고무 파업의 역사는 같은 책, 102-13과 한국노동조합총연맹 1979, 50-52, 56, 195-201, 205-6 참조.

[63] 상급 노동단체인 노동연맹의 도움으로 여성 노동자들은 경성고무여직공조합을 조직할 수 있었다(김경일 2004b, 110-13).

기 여성 노동자 파업의 특징적인 모습을 담고 있었다. 약 한 달 후 파업에 나선 평양의 양말공장 노동자들 역시 자신들에게 유리한 여론을 조성하는 데 성공했고, 임금 인하를 노린 고용주들의 조직적 공세를 저지하며 평양 노동운동의 기세를 끌어올렸다.[64]

1920년대에 서울·평양·부산의 고무공장에서는 많은 노동쟁의가 있었다.[65] 전 세계적 대공황의 여파가 식민지 조선에도 밀어닥치면서 파업은 더욱 격렬하게 일어났다. 1929년부터 1931년까지 평양에서는 1930년의 연대 파업을 비롯해 10건의 파업이 발생했고, 서울에서는 4건, 부산에서는 3건의 고무 파업이 있었다. 1931년 평원고무 파업은 이런 파업 물결에 이어지는 것이었는데, 평양은 평원고무 파업 이후에도 그해 후반에 세 차례, 그리고 1933년 열 차례의 고무 파업을 겪었다. 1933년 이후부터는 건수가 줄어들지만, 이들 도시에서 고무 파업은 1930년대 말까지 계속되었다.[66] 이 고무 파업들 중에서 1930년 8월에 일어난 평양 고무 노동자들의 23일간의 연대 파업은 노동자와 조선인 자본가 간의 가장 큰 충돌이었다.[67]

[64] 『동아일보』 1923/07/08-09; 김경일 2004b, 111-15.
[65] 김경일이 당시 신문 자료를 통해 정리한 주요 도시 파업 목록을 보면 1923년 서울 고무 파업부터 1930년 평양의 고무 파업까지 서울·평양·부산에서 최소 15건의 고무 파업이 발생했으며, 2개 이상의 공장이 참여한 파업이 많았다. 평양의 1930년 8월 파업 이후 해방 때까지 이 세 도시에서 38건 이상의 파업이 더 일어났다(김경일 1992, 530-67; 김경일 2004a, 92, 116-17, 134-35).
[66]1933년은 서울에서 3건의 파업, 부산에서 4건의 파업(1933년 10월과 11월에 6개 고무 회사 노동자 626명이 약 25일간 벌인 대규모 연대 파업 포함), 그리고 평양에서 10건의 파업이 일어나는 등 고무 쟁의가 또다시 정점을 찍은 해였다. 그 후 고무 파업은 감소해 1934년에는 소규모 파업 1건, 1935년 5건, 1938년 2건, 1939년에 2건의 파업이 기록돼 있고, 그 이후에는 더 이상 파업이 없었던 것으로 보인다(김경일 2004a, 111, 116-17, 134-35).

식민지 조선에서 막강한 일본 고무 기업에 비해 경쟁력이 떨어졌던 조선인 소유 고무신 공장들은 임금 인하와 정리해고를 통해 노동자들에게 고통을 전가하려 했다. 고무신은 전체 생산비에서 임금이 차지하는 비중이 낮았고 ─ 1933년 당시 임금은 전체 고무신 생산비의 10퍼센트에 불과했다[68] ─ 원자재 가격과 수급 상황, 그리고 시장 상황이 사업의 성패를 좌우하는 부문이었기 때문에 조선인 고무업자들이 임금 압박을 통해 절감할 수 있는 비용은 적었다.[69] 하지만 이들은 파업 노동자에 대해 강경한 ─ 식민당국이 이를 누그러뜨리기 위해 개입을 결정할 정도로 ─ 태도로 맞섰다.

1930년 평양의 고무 총파업이라는 드라마는 일본인이 운영하던 히사다ㅅ田 고무 여성 노동자 92명의 5월 파업으로부터 시작된다. 이 파업이 실패한 이후 노동자들은 공장 성수기인 7~8월까지 기다렸다가 공동 행동을 하기로 결정했다. 그동안 정창고무에서 또 다른 파업이

[67]   1930년 평양의 고무 파업에 대해서는 김경일 2004b, 327-33; 김경일 2004a, 114-29; 한국노총 1979, 195-201; 송지영 1989/1959, 235-53; 김중열 1975 참조.

[68]   주익종 1997, 105. 1935년 업계 통계에 따르면 임금은 전체 생산비용의 12퍼센트를 차지한 반면 고무 원료 비용은 38퍼센트를 차지했다(이정옥 1990, 192).

[69]   1920년대 중반부터 1931년까지 고무 가격이 하락하면서 수익성이 높아지고 이 부문에 대한 투자가 가열되었지만, 1931~36년 사이 고무 가격이 400퍼센트나 급등하는 동안 기업들은 치열한 경쟁으로 인해 가격을 25퍼센트 이상 인상할 수 없었다(주익종 1997, 102). 1933년이 되면 6000만 켤레의 생산 능력은 실제 생산량인 2000만 켤레를 훨씬 초과했다. 수익률 감소에 직면한 조선인 고무 회사들은 만주에서 새로운 시장을 개척하고 제품 라인업을 다양화하며 집단적으로 생산과 판매를 규제하려 했지만, 큰 성공을 거두지는 못했다(같은 글, 101-4, 107-11).

일어났는데, 이 파업이 진행되는 동안 평양고무공업동업회(자료에 따라 '평양고무동업조합' '평양고무공장동업회'로도 나온다)는 평균 10퍼센트 임금 삭감을 선언했고, 평양고무직공조합은 총파업 결정으로 대응했다. 8월 9일 오전까지 대부분 조선인 소유인 11개 공장의 노동자 1800여 명이 파업에 동참했다. 노동자들은 평양노동연맹 사무실에 파업 본부를 설치하고 대규모 집회를 열어 20개 요구안을 발표했다. 대회가 끝난 후 정액 급여를 받는 고무공장 직공 300여 명, 그리고 급여 수준이 높은 고급 기술 노동자 40여 명이 파업 참여를 결정했는데, 이는 대부분 여성으로 이루어져 있는 파업 노동자들에게 큰 힘이 되었다. 이들 남성 기술자가 없으면 파업공 대신 '파업깨기꾼' 인력을 새로 모집해 공장을 돌린다는 회사 측의 계획이 차질을 빚게 되기 때문이었다.[70] 그 후 고용주들은 동요하기 시작했고, 노동자들의 요구를 일부 수용하는 타협안을 내놓았다. 그러나 이 중요한 시점에 식민 경찰이 개입해 조선인 고용주들의 제안보다도 더 후퇴한 합의안을 강요했다.

8월 23일 공장 가동이 재개되자 기계 직공들을 시작으로 점점 더 많은 노동자들이 일터로 복귀했다. 파업 노동자들은 파도처럼 몰려들어 기계를 파괴하고, 전화선을 끊어 경찰의 통신을 방해하기까지 했다. 남성 기술 직공들이 처음에는 여성 노동자들의 편에 섰다가 경영진의 설득으로 작업을 재개하기로 마음을 바꾼 것은 오기영 기자와 같은 관찰자들에 의해 파업 패배의 주요 원인 중 하나로 지적되었다. 무장한 경찰이 도시를 순찰하는 가운데 노동자와 경찰 간의 충돌이 한동안 계속되다가 9월 초에 이르러 파업은 소강상태에 접어들었다. 언론은 치

[70] 김경일 1992, 343; 『동아일보』 1930/09/05; 오기영 1930a, no. 4(『동아일보』 1930/09/07).

<그림 2>

『중외일보』(1930/08/27) 석간 2면.

"파업직공 습격 빈빈" "각 공장 철야 경계" "25일에도 평안 외 3공장 습격"

"대파업 20일 경과" 등의 제목으로 당시 상황을 전하고 있다.

열했던 그해 여름 투쟁을 평양 전 시가에 "살기 충만" "대난투" "소모전" 같은 표현을 써가며 전했다.[71]

평양의 고무 총파업은 그 시기 노동운동 전반에 걸쳐 분출하던 파업 투쟁 물결의 일부였다. 1930년대 초 식민지 조선의 노동운동은 1929년 원산 총파업 — 함경남도 일대의 부두 및 정유 노동자들이 주도해 3개월 이상 지속되었다 — 에서 자극과 동력을 얻었다.[72] 1월 23일부터 4월까지 식민 정부가 경찰부터 일본 제국군, 예비군, 소방대, 일본인 민간 자위 단체 등 모든 물리력을 동원하고, 언론을 통해 파업의 정당성을 훼손하려 애쓰면서 그 지역은 전쟁과도 같은 상황에 휩싸였다. 원산 총파업은 비록 실패로 끝났지만 경제적으로 심각한 영향을 미치면서 식민지 전체를 뒤흔들었고, 조선 안팎의 사회주의 운동에 활기를 불어넣었다.[73] 이어 1930년 5월에는 같은 지역의 신흥 탄광에서 대규모 파업이 일어났고, 8월에는 평양의 고무 노동자들이 총파업으로 궐기했다. 당대의 관찰자들은 원산 총파업, 신흥 탄광 파업, 1930년 평양의 고무 총파업을 일제강점기 3대 파업으로 꼽았다.[74] 평양에서는

[71] 오기영 1930a, no. 4, no. 7(『동아일보』 1930/09/07, 09/11); 오기영 1930b; 『매일신보』 1930/08/25; 『중외일보』 1930/08/25, 1930/08/27.

[72] 1929~30년의 원산 총파업에 대해서는 김경일 2004a, 7장 참조. 김경일 (2004b, 210)의 주 120은 이 파업에 대한 방대한 규모의 주요 문헌을 열거하고 있다. 김경일에 따르면 1930년에 평양의 노동운동은 원산 총파업의 열기에 크게 자극받아 재활성화되면서 침체 상태에서 벗어났다(김경일 2004a, 145).

[73] 김경일은 이 파업이 "제국주의 전쟁을 눈앞에 둔 일제의 전략적 포석"으로, "노동계급에 대한 최후의 일격을 가할 수 있"는 폭력적 분위기를 조성하기 위해 총자본과 식민지 권력 기구가 총동원되어 "노동계급에 내던진 일대 결전"이었다고 본다. 조직노동자들은 전시를 방불케 했던 이런 "일대 결전"에서 결과적으로 패배하고 말았고, "이후에 노동운동을 비롯한 사회운동은 비합법운동의 영역으로 옮아가게 된다"(김경일 2004b, 223-24).

1929년과 1931년 사이에 고무, 면옥, 제사, 연와, 양말, 양화 제조, 인쇄 등 다양한 산업의 노동자들과 전기공, 목공, 공사장 인부, 운반 인부, 점원들의 파업이 29건 이상 일어났다.[75] 1931년 5월에 평원고무 여공들이 파업을 결정했을 때 평양은 이미 1929년부터 지속된 전국적인 노동운동의 고양기를 배경으로 계급 전쟁에 휘말린 지 오래였다. 1931년의 평원고무 파업은 1930년 평양에서 벌어진 노자 간의 전쟁과도 같은 충돌의 연장선상에서 발발한 것이었다. 양측 모두에게 파업의 결과는 심대한 영향을 미칠 터라 식민지 당국도 사태를 예의 주시하고 있었다.

이와 같이 평양의 1930년 고무 총파업과 1931년의 평원고무 파업은 1920년대 노동운동의 성장에 크게 기대고 있었다. 이 역사를 살펴보면 고무 노동자 파업이 어떤 사회운동 세력들과 얽혀 있었는지 알 수 있다. 식민지 조선 최초의 전국적 노동자 연합체는 1920년 4월 조선노동공제회라는 이름으로 등장했는데, 산업 노동자와 소작농 — 당시 활동가들은 '소작인 노동자'라 불렀다 — 을 함께 조직한 단체였다. 계몽과 동원의 대상으로서 산업 노동력에 주목하기 시작한 부르주아 민족주의자들과 더불어 사회주의자, 특히 아나키스트들이 이런 초기 조직화 노력에 중요한 역할을 했다.[76] 일제강점기에 '사회주의'라는 용어

---

[74] 김경일 2004a, 160.

[75] 김경일 1992, 549-52. 김경일은 1930년 전후 평양에서 치열한 파업 활동이 전개될 수 있게 한 평양 산업 노동자의 "주체적 조건"들로 도시 내의 일정 지역에 공장이 밀집한 점, 노동자 교육 프로그램을 제공하는 등 노동운동 활성화를 위해 노력한 평양 노동 사회단체들의 긴 역사와 활력, 그리고 참여한 노동자가 "공동의 계급의식"을 얻는 데 도움이 된 파업 참가 경험 등을 지적한다(김경일 2004b, 328).

[76] 이호룡 2001, 97-98. 역사학자 황동연은 조선노동공제회가 아직 아나키스트 조직이 아니었지만 "식민지 조선에서 아나키스트 사상, 특히 피터 크로포트킨

는 좌파의 혁명적 민족주의 이념을 부르주아 민족주의 이념과 차별화하려는 의도에서 아나키즘, 마르크스주의, 기독교사회주의, 사회민주주의, 마르크스-레닌주의 등 다양한 좌파 이념을 지칭하는 데 쓰였다. '사회주의'와 구별해 보통 단순히 '민족주의'라 일컬어진 부르주아 민족주의 운동은 근대적 교육과 문화적 변화를 통한 민족 개조에 초점을 맞추면서 독립을 향한 점진적이고 비대립적인 운동 방식을 옹호했다.

김경일이 지적하듯이, 1920년대 중반이 되면 사회주의 이념을 받아들인 운동가들, 특히 공산주의자들이 노동운동에서 주도권을 갖게 되면서 식민지 조선의 노동운동에서 민족주의 이데올로기의 역할은 "상대적으로 미약하고 제한적"이게 된다.[77] 전국적으로는 "1922년 하

의 상호부조 사상이 인기를 끌었음"을 보여 준다고 주장한다(Hwang 2016, 96-97). 역사학자 이호룡에 따르면, 아나키즘 사상은 1880년대부터 일본과 중국을 통해 조선에 유입되기 시작했다. "국제주의적 자의식을 가진 급진 좌파"에 대한 아나키즘의 호소력은 19세기 마지막 20년 동안 전 세계를 풍미했다(Anderson 2005, 2). 더욱이 그 무렵에는 국제 아나키스트 운동의 주요 인물들이 일본의 사상가 및 활동가들과 교류하고 있었다(Konishi 2013). 아나키즘이 조선 지식인들에게 매력적으로 다가온 큰 이유는 그 사상, 특히 크로포트킨이 주창한 인류 진보의 동력으로서의 상호부조와 연대 개념이 그들이 직면한 딜레마 ─ 사회적 다원주의에 입각한 제국주의적 '문명개화' 담론에 맞서 조선 민족의 생존을 어떻게 정당화할 것인가 ─ 에 절실히 필요한 해결책을 제시했기 때문이었다. 크로포트킨의 아나코-코뮤니즘은 1910년대부터 아나코-생디칼리즘이 무시 못 할 세력으로 등장하는 1920년대 말까지 조선 아나키즘 운동의 주류가 되었다(이호룡 2001, 92-93, 107; 이호룡 2015, 22-32).

[77] 김경일 2004b, 165-74. 김경일에 따르면 그것은 비사회주의 민족주의자들에게 "일종의 불행"이었다. "식민지하에서 인구의 대다수를 구성하는 노동자들의 생활과 이들의 저항에 무관심함으로써, 민족주의 이념은 대중적 차원에서 스스로의 정당성을 확립하는 데 실패하였"기 때문이다. 이 책에서는 당시의 용례를 따라, '공산주의자'를 공산당원이나 국제 공산주의 운동에서 활동하며 코민테른의 지도를 받아들인 마르크스-레닌주의자를 지칭하는 용어로 사용한다. 최초

반기 또는 1923년 상반기", 지역에 따라서는 "이보다 다소 늦은 1924년 이나 혹은 그 이후부터" 사회주의 이념과 사회주의자들은 노동운동에서 "영향력을 독점하다시피" 하게 된다. 이런 전국적 추세에 따라, 1922년 9월 민족주의자와 사회주의자가 공동으로 출범시킨 평양노동연맹 역시 1923년 2월이 되면 사회주의자들에 의해 장악된다. 1920년대 중반의 분위기는 김경일의 표현에 따르면 "사회주의를 모르고서는 지식인으로 행세할 수 없는 분위기"였다.[78] 특히 평양은 아나키즘의 대중적 기반이 상대적으로 강했던 곳으로, 관서흑우회를 비롯한 아나키스트 조직이 양화 제조, 목공, 고무산업 등 여러 산업 분야의 노동조합에 상당한 영향력을 행사했다.[79]

1930년대 초 평양의 고무 노동자들은 이렇듯 축적된 경험과 촘촘히 얽힌 활동가들의 네트워크에 기댈 수 있었다. 하지만 동시에 그들은 국가-자본-노동의 역학 관계가 크게 변화하는 전환점에 서 있었다. 국가의 탄압이 강화되면서 노동조합운동의 합법적 공간이 사라지기 시작했고, 공산주의 활동가들은 코민테른의 변화하는 아시아·세계 전략에 맞추어 '혁명적' 노조 활동으로 전환하기 시작했다(이 책 2장 참조). 한편 1930년대 초 조선인 자본가들은 이미 식민 당국의 후원과 재정 지원을

의 사회주의 정당은 1910년대 후반 해외 조선인들 사이에서 생겨났으며, 국내에서는 1925년 4월에 최초의 조선공산당이 비밀리에 결성되었다(이준식 2009).

[78] 김경일 2004b, 174.

[79] 같은 책, 177; 이호룡 2015, 144-50, 160-62. 김경일과 이호룡은 파업 자금 확보나 해고 노동자의 생계 지원을 목적으로 파업 중이나 파업 후에 결성되는 '작업부' 또는 '산업조합'의 출현에 주목한다. 두 학자는 이런 조직을 아나코-생디칼리즘의 교리에 기반을 둔 특별한 실험으로 본다(김경일 2004b, 178; 이호룡 2015, 157). 아나키스트들이 조선 노동운동에서 수행한 역할에 대해서는 김경일 2004b, 176-81; 김경일 1992, 413-26; 이호룡 2015, 143-70 참조.

받아들이는 방법을 습득한 상태였다. 식민 정부는 경제적·정치적 이유로 조선인 기업가들의 노동에 대한 조직적 공세를 지지했다. 이런 맥락에서 평양의 고무 파업은 지역의 재계 지도자들이 가진 부르주아 민족주의적 입장에 내재된 모순을 폭로할 운명이었다.

　　대공황은 일본의 자본가들에게 그랬듯이 조선인 자본가들에게도 임금 삭감을 밀어붙일 수 있는 추가적인 무기를 제공했다. 대부분의 노동자들이 이미 극심한 빈곤에 시달리고 있는 상황에서 임금 인하가 큰 저항을 불러일으킬 수 있다는 사실을 알고 있었지만, 앞서 살펴본 바와 같이 조선인 고무공장주들은 경제 위기를 핑계로 임금 삭감을 집단적으로 결정했다. 또 '조선인' 기업의 생존을 위해 조선인이 희생해야 한다는 그들의 주장은 경성방직 김성수가 소유한 『동아일보』 같은 언론 매체에 의해 적극적으로 널리 전파되었다. 노동자와 좌파 논객들은 이런 '민족주의' 주장에 대해 민족의 구성원인 노동자들이 임금 삭감으로 생존에 극도로 어려움을 겪고 있다는 점을 지적하며 반박했다. 회사가 위기에 처해 있다고 주장하면서도 많은 경우 경영진과 주주들이 고액의 보수와 배당금을 받고 있었다는 사실은 이들의 주장에 힘을 실어 주었다.[80] 고무 파업의 경우 쟁점은 경제 불황의 시기에 여성 노

---

[80]　『중외일보』 1930/08/11; 『동아일보』 1930/09/10. 카터 에커트에 따르면, 경성방직의 경우 이 시기 동안 주주에 대한 배당금은 8퍼센트로 높은 수준을 유지한 반면, 회사는 대공황을 핑계로 임금을 20퍼센트 삭감했다. 경성방직 임원 이강현은 "당국자로서는 본의는 아니나 부득이 약간의 공임을 인하하였"다고 주장했고, 『동아일보』는 회사 측의 입장을 그대로 반복했다. 1925년 평양에서 1000여 명의 노동자가 참가했던 메리야스 노동자 총파업이 일어났을 때 『동아일보』는 사설(1925/04/14)에서 중국·일본 업체와의 치열한 경쟁으로 어려움을 겪고 있는 조선인 산업을 지원하기 위해 그 안의 노동자 운동은 "불철저한 정도에 만족하지 않으면 안 될 것"이라고 주장하며 조선인 자본가들을 옹호했다

동자에게 적절한 임금 수준에 대한 질문으로 모아졌다. 이는 근대 민족국가 건설에 대한 조선인의 공통된 열망을 배경으로 제기된 질문이었고, 계급에 대한 질문이자 젠더화된 질문이었으며, 민족적 생존이라는 중대한 문제가 달려 있는 질문이었다.

여공의 임금과 민족주의 엘리트

식민지기 내내 파업 고무 노동자들의 가장 큰 불만은 임금, 즉 저임금과 임금 삭감이었다. 그러나 식민 정부의 통계에 따르면 여성 고무 노동자의 임금은 섬유 등 여성이 지배적인 다른 산업에 비해 상대적으로 높았다. 대공황 시대의 급격한 임금 인하의 영향이 본격적으로 나타나기 전인 1930년, 성인 여성 고무 노동자의 평균 일급은 0.81원(남자는 0.96원)이었고, 같은 해 제조업 평균임금은 0.61원(남자는 0.94원)이었다.[81] 하지만 앞서 설명한 것처럼 계절에 따라 일감의 규모가 들쭉날쭉했기 때문에 이 수치는 오해를 불러일으키기 쉽다. 평양의 고무 노동

(Eckert 1991, 209-11[에커트 2008, 307-9]).

[81] 조선총독부 통계에 기초한 김경일(2004a, 98)의 <표 2-6> 참조. 임금 인하에 반대하는 고무 파업이 끝나 가던 1932년, 성인 여성 노동자의 하루 임금 평균은 0.70원이었고, 이후 계속 감소해 1936년에는 0.62원이 된다. 1930년대 초 서울의 여성 임금 조사를 보면, 제사·정미·연초 여공의 평균 월 보수는 각각 20~30원, 10~30원, 6~25원이고 하녀의 수입은 월 평균 7.6원이었다. 가장 임금이 높은 전문직은 간호부(월 33~70원)이고 보통학교 교원(35~60원)과 기자(25~60원)가 그 뒤를 이었다. 중간에 자리한 직종은 유치원 보모, 사무원, 전화교환수, 백화점 점원과 차장 등이다(김수진 2009, 90, <표 1-12>). 1930년 당시 부산 조선방직의 성인 여성 노동자 일급은 0.60원으로 섬유산업의 0.41원, 제조업 일반의 0.46원보다 높은 편이었다(박재화 1993, 13).

자 조영길의 회고에 따르면, 공장 조업이 정상일 때 아침부터 밤늦게까지 장시간 노동으로 성인 여성 노동자가 버는 하루 1원(100전) 정도의 수입은 1년 평균해 계산하면 하루 30전 정도밖에 되지 않았다.[82]

　일감이 없으면 수입도 없었다. 게다가 안 그래도 적은 임금을 더 낮추는 가혹한 벌금 제도, 즉 불량품 배상 제도에 시달렸다. 예를 들어 1930년 평양 고무 총파업의 단초가 된 5월의 히사다 고무 파업 당시 노동자들은 불량으로 판정된 첫 번째 켤레에 5전, 두 번째 켤레에 10전, 세 번째 켤레에는 자그마치 45전의 벌금을 내는 누진적 벌금 제도에 시달리고 있었다.[83] 1930년 파업 당시 노동자들이 내세운 20개 조의 요구 중 하나가 바로 이 벌금 제도 폐지였다. 불량품 생산에 거액의 벌금을 부과하는 이 무서운 제도는 업계 관리자들이 임금을 삭감하기 위해 사용하는 주요 수단 중 하나였다.[84] 이 임금 수준으로는 고무 여공들이 자신이 수없이 생산하는 고무신 한 켤레조차 살 수 없어 자기 아이를 맨발로 둘 정도였다.[85] 또 고무공장 "큰아기들"은 감독의 "눈에 거슬리게" 되면 공장에서 쫓겨나거나 일감을 얻을 수 없었기에 "발목이 시게 번 돈"을 써서 "감독놈"에게 "고기근"을 사주거나 "빨래까지 해주어" 환심을 사야 했다.[86]

[82]　송지영 1989/1959, 239-40.

[83]　같은 글, 240.

[84]　김경일 2004a, 104-5. "임금 인하 절대 반대"와 불량품 배상 제도, 벌금 제도 철폐에 더해 파업 노동자들은 "기계 수선 및 수선비 직공 부담 철폐"와 "도구 무상 대부", 해고수당, 공휴일과 야간작업 수당, 연말 상여금 지급 등을 요구했다 (송지영 1989/1959, 243).

[85]　송지영 1989/1959, 239.

[86]　평양의 고무 노동자 조영길은 회고에서 "좁쌀죽조차 변변히 끓이지 못하는 노동자들의 기아임금"을 더 깎아내리고자 했으니 "세상은 턱없이 억울했다"

고무 파업 당시 핵심 쟁점은 과연 임금 삭감이 공장주들의 주장대로 불황과 외국 제품과의 경쟁이 심화되는 상황에서 조선인 소유 기업의 생존을 위해 반드시 필요한 조치인지 여부였다. 노동자들은 1930년대 조선에 암울한 현실로 닥친 비참한 빈곤의 실태를 호소하며 사람들의 공감을 자아내려 했다. 『동아일보』를 비롯한 이 시기 온건파 민족주의 언론의 일관된 전략은, 한편으로는 노동자들이 처한 참혹한 상황과 빈곤에 동정심을 보이면서도 다른 한편으로는 임금 삭감이 불가피한 조치였다는 고용주 측의 주장을 잘 전달하는 것이었다. 또 동정심 대 어려운 경제 현실이라는 이런 기본적인 내러티브와 더불어 '적색' 공포가 동원되었다. 수많은 선정적인 보도를 통해 이들 언론은 파업 배후에 과격 선동자들이 숨어 있다고 주장하는 식민 당국의 발표를 그대로 전달함으로써 이런 공포를 부추겼다.

이런 경제적·정치적 주장 외에도 여성의 돈벌이 능력 자체를 문제시하는 젠더 담론 또한 강력했다. 한 공장주는 『동아일보』 기자와의 인터뷰에서 평양의 고무 파업에 참가한 여공의 임금이 "여자 임금" 치고는 "과하다"는 입장을 피력했다. 또 "여자의 노임이 하루 일원을 넘어가니 그것이 적소?"라고 묻는 공장주도 있었다. 평원고무의 사측을 대표하는 조하익은 비록 자신은 노동자를 "무한히 동정"하지만 현재 "여직공으로서의 임금은 적다고 볼 수 없"다고 주장했다. 한 기업인은 여성 임금에 대한 당시의 보편적 태도를 다음과 같이 정리했다. "여공은 남자가 있으니 …… 삯이 헐해도 상관없다."[87] 기업인들은 고무 일

고 결론짓는다(같은 글, 240). 당시 많은 여공들이 일상적으로 직면했던 열악한 노동조건, 장시간 노동, 성희롱과 폭력에 대해서는 이정옥 1990, 5장; 김경일 1992, 58-80; 이송희 2003; Janice Kim 2009 참조.

의 계절적 성격이 노동자의 연평균임금을 크게 낮춘다는 사실을 편리하게 외면했다. 또한 강주룡과 같은 많은 여성 노동자들이 가족을 부양하는 유일한 또는 주된 부양자라는 공공연한 사실도 무시됐다. 강주룡의 경우처럼 개별 기사로는 여성 노동자가 "아들 노릇"을 하는 경우가 보도되기도 했지만, 언론도 여성의 소득이 남성 가장의 소득을 보충하는 역할에 불과하다는 기존 가정을 문제 삼지 않았다. 이는 일과 임금에 대한 젠더 의식에 기반을 둔 이해였으며, 당시의 '민족자본가'는 이를 재고할 이유가 없었다.

　　당대 가장 영향력 있는 민족자본가 가문 중 하나였던 고창 김 씨 가문의 경성방직에 대한 카터 에커트의 연구는 이 문제에 대해 시사하는 바가 크다. 에커트는 대공황 시기 임금 삭감의 원인이 조선인 기업들이 자본재 가격 하락과 미래 시장 전망에 기대어 무리하게 사업 확장을 시도하면서 발생한 "현금 흐름의 위기"에 있었다고 지적한다. 즉, "회사의 생존이 아니라 회사의 확장"이 주요인이었다는 것이다.[88] 이 주장은 평양의 조선인 소유 고무 기업들의 경우에도 잘 들어맞는다. 1930년 8월 10일 열린 평양고무노동자대회에서 평양의 노동연맹과 청년연맹, 그리고 양말직공조합이 발표한 합동 조사 보고서에 따르면, 당시 고무 회사들은 산업 합리화를 핑계로 임금을 삭감하면서도 주주들에게 20퍼센트에 달하는 이익 배당금을 지급하고 있었다. 이는 노동자들을 격분케 했다.[89] 조선인 소유 사업장에서 발생한 노동자 파업은

---

[87]　『동아일보』 1930/09/09-10; 『조선일보』 1931/05/25; 김경일 2004a, 100; 『동아일보』 1933/11/09.

[88]　Eckert 1991, 214[에커트 2008, 314].

[89]　『중외일보』 1930/08/11.

부르주아 민족주의 진영을 곤혹스런 처지에 빠뜨렸다. 『동아일보』는 민족자본가들이 노동자들의 요구에 어떻게 대응해야 하는가라는 어려운 질문에 회피적 태도로 일관했다. 반면 지면을 통해 비판적인 목소리를 낸 부르주아 민족주의자들도 소수 있었다. 민족주의 운동의 이런 분화는 고무 파업과 강주룡의 고공 농성에 대한 사회의 태도에 영향을 미쳤다.

앞서 살펴본 것처럼 평양은 서울, 인천, 대구, 부산 등 다른 주요 산업 중심지에 비해 식민지기 내내 현지 조선인 자본가들과 기독교 민족주의자들의 영향력이 견고하게 유지된 곳이었다. 이들이 지역 경제에 미치는 영향력은 그들의 사회적 지배력을 뒷받침했다. 평양에서 고무와 메리야스 공장을 설립한 선구자들과 두 산업의 고용주 및 경영자 대부분이 개신교 기독교인이었으며, 기독교인들 간의 강력한 네트워크가 조선인 자본가들이 일본 자본의 침입을 저지하는 데 성공할 수 있었던 이유 중 하나였다.[90] 평양의 고무공장 설립자와 경영자 중 몇몇은 1911년 '신민회 사건' 당시 조선총독부의 핍박을 받아 민족주의자로 불릴 자격을 충분히 인증받은 사람들이었다.[91] 이 사건은 1910년 강제 한일합병조약 직후 일본 식민 정부가 초대 총독 데라우치 마사타케 암살 음모를 조작해 조선인 민족주의자들을 구속한 사건이다. 이어진 탄압 과정에서 일제는 고문 등 가혹한 심문과 투옥을 통해 조선인 민족운동가들, 특히 가장 위협적인 비밀결사인 신민회를 확실히 통제하는 것을 목표로 삼았다. 평양에서는 지역의 유명 인사 27명이 기소

[90] 장규식 2001, 266-68.
[91] 정창고무의 최창환, 평안고무의 김동원과 이영하를 들 수 있다. 신민회 사건에 대해서는 장규식 2001, 104-7; 윤경로 1990; 오미일 1995, 273-76 참조.

되었고, 그 외에도 84명이 신민회 사건과 관련해 심문을 받았다. 신민회 사건으로 기소된 123명 중 116명이 평안도 출신이었다. 이 가운데 91명은 개신교인이었고, 50명은 상업이나 산업에 종사하고 있었는데, 이는 초기 민족주의 운동에서 서북 지역과 개신교가 얼마나 중요한 역할을 했는지를 잘 보여 준다.[92] 그 후 평양 재계는 학생, 지식인, 종교 단체, 산업 노동자와 함께 1919년 3·1운동에서 중요한 역할을 담당했다.[93] 3·1운동 이후 민족주의의 분출로 인해 일제는 부르주아 민족주의자들이 '문화' 활동을 수행할 수 있는 여지를 더 많이 허용하는 방향으로 식민 전략을 변경해야 했다. 나중에 우리가 평양 고무산업의 핵심 지도자로 만나게 될 김동원은 3·1운동을 지원한 주요 민족 지도자 중 한 명이었다.

교회 인맥은 고무공장 설립자들이 기계 구입에 필요한 상당한 액수의 투자 자본(약 5만 원)을 마련하는 데 큰 도움이 되었다. 또 이를 통해 그들은 같은 신자인 상인이나 건물주와 연결될 수 있었다. 공장이 세워지면 기업들은 개신교 교회에 전도의 기회를 제공했다. 고무산업의 기독교 인맥은 잘 알려져 있었다. 평양의 영향력 있는 민족주의 운동가 명덕상은 평양고무노동자대회에서 한 연설에서 "평양의 고무공장주는 대개가 기독교 신자이지요"라고 단언했다. 좌파 작가 이적효는 1930년 평양의 고무 파업을 다룬 자신의 단편 「총동원」에서 '산업합리화'라는 명목으로 임금 삭감에 앞장선 탐욕스러운 고무공장주들 중 한 인물을 "찰예수쟁이"로 묘사했다.[94] 식민지 조선의 기독교 민족주의

---

[92] 장규식 2001, 105.
[93] 오미일 1995, 280-82. 이덕환, 윤원삼, 윤성운, 서기풍, 김동원 등 3·1운동을 이끌었던 평양 재계 인사들의 이름과 배경은 281쪽에서 찾아볼 수 있다.

운동에 관한 역사학자 장규식의 연구에 따르면, 20세기 초 조선에 뿌리내린 기독교 민족주의 이데올로기는 점진주의적 성격을 띤 사회적 다윈주의식 세계관에 기반을 두고 있었다. 특히 교육과 산업 분야에서 자강 노력을 통해 자유롭고 문명화된 자본주의적 기독교 민족국가를 수립하고자 했으며, 민중 혁명이나 무력을 통한 저항 전략은 의식적으로 멀리했다. 기독교 민족주의자들의 핵심 사명은 '신민'新民을 양성하는 것으로 정의되었는데, 앞서 논의한 민족주의 단체 신민회의 명칭은 이를 반영한 것이었다.[95]

　　1910년의 주권 상실은 사회적 다윈주의의 타당성을 위태롭게 했다. 강자가 약자를 지배하는 것을 자연스러운 과정이자 인류 종족을 위해 좋은 일로 이해하는 사회적 다윈주의의 틀 안에서 일본 제국주의의 조선 강점을 비판하기는 어려웠다. 이에 일부 조선인 기독교 민족주의자들은 사회주의 사상을 받아들였다. 민족주의 이념을 포기하지 않은 일부는 민족의 시조 단군을 숭배하는 등 극단적 민족주의 입장으로 옮겨 갔다. 그러나 이 두 가지 해결책 모두 기독교 신앙과 쉽게 조화될 수 있는 성격의 것이 아니었다. 많은 기독교인들이 선택한 가장 현실적인 대안은, 엄청난 재앙이었던 제1차 세계대전으로 기존 세계 질서의 파산이 명백히 드러난 이후 세계가 더 나은 방향으로 대대적인 변화(개조)를 시작했다는 믿음에 기대어 자신들의 '문명개화' 이상을 수정하고 재포장하는 것이었다. 새로운 변화는 미국과 우드로 윌슨 미 대통령이

[94]　장규식 2001, 268; 『조선일보』 1930/08/12; 이적효 1995/1931, 214.

[95]　장규식 2001; 장규식 2009, 111-34. '신민'은 흥사단의 이름에서 보듯 '사'士로도 정의된다. 유교의 개념 '사'는 이 시기에 근대적이고 기독교적인 민족국가 건설의 시민 주체로 다시 상상되었다.

주도할 것이며, 미래의 문명사회에서는 약육강식의 '적자생존' 경쟁이 아니라 정의, 인도주의, 민주주의, 세계 평화가 공동의 가치가 될 것이었다. 1922년 워싱턴회의(1921년 11월~1922년 2월)를 통해 많은 사람들이 제국주의 정치의 민낯을 목격한 후 윌슨식 민주주의에 대한 환희는 실망감과 환멸로 뒤바뀌었지만, 식민지 조선의 기독교 민족주의자들은 그럼에도 불구하고 이런 인도주의적 이상에 매달렸다. 이런 입장에서 나오는 핵심 전략은 외교적 수단을 통해 서구에 호소하는 이승만의 전략과 1920, 30년대 기독교 민족주의자들의 실력양성론이었다.

이런 일반적인 흐름 속에서 서로 다른 두 개의 개신교 민족주의 운동 세력이 등장해 경쟁하게 됐는데, 하나는 평양을 중심으로 한 서북 지역의 운동이고 다른 하나는 수도 서울을 중심으로 한 중부 지역의 운동으로, 양자는 서로 다른 특징과 궤적을 보여 주었다. 1925년, 두 그룹은 서북 지역에 기반을 둔 수양동우회와 서울에 기반을 둔 흥업구락부로 재편되었다.[96] 수양동우회는 그 자체로 종교 단체는 아니었지만 회원 대부분이 개신교인이었고, 망명 중이었지만 서북 지역 기독교 운동의 가장 영향력 있는 지도자였던 안창호를 따르는 이들이 중심이었

---

[96] 장규식 2001, 139. 흥업구락부는 미국에 있는 이승만이 이끄는 동지회의 국내 조직이고, 수양동우회는 미국에 기반을 둔 안창호의 흥사단과 연결돼 있었다. 장규식은 이 두 그룹의 방향성 차이가 부분적으로는 사회적 배경의 차이에서 비롯된 것으로 본다. 서북부 기독교인들은 비엘리트 평민 출신이 많은 반면, 흥업구락부, 즉 기호(서울과 경기, 충청) 개신교인들은 엘리트 혈통을 자랑하는 경우가 많았다. 또한 이 장의 앞부분에서 언급했듯이 서북 지역의 특수성으로 인해 장규식이 '자립적 중산층'이라고 부르는 부르주아 기업인층 내에 특정 성격의 문화와 역동성이 자리 잡게 되었는데, 서북 개신교 운동은 서울과는 달리 지역의 중소 상공인, 소지주, 자영농민층에 강하게 뿌리를 내리고 있었다(장규식 2001, 35-41; 장규식 2006, 87).

다.[97] '수양'은 1920년대 부르주아 민족주의 운동의 핵심 개념으로, 조선 민족의 이상적 주체성, 특히 운동에서 투사 역할을 담당할 청년의 주체성을 만들어 내는 중심 기제로 강조되었다.[98]

1923년경부터 인도주의에 기반을 둔 기독교 민족주의 이념은 사회주의 활동가들로부터 격렬한 공격을 받기 시작했다. 사회주의자들은 기독교 세력이 주도하는 민족주의 운동의 친미적이고 점진주의적이며 자강 지향적인 프로그램의 효과에 의문을 제기하고 조선물산장려운동과 같은 일부 자강 노력이 실은 자본가계급에게만 유리한 것이라고 비판했다. 중국과 마찬가지로 식민지 조선에서도 사회주의자들의 '반종교' 운동이 불붙어 1920년대 중반 절정에 달했고, 이에 대응해 일부 기독교 활동가들은 사회주의 이념을 일정 부분 수용할 가능성을 고려하게 되었다.[99] 1925년 무렵 일본의 기독교사회주의자 가가와 도요히코의 저작이 국내에 유통되기 시작했고, 그가 주창한 '애'愛의 원리가 일부 기독교인 학생들 사이에서 인기를 얻었다. 인간의 진보적 방향으로의 진화는 이전투구의 경쟁이 아니라 사랑을 바탕으로 한 사람들

---

[97]   서울에 기반을 둔 수양동맹회는 1922년 2월 유명한 소설가 이광수를 비롯한 지식인들이 중심이 되어 창립되었고, 평양에 기반을 둔 동우구락부는 1923년 1월 김동원이 이끄는 상공인 활동가들이 중심이 되어 창립되었다. 수양동우회는 안창호의 뜻에 따라 1925년 10월 두 단체가 합병하면서 탄생했다. 수양동맹회는 서울 본부로, 동우구락부는 평양 지부로 재편되었다. 1923년에, 그리고 다시 1925년에 이광수와 김동원이 직접 협상을 벌여 합병을 성사시켰다(이현주 2003, 187-89). 회원 수는 100명 전후를 오르내렸는데, 1933년 2월 당시 148명이었다(장규식 2001, 141-43). 수양동우회와 흥업구락부에 대해서는 장규식 2001; 이현주 2003; 김상태 1992 참조.

[98]   이기훈 2014, 130-31.

[99]   장규식 2001, 167-72.

사이의 협력에서 비롯된다는 가가와의 사상과 더불어, 크로포트킨의 상호부조론이 아나키스트 등은 물론 기독교 지식인들 사이에서도 지속적으로 영향력을 발휘했다.

이런 이념들에 영향을 받은 이대위 같은 일부 기독교 사상가들은 기독교 인도주의의 관점에서 노자 갈등과 빈곤 문제를 파고들었다. 예를 들어, 미국 유학을 떠나기 전 1921년부터 1925년 1월까지 YMCA 학생부 간사를 역임한 이대위는 YMCA 기관지 『청년』에 사회주의의 일부 가르침을 받아들여 자본주의의 폐해를 극복하고 현 사회질서를 개혁할 수 있는 방안을 고민하는 글을 많이 썼다. 그는 전 세계 인구의 80~90퍼센트를 차지하는 노동자들에게 예수의 복음을 전파하기 위해서는 자본주의의 인도주의적 개혁이 필요하다고 주장했다. 그들이 내놓은 처방의 핵심은 자본가의 사회적 책임에 대한 각성, 그리고 일정 정도의 경제 제도 개혁을 통해 노자협조주의의 정신을 실천하는 것이었다. 이대위는 노동자 이익 분배제, 실업보험을 비롯한 노동보험, 노동자의 생존권과 노동조합의 단결권·단체교섭권에 대한 법률적 보장, 그리고 공동 농장 설치, 소농민들의 농업생산조합과 소농위원회 조직, 협동조합 운동 등의 개혁안을 제시했다. 그러나 급진적으로 여겨지는 이런 아이디어들은 기독교 민족주의 운동 내에서 뿌리내리는 데 실패했고 실제 프로그램으로 구체화되지도 못했다. 장규식은 이런 개혁적 움직임이 "일정한 경향성" 수준에 그쳤다고 본다.[100] 하지만 단순한

---

[100] 같은 책, 171-72. 이런 경향성은 1920년대 후반 기독교 독립운동가들과 사회주의 독립운동가들 간의 협력을 정당화하기 위한 방법으로 떠오른 안창호 그룹의 새로운 개혁주의 이념, 즉 대공주의大公主義와도 공명하는 것이었다. 이처럼 국내에서 기독교 전도 활동과 사회적 실천을 개혁하려는 노력은 주로 중국에 기반을 둔 해외 조선인 민족주의자들의 노력과 병행해 진행되었다. 해외 운동

경향성에 불과했든 알맹이가 있는 추세였든 간에, 자본주의 발전이 초래한 빈곤과 사회적 갈등이 사회를 분열시키고 있다는 인식이 기독교 민족주의자들 사이에 확대되고 일부 기독교 지식인, 특히 수양동우회와 연관된 지식인들이 일정 수준 개혁주의적 사고로 나아가고 있었다는 점은 분명했다.

평양에서 개혁적 지식인들은 『동광』이나 『동아일보』, 신간회 등 자신이 영향력을 발휘할 수 있는 위치에서 파업 노동자들과 경영자 측의 중재를 위해 노력했다. 주요한이 편집장으로 있었고 수양동우회의 기관지 역할을 했던 『동광』이 강주룡에 보인 관심은 이런 개혁적 성향에서 비롯된 것으로, 『동광』을 위해 '체공녀'를 인터뷰한 오기영은 수양동우회 개혁파에 속했다. 오기영은 1928년 3월부터 1936년 3월까지 『동아일보』 평양지국 특파원으로 일했다. 장규식에 따르면, 동우회의 주요 멤버들이 지국장이나 기자로 활동했던 평양지국은 수양동우회의 거점 역할을 했다.[101]

의 경우 1930년대 말에서 1940년대 초 무렵에는 민주주의, 공화주의, 균등의 원칙에 기초한 공동의 공약의 필요성에 대한 공감대가 형성됐다. 이후 일본 제국주의의 대륙 확장을 막고 궁극적으로 일본의 패배와 조선의 해방을 대비하기 위해 힘을 합쳐야 한다는 절박한 필요성이 운동가들 사이에 진지한 연합 전선 노력을 불러일으켰다. 국내의 개혁적 흐름과 해외의 운동에서 발전한 개혁적 이념이 해방 후 미군정하 남한에서 합쳐지는 상황에 대해서는 추가적인 연구가 필요하다. [101] 1921년 3월부터 1924년 5월까지 지국장은 김형식이었고, 김성업이 그 뒤를 이어 1927년 12월까지 지국장으로 일했다. 후임은 주요한으로 1928년 6월까지 근무했고, 다시 김성업이 지국장을 맡아 1938년 2월까지 일했다. 이 세 인물과 오기영을 비롯해 기자 두 명이 수양동우회원으로 확인된다(장규식 2001, 280). 이들 수양동우회·흥사단 지도자 중 상당수가 1945년 일본 항복 후 미군정에서 영향력 있는 직책을 맡았으며, 이들의 기독교 개혁주의적 입장이 남한의 초기 민족국가 건설 과정에 적지 않은 영향을 미친 것으로 보인다(이 책 4장 참조).

노자 간의 충돌이 가열되던 1920년대 후반은 민족주의 진영과 사회주의 진영의 길고 격렬한 투쟁 끝에 마침내 연합 전선 조직인 신간회가 탄생하고, 여성운동가들이 신간회의 자매 조직으로 근우회를 창립한 시기이기도 하다.[102] 1920년대 후반부터 1931년 무렵은 1919년 3·1운동 이래 국내 민족주의 운동에서 가장 희망적인 시기였다. 신간회와 근우회는 전국적으로 다양한 스펙트럼의 단체에서 활동하는 운동가들로부터 열렬한 지지를 받았다. 두 조직의 지부가 우후죽순 생겨나면서 지역 활동가들을 끌어들였고, 이들은 반식민 운동에서 지도적 역할을 맡기 시작했다. 이런 좌우합작의 연합 전선 운동은 1920년대 전국적으로 사상·청년·종교·여성·농민·노동단체들이 발전한 결과였다.

사회주의자, 즉 급진적 민족주의자들과 손을 잡고 신간회를 출범하기로 한 결정은 부르주아 민족주의자들 중에서도 좀 더 개혁적인 민족주의 좌파 세력이 주도했다. 이들은 『동아일보』 그룹을 포함한 민족주의 우파 세력이 일제 식민 통치에 대해 취했던 좀 더 유화적인 정치적 입장에 반대하는 세력이었다.[103] 수양동우회는 우파 그룹과 밀접

중요한 예로 들 수 있는 것이 수양동우회 개혁파의 핵심 인물이었던 이대위의 경우다. 그는 미군정에 의해 노동국장으로 영입되어 남한 노사 관계 시스템의 방향을 수립하는 데 영향을 미쳤다.

[102] 근우회 운동에 대해서는 남화숙 1989; 남화숙 1992 참조.

[103] 연합 전선 운동의 발전은 민족주의자들의 다양한 반응을 불러일으켰다. 민족주의계에서는 천도교 구파와 『조선일보』 그룹을 중심으로 한 좌파 세력이 사회주의자들과 함께 연합 전선 운동을 지지하고 『동아일보』 그룹과 천도교 신파가 밀던 '자치' 주장 — 식민 지배하의 조선인 자치 요구 — 에 반대했다. 후자인 자치 옹호파는 민족주의 우파를 형성했다. 수양동우회는 자치 운동의 거점 중 하나로 간주되었으며, 그 리더 이광수는 자치 논의의 주요 이데올로그였다(이현주 2003, 186, 194-96).

하게 연계돼 있었기 때문에 신간회 운동의 부상은 수양동우회 내부에 분열을 야기했다. 수양동우회 내 소수파인 개혁파는, 현 상황에서는 핵심 엘리트층 양성을 위해 수양에 집중하는 것에서 벗어나 정치 영역에 적극적으로 참여해야 한다고 주장했다. 길고 격렬한 내부 토론 끝에 결국 '수양'이라는 단어를 삭제하고 동우회로 조직 명칭을 변경하기로 했고, 그것은 사회·정치 문제에 관여하겠다는 의지의 표명이었다.[104] 그리고 전『동아일보』평양지국장 주요한을 비롯한 일부 동우회 회원들이 신간회 평양지회 조직 사업에 참여했다.[105] 하지만 김동원과 오윤선 같은 동우회 핵심 지도자들은 신간회 참여를 거부했다.[106]

　우리가 다루는 이야기에서 조만식과 김동원은 식민지 시기 후반

[104]　신간회 운동으로부터 수양동우회가 소외된 것을 계기로 평양의 주요한과 서울의 조병옥이 내부에서 개혁(개조) 운동을 시작했다. 1927년 후반 안창호의 중재 노력에 힘입어 마침내 1929년 11월, 단체 이름에서 '수양'이라는 단어를 삭제하고 보수 협력파의 리더인 이광수가 신병을 이유로 지도 역할에서 후퇴하는 선에서 봉합이 이루어졌다(장규식 2001, 148-49).

[105]　수양동우회 개혁파는 장로교 기독청년면려회 조선연합회를 장악해서 그들의 조직적 기반을 확장하려 했다. 1924년 12월 창립된 이 조직은 1934년 당시 1000여 개 지회에 3만여 회원을 거느린 기독교계 최대의 청년 대중 단체였다. 이대위는 1928년부터 수양동우회 사건으로 체포당하는 1937년까지 연합회 회장과 상설 사무국 총무를 역임하면서 면려회를 이끌었다. 이들 개혁파는 또한 기독교계의 협동전선으로 출범한 기독신우회의 결성을 주도했고, 장로회총회에 농촌부를 조직했다. 조만식의 기독교농촌연구회는 이 농촌부와 관련을 맺으며 후기 장로회 농촌 운동을 주도했다(장규식 2001, 148-53).

[106]　이현주 2003, 205. 1920년대 말부터 1930년대 초의 기독교 개혁 운동은 매우 복잡한 양상으로 전개되었는데, 우리의 논의를 위해 중요한 것은 1930년대 초에 이르면 대다수 조선 기독교 지도자들이 민족주의적 사명보다는 자신의 계급적 이해를 옹호하는 쪽을 택하면서 식민 권력과 협력하는 방향으로 기울어졌다는 점이다. 한편, 골치 아픈 문제인 노동문제를 비롯한 사회문제에 관여하려는 개혁파는 소수에 머물렀다.

평양 기독교 민족주의자들의 서로 다른 두 궤적을 보여 준다. 이 둘은 오윤선과 함께 영향력 있는 평양 산정현교회의 '삼장로'로 불리며 1920년대에 걸쳐 교육적·경제적 성격의 다양한 민족주의 프로젝트를 함께했다.[107] 그러나 1920년대 후반이 되자 두 장로는 서로 다른 길을 걷기 시작한다.

평안고무 사장이기도 했던 김동원은 고무공장주들과 조선인 기업가들의 이익을 대변하는 데 앞장섰다. 호세이 대학 졸업생인 김동원은 3·1운동의 지역 지도자였으며 교육 사업에 헌신해 평양 시민들의 존경을 받았던 인물로 민족주의 학교인 대성학교의 교사이자 평양 YMCA 대표였다.[108] 당시의 많은 산업계 선구자들과 마찬가지로 김동원도 평양 사회에서 일인다역을 소화하고 있었다. 그는 지주, 상인, 공장주, 교사, 민족주의 운동가, 교회 장로였으며 평양고무공업동업회를 창설하고 이끌었다. 수양동우회와 평양 재계의 핵심 인물이었던 그는 평양의 고무 파업이라는 사회의 이목을 집중시켰던 드라마의 주인공 중 하나였다. 1927년 12월 조만식을 회장으로 하는 신간회 평양지회가 조직될 때 김동원은 가입하지 않았다.

조만식은 평안북도, 평안남도, 황해도를 아우르는 서북 지역에서 기독교 민족주의 운동을 이끈 인물이다.[109] 상인의 아들로 태어난 그

---

[107] 이들 프로젝트의 하나로 1928년 12월 평양상공협회가 설립되었는데, 협회는 일본인이 지배하는 평양상업회의소에 대응해 조선인 기업을 보호하는 것을 목표로 했다.

[108] 김동원에 대해서는 주익종 1995, 148, 157-63; 오미일 1995, 276, 281, 292; 오미일 1994, 207 참조. 그가 소유한 회사로는 목물공장(1910년 창립), 평안고무(1924년 창립), 평안양말(1929년 창립) 등이 있었다.

[109] 서북 지역에서 가장 영향력 있는 기독교 지도자는 안창호였고, 조만식은

는 평양 YMCA와 평양물산장려회 활동을 통해, 그리고 교육기관 설립과 운영을 위한 다양한 활동을 통해 평양 기독교 운동의 '무관의 제왕'으로 인정받는 위치로 올라섰다.[110] 조만식은 솔선수범하는 교육 방식, 검소하고 부지런한 일상생활, 그리고 자립적인 민족경제 발전을 위한 조선 상품 사용 장려 노력으로 유명해 '조선의 간디'로 불리기도 했다. 당시의 많은 우파 민족주의자들과 달리 조만식은 언제나 식민 권력에 대해 비타협의 입장을 고수했고, 기독교 사회운동계의 단합을 위해 힘썼다.[111] 유물론과 반신론적 요소들에 단호하게 반대한 그는 도시 서민과 소농민의 어려운 처지에 대한 관심으로부터 출발해 사회주의의 사회정책들을 진지하게 고려했는데, 이런 입장은 보수주의자들로부터 그가 기독교사회주의자가 아니냐는 비판을 불러일으켰다.[112] 따

지역 기독교계에서 "안창호를 대신하는 지도자"로 받아들여졌다. 하지만 그는 안창호의 노선으로부터 일정한 독립성을 유지하며 활동했다. 조만식은 수양동우회 인사들과 절친한 사이이고 협력해 활동했으므로 항간에서는 그를 "동우회 사람"으로 받아들이고 있었다. 그러나 그는 "파벌주의에 대한 우려 때문"에 수양동우회 가입을 피했다(장규식 2007, 169, 199-200).

[110] 평양 조선물산장려회는 1920년대 기독교 자강운동의 가장 강성한 부분을 대표하는 단체였다. 서북 지역 민족주의 운동의 활력을 증명하듯, 평양의 조선물산장려회는 그보다 늦게 1923년 서울에서 설립된 전국조선물산장려회와는 독립적으로 운영되었다.

[111] 장규식 2007, 169, 199. 조만식에 관해서는 장규식 2007, 236; 장규식 2001, 140-43, 209-11; 장규식 2006, 92; 장규식 2009, 134 참조.

[112] 1930년대를 통해 배민수, 유재기 등 조만식의 직계라 할 기독 청년들은 기독교농촌연구회(1929년 6월 무렵 결성)를 통해 농촌 운동을 적극적으로 추진했다. 장규식은 그 연구회가 이념적으로 "기독교사회주의적 성향을 다분히 띠고 있"었고 이후 장로회총회 농촌부 상설 기관에 조직적으로 참여해 실천력을 담보하게 된 점에서 식민지 조선에서 기독교사회주의가 뿌리내려 가는 중요한 사례로 주목한다. 기독교농촌연구회는 1930년대에 이미 토지개혁을 논의하고 있었고, 조만식은 다른 우파 지도자들과 달리 그런 아이디어에 전향적인 입장이었다.

라서 조만식이 신간회 평양지회장을 맡아 신간회 운동을 이끌기로 결정한 것은 놀라운 일이 아니었다.

평양의 조선인들이 맺고 있는 특별한 경제적·정치적·종교적 관계성은 1930년대 초 평양에서 일어난 일련의 고무 파업이 도시의 민족주의 엘리트들에게 특히나 곤혹스러운 상황을 만들었음을 의미했다. 평양 자본가들의 주장에 이의를 제기하는 민족주의 언론의 비판적 목소리는 민족주의 진영 내부의 이런 위기감을 반영하며 기독교 민족주의 운동 내 개혁파가 느끼는 불안감을 드러내 준다. 『동아일보』와 잡지 『별건곤』에 실린 오기영 기자의 평양 고무 파업 관련 글들은 당시 민족주의 개혁파의 비판적 시각을 잘 보여 준다.[113] 이 기사들에서 오기영은 불황의 시기, 외국 생산 업체와의 경쟁이 심화되는 상황에서 조선인 공장의 생존을 위해 임금 삭감이 필요하다는 고무공장주들의 주장을 신랄하게 비판했다. "과거 7할, 8할, 내지 10할의 배당을 밧든 시절에 비하야 현금 2할의 배당은 적을는지 모른다"고 공장주 측의 입장에 대한 이해를 표하면서도 그는 그런 높은 이익배당은 운이 좋았던 것으로 생각해야지 "상례"로 기대할 것이 못 된다고 지적한다. 그리고 "노임 감하를 아니하야도 역시 연 2할(혹은 이상)의 배당을 볼 수 잇다"는 "모

소련이 북한에 진주한 후 조만식은 평남 인민정치위원회 위원장으로서 공산주의자들과 우파 인사들 사이에서 토지개혁 정책을 둘러싼 마찰을 중재하려 애썼다(장규식 2007, 170-74, 235-36; 장규식 2001, 209-11, 355-63).

[113] 그의 견해는 1930년 평양 고무 파업을 사후에 검토한 「평양 고무 쟁의 진상」이라는 제목의 『동아일보』 연작 기사에 실렸다(『동아일보』는 1930년 4월부터 9월 초까지 발행 정지를 받아서 1930년 고무 파업을 보도할 수 없었다). 『동아일보』 평양지국 '특파원 오' 명의로 게재된 이 기사 시리즈는 당시 특파원이던 오기영 기자가 쓴 것으로 추정된다. 그 다음 달 잡지 『별건곤』에 그의 이름으로 실린 기사(오기영, 「평양 고무공장 쟁의 전적」)는 「진상」의 압축판이다.

공장주"의 진술을 인용하며 "임금 감하는 부당하다"는 자신의 결론을 강하게 피력한다.[114]

그러나 오기영 등의 비판적 목소리만으로는 민족주의 운동 내에서 노동문제를 정면으로 다루기 위한 동력을 만들어 내기에 충분하지 않았다. 조만식은 신간회 평양지회장으로서 고무공장주와 파업 노동자 사이에서 중재를 시도했다.[115] 그는 이 노력에 오윤선과 김병연 등 평양에서 가장 영향력 있는 재계의 기독교 지도자들을 끌어들였다. 오윤선은 '삼장로' 중 한 명으로 평양 YMCA, 수양동우회, 조선물산장려회, 평양상공회의소의 핵심 지도자였고, 김병연은 평양상공회의소의 대표였다. 그러나 전반적으로 이들의 중재 시도는 노동자들에게 긍정적으로 받아들여지지 않았다.[116] 1930년의 고무 총파업에서 신간회 평양지회가 노동자들을 위해 개입하지 못한 것에 대한 비판은 거셌다. 활동가들은 평양지회의 노력이 "소극적"이라 비판했고, 서울 본부도 항의의 목소리를 냈다.[117] 좌파 논객들은 일제히 신간회 평양지회를 성토했다.[118]

[114]   오기영 1930a, 6(『동아일보』 1930/09/10).

[115]   김동원 등의 기업인들이 신간회를 보이콧했지만, 신간회 평양지회에는 여전히 기독교와 재계 인사들이 지배적인 세력을 형성하고 있었고, 일부 지회 간부들은 고무공장 소유주였다. 송지영 1989/1959, 238 참조.

[116]   이현주 2003, 205; 오미일 2002, 311.

[117]   김경일 2004b, 170.

[118]   이 파업에 대한 북한의 연구 문헌들도 같은 평가를 내면서 '개량주의적' 민족주의 엘리트를 파업 패배의 주된 이유 중 하나로 지적한다(김경일 1992, 264). 몇몇 신간회 지회들과 근우회 지회들이 노동자 편에 서는 결의안을 통과시키거나 최저임금법, 일 8시간 노동제, 부인과 유년 노동자의 보호, 노조 활동의 권리 보장, 일터에서 민족적 차별의 금지 등을 주장하는 친노동 공약을 개발했지만, 전반적으로 지역의 노동쟁의에 대한 이들 지회의 실제 개입은 드물었다.

근우회 평양지회는 신간회 평양지회보다도 더 파업 노동자들과의 관계 맺기에 소극적이었다.[119] 근우회 평양지회는 지역 지회들 중에서도 특히 비사회주의 민족주의 진영에 속하는 회원들의 힘이 컸던 곳이다. 그들은 반공주의적 입장으로 유명한 기독교 지도자이자 민족주의 운동가·교육자인 조신성이 이끌었다.[120] 평양지회는 주로 여성 대중의 '계몽'을 위한 실용적인 프로그램에 중점을 두었고,[121] 평양 여성 노동자들의 수많은 파업에 지원 활동을 한 기록은 찾아볼 수 없다.

근우회 평양지회가 여성 노동자의 노동운동에 대한 직접적인 지원을 피하면서 노동계급 여성을 위한 실용적인 프로그램을 운영하느라 바쁜 와중에, 적어도 한 명의 근우회원은 평원고무 파업 당시 노동운동에 깊이 관여하고 있었다. 『동아일보』는 1931년 6월 13일 강주룡이 공산주의 적색 노조 조직과 관련돼 있다는 놀라운 뉴스를 타전했다. 7월과 8월에 걸쳐 후속 보도가 감질나게 이어졌지만, 당국은 예심 단계가 마침내 끝난 1933년 3월까지 이른바 '평양 적색 노조 사건'의 자세한 내용을 공개하지 않았다(이 책 2장 참조).[122] 강주룡을 '혁명적 노

---

[119] 근우회 평양지회(1928년 1월 30일 창립)는 다른 지회들과 마찬가지로 사회주의계와 비사회주의 기독교 여성운동가들의 협력에 의해 만들어졌다(남화숙 1989, 91, 96).

[120] 근우회 평양지회, 그리고 함경북도 웅기지회는 지회 본부 건물을 매입한 지회였는데, 이는 근우회 전국본부도 해내지 못한 쾌거였다(같은 글, 101). 근우회 평양지회에 대해서는 같은 글, 96; 박용옥 1996, 55-56, 392-99 참조. 근우회 평양지회의 민족주의계는 신간회 평양지회가 1930년 말 해산한 후에도 활동을 계속했다.

[121] 야학 개설 등의 프로그램이 있었고, 실직 여성에게 일자리를 마련해 주기 위해 속옷 공장을 설립하는 계획도 있었다(남화숙 1989, 96).

[122] 『동아일보』 1931/0/13, 1933/03/25(이 책 90쪽, <그림 3> 참조);『게이조닛포』京城日報 1931/07/25.

동조합' 조직을 위해 평양에 온 공산주의 활동가들과 연결해 준 사람은 스무 살의 근우회원 조영옥이었다.[123] 평양 고무 여공들의 적색 노조 조직 활동에 근우회원이 참여한 것은 노동자 운동에 대한 신간회와 근우회 지회의 일반적인 무관심과 극명하게 대비되는 일로, 1930년대 초 평양의 유동적이고 역동적인 이념적 환경을 잘 보여 준다. 공산주의 적색 노조 운동은 함경남도 공업 도시들에서 평양으로 확산되고 있었고, 고무 노동자 강주룡은 그에게 크나큰 고난을 가져올 그 폭풍의 한가운데로 걸어 들어가고 있었다.

강주룡과 '적색' 운동 사이의 연결 관계는 예기치 않게도 을밀대 고공 농성을 감행한 한 노동계급 여성의 특별한 행동을 설명하는 데 편리한 길을 열어 주었고, 그의 이름에 일반적인 파업 여공을 넘어선 활동가적 아우라를 더했다. 앞서 살펴본 바와 같이 식민지 경찰은 식민지 조선 노동운동의 역사 내내 노동자, 특히 여성 노동자들의 투쟁을 '배후' 선동가 탓으로 돌리는 데 열심이었다. 식민지 언론은 이에 대한 경찰 발표를 아무런 검토 없이 베끼듯 일상적으로 보도했다. 평원고무 파업의 지도자 강주룡이 공산주의 지하조직의 세포원으로 체포된 사실은 기본적인 생계를 보장해 달라는 여성 노동자들의 외침에 응답해야 한다는, 지역 민족진영 자본가들에게 가해지던 사회적 압박을 누그러뜨리는 효과를 가져왔고, 이미 낮은 임금을 대폭 삭감해 산업 평화를 깨뜨리는 그들의 결정에 대한 거센 비판도 다른 쪽으로 돌리기 쉬워졌다. '적색' 배후나 '흑막의 손'으로 표현되는 사악한 외부 세력에 의해 조종당하는 무지하고 교육받지 못한 나약한 심성의 노동계급 여성이

[123] 초기의 신문 보도는 그의 성을 '강'이라 썼는데, 이 책에서는 김경일 편 2002, 6권, 9~11절에 수록된 공식 사법 기록에 기초해 '조'라고 바로잡았다.

라는 성별화된 프레임은 당시 민족주의 부르주아지의 강력한 무기였다. 그것은 또한 20세기 내내 여성 노동자들이 파업을 벌일 때마다 기업과 당국이 사용한 전형적인 수법이기도 했다. 강주룡은 공산주의자였을까, 아니면 공산주의자들에게 조종당한 것일까? 공산주의 조직가 조영옥과 같은 여성 활동가는 많았을까, 아니면 아주 예외적인 인물이었을까? 다음 장에서는 평양의 고무 파업이 사회주의와 어떻게 연결돼 있었는지에 대해 탐구해 본다.

2장

1930년대
사회주의 운동과
여공

1930년대 초 식민지 조선은 역사적으로 중요한 전기를 맞고 있었다. 경제공황이 심화하고 일본의 식민정책이 변화하면서 집단에 따라 또 계층에 따라 각기 다른 성격의 고난과 기회가 찾아왔다. 1929년부터 1933년 사이 식민지 조선의 노동운동이 절정에 달했던 시기는 일본 제국주의 역사가 비극적인 '15년 전쟁' 국면에 접어들면서 조선 내 반식민 운동과 좌파 세력에 대한 통제가 더욱 강화되기 시작하던 단계와 맞물린다. 여성의 투쟁이 불온 세력의 배후 조종으로 촉발된다는 소위

'배후' 담론이 힘을 받으면서 여성 노동자의 임금과 노동조건 개선 요구의 정당성을 덮어 버린 것도 바로 이 시기였다.[1] 강주룡의 노동운동가로서의 커리어 역시 공산주의 운동과의 연관성이 드러나면서 안타깝게도 너무 일찍, 갑작스럽게 끝이 났다. 따라서 이른바 '배후 선동가'들의 활동에 대해 더 깊이 탐구하고, 공산주의자들과의 만남이 강주룡과 그 동료들의 행동과 주체성 형성에 어떤 영향을 미쳤는지 살펴볼 필요가 있다.

강주룡과 적색 노조 운동

평양의 고무 노동자들에게 접근하기 위해 강주룡을 포섭한 지하 공산주의 그룹은 정달헌이 이끄는 조직이었다. 정달헌은 함경남도 홍원 출신의 잘 알려진 공산주의 활동가였다.[2] 그는 서울의 연희전문 재학 시절 활동가가 되어 1926년 조선공산당에 입당했으며, 1926년 5월 경찰의 대규모 공산주의자 검거를 피해 국외로 피신했다. 당시 공산주의자들은 민족주의자 그룹들과 함께 비밀리에 훗날 '6·10 만세 운동'이라 불리게 되는 대규모 시위를 준비하고 있었다.[3] 소련에서 정달헌은 코

[1] 영진 편, 『일제하 조선관계 신문자료 집성』 1~2권에 수집돼 있는 1930년대 초반의 신문 기사 다수가 '배후 선동가'나 지하조직에 대한 경찰의 우려를 전하고 있다. 노동쟁의를 야기하려 획책하는 "노동운동자의 손"이나 "흑막의 손" 같은 표현이 눈에 띈다.

[2] 정달헌과 그 그룹의 활동에 대한 정보는 달리 명시하지 않는 경우 김경일 편 2002, 6권에 수록된 평양지방법원의 다음 세 문서에 기초한 것이다. 「정달헌 외 7인의 예심 청구서」(1931/07); 「전조선적색 노동조합 조직 계획의 예심 종결 결정서 사 송부의 건」(1933/04/10); 「정달헌 외 7인의 판결문」(1934/05/08).

[3] 6·10 만세 운동에 대해서는 장석홍 2009 참조. 이 운동과 관련된 경찰 검거

민테른이 운영하는 모스크바 동방노력자공산대학에 입학해 4년간 공부했다. 그는 '조선민족부'까지 설치한 이 대학에서 교육을 받은 150여 명의 조선인 중 한 명이었다.[4] 졸업과 동시에 정달헌은 프로핀테른에 의해 조선으로 파견되었다. 코민테른은 전 세계 노동운동에서 공산주의 활동을 조율하기 위해 1921년 프로핀테른을 설립했고, 프로핀테른은 1927년 5월 중국 한커우에서 아시아-태평양 좌익노동조합대회를 소집했다. 이 대회를 계기로 범태평양노동조합(태로) 사무국이 상하이에 설치되었다. 프로핀테른과 태로 사무국은 활동가를 파견하고, 자금을 지원하고, 현장 활동가들에게 강력한 영향력을 행사하는 지침을 발표하는 등 아시아 지역 노동운동에 적극적으로 개입하기 시작했다.[5]

로 1000여 명이 체포됐다. 그중에는 정달헌을 당에 영입하고 공산주의 진영 측에서 6·10 만세 운동의 준비위를 맡아 했던 권오설도 있었다. 그는 잔인한 고문을 당하고 1930년, 옥사했다.

[4] '모스크바 공산대학'으로도 불리는 이 대학은 코민테른이 1921년 아시아와 극동 러시아 지역의 혁명가를 육성하기 위해 설치한 학교로 1938년까지 유지되었다. 정달헌 외에 잘 알려진 조선인 졸업생으로는 조봉암, 오성륜, 허정숙, 주세죽, 김명시, 김조이, 박정애 등이 있다. 가장 유명한 졸업생으로는 호치민과 덩샤오핑을 들 수 있다.

[5] 1920년대 후반부터 1930년대까지 '적색' 노동·농민운동을 통해 볼셰비키 당을 건설하려 한 공산주의자들의 운동에 대해서는 오미일 1993, 95-188; 김경일 2004a, 8-11장; 최규진 2008; 최규진 2009 참조. 1920년대 후반부터 코민테른과 프로핀테른은 조선 문제에 깊은 관심을 기울이기 시작했고 조선 공산주의자들에게 일련의 지침을 발표했는데, 그중 가장 중요한 문서는 코민테른의 1928년 『12월 테제』, 프로핀테른의 1930년 『9월 테제』, 그리고 태로 비서부의 1931년 『10월 서신』이다. 1928년 6차대회에서 코민테른은 자본주의 체제의 전반적 위기가 "최후의 제3단계"에 접어들었다는 판단을 내렸고 코민테른의 조선 정책은 이런 세계정세 이해에 기초한 것이었다. 코민테른 공산주의자들은 따라서 이제는 "개량주의적" 세력의 진정한 성격을 드러내고 혁명적 대중의 잘 준비된 반란을 조직할 시점이라고 믿었다(최규진 2009, 18-35). 역사는 "혁명과 전쟁의

정달헌을 비롯한 조선 공산주의자들에게 맡겨진 핵심 임무는 식민지 내 혁명적('적색') 노동조합운동을 활성화해 미래 조선공산당의 토대가 되도록 하는 것이었다.[6]

1930년 말 비밀리에 조선으로 들어온 정달헌은 함경남도 함흥-흥남 지역에서 일을 시작했다. 이 지역은 급속도로 팽창 중인 중공업 지대이자 정달헌의 고향이기도 했다. 그의 주목표는 니혼질소비료의 자회사인 흥남의 조센질소비료(이하 조선질소)에서 남성 중공업 노동자들을 조직하는 것이었다. 1927년에 설립된 조선질소는 당시 식민지 내 제조업 중 일본의 투자 규모가 가장 컸던 곳으로[7] 공산주의자들의 조직화 노력이 집중된 곳이기도 했다. 정달헌은 유능한 조직가였다. 그는 주용하 및 다른 지역 활동가들과 함께 조선질소에서 비밀 세포조직을 만드는 데 성공했고, 1930년 말에는 여러 작업장 사이에서 교육과 선전 활동을 조정하는 '연구회 뷰로'를 출범시킨다.[8] 정달헌 그룹은 또 다른 태로 조직가 김호반과 연계해 1931년 2월 '함흥산별위원회'를 만들고 목공·화학·금속·철도 노동자를 전담해 조직하는 부서를 꾸렸다.

시대"로 접어들었고, 그런 조건에서는 혁명 세력이 산업 노동자와 농민(빈농)의 힘에 기반을 둔 '볼셰비키'당을 수립하는 것이 급선무이며 당은 '혁명'의 과제를 향해 모든 장애를 뚫고 매진할 결의에 차있어야 한다는 판단이었다. 코민테른, 프로핀테른, 태로 비서부의 지침과 그 영향에 대해서는 최규진 2008; 최규진 2009 참조.

[6] 네 번째이자 마지막 조선공산당이 식민 정부에 의해 궤멸된 것은 1928년이 었다.

[7] 1942년 당시 조선질소는 식민지 조선에 대한 일본 자본의 제조업 투자에서 무려 36퍼센트, 조선 전체 제조업 자본에서 27퍼센트를 차지했다(곽건홍 1995, 46).

[8] 정달헌 그룹의 함흥-흥남 지역 조직 활동에 대해서는 이소가야 1988/1984; 최규진 1997, 148-50; 김경일 2004b, 272-73 참조.

곧 함경남도는 적색 노조 조직 운동의 활기찬 중심지로 발전했고, 그로부터 서울 인천 부산 평양 등 다른 도시로 활동가들이 파견되었다. 태로 조직가 이주하가 평양을 공략하는 임무를 맡았고, 정달헌도 같은 목적을 가지고 평양에 왔다.[9] 그러나 함흥-흥남 지역에서 태로 운동가들이 주도한 적색 노조 운동은 1931년 중반 경찰의 일대 검거로 — 100~500명이 검거됐다고 한다(여러 추산이 있다) — 무너지고 말았다. 다른 도시로 파견된 조직가들은 이 검거 이전에도 그다지 큰 성과를 거두지 못한 것으로 보인다.

이런 전반적 상황과 달리 평양에서 정달헌의 노력은 빠르게 결실을 맺었다. 현지 노동운동가들과 사전 연락을 취한 후 정달헌은 1931년 2월 4일 평양에 도착했다. 일용직 노동자로 변장한 그는 믿을 수 있는 노동자와 지역 활동가들을 영입해 조직을 키워 가기 시작했다. 양말 공장 노동자 배승룡과 최영옥, 그리고 여성 활동가 조영옥이 초기에 영입되었고, 이들은 다양한 인맥을 통해 자신들이 아는 노동자들과 정달헌을 연결해 주었다. 1931년의 예심 청구서에 따르면, 당시 정달헌은 32세로 강주룡보다 두 살 많았고, 배승룡은 24세, 최영옥은 27세, 조영옥은 20세였다. 공장 단위로 노동자 세 명이 운동에 참여하게 되면 삼인조의 '반' 조직이 만들어졌다. 반 단위가 여러 개 결성되면 그 다음 단계로 적색 노조 지부가 결성되고, 이들은 궁극적으로 '산업별노동조합'으로 발전하게 된다. 5월 무렵 정달헌은 운수·섬유·화학(고무) 부문에서 3개의 맹아적 산업별노조를 조직하고 그 위에 조정 기구로 지역 위

---

[9]   그 무렵 여성 노동운동가 박진홍을 비롯한 공산주의 활동가들도 서울의 고무공장에 잠입했다. 1930년대 서울·평양·부산에서 여러 단체들이 파업 지지 전단을 살포한 활동에 대해서는 김경일 2004a, 155-59에 자세하다.

원회를 두는 구도로 조직을 만들고 있었다.[10] 그 밖에 전기 노동자와 담배 노동자도 조직에 끌어들였다.

고무 노동자들을 정달헌의 적색 노조 운동으로 영입한 것은 근우회원 조영옥이었다. 조영옥은 근처 정주군 출신으로, 법원 문서에 따르면 평양여자고등보통학교 재학 중 "이미 좌경 사상을 포지하고 노동단체의 집회 등을 따라가 참관"하며 배승룡을 비롯한 평양의 노동운동가들과 친하게 지내던 인물이었다. 담당 검사에 따르면 조영옥은 가난 때문에 학교를 그만둬야 했기에 "현 사회제도를 불합리로" 보고 "자본계급에 대한 저주의 념으로 불타"고 있었다. 2월 중순 조영옥은 배승룡의 소개로 정달헌을 만나 혁명적 노조 운동의 대의를 위해 일하기로 했다. 정달헌은 고무 노동자 중에 "투쟁적 분자"를 파악해서 각 공장에 비밀반을 조직할 것을 요청했고, 조영옥은 가능성 있는 영입 대상자로 강주룡, 최용덕 등을 제안했다. 조영옥은 학교를 그만둔 후 근우회 평양지회의 서기로 일했고, "근우회 관계로" 또 지역 노동운동 활동가들과의 교류를 통해 평원고무 직공을 비롯한 많은 고무 여공을 알고 있었다. 며칠 후 정달헌은 자신의 편지를 강주룡에게 전달해 달라고 조영옥에게 부탁했고 조영옥은 그의 요청을 따랐다.[11]

정달헌이 신입 멤버들에게 지도적 역할을 부여하기 전에 그들을 훈련하던 주된 방법은 자신이 직접 준비한 자료를 공유하는 것이었다. '전조선적색 노동조합 조직 계획 사건'이라 이름 붙여진 그의 사건에 관한 법원 문서에는 이런 정치적 문서 중 "평양노동운동의 과거 평가와

[10]   김경일 편 2002, 6권, 214-76(「전조선적색 노동조합 조직 계획의 예심 종결 결정서 사 송부의 건」).
[11]   같은 책, 6권, 232-33.

전위투사의 당면임무" "적색 노동조합 조직 문제에 관한 일반 테제" "노동자가 반드시 알아야 할 것 몇 가지" 등의 내용이 묘사돼 있다. 정달헌은 보통 자료를 세 부씩 만들어 각 핵심 멤버에게 한 세트씩 주며 공부하도록 했다. 그런 다음 각 멤버는 자신이 교육을 맡고 있는 노동자들에게 그 자료를 전달했다. 강주룡도 1931년 3월 무렵 이 방식을 통해 공산주의 적색 노조 운동에 대해 배우기 시작했다.[12]

3월 중순 조영옥은 평원고무에서 강주룡을 책임자로 하고 정옥진과 고도실을 반원으로 하여 비밀리에 반을 조직하는 데 성공했다. 그는 또 정창고무에서 이유감을 책임자로 하고 김두실, 이수실을 반원으로 하여 반 조직을 완료했다. 평원고무 파업의 지도자 중 하나인 최용덕의 이름도 초기에 조영옥에 의해 유망한 영입 대상으로 언급되는데, 법원 문서에 따르면 강주룡에게 준 정달헌의 편지 제목도 "강, 최 2인의 동무에게"였다. 하지만 최용덕이 평원고무 세포조직의 일원이 아니었던 것으로 보아 조영옥이 최용덕을 조직원으로 포섭하지는 못한 듯하다. 조직이 마련된 후 교육 자료들이 조영옥으로부터 강주룡·이유감에게로 넘어가고, 그들로부터 다시 다른 반원들에게 흘러 들어갔다. 식민 당국의 이런 설명에서 주목할 점은 여성 노동자들의 기본적인 문해력에 사법 당국이 의구심을 보이지 않았다는 사실이다. 법원 문서에 이

---

[12] 태로의 지도 아래 활동하던 '흥남좌익'(1932년 결성)이라는 적색 노조가 노동자들의 독서 클럽을 조직하고 필독서 목록을 만들었는데 주로 태로가 발행한 팸플릿과 뉴스레터들이었다(최규진 1997, 158). 또한 당대의 좌파 소설을 통해 당시 노동운동과 사회운동에서 노동자들이 접했던 텍스트 자료의 성격을 엿볼 수 있다. 예를 들어 송영의 「오수향」(1931)에서 여성 활동가들이 읽는 것으로 언급되는 좌파 도서로는 호소이 와키조의 『여공애사』, 베벨의 『부인론』, 『자본주의의 기교』, 『어떻게 싸울까』 등이 있다. 한글 잡지인 『무산자』와 『조선지광』도 등장한다. 송영 1995/1931, 120, 141 참조.

런 유형의 정치 교육에 문맹이 장애가 되었다는 언급은 없다.

정달헌은 고무산업 조직화에 큰 관심을 가졌는데, 이는 부분적으로 전년도 평양에서 일어난 고무 노동자 총파업이 국내외 공산주의 활동가들 사이에서 높은 평가를 받았고 노동운동에서 이 부문의 중요성을 확인시켜 주었기 때문이었다. 이 분야에 대한 그의 관심은 평양에 오기 전 조선질소에서 화학 노동자들을 조직했던 경험에서 비롯된 것이기도 했다. 5월에 체포되기 직전, 세 개의 노조를 설립하느라 분주하던 당시 그는 화학 산별노조를 직접 맡겠다고 나선 바 있었다. 정달헌은 조영옥에게 강주룡과의 만남을 주선해 달라고 부탁했고, 4월 초 강주룡은 그와 비밀리에 만났다.[13] 법원 문서에 따르면 정달헌은 "이미 좌익분자"였던 강주룡에게 큰 기대를 걸었던 것으로 보인다. 하지만 그 문서는 강주룡이 어떻게 "좌익" 정치의식을 갖게 됐는지에 대해서는 아무 언급이 없다.

앞에서 살펴본 바와 같이 평원고무 파업은 강주룡이 정달헌을 만난 지 약 한 달, 그리고 조영옥을 통해 정달헌 그룹과 연결된 지 기껏해야 두 달 반 만인 1931년 5월 18일에 시작되었다. 강주룡과 다른 반원들이 5월 18일부터 정달헌 그룹이 검거되는 5월 28일까지 조영옥·정달헌과 함께 투쟁을 조율했는지는 분명하지 않다. 그러나 강주룡이 을밀대 지붕에 올라갔을 때 정달헌은 이미 경찰에 구금된 상태였다. 정달헌 그룹과의 연결이 밝혀졌을 때 강주룡은 구금 상태에서 두 번째 단식 투쟁을 벌이고 있었다.[14]

[13] 김경일 편 2002, 6권, 222.
[14] 『동아일보』 1931/06/13.

언론 보도와 법원 문서들은 정달헌이 강주룡을 비롯한 평원고무 파업 여공들의 배후라는 사실을 의심하지 않았다. 『동아일보』는 정달헌 그룹이 평양 노동자들을 조직에 끌어들인 이야기를 상술한 뒤, 평원고무에서 정달헌 그룹의 작업으로 "잔약한 여직공 십수 명의 행동"이 발생했다고 보도했다(<그림 3> 참조).[15] 여성 노동자의 지적 능력이 부족함을 전제로 한 이런 서사는 법원 문서가 의도치 않게 드러낸 증거, 즉 강주룡이 이미 "좌익분자"였으며 "투쟁적" 노동자로 간주되고 있었다는 사실은 지워 버린다. 강주룡은 1930년 이미 고무 총파업을 겪었고, 이 시기 고무 여공들은 공산주의 조직가들과 아무런 연고도 없는 상태에서 파업을 벌였는데 말이다. 분명 정달헌이 체포된 후에도 평원고무를 비롯한 지역의 다른 공장들에서 파업 노동자 지원을 멈추지 않았던 태로 조직가들의 끈질긴 활동이 고무 노동자들 뒤에 숨은 '불온한 배후'에 대한 당국의 우려를 심화시켰을 것이다.[16]

정달헌 그룹의 활동은 1930년대 조선 북부, 특히 함경남도와 함경북도 지역에 집중되어 왕성하게 일어난 적색 노조 조직 운동의 일부였다. 이 적색 노조 운동의 특징은 조선과 일본의 활동가들이 함께 싸웠고, 일본·중국·소련의 공산당 및 기구들과 연계되어 국가와 민족의 경계를 넘나드는 초국가적 활동을 벌였다는 점이다. 즉, 1930년대 식민지 조선의 노동운동은 많은 경우 조선인과 일본인이 함께했거나, 여

---

[15] 『동아일보』 1933/03/25.
[16] 정달헌 그룹이 체포된 후 또 다른 태로 조직가 이주하가 주로 격문 배포를 통해 평원고무 파업 노동자들을 도왔다. 그는 7월의 세창고무 파업 기간에도 활동을 이어 갔다. 조영옥 등 7명은 결국 3년 가까이 옥고를 치른 끝에 1934년 4월 30일, 각각 2년 6개월의 징역형을 선고받고 곧 출옥했다. 정달헌은 6년형을 선고받고 1938년까지 복역했다.

<그림 3>

『동아일보』(1933/03/25) 석간 2면의 평양 적색 노조 사건 보도.

오른쪽 위는 사건으로 기소된 활동가들의 얼굴 사진이다(맨 위가 정달헌, 왼편 밑에서 세 번째가 조영옥). 그 아래쪽 사진은 예심 중 사망한 두 사람인데 위가 강주룡이다.

러 민족 활동가들이 함께한 활동이었다. 일본인 활동가들 다수가 조선인 노동자와 연대해 조선의 적색 노조 조직 활동이나 파업에 참여했다.[17] 이런 운동의 국제적 성격과 한일 활동가들 사이의 두터운 연대는 1930년대 후반 전시 통제가 강화되면서 본토와 식민지에서 이들의 활동 공간이 사라질 때까지 10여 년간 계속되었다.[18] 1931년 5월 강주룡이 을밀대 지붕에 올라갔을 때, 식민지 조선의 활동가들은 강력한 대중적 기반을 구축하기 위해 산업 노동자들에게 다가가 조직하는 혁명적 과제에 집중하며 초국가적 사회주의 운동의 새로운 시대를 막 열어 가고 있었다.

이렇듯 을밀대 지붕 위의 강주룡은 동아시아에서 더욱 촘촘해져 가는 국제적 연계의 그물망 한가운데 위치해 있었고, 1930년대 격동의 10년 동안 점점 더 많은 젊은이들이 혁명적 투쟁의 소용돌이에 뛰어들

[17] '사상 범죄'에 일본인이 연루된 사례는 영진 편, 『일제하 조선관계 신문자료 집성』, 2권의 81, 188, 200, 208, 212, 222, 224, 236, 247, 253쪽에 실린 기사들에서 찾아볼 수 있다. 1930년대 일본인의 조선 사회운동 참여에 대한 소노베 히로유키의 연구는 1930년과 1934년 사이 일본인이 연루된 기소 사건 18건을 소개하는데, 흥남(조선질소), 부산, 서울의 적색 노조 운동에 가담한 일본인 다섯 명의 이름이 확인된다(소노베 1989, 213-39). 조선인 동지들과 함께 싸운 일본인 노동자의 가장 유명한 사례는 이소가야 스에지의 경우인데, 그의 1984년 회고록 『우리 청춘의 조선』(한국어 번역본은 1988년에 나왔다)은 1930년대 흥남-함흥 지역의 태로 조직 활동에 대한 귀중한 체험담을 제공한다. 이소가야는 군인 신분으로 조선에 왔다가 조선질소 직원으로 일했고, 네 차례의 태로 사건 중 두 번째 사건에서 체포됐다가 1947년 일본으로 돌아갔다(이소가야 1988/1984, 80-83, 103-13).

[18] 조선의 감옥에서 10년을 복역한 이소가야 스에지 같은 예외적인 경우도 있었지만, 일본인 활동가들은 1930년대 후반부터 '전향'이라는 선택을 통해 점점 더 많은 수가 운동에서 이탈하기 시작했다(김경일 2004a, 497; 이소가야 1988/1984).

고 있었다. 강주룡이 광목천 끝에 돌을 묶어 을밀대 지붕 위로 던졌을 때 일본 '연돌남' 사건을 알고 있었다는 직접적인 증거는 없다. 정달헌이 쓴 혁명 선전물을 읽고 그 내용을 다른 반원들에게 가르친 범죄자로 묘사된 법원 문서의 작은 단서들을 제외하고 강주룡의 지적 여정과 독서 습관에 대한 기록은 존재하지 않는다. 하지만 적어도 1930년 평양의 고무 총파업 이전부터 시작되었을 노동운동에 대한 그의 열렬한 관심을 고려할 때, 국내와 식민 본토의 파업에 대한 신문 보도를 어느 정도는 따라가고 있었을 가능성이 높다.

신여성 사회주의자들, 여공을 만나다

위험한 혁명운동 속으로 걸어 들어간 강주룡의 이야기에서 우리는 또 다른 여성 활동가 조영옥을 주목해 볼 필요가 있다. 조영옥은 정달헌이나 이주하 같은 상부 지도자들과 현장 조직원들을 연결해 준 평양 지역 활동가들 가운데 유일한 여성이었다. 조영옥의 사례가 특히 흥미로운 이유는 그를 통해 고학력 신여성 활동가들의 삶을 엿볼 수 있기 때문이다. 전국적으로 알려진 인물이거나 서울에서 활동한 경우가 아니라면 우리는 역사 기록에서 이런 배경의 여성을 만나는 일이 드물다. 이 새로운 세대의 사회주의 페미니스트들이 활동가로 탈바꿈하는 경로에는 독특한 점이 있었다. 이 절에서는 여성해방을 위해 부르주아 민족주의나 기독교적 비전 대신 사회주의를 선택한 신세대 여성운동가들에 대해 살펴본다. 이를 통해 우리는 강주룡과 그 동지들, 그리고 조영옥의 삶을 1930년대 조선의 여성운동과 혁명운동의 큰 맥락 속에 놓고 생각해 볼 수 있을 것이다.

　사회주의 여성 활동가들을 이해하기 위해서는 먼저 그들이 속한

'신여성'(또는 '신여자')이라는 범주가 어떻게 발전해 갔는지 살펴볼 필요가 있다. '신여성'과 '모던 걸'의 등장은 전 세계적인 현상이었다.[19] 하지만 조선에서 그 개념이 논의되고 소비되는 방식은 같은 시기 일본과는 다소 달랐다. 일본에 비해 식민지 조선은 교육·취업·소비 등의 영역에서 '신여성' 또는 '모던 걸'로 살아가는 선택을 뒷받침할 수 있는 경제적 기반이 충분히 발달하지 못한 상태였다.[20] 그 결과 지식 생산과 사회운동에 참여하는 여성의 수는 매우 적었고, 사회학자 김수진의 주장처럼 '신여성'과 '모던 걸'에 대한 논쟁은 당시 잡지 제작과 언론을 거의 완전히 장악하고 있던 남성 지식인들이 독점하고 있었다. 다시 말

[19] '모던 걸'은 "20세기 전반기에 문자 그대로 전 세계에 등장"했으며 각 지역마다 특정한 방식으로 근대성을 나타내는 표식 역할을 했다(Weinbaum 2008, 1-8).

[20] 김경일에 따르면, 일본에서 '신여성'이라는 용어는 1910년대에 초기 페미니스트 그룹인 세이토(靑鞜)의 회원들에게 적용되었고, '모가'(모던 걸)는 1920년대에 서구의 근대적 상품과 라이프 스타일을 탐하는 소비주의적 열망과, 낭만적 사랑을 추구하는 새로운 욕망으로 무장한 젊은 직장 여성을 일컫는 말로 사용되기 시작했다. 하지만 조선에서는 1920년대에 이 두 용어가 거의 동시에 유행하기 시작했고, 따라서 조선판 '신여성'에는 일본의 '모던 걸'의 의미가 뒤엉켜 있었다(김경일 2004c, 28-33). 문학 연구자 박선영은 일본에서와 달리 조선에서는 '모가'의 모습으로 실생활에서 참조할 만한 전거가 부족했고 1920년대 후반과 1930년대 전반의 사회적 맥락에서 "지탄받을 소비주의적 신여성의 별칭"으로 쓰였다고 설명한다(Sunyoung Park 2015, 207[박선영 2022, 305-6. 이하 Sunyoung Park 2015의 번역은 국역본을 따른다]). 1930년대에 들어서면서 교육받은 여성의 취업 기회가 다소 늘어나 조선에서도 '모던 걸'로 사는 것이 가능해졌지만, 그 무렵 역사적 맥락이 크게 바뀌었다. 일본의 다이쇼 민주주의 시대를 규정했던 서구 지향성이 1930년대를 거치며 '서양/근대'에 대한 비판으로 바뀌는 역사적 전환이 일본의 식민지들에도 파급되어 갔고, 이런 지배적인 문화적 흐름 속에 조선에서 '모던 걸'('모던 껄')은 무책임한 서구적 퇴폐와 허영을 상징하는 단어로 사실상 탄생과 동시에 유죄 선고를 받은 것이나 다름없었다(김수진 2009, 450-71).

해, 식민지 조선에서 '신여성'과 '모던 걸'은 주로 민족주의적 검토의 대상 중 하나였다. 이들에 대한 논의는 여성을 둘러싼 제반 문제나 젠더 문제 그 자체보다는 근대성의 바람직한 성격이나 반식민지적 근대 주체에 대한 고민을 중심으로 진행되었던 탓에[21] 여성 자신의 목소리와 페미니즘적 의제는 주변화될 수밖에 없었다.

이렇게 재상상된 민족주의적 구상 속에서 신여성 주체의 바람직한 역할은 '구여성'이라 불린 여성 대중의 구원자로 규정되었고, 당대 여성운동에서도 그런 임무에 대한 광범위한 공감대가 형성돼 있었다. 그렇다면 남성 지식인들이 만들어 내고 여성운동가들이 수용한 신여성의 인식 지도에서 여공, 즉 여성 공장노동자들은 어떤 위치를 점하고 있었을까? 근대적 변혁의 주체가 되기에 충분한 존재로 여겨졌을까, 아니면 시골에서 갓 올라온 소작농의 딸로서 구원의 대상인 '구여성'에 가까운 존재였을까? 엘리트 신여성과 노동계급 여성을 함께 살펴본 연구가 많지 않은 탓에 식민지기 젠더사 연구에서 이 질문은 거의 제기된 바가 없다.[22] 여기서 우리는 신여성과 여공 두 그룹과 이들에 대한 사

---

[21] 『전 세계의 모던 걸』편집자들은 "모던 걸은 민족주의적 감시의 대상이었으며, 따라서 모든 범위에 걸쳐 민족주의적 욕망을 자극했다"고 말한다. 모던 걸이 등장한 모든 국가에서 모던 걸은 "기념의 대상이든 통제 시도의 대상이든 논쟁을 불러일으키는 인물이자 이미지였다"(Weinbaum 2008, 15). 김수진은 1920, 30년대 민족주의 지식인층이 여성 문제를 다루는 방식을 분석해 조선 신여성의 의미가 '신여자, 모던 걸, 양처'라는 상징적 하위 범주 세 가지로 분화되었다고 말한다. '신여자'는 남성 지식인의 지도 아래 아직 근대적 여성성을 갖추지 못한 '구여성'을 계몽하는 근대적 주체로 상정되었다. '모던 걸'은 식민지 조선에서 대체로 실체가 결여된 미디어적 구성물에 머물렀고, 서구화·근대화를 좇는 나쁜 주체로 배치되었다. 마지막으로 '양처' 타입의 신여성은 근대적 과학 지식으로 무장한 현모양처로 근대화의 바람직한 주체로 간주되었다(김수진 2009).
[22] 문화 연구, 문학 연구, 젠더 연구를 중심으로 '신여성' '모던 걸'과 그들의 출

회적 인식을 나란히 놓고 살펴봄으로써 성별화된 이들 범주를 구성하는 층위와 요소들을 드러내 보도록 하자.

우선 "여공은 과연 신여성으로 여겨졌을까"라는 질문부터 시작해 보자. 신여성, 모던 걸, 양처 등 신여성의 지배적 범주들을 여성 산업 노동자에게 적용하기는 어려웠을 것이다. 여공은 대개 근대 여성성에 중요한 ─ 결정적인 것은 아니라 해도 ─ 자격 요건인 정규교육을 받을 기회가 없었고 근대 상품의 소비자나 전업 주부가 되는 것도 쉽지 않기 때문이다. 일부 여공, 특히 자신의 소득을 통해 재정적 여유가 조금이라도 생긴 젊은 여성들은 기회가 있으면 시내로 나가 '모던 걸'의 화려한 라이프 스타일을 모방하려 했다. 역사학자 윤정란에 따르면, 식민지 조선에서 여성에게 처음으로 공장 일자리가 본격적으로 제공되기 시작한 1920년대에는 공장 일이 깨끗하고 현대적이며 흥미로운 여성 일자리의 예로 언론에 긍정적으로 소개되곤 했다.[23] 하지만 당시 언론에서 공장 여성은 '모던 걸'로도, 공장 '껄'로도 불리지 않았다.

여성학자 태혜숙은 식민지 조선에서 '걸'이라는 단어가 '버스 걸'이나 '데파트(백화점) 걸' 같은 서비스 직종의 여성이나 '맑스 걸'에서처럼 정치의식이 있는 여성에게 사용되면서도 공장 여성에게는 적용되

현을 둘러싼 문화적 환경에 초점을 맞춘 연구가 축적되고 있다. 또한 반제국주의 운동사 및 식민지 노동사 분야에서도 여성 주체의 활동에 관한 연구가 축적되었다. 그러나 이 두 분야는 대체로 서로 분리되어 발전해 왔다. 제니퍼 정-김, 서지영, 시어도어 준 유 등 몇몇 학자들이 식민지 젠더 관계에 대한 자신들의 연구 범위에 여성 노동자를 포함시키는 시도를 했지만, 당대 젠더 정치의 발전 과정을 더 포괄적으로 파악하기 위해서는 아직 더 많은 연구가 필요하다. Jung-Kim 2005; 서지영 2013; Yoo 2008 참조.

[23] 윤정란 2006, 39-41.

지 않았는데, 이는 그것이 여성에 대한 남성의 성적인 연상과 관련돼 있을 뿐만 아니라 공공의 시선에 노출되는 근대적 공간의 이미지를 불러일으키는 말이었기 때문이라고 지적한다.[24] 공장 여성들은 공장이라는 분명 근대적인 공간에서 일했고, 남성 상사나 동료들의 유혹과 성희롱에 끊임없이 노출되었지만, 공장은 버스나 백화점과 달리 외부인의 시선으로부터 차단된 공간이었기 때문에 그들의 존재가 버스, 백화점, 엘리베이터에서 마주치는 젊은 여성처럼 남성 지식인들의 성적 환상을 불러일으킬 가능성은 적었을 것이다. 이유가 무엇이든 식민지 조선의 여성 공장노동자는 '공장 걸'이 아니라 '여공' 또는 '여직공'으로 불렸다. 하지만 구어로는 '큰아기'라고도 불렸고 이들이 성적으로 문란하다는 이야기와 조잡한 농담이 널리 유포되고 있었다는 점에서 문제는 복잡해진다(이 책 3장 참조). 그들이 도덕성을 의심 받았고, 사회의 성적 시선으로부터 자유로울 수 없었던 것은 분명하다. 그러나 '여공'의 성적 대상화 과정은 '모던 걸'의 그것과는 다르게 작동했던 것으로 보인다.

'신여성'이라는 지위는 식민지 조선에서 많은 젊은 여성들에게

---

[24] 태혜숙·임옥희 2004, 325. '걸'girls은 1920, 30년대에 "근대적인 사회적·재현적 범주이자 자기표현의 한 스타일로" 전 세계적으로 등장했다. 이 용어는 "전통적인 여성 역할을 뛰어넘고 국가, 제국, 인종의 경계를 넘어 자신을 정의하고자 하는 욕구와 실천 수단을 가진 젊은 여성을 가리켰다"(Weinbaum 2008). 문학 연구자 이상경은 외래어 '걸'의 유행이 무엇이든 무턱대고 따라가는 경박함을 포함, 경솔한 행동을 하는 젊은 여성들을 뜻했다는 점에 주목한다. 그래서 일반적인 '맑스 걸'보다 나이가 좀 많고 마르크스주의 이론에 대한 전문성을 인정받은 허정숙·정종명 같은 주요 사회주의 여성운동가들은 '맑스 걸'로 불리지 않았다. 허정숙과 정종명은 대신 '조선의 콜론타이'라는 수상쩍은 별명을 얻었다. 소련의 유명한 외교관이자 페미니스트 혁명가인 알렉산드라 콜론타이처럼 그들이 사회주의 페미니즘뿐 아니라 자유연애('붉은' 연애)를 추구한 것을 강조한 별명이었다(이상경 2009, 27).

열망의 대상이었고, 따라서 여공의 주체성 발달에 중요한 준거점이었다. 그렇다면 여성 공장노동자들이 신여성의 자격을 갖췄는가라는 질문은 여공 자신이나 그들을 만난 신여성 활동가의 머릿속을 분명 스쳤을 것이다. 사회주의 페미니스트 활동가 정칠성은 1926년 『조선일보』에 기고한 에세이에서 이 문제를 직접적으로 언급했고, 『동광』 1932년 1월호에 이와 관련한 짧은 에세이를 실었다. 「앞날을 바라보는 부인 노동자」라는 제목의 『동광』 기고문에서 그는 "참말 신녀성"은 "예수님 덕분으로 멀리 미국 류학한 분"도, "훌륭한 학교를 마치고 부자이면 첩도 좋다는" 신여성도 아니고, "연초, 제사, 방직공장 등 흑탄연돌 속에서만 볼 수 잇는" 여공들이며, 그들이야말로 "앞날의 거룩한 신생활의 힘찬 신호를 올릴" 주체라고 힘주어 말했다. '사상 기생'으로 유명했던 정칠성은 노동계급 출신으로 근우회 운동에서 사회주의 진영의 목소리를 대변했고 여성 노동자와 여성 농민의 조직화를 주장한 인물이었다.[25] 근우회 기관지 『근우』 창간호(1929년 5월)와 좌파 잡지 『비판』 1931년 1월호에 실린 다른 글들에서 그는 노동계급 여성을 운동의 중심에 놓아야 한다고 강조했다.

여공이 신여성 활동가들을 어떻게 바라보았는지는 추측하기가 쉽지 않다. 그들의 생각을 엿볼 수 있는 문헌 자료가 거의 없기 때문이다. 그나마 남아 있는 자료 가운데, 1928년 5월 말부터 6월 초까지 8일 간의 파업에 참여한 경성방직의 한 젊은 여공이 그해 7월, 근우회 전국대회에 모인 엘리트 여성운동가들에 대해 이렇게 말한 기록이 있다. 그는 대회에 모인 근우회 대의원들이 "지배계급에 대한 투쟁"과 "일천만

[25] 정칠성 1932, 70. 한남권번 기생이었던 정칠성의 생애와 활동에 관해서는 박순섭 2017 참조.

< 그림 4 >
1928년 7월 16일 근우회 전국대회

여성을 위해 싸울 전술전략"이 부재하다고 비판하면서, 만약 "노동복 입고 땀 냄새 나는" 투쟁력 있는 "노동 부인"을 적극적으로 끌어들이지 않는다면 근우회는 하나의 '구락부'(사교 클럽)에 불과한 조직으로 남을 것이라며 엘리트 여성 활동가들에게 "그 찬란한 복장을 벗고 향유병을 깨트리고 금시계를 끌러 놓고 노동 부인들의 층으로 들어가라"고 촉구한다.[26] 이 기사는 잡지의 편집자들, 즉 좌파 남성 지식인의 여성운동에 대한 관점을 반영한 것으로 보인다. 그럼에도 불구하고 우리는 이 에피소드를 통해 당시 여공이 이미 신여성 활동가와 자신들 사이의 '구원자-구원받는 자'라는 관계 설정을 비판적으로 검토하고 있었음을 짐작해 볼 수 있다.

식민지 조선의 여성운동에서 엘리트 신여성 활동가와 여성 대중 사이의 간극은 이론적으로나 현실적으로나 심각한 문제였다. 1920년대에 산업화의 속도가 빨라지면서 작지만 눈에 띄는 산업 노동자 집단이 등장하고 사회적 관심을 끄는 노동쟁의와 사회주의 사상이 확산되면서 여성 내부의 계급 격차에 대한 인식은 더욱 첨예해졌다. 사회주의 페미니즘을 수용한 일부 신여성 활동가들은 부르주아 여성의 필요와 이해를 위해 봉사한다고 생각되는 자유주의 페미니즘의 한계를 비판하기 시작했다. 허정숙, 이현경, 황신덕 등 많은 신여성 운동가들은 일본의 대학에서 공부하며 일본 페미니스트들과 교류했고, 일부는 중국이나 소련에서 사회주의와 사회주의 페미니즘을 받아들였다.[27] 특히

[26] 『청년조선』 1928/07/31(서지영 2013, 232에서 재인용).
[27] 박선영은 식민지 조선에서 "1920년대 중반의 사회주의적 페미니즘 담론의 급진화"는 동아시아 사회주의사상의 흐름에 따라 마르크스주의가 "다소 자유주의적인(그리고 개인주의적인) 아나키즘"을 대체하는 추세에 따른 것이었다

일본 사회주의 페미니즘의 가장 중요한 이론가 중 한 명이자 일본 최초의 사회주의 여성 단체 세키란카이赤瀾会를 설립한 야마카와 기쿠에는 정칠성, 이현경, 황신덕 등 일본에서 유학한 조선인 여성운동가들에게 큰 영향을 끼쳤다.[28] "여성의 교육, 경제적 자립, 성적 자율성"을 강조한 식민지 조선의 자유주의 페미니스트들은 빠르게 산업화되어 가는 사회에서 노동문제를 다루는 데 성공하지 못했고, 여성참정권 운동이나 법 개혁 요구를 비현실적으로 만드는 식민지라는 조건 때문에 손발이 묶여 있었다.[29] 이런 상황에서 사회주의 페미니즘은 자유주의 페미니즘의 문제의식에 더해 노동계급 여성의 조직화와 계급 혁명을 통한 여성해방의 비전을 제시함으로써 자유주의 페미니즘에 대한 강력한 대안으로 떠올랐다.

1924년 5월, 박원희 정종명 정칠성 주세죽 허정숙 등 소수의 1세대 사회주의 여성운동가들에 의해 창립된 첫 사회주의 여성 단체 조선여성동우회(1924~27년)를 시작으로 1920년대 사회주의 여성운동은 크게 성장했다. 비록 식민지 조선에서 여성 작가와 여성 독자의 규모는

고 지적한다(Sunyoung Park 2015, 202[박선영 2022, 300]).

[28] 정칠성, 이현경, 황신덕 등 조선인 여학생들은 1925년 도쿄에서 삼월회를 조직했고, 삼월회는 야마카와 기쿠에의 지원을 받았다(같은 책, 203; 박용옥 1996, 270). 정칠성은 잡지 『로자 룩셈부르크』를 도쿄에서 출간했는데, 여기서 그는 야마카와 기쿠에의 저작을 번역해 소개했다(박순섭 2017, 252). 삼월회 회원들은 이듬해 귀국한 뒤 여성운동계가 연합 전선 조직을 결성하는 방향으로 나아가는 데 중요한 역할을 했다.

[29] Sunyoung Park 2015, 201-9[박선영 2022, 298-309]. 이런 식민지 상황은 여성참정권이나 모성보호를 위한 공장법 같은 여성운동의 핵심 이슈에 대한 지속적인 논쟁이 부재했던 이유를 부분적으로 설명해 주는데, 이는 일본 지식인들 사이에서 여성 문제 전반에 대한 논쟁이 오랫동안 활발하게 이어져 온 것과 뚜렷이 대조된다.

여전히 작았고, 여성 문제를 포함한 거의 모든 이슈에서 남성 지식인들의 독점이 확고했지만, 소수의 사회주의 페미니스트들은 신문과 정기 간행물의 지면을 통해 자신의 생각을 피력할 수 있었다. 정칠성 외에도 황신덕, 허정숙, 이현경 등이 사회주의적 관점에서 여성 문제를 설명한 주요 논객들이었다.[30] 이들은 근우회 운동 내에서 사회주의계의 핵심 그룹을 형성했다. 1920년대 말 1930년대 초의 근우회 운동은 이런 발전의 정점이었다. 1931년 정달헌 그룹에 합류해 평양의 고무 여공들을 조직화했던 조영옥은 그간 여성운동이 이루어 낸 이런 성취를 딛고 서 있었던 것이다.[31]

　　1927년부터 1931년까지 지속된 근우회는 1930년 당시 해외 지회 세 곳(일본 두 곳, 만주 한 곳)을 비롯해 지회 수가 64개에 달했다.[32] 여

[30]　『시대일보』(「여성해방운동에 대하야」, 1924/05/16)와 『동아일보』(「여자 해방은 경제적 독립이 근본」, 1924/11/03)에 기고한 글에서 허정숙은 여성의 삶이 계급에 따라 다른 성격을 가졌음을 지적하고, 부르주아 여성운동과 무산 계급 여성운동의 두 조류 중에서 후자의 발전에 매진할 것을 주장했다. 그를 위해 "남성에 대하여서보다 '생활양식' 그것을 대항의 객체로 삼으라"고 요구했는데, 이는 대남성 투쟁이 아니라 무산 계급운동에 합류해 자본주의 체제를 투쟁의 대상으로 삼으라는 주장이다. 근우회 운동의 핵심 이론가 중 하나였던 이현경은 사회주의 페미니즘에 관한 깊이 있고 포괄적인 논문을 1927년 잡지 『현대평론』에 4회에 걸쳐 연재하는데, 그 내용은 당시 사회주의 페미니스트들이 쓴 대부분의 에세이와 마찬가지로 해당 주제에 관한 두 개의 고전 ─ 프리드리히 엥겔스의 『가족, 사유재산, 국가의 기원』과 아우구스트 베벨의 『부인론』 ─ 을 충실하게 반영하고 있다. 베벨의 『부인론』은 1925년 한글로 번역되었고 사회주의 페미니스트들 사이에서 큰 영향력을 발휘했다(남화숙 1989, 19-20).

[31]　근우회 운동에 대한 논의는 별도의 주석이 없는 경우 남화숙 1989에 기반을 둔다.

[32]　논란이 컸던 신간회의 해소와 발을 맞춰 1931년 해산하던 당시 근우회는 수년간 기독교, 천도교, 불교 등의 종교 단체에서 활동해 온 여성들을 비롯해 지역사회에서 이름이 알려진 여성들이 대거 지회에 가입하면서 총 회원 수가 수천

성만의 조직은 여성 활동가들이 부르주아 민족주의 진영과 사회주의 진영 사이의 분열을 극복하고 공동 활동을 모색할 수 있는 기회를 제공했다. 이런 연대가 가능했던 것은 여성 대중에게 다가가기 위해서는 도시 지역 사회주의자들의 힘과, 기독교와 천도교 계통을 중심으로 한 비사회주의 페미니스트들의 여성 농민·여성 종교인들에 대한 영향력을 결합해야 한다는 인식을 활동가들이 상당 기간 공유해 왔기 때문이었다. 물론 근우회 안에는 여성해방에 대해 서로 다른 생각을 가진 다양한 집단이 섞여 있었다. 이들을 아우르기 위해 근우회의 강령은 비엘리트 여성의 '계몽'을 모두가 합의할 수 있는 기본적인 공통분모로 제시했다. 기관지 『근우』에 실린 「근우회 선언」은 이 계몽 중심적 의제를 다음과 같이 정리하고 있다.

조선 여성에게 얽크러저 잇는 각종의 불합리는 그것을 일반적으로 요약하면 봉건적 유물과 현대적 모순이니 이 양 시대적 불합리에 대하야 투쟁함에 잇어서 조선여성의 사이에는 큰 불일치가 잇슬 리가 업다. 오직 반동층에 속한 여성만이 이 투쟁에 잇어서 회피 낙오할 것이다. ……
여성은 벌서 약자가 아니다.
여성 스스로 해방하는 날 세계가 해방될 것이다.
조선자매들아 단결하자.[33]

명에 달했다.
[33] 근우회 1929b, 3-4. 『근우』 2호는 당국에 원고를 압수당해 출간되지 못했다(『동아일보』 1929/12/20).

허정숙은 일찍이 『조선일보』 1926년 1월 3일자에 실린 「신년과 여성운동」이라는 제하의 글에서 "이와가티 녀성은 엇더한 계급에 속하던지 공통된 지위를 점령하고 잇"다고 선언했다. 그리고 「근우회 선언」 뒤에 실린 「근우회 운동의 역사적 지위와 당면 임무」라는 제목의 기고문에서 "봉건의 잔재"가 여성 전체를 "가정 제도에서 사회적 관습에서 그 질곡에 신음케" 하고 있다고 규정하고 그것을 타파하는 과제를 근우회의 임무로 강조했다. 그의 상황 분석에 의하면 "조선 사회의 객체적 조건이나 여성 주체적 조건" 모두가 "성별적 조직의 단계"를 요구하며, "성적 차별 문제 등을 위하야 투쟁하는 조직체"로서 근우회는 "여성 계몽운동"을 내걸고 활동해 나가야 했다.[34] 근우회 창립 당시의 「강령」은 참여 세력을 최대한 광범위하게 넓힐 수 있도록 다음과 같이 설정되었다.

[34] 허정숙 1929, 5-13; 남화숙 1989, 50-52. 사회주의 여성 활동가들이 계몽을 시급한 목표로 받아들이게 된 제반 사정에 대해서는 남화숙 1991, 209-17, 224-28 참조. 1921년 코민테른 3차대회는 여성만의 조직을 독립적으로 설립하는 데 대해 단호히 반대하고, 대신 전문 부서로서 여성부 설치를 권고했다. 그 여파로 일본에서는 1927년 '성별 조직'으로 결성된 관동부인동맹을 둘러싸고 큰 논란이 있었다. 그러나 식민지 조선에서는 신간회의 자매단체로 근우회를 결성하는 과정에서 이 코민테른의 원칙이 문제가 되었던 것 같지는 않다. 여성운동에 대한 코민테른의 지도적 역할을 강조한 배성룡의 글, 「세계부인운동의 추세」(『시대일보』 1926/01/03)에도 '성별 조직' 불허에 대한 언급이 없다. 배성룡은 베벨의 『부인론』을 번역했고 여성 문제에 대해 많은 글을 발표한 사회주의 이론가였으며 "실질적으로 근우회의 탄생을 뒷받침한 이론가의 한 사람"이었다. 『근우』에 실린 그의 글 「조선 여성운동의 현재」를 보면 근우회의 위상과 운동방침에 대한 그의 입장이 허정숙 등 근우회 본부의 입장과 매우 유사함을 알 수 있다. 성별 조직에 대한 문제 제기는 근우회 해소론의 대두와 함께 본격적으로 등장해 근우회를 해체한 후 노동조합, 농민조합 여성부로 들어가야 한다고 주장하는 목소리가 강해진다(남화숙 1989, 45, 49-50; 남화숙 1991, 218-23).

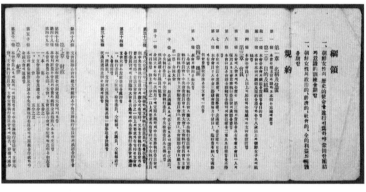

<그림 5>

『근우』1929년 5월 창간호 표지(위)와 근우회 강령과 규약(아래)

1. 조선 여자의 공고한 단결을 도모함.

1. 조선 여자의 지위 향상을 도모함.

조영옥과 정칠성 등 근우회 운동에 참여한 사회주의 여성들의 고민은 '계몽'이라는 포괄적 원칙과 여성 산업 노동자와 농촌 여성의 조직화를 중심으로 한 사회주의 페미니즘 의제를 어떻게 조화시킬 것인가에 있었다. 1929년 중앙집행위원장이었던 정칠성은 기관지『근우』창간호에서 "무산계급의 여성"은 현대의 "모든 발달"에도 불구하고 "더욱 비참한 운명에서 고력을 더욱 하게 되며 현대 문명의 하등 혜택을 입지 못한"다고 주장하며 사회주의자 회원들의 견해를 대변했다.[35] 근우회 내에서 계급 문제에 관심을 기울여야 한다고 강조한 것은 정칠성만이 아니었다. 근우회의 일부 사회주의자, 특히 도쿄지회 회원들은 여성 산업 노동자들의 조직화 과제를 전면에 내세우려 했으며, 근우회와 일부 지회의 다양한 행동 강령, 성명서, 의제에는 성별에 따른 임금 차별, 출산휴가, 여성 및 유소년 노동자의 위험한 일과 야간 노동 금지, 탁아 서비스 제공, 노동 관련 통계 작성 등 노동문제를 해결하려는 회원들의 의지가 반영돼 있었다.[36]

[35] 정칠성 1929, 35-37. 여공을 비롯해 농촌 여성, 성 노동자, 하녀의 비참한 현실을 알리는 이 글에서 정칠성은 여성 공장노동자를 지칭할 때 '여공'이 아니라 더 존중의 의미를 담은 '공장부인'이라는 용어를 사용하고 있다. 민주적 기구를 지향한 근우회는 회장을 선출하지 않고 중앙집행위원회 위원장이 조직을 대표했다. 1928년 7월의 첫 중앙집행위원회 회의에서 정종명이 위원장에 선출되었고, 1년 후인 1929년 7월의 제2회 전국대회에서 진행된 중앙집행위원장 선거에서는 정칠성이 정종명과 평양의 조신성을 큰 득표 차로 이겨(정칠성 20표, 정종명 13표, 조신성 6표) 위원장에 취임했다(남화숙1991, 235-36).
[36] 근우회는 '부인 노동자의 임금 차별 철폐 및 산전 4주 산후 6주의 휴양과 그

1930년경 평양지회의 조신성이 이끄는 기독교 민족주의계가 주
도권을 잡을 때까지는 근우회 운동에서 전반적으로 사회주의 지도부
가 주도권을 행사했다. 하지만 1930년이 되면 허정숙을 비롯한 주요
사회주의 지도자들이 학생운동과 관련해 체포되며 근우회 지도부에서
제거되었다. 1930년 초의 상황을 보면 박원희는 사망했고, 이현경은
망명 중이었으며, 허정숙은 감옥에 있었다. 여성운동에서 보수적 개신
교 활동가들을 이끌었던 확고한 반공주의자 조신성이 1930년, 집행위
원회의 새로운 위원장으로 취임하고 실천에 옮긴 변화 중 하나는 정칠
성 지도부가 1929년에 설립한 노농부를 해체하는 것이었다.

그럼에도 불구하고 사회주의계의 영향력이 강한 일부 지회에서
는 산업 노동자와 농촌 여성 조직화 의제를 열성적으로 추진했고, 이
가운데 일부 지회는 파업 중인 여성 노동자를 지원했다는 이유로 임원
이 체포되고 경찰이 사무실을 급습하는 등 어려움을 겪었다. 예컨대 함
경남도 홍원지회는 1929년 전국대회에서 근우회의 진보적 성격을 더
잘 드러내는 방향으로 강령을 수정하고[37] 노동부를 설치하는 안을 발
의하고, 지역 공장의 쟁의에 교섭위원을 파견해 개입했다. 근처의 북청

임금 지불' '부인 및 연소 노동자의 위험 노동 및 야업 폐지' '노동자 농민 의료 기
관 및 탁아소 제정 확립' '농민 부인의 경제적 이익 옹호' 등 노동 여성의 성별 특
수 요구를 행동 강령에 반영했다. 여성 전체를 아우르는 목표 중에는 '교육의 성
적 차별 철폐 및 여자의 보통교육 확장' '인신매매 및 공창 폐지' '조혼 폐지 및 결
혼 이혼의 자유' 등이 눈에 띈다(남화숙 1989, 43-44).
[37]   수정된 강령은 다음과 같다.
　　　1. 조선 여자의 역사적 사명을 수행키 위하야 공고한 단결과 의식적 훈
　　　　련을 기함.
　　　1. 조선 여자의 정치적, 경제적, 사회적, 전적 이익의 옹호를 기함.
이 전국대회는 창립 당시의 행동 강령도 수정했다(남화숙 1989, 105-11).

지회는 가타쿠라片倉 제사방적(이하 '편창 제사방적')의 파업 여공들을 돕기 위해 신직공 모집을 방해한 일로 간부 3인이 검속된 일이 있었다. 경상남도 동래지회는 1929년 전국대회에서 "동일 노동에 대한 임금 차별 철폐"를 건의했으며 1931년 정기대회에서는 근우회 해소를 당분간 보류하고 노동 여성의 조직화를 주 방침으로 하자는 주장을 폈다. 부산지회는 노동부를 두고 부산여공조합의 조직을 위해 힘썼다. 서울의 경동지회는 1930년 당시 서울 동부 지역의 여성 노동자들을 조직해 탄생했고, 군산지회의 경우 회원의 3분의 2 이상이 여성 노동자였다.[38] 일본의 도쿄지회와 교토지회는 노동조합 부인부나 다른 여성 노동자 조직들과 강한 유대를 맺고 활동했다. 1929년 초 기준 군산·평양·나남·도쿄·경동지회 등 일부 지회에는 여성 노동자들이 15명 이상 회원으로 활동하고 있었다.

그러나 전반적으로 근우회의 노동운동에 대한 개입은 제한적이고 산발적이었다. 근우회에 가입한 수천 명 가운데 산업 노동자의 비율은 10퍼센트를 훨씬 밑돌았다.[39] 하지만 여성 산업 노동자와 중산층

---

[38] 『조선일보』1929/03/31, 1929/10/27;『동아일보』1931/01/18, 1931/05/06; 남화숙 1989, 91, 100;『조선신문』1930/04/16; 근우회 1929c, 82-93.

[39] 『근우』창간호(1929년 5월)에 수록된 회원 현황 자료에 따르면, 직업 범주가 기록된 25개 지회 2103명의 회원 중 131명(6.2퍼센트)이 노동자, 34명(1.6퍼센트)이 농민이고, 대다수(1256명)는 주부였다. 이 자료에 따르면 노동자 회원이 있는 것으로 기록된 7개 지회와 그 회원 수는 다음과 같다. 군산(회원 총수 70명 중 50명이 노동자), 평양(452명 중 30명), 나남(58명 중 18명), 도쿄(105명 중 15명), 부산(127명 중 9명), 담양(38명 중 5명), 신의주(40명 중 3명), 서울(224명 중 1명). 이에 비해 1931년 당시 신간회 회원 3만9410명에는 노동자 6041명과 농민 2만1514명이 포함돼 있었다. 경찰 당국의 통계는 1930년 6월 기준 근우회원 규모를 58개 지회 3749명으로 기록했다. 근우회 1929c, 82-93; 박용옥 1996, 347, 372 참조. 1931년 7월에 나온 잡지『이러타』는 근우회원 수를 약 6000

신여성 회원들이 여러 지회에서 함께 활동하기 시작한 것은 의미 있는 진전이었다. 근우회 운동을 통해 부르주아 민족주의 활동가들과 사회주의 활동가들은 비록 짧은 기간이었지만 서로 손을 잡았고, 또 여공과 신여성 활동가들이 연결될 수 있는 기회를 갖게 되었다.

노동운동에 투신한 사회주의 여성들

조영옥과 같은 근우회 사회주의자들은 적색 노조 운동에 뛰어들면서 여성 노동자의 계급적 자각을 강조하는 운동 담론을 접하게 된다. 그들은 공산주의 운동의 헤게모니 아래 활동하면서 계급 혁명과 민족 해방이 모든 계급에서 여성의 진정한 해방을 달성하기 위한 전제 조건이며 따라서 가장 시급한 과제라는 담론을 받아들였다. 여성의 자율적 주체로서의 각성은 '계급 혁명을 위한 노동자의 동원'이라는 틀 안에서 추구되어야 했다.

1930년대에는 엘리트 신여성의 안락한 삶을 누릴 기회를 포기하고 혁명적 노동조직가로서의 어렵고 위험한 삶을 선택한 신세대 여성들이 등장했다. 1980년대 한국의 운동권 용어를 빌려 오자면, 이들은 학생 신분을 버리고 현장에 들어가 노동 조직가로 변신한 학출(학생운동 출신) 1세대라 할 수 있다. 그러나 우리에게 이들의 노동운동 경험과 정신세계는 잘 알려져 있지 않다.

조영옥과 같은 신여성 활동가들과 강주룡과 같은 여공 활동가들의 역사적 만남을 더 잘 이해하기 위해서는 당대 공산주의 이데올로그

명이라 말하고 있고, 소설가 최정희는 1931년 당시 회원 수가 6542명이라는 더 상세한 기록을 남겼다(남화숙 1992, 161).

들이 여성 공장노동자의 지위와 역사적 역할을 어떻게 정의했는지를 살펴보는 것이 도움이 된다. 태로 비서부 기관지인 『태평양로동자』는 여성 산업 노동자에 대한 좌파 담론의 진화를 살펴보는 데 유용한 자료다. 태로 비서부는 국내 적색 노조 조직 운동에서 중요한 지침이 되는 1931년 「10월 서신」을 발표했고, 정달헌을 비롯한 태로 계열 활동가들은 노동자들 사이에서 끈질기게 조직화 노력을 이어 갔다. 그 규모는 1930년대 초에 발생한 네 건의 주요 태로 사건에 수천 명이 연루돼 투옥된 사실로도 가늠할 수 있다.[40] 다행히 1930년에서 1932년 사이의 『태평양로동자』 한글판은 대부분의 호가 남아 있어 분석이 가능하다.[41] 이를 살펴보면, 다수의 필자들이 조선의 노동운동 현황에 대해 논하며 여성 노동자들의 전투적 투쟁을 운동의 큰 발전으로 꼽았으며, 특히 채린의 글과 백두산(필명)의 글을 비롯한 여러 글에서 평양의 고무 노동자 파업이 강조된 것을 찾아볼 수 있다.[42]

여공 운동에 관한 『태평양로동자』 기사의 두드러진 특징은 집단, 즉 조선의 산업 노동자 전체에 초점을 맞추고 여성 노동자 개개인을 영웅으로 거론하는 것을 완강하게 거부했다는 점이다. 백두산과 채린의 글은 모두 노동자라는 집단과 파업 지도부 전체에 초점을 맞추었고, 기여가 큰 경우에도 개인을 부각하지 않았다. 사실 여공 파업을 논의하면서도 운동의 주체인 공장노동자가 분명하게 '여성'으로 규정되지 않는 경우가 많았다. 계급의식이 있는 여성 노동자들은 종종 '혁명적 분자'로 불렸다.[43] 이 글들은 또한 당대의 민족주의 언론이 썼던 '여투사'라

---

[40] 김윤정 1998; 최규진 2009; 최규진 1997.
[41] 박환·이상일 편 1998, 1~2권으로 영인돼 있다.
[42] 채린 1998/1930; 백두산 1998/1931.

는 용어를 파업 여공에게 사용하지 않았다. 평원고무 파업을 평가하고 기념하는 글에서도 백두산은 강주룡을 단순히 "여공 강주룡"이라 불렀다.[44] 이런 글쓰기 습관은 당시 민족주의 언론이 파업 고무 노동자의 성별을 전면에 내세우고 존경할 만한 투사 여공의 이미지를 구축하던 방식과는 완연히 대조적이었다.

『태평양로동자』의 지면을 훑어보면, 공산주의 조직가들과 여성 노동자들 사이에 관점상으로나 문화적으로 큰 간극이 존재했음을 알 수 있다. 이런 간극을 잘 보여 주는 게 바로 단식투쟁 전술에 대한 양쪽의 입장 차였다. 백두산은 노동자 투쟁에 관한 사회주의 저술에서 흔히 볼 수 있는 것처럼 경찰과 공장주에 저항하는 파업 노동자들의 싸움이 "비장 통녈치 안타고 말할 수 업다"고 칭찬하면서도 "단식동맹" 전술이 "자살적이며 비투쟁적"이고, 투쟁을 위해 체력이 필요한 파업 노동자들의 "연약한 몸"을 "파괴"하기 때문에 전쟁에서 "무장해제"에 해당하

---

[43] 일상적 업무에 종사하는 여성 노동자를 지칭할 때는 '여공' 또는 '여직공'이라는 용어가 사용되었고, 추상적인 실체로 지칭할 때는 노동 여자, 노력 여자, 노동부인, 부인 노동자, 여자 노동자 같이, '일하는'(노동, 노력) '여성'(여자, 부인)을 의미하는 다양한 용어가 사용되었다. 여성이라는 경쟁적 기표에 대한 역사학자 이정선의 언어-통계학적 연구에 따르면, 사회운동이 활발했던 1920~33년에 '여자'는 교육의 대상이나 민족주의적 주체를 지칭하는 경향이 있었고, '여성'과 '부인'은 사회주의적 주체와 연관되는 경우가 많았다. 1920년대 후반부터 1930년대 초반까지 신여성에 대한 비판이 급증하던 시기에는 '여자'라는 용어가 성적인 의미가 강해지면서 활동가적 색채를 잃었다. 1930년대 초 공산주의자들이 선호하던 기표는 '부인'이었지만, 1930년대 중반 사회주의 운동이 지하로 들어가면서 '부인'이라는 용어는 사회운동과의 연관성을 잃기 시작했다. 그리고 식민 통치 말기에 여성이 일제의 충성스러운 신민으로 동원되면서 '여성'이라는 용어와 함께 '부인'도 식민 당국의 담론에 흡수된다(이정선 2017, 93-94, 121-22).
[44] 백두산 1998/1931, 232-37.

는 "무력한 전술"이라고 비판한다.[45] 이는 당시 공산주의자들 사이에서 널리 공유된 견해였던 것으로 보인다. 해방 후 공산주의 운동의 핵심 지도자이자 남조선노동당 지도자로 등장하게 될 박헌영은 1932년 보고서에서 여성 노동자들의 "기아 투쟁과 같은 소극적 투쟁 형태"를 비판하며 본질적으로 같은 견해를 표명했으며, 1931년 12월 프로핀테른 회의에 참석한 조선 대표도 마찬가지였다.[46] 백두산은 단식투쟁이 "자체의 계급적 투쟁 요구를 투쟁으로써 전취"하는 대신 "불수아[부르주아지]의 인도적 연민감에 애소하는 것"이라고 비판한다.[47] 그러나 전술로서의 단식은 노동자들의 확고한 결의를 보여 줌으로써 사측에 대한 도덕적 우위를 점하는 데 초점이 맞춰져 있던 것이지, 단순히 부

[45]   같은 글, 236.

[46]   최규진 1997, 120.

[47]   역사학자 차크라바르티는 엘리트 노동운동 지도자들이 산업 노동자들 사이에서 누렸던 권위의 성격을 이해하기 위해 인도 황마 노동자들에게서 보이는 특정 정치 문화를 분석하면서 "[자신의] 고통을 스펙터클로 만들어 부자들의 동정과 지원을 얻으려는" 경향에 주목한다. 그에 따르면, 이는 "자본주의 이전의 문화로 특징지어지는 사회에서는 익숙한 광경이었고 지금도 여전히 그러하다"(Chakrabarty 1989, 142-43). 식민지 조선과 한국의 노동자들도 대중의 공감과 지지가 쟁의의 성공에 필수적이라고 여겨질 때는 고통을 공개적으로 드러내는 전술을 쓰기도 했다. 이 유용한 비교 지점을 지적해 준 루스 배러클러프에게 감사드린다. 그러나 인도와 한국은 역사적 맥락이 많이 달랐다. 차크라바르티가 연구한 인도의 황마 노동자들이 자신의 고통을 상세히 드러내고자 하는 강한 욕구를 보였을 때 그들의 탄원은 그것을 듣고 노동자들을 대신해 쟁의에 개입할 엘리트 권력자들을 향해 있었다. 그러나 식민지 조선의 노동자들이 기아 수준의 임금이라 주장하며 그로 인한 고통을 폭로하기로 결정했을 때, 그 대상은 개별 엘리트 노동 지도자들이 아니라 조선 사회였다. 식민지 조선에서는 노동자 스스로가 연출한 것이라기보다는 언론과 지식 생산자들이 독자들로부터 '동정'이라는 인도주의적 정서를 기대하면서 여공의 무력함을 강조하기 위해 여성 노동자가 겪는 고통의 스펙터클을 의도적으로 배치하는 경우가 많았다(이 책 3장 참조).

르주아지의 동정을 불러일으키기 위해 노동자의 무력함을 공개적으로 과시하는 행위가 아니었다. 여성 노동자들이 선택한, 절박하면서도 사회적으로 효과적인 단식투쟁 전술에 대해 공산주의자들이 이토록 부정적이었다는 사실은 흥미롭다. 저항으로서의 단식이 여성의 "연약한" 몸을 파괴할 뿐인 무력한 전술이며, 그들의 "인도적" 호소가 굴욕적인 것이라는 비판에 대해 평원고무의 여공들은 과연 뭐라고 말했을까.

1930년대 조선공산당 재건 노력에 대한 연구들을 보면, 언제나 적색 노조 조직화가 운동의 핵심에 있었다.[48] 1930년대 많은 활동가들이 공장 단위에서 공산주의 세포조직과 연구 모임을 만들었다는 사실은 잘 알려져 있지만, 그 조직 내부의 젠더 관계가 어떠했는지에 대해서는 알려진 바가 많지 않다. 하지만 전설적인 이재유 그룹에 대한 노동사가 김경일과 안재성의 연구, 그리고 좌파 여성 작가에 대한 문학 연구자 이상경의 연구가 이 시기 노동운동가로 변신한 여학생들의 삶을 깊이 있게 이해하는 데 도움을 준다.[49] 이런 연구들을 통해 우리는 조영옥과 강주룡의 관계를 노동자 조직화에 몰두하던 당대 공산주의 운동의 맥락 속에 놓고 볼 수 있다.

이들 연구를 보면, 여성 노조 조직가들의 개인적 배경과 직업적

---

[48] 역사학자 최규진은 국내 여러 지역에서 수많은 헌신적인 활동가 그룹이 참여했던 당 재건 운동의 네 가지 주요 흐름을 부각시킨다. 먼저 초기 당 재건 운동 (1929~32년)에서는 서울 상해파, ML(Marxist-Leninist)파, 레닌주의 그룹, '콤뮤니스트' 그룹 등이 활약했다. 두 번째(1933~36년), 세 번째(1936~38년), 네 번째(1939~41년) 재건 운동은 각각 이재유 그룹, 원산 그룹, 경성콤 그룹이 이끌었다(최규진 2009). 최규진의 이 책과 김경일 2004a, 8~11장에서 이 운동으로 체포된 여성 활동가들의 이름을 일부 찾아볼 수 있다.
[49] 김경일 2007; 안재성 2004; 이상경 2009, 79-82.

경험은 다양했다. 그러나 대부분의 경우 소위 RS(독서회)reading society 라고 불리는 사회주의 스터디그룹에 참여한 경험이 그들 인생에서 중요한 전환점이 되었다. 또 학생운동을 이끌며 여러 시위와 동맹휴학을 조직해 본 경험도 혁명가의 삶을 선택하게 되는 중요한 계기였다. 학생운동은 1930년대 급진 운동에서 가장 활력 넘치는 부문 중 하나였으며, 교사들은 헌신적 신세대 활동가를 양성하는 데 중요한 역할을 했다.

'청년'은 이 시기에 산업 노동자, 소작농과 함께 공산주의 조직화의 주요 표적이었다. 1920년대 후반부터 1930년대 초반의 시기에는 정치적으로 각성한 학생들의 동맹휴학과 반제 데모가 빈번하게 일어났다. 이 가운데 가장 중요한 사건이 1929년의 광주학생운동과 1930년의 서울여학생운동이다. 후자는 근우회의 사회주의 여성들이 깊이 관여했기 때문에 '근우회 사건'이라고도 불렸다.[50] 신간회와 근우회, 특히 이들 조직의 사회주의계 회원들은 이런 반제 학생운동을 적극적으로 지지했고, 그 결과 경찰의 탄압에 직면했다.

1930년대 많은 학교에 RS 조직이 있었고, RS 훈련을 받고 동맹휴학을 경험한 베테랑 중 일부는 적색 노조 조직가로 변신해 학생운동에서 배운 것과 동일한 소그룹 의식화 방법을 노동자 멘토링에 적용했다.[51] 경찰 기록에 따르면 1930년대 전반기에 70여 건의 적색 노조 사건으로 1759명 이상의 활동가가 체포됐는데, 대부분이 25세 이하 청년들이었다.[52] 그들 중에는 고등보통학교 졸업생이 다수 포함돼 있었다.

[50] 근우회의 학생운동 개입에 대해서는 남화숙 1992, 168-69 참조.
[51] 김경일 2004a, 454-67. RS 조직이 발각된 학교의 목록은 465쪽에 실려 있다.
[52] 윤여덕, 『한국 초기 노동운동 연구』, 201(김경일 2004b, 269에서 재인용).
태로 적색 노조 사건과 관련해 체포된 노동자 활동가들의 연령대를 조사한 자료

서울의 여학교 중에서는 천도교 계통의 동덕여자고등보통학교(여고보)와 감리교의 이화여고보가 1930년대 사회주의 여성운동가의 요람으로 유명했다. 동덕여고보는 이순금, 박진홍, 이종희, 이경선 등 유명한 급진적 여성운동가를 다수 배출했다. 이순금과 이경선은 학교에서 사회주의 서적을 접하고 학교를 떠난 뒤 적색 노조 운동에 투신하는, 조선 청년 여성 혁명가의 전형적 경로를 보여 준다.[53] 이경선은 동대문 지역의 공장에서 일했고, 이순금은 영등포 공업 지대 소재 섬유공장에서 일하며 체포될 때까지 몇 개의 반을 조직했다. 이종희는 고무공장 여공들과 일하며 1933년 서울의 별표고무 파업을 이끌고 서울고무와 가네가후치 방적鐘淵紡績(이하 '종연방적') 서울 공장 파업에 개입했다.[54]

식민지기 여성 노동운동가 중 가장 널리 알려진 인물은 아마도 박진홍일 것이다. 박진홍은 동맹휴학의 주모자로 지목되어 동덕여고보에서 퇴학당한 후 서울의 대창직물, 대창고무, 조선제면회사 등 고무·섬유공장에서 여공으로 일하며 전업 조직가로 활약했다. 그는 학생들이 동맹휴학을 조직하는 일을 돕고 노동자 조직화를 목적으로 한 비밀

에 따르면 체포 당시의 연령이 파악되는 68명 중 53명(78퍼센트)이 25세 미만인 것으로 나타났다(김경일 2004b, 268). 1928년부터 1933년 3월까지의 5년간 함흥의 한 형무소에만 사상범 1101명이 수감돼 있었는데, 그중 73퍼센트 이상(809명)이 25세 이하, 20퍼센트(219명)가 26~30세였다(최규진 1997, 149).

[53] 『조선중앙일보』(1936/8/24)는 "공장층에서 활약턴 대담한 인태리 여성: 이경선과 이순금 양인, 만록총중 홍이점"이라는 자극적인 제목 아래 조선공산당 재건동맹사건의 500여 명 검거자 중 단 두 명의 여성인 이경선·이순금의 경력과 활동을 소개했다(이상경 2009, 66, 77-78).

[54] 이종희는 동창인 박진홍과 함께 1931년의 경성RS협의회 사건으로 체포됐고, 박진홍처럼 나중에 이재유 그룹에서 활동했다. 그는 서울 지역 노동운동가들 사이에서 전투적이고 능력 있는 조직가로 명성이 자자했다고 한다(강만길·성대경 편 1996, 373; 김경일 2007, 82).

조직인 경성RS협의회 멤버로 활동했다. 이 협의회는 1931년 6월의 동덕여고보 동맹휴학을 비롯해 서울 시내 10개 이상의 학교에서 동맹휴학을 조직하는 데 관여했다.[55] 경성RS협의회에서 박진홍은 고무 노동자 부문을 맡아 대정고무와 우리고무 등에서 활동했다.[56] 이들 여성학출 조직가 중에서 특히 주목할 만한 인물은 허균이다. 그는 평양의 조영옥처럼 급진적 성향의 서울 근우회 경동지회 핵심 간부였다.[57] 재정적 어려움 때문에 학교를 중퇴하고 나중에 노동운동가가 되었다는 점에서도 조영옥과 닮아 있다. 그는 서울고무와 대륙고무 등 고무공장과 섬유공장에서 일하다 해방 후 조선노동조합전국평의회(전평)의 부인부 책임자가 되었다. 그 강력했던 조직노동자의 전국기구에서 여성

---

[55] 오미일 1992, 289.

[56] 김경일 2004a, 155-59. 1931년 12월 체포되어 23개월 동안 고문과 옥고를 치른 박진홍은 석방 후 1934년 8월, 서울 지역에서 적색 노조와 학교 RS 조직을 시도하던 이재유 그룹에 가담한다. 박진홍은 여섯 차례 체포되고 세 차례 기소되었다(오미일 1992, 288-90; 최규진 2009, 146). 그는 1935년 1월 체포될 때까지 이재유를 위해 '레포'(연락원)와 '아지트 키퍼'(또는 '하우스키퍼')로 일했다. 1937년 5월 석방된 후 그는 자신의 동덕여고보 선생이었으며 친구 이순금의 오빠인 이관술과 접촉하려 했으나 석방 두 달 만에 또다시 체포된다. 증거 불충분으로 9월에 풀려난 박진홍은 레포 일을 계속했고 노조 조직가로 활동하다 조선공산당재건경성준비그룹 사건에 연루돼 그해 말 또다시 구속된다. 징역 1년을 언도받고 1939년 7월까지 복역한 그는 풀려난 후 박헌영이 지도하는 경성콤 그룹과 연계된 활동을 모색했고, 그로 인해 1941년 말부터 1944년 10월까지 다시 감옥살이를 했다. 석방 후 그는 유명한 국문학자 김태준과 함께 중국 연안으로 망명하는 위험하고 대담한 시도를 했다. 해방 후 김태준은 남조선노동당 간부가 되고 나중에 남한에서 처형당한다. 1948년 9월 북에서 열린 최고인민위원회에서 대의원으로 선출된 것을 마지막으로 박진홍의 모습은 대중의 시야에서 사라졌다. 김일성이 남한 공산주의자를 숙청할 때 희생됐을 가능성이 크다.

[57] 허균은 유순희, 이종희, 박진홍 등이 멤버로 활동했던 이재유 그룹의 멤버였다. 이재유 그룹의 활동은 오미일 1992; 김경일 2007에 상세하다.

으로서는 최고위직에 오른 것이었다.[58]

1930년대 조선에서 나타난 급진적 여성들의 이 같은 일반적인 성장 패턴은 조영옥·강주룡 2인방에게도 적용된다. 허균을 비롯한 많은 학출 여성의 사례를 통해 우리는 고무공장과 섬유공장이 공산주의 노동운동의 중심 타깃이 되었으며, 그에 따라 현장에서 여공에게 접근할 수 있는 젊은 여성 활동가들의 역할이 매우 중요해졌음을 알 수 있다. 우리에게 남은 자료는 체포·기소된 사건에서 나온 증거 자료들뿐이라 적색 노조 운동의 전체 규모를 가늠하기는 힘들다. 하지만 경찰과 법원 문서만 살펴봐도 1930년대 식민 당국의 잔인한 탄압과[59] 반공 선전에도 불구하고 많은 고무·섬유공장에서 적색 노조가 활동했던 것으로 확인된다.

여공들 사이에서는 근대 교육을 받고 공장 투신을 결심한 신여성 조직가만이 아니라 강주룡처럼 노동자 신분의 활동가들도 성장하고 있었다. 1934년 10월 부산에서 발생한 대규모 적색 노조 사건으로 기소된 남성 24명, 여성 15명의 활동가 중 한 명으로 기록된 "조방 여공 박순희"가 또 다른 예다.[60] 그리고 1933년 서울에서 이재유 그룹의 적

[58] 강만길·성대경 편 1996, 536; 최규진 2009, 153-54, 167.
[59] 황동연은 식민지에서 조선인 아나키스트들이 겪었던 가혹한 감옥 생활을 다음과 같이 묘사한다. "체포되어 재판을 받게 되면, 잔인하고 반복적인 고문과 영양실조, 형언할 수 없이 열악한 환경으로 인해 어떤 아나키스트도 두 발로 걷지 못하기 십상이고 감옥에서 시간을 보낸 후에는 살아남아 있기 어려웠다고 한다"(Hwang 2016, 89).
[60] 검찰에 따르면 이 그룹은 부산과 대구에 있는 공장을 '적색'으로 만들려 했고, 농촌 지역에도 손을 뻗치려 했다. 기소된 활동가 39명의 나이는 18~27세로, 19세 여공인 박순희는 그중 가장 어린 축에 속했다(『후산닛포』釜山日報[이하 『부산일보』] 1935/03/17. 경성제국대학 법문학부 법학과 부속정리실 1928~40

색 노조 조직 활동에 참여한 노동자 100여 명 가운데 상당수가 섬유공장과 고무공장 여공이었다. 이재유 그룹의 멤버이자 전투력 강한 공장 노동자로 알려진 유순희는 1933년 소화제사에서 파업을 이끌었고, 이후 경성방직 영등포 공장과 조선견직에서 조직가로 일했다. 외부에서 들어오는 직업적 활동가들에 더해 서울의 경성방직, 조선견직, 편창 제사방적, 종연방적, 동명고무, 서울고무, 경성고무, 고려고무, 중앙고무 등 섬유·고무공장에서는 네다섯 명, 일부 사례들에서는 열 명이나 되는 노동자들이 공산주의 반 조직에 가담하고 있었다.[61]

이 간략한 검토를 통해 1930년대 조선에 적지 않은 신여성 노동운동가들이 존재했고, 일부 여공들도 노동운동가로 변신하고 있었음을 알 수 있다. 강주룡-조영옥과 비슷한 관계는 1930년대 초 많은 고무공장과 섬유공장 안팎에서 재현되고 있었다. 특히 허균이나 조영옥처럼 가난한 집안 출신 신여성의 경우, 사회경제적 배경 면에서 두 그룹 간의 격차는 크지 않았을 것으로 보인다.

이들 여성 활동가의 일상적인 공장 활동 경험, 특히 동료 남성 활동가를 비롯한 다른 노동자들과의 관계에 대해서는 거의 밝혀진 바가 없다. 하지만 당시 공산주의 운동에 참여한 젊은 여성들이 도피 중인

에 수록). 『부산일보』에는 "박현희"로 표기돼 있으나 송치된 활동가들의 한자 이름이 명기된 『동아일보』 기사로 미루어 박순희로 추정된다.

[61]   최규진 2009, 154, 163-65; 김경일 2007, 78-83. 이재유가 작성한 「1933~34년도의 노동자 대중 층에서 중심적 슬로건」이라는 제목의 팸플릿에는 하루 7시간(주 40시간) 노동제와 전국적 산업별노동조합 추진을 비롯해 노동자들 사이에서 사용할 슬로건 16개가 제시돼 있는데 이 가운데는 "일체의 봉건적 기숙사제적 속박 반대!" "동일 노동에 동일 임금제 획득!" "부인, 아동의 년기 계약제 및 매매제 절대 반대!" 등 여성 노동자에만 해당하는 요구도 있다(김경일 2007, 75-76).

지도급 남성 동료의 신분 위장을 도우며 요리와 청소 등 다양한 돌봄 노동을 수행하는 소위 '하우스키퍼' 역할을 담당해야 했던 사실은 혁명가들 사이에도 성차별 문화가 만연해 있었음을 보여 준다. 이런 문화는 일부 사회주의 여성들의 '자유연애' 또는 '붉은 연애'에 대한 주류 언론의 선정적인 보도에서도 잘 드러났다.[62] 보수적인 성 규범이 뿌리 깊은 사회에서 급진적인 여성들의 활동이 가시화되자, 언론은 이들을 '붉은 연애'와 연관 짓고 자극적인 '스캔들'을 쏟아 냈다.[63] 이런 급진적인 여성에 대한 선정적인 보도 문화 속에서 언론은 여성 노동운동가의 혁명적 노력을 어리석은 여성의 음탕한 이야기, 더 나아가 사회주의 운동

[62]　고위급 남성 활동가가 도피할 때 젊은 여성 활동가에게 '아지트 키퍼' 또는 '하우스키퍼' 역할을 맡기는 공산주의 운동의 관행을 언론은 선정적으로 보도했다. 부부로 위장한 채 위태로운 지하 생활을 하는 동안 실제 연인 관계로 발전하기도 했고, 이런 관계가 드러나면 반공 선전에 유용한 재료가 되기도 했다. 삼각관계로 엮인 세 공산주의자 — 박진홍과 이순금, 그리고 전설적인 남성 활동가 이재유 — 의 사례가 특히 유명했는데, 이재유의 하우스키퍼였던 박진홍이 이재유의 아들을 감옥에서 출산했는데, 그때는 이미 이재유의 다음 하우스키퍼로 일한 친구 이순금이 이재유와 연인 관계가 되어 있었다는 내용이었다. 식민지 조선의 급진적 운동가들 사이에 형성된 사적 관계와, 젠더 문화의 변화를 들여다보게 하는 이 '하우스키퍼' 문제는 아직 연구된 바가 거의 없다. 예외적으로 이 문제를 직접 다룬 연구로는 박진홍 사례를 중심으로 여성 사회주의자들의 사랑과 혁명에 대한 입장을 남성과 비교해 고찰한 역사학자 장영은의 연구가 있다(장영은 2008).

[63]　알렉산드라 콜론타이의 저서 『붉은 사랑』Red Love은 영어와 일본어 번역본이 나온 지 겨우 1년 후인 1928년에 한글로 번역 출간되었는데, 이 책은 넓은 독자층에 사회주의에 대한 관심을 불러일으켰다(Barraclough 2014, 91). '조선의 콜론타이'라 불린 허정숙과 정종명을 비롯한 몇몇 유명 사회주의 여성들은 소위 '붉은 사랑' 때문에 개인적으로 큰 대가를 치렀다. 사회주의 여성 사상가들에 대한 대중의 인식은 그들의 사상이 지닌 지적 가치보다는 개인적 '스캔들'에 의해 — 그것이 사실이든 날조된 것이든 — 규정되는 경향이 있었다. '붉은 사랑'과 사회주의 여성에 대한 대중의 부정적 인식에 대해서는 Barraclough 2014 참조.

의 부도덕한 성격을 암시하는 이야기로 비틀어 보도하는 경향이 있었다. 따라서 언론 보도에서 여성 혁명가들이 어떻게 성별화된 사회 환경과 힘들게 협상해 갔는지, 그리고 엄청난 난관에도 불구하고 어떻게 계급을 넘어선 유대를 형성할 수 있었는지에 대한 단서를 찾기는 어렵다.

그나마 서울을 기반으로 한 주요 공산주의 조직에서 활동한 여성들의 이야기는 단편적으로라도 기록이 남아 있지만, 평양의 조영옥처럼 지방 도시나 읍면에서 활동한 여성 노동운동가들에 대한 정보는 발굴이 더 어렵다. 이런 상황에서 1930년대 좌파 작가들에 의해 생산된 프롤레타리아문학은 노동운동에 투신한 여성 조직가들의 삶을 상상하는 데 도움을 줄 수 있다. 이런 문학작품에는 지식인 전위가 산업 노동자든 빈농이든 조직 대상인 대중 속으로 들어가 의식화를 시도한다는 테마가 자주 등장하는데, 다음 절에서 이를 살펴보자.

문학작품에 재현된 여공 활동가

송영 이북명 한설야 김남천 유진오 리기영 박화성 강경애 등 당대의 유명 좌파 소설가들은 작품에 여공 캐릭터를 등장시켰고, 고무공장 노동자가 등장하는 설정도 여럿 있다.[64] 특히 평양의 1930~31년 고무 파업 후에는 고무 여공이 좌파 문학작품에 자주 등장했다. 그중 김남천의 두 단편 「공우회」(1932)와 「공장신문」(1931)은 '평화고무'가

[64] 문학 연구자 안승현이 편찬한 『일제강점기 노동 소설선』 세 권은 40명의 작가가 쓴 98개의 '노동 소설'을 싣고 있는데 대부분 식민지기의 단편소설이다. 식민지기 노동 소설에 나타난 여성 노동자의 캐릭터 분석은 Sunyoung Park 2015; Yoo 2008, 3~4장 참조.

무대이고, 이적효의 「총동원」(1931)은 평양의 1930년 고무 파업을 배경으로 한다.[65] 문학 연구자 사무엘 페리에 따르면 김남천과 다른 좌파 작가들이 당시 평양의 고무 파업을 적극적으로 지원한 사실이 경찰 기록에 남아 있다. 김남천은 노동자들에게 "시를 낭송하고 이야 기를 읽어 주며" 그들을 고무하려 노력했다고 한다.[66]

우리는 문학 속 고무 노동자 이미지를 통해 당대 좌파 지식인들이 적색 노조 조직 활동과 이에 참여한 노동자·지식인들의 모습을 어떻게 상상했는지 엿볼 수 있다. 「공우회」와 「공장신문」은 남녀 노동자가 함께 노동조합을 조직하기 위해 노력하는 모습을 그려 내고 있지만, 주도적인 역할은 남성 노동자가 맡는다. 1930년의 고무 파업을 소설화한 「총동원」은 '옥정'이라는 강력한 고무 여공 캐릭터를 등장시키는데, 그는 열정적이고 논리 정연한 파업의 지도자다. 이 캐릭터는 1930년 파업에서 여공들의 전투성이 돋보였다는 잘 알려진 사실을 반영한 것으로 보인다.[67] 노조 위원장인 남편이 '찰예수쟁이' 공장주 — 영향력 있는 장로교 지도자이자 고무공장주였던 김동원을 모델로 한 캐릭터일 수 있다 — 로부터 뇌물을 받고 2000명의 파업 노동자를 배신하자 옥정은 공개적으로 남편을 비판하고, 남편은 가장에 불복종한다고 옥정을 비난하다 결국 살인에까지 이른다.

일부 작품은 여기서 더 나아가 노동자와 그들을 계몽하기 위해 공장에 찾아온 지식인 운동가들과의 긴장감 넘치는 미묘한 관계를 다루

[65] 작가 이적효는 이 단편소설이 잡지 『비판』 1931년 8월호에 실렸을 당시 악명 높은 서대문 형무소에 수감돼 있었다(이적효 1995/1931, 213).

[66] Perry 2014, 106.

[67] 이적효 1995/1931, 213-37.

며 여공 캐릭터가 자율적 개인으로서 자의식을 획득하고 혁명적 정치의
식을 발전시키는 과정을 세밀하게 묘사한다. 이기영의 「월희」(1929),
송영의 「오수향」(1931), 강경애의 「인간문제」(1934) 등이 이런 통찰력
이 돋보이는 작품들이다.

　　「오수향」은 보통학교 졸업 후 가족을 부양하기 위해 기생이 된 노
동자계급 여주인공 오수향의 의식화 과정을 그린 작품이다. 그는 손님
인 남성 활동가와 연인 관계로 발전하면서 점차 정치의식을 키워 나가
게 되고 "××"회(검열로 삭제)에 가입한다.[68] 수향이 기생 일을 그만두
고 '××회'에 가입한 후 만난 여성 활동가들 사이에서 조직 해소가 논의
되는 것을 볼 때 이 단체 이름은 '근우'로 읽는 것이 합리적이다. 소설
속 여성 캐릭터들은 여성이 여성만의 성별 단체를 유지하기보다 산업
별노동조합이나 농민조합의 부인부에 가입해야 한다고 주장한다. 여
성만의 성별 단체, 즉 근우회는 부르주아 여성에게 장악될 경우 "농촌
여자, 공장 여자, 실직자들"의 조직화를 오히려 "방해"할 수 있기 때문
이다. 수향은 이 주장을 받아들여 제사공장에 들어가 여공들을 조직하
겠다고 자원하고, 소설 말미에 이르면 동료 여성 노동자들이 파업에 돌
입하면서 그가 이 임무를 훌륭하게 완수하는 것으로 그려진다. 소심하
고 스스로의 능력에 자신감이 없었던 수향은 노동운동에 참여하며 주
체적인 인간으로 성장해 가는데, 마지막 장면에서 그가 관리자들에 맞
서 "마치 미친 암사자" 같이 "펄펄 날뛰"며 앞으로 내닫는 장면이 인상
적이다.[69] 외부에서 온 전위 활동가가 의식화 작전을 성공적으로 수행

[68]　1931년 3월 1일부터 26일까지 『조선일보』에 연재된 이 단편소설은 송영
1995/1931, 111-51에 수록돼 있다.

[69]　송영 1995/1931, 150. 송영은 이 "미친 암사자"라는 비유를 다른 단편 「석

했다는 이 이상적인 스토리는 수향이 비엘리트 하층 기생 출신이라는 점 때문에 더 흥미롭다. 또 수향이 유능한 노동운동가로 변신하는 과정에서 멘토 역할을 한 것이 두 명의 근우회 지회장이라는 점도 주목할 만한 점이다.

박승극의 『재출발』(1931)은 철강·고무·제사공장 등이 즐비한 한 산업도시를 배경으로 한다.[70] 이 소설에서 노조원인 화자 성철은 지역 청년동맹의 회원인 이 군, 신간회 지회원 상춘, 근우회 지회원 순이 동무와 사회단체연합회관에서 아침저녁으로 만나 사회운동의 조건과 전략에 대해 토론하던 일을 회고한다. 결국 넷은 운동의 방향 전환을 결의하고 공부를 더 하러 멀리 떠난 이 군을 제외한 세 사람은 공장노동자가 된다. 곧 이 지역에 "조선 초유의 제철노동조합"이 조직되고 제사와 고무에서도 산별노조가 생긴다. 마침내 바라던 총파업이 발발해 "석 달 동안이나 세 공장의 굴뚝에서는 연기도 나오지 않고 뛰 소리도 나지 않았다." 이들 노동운동에 대한 이야기 속에 근우회원이 눈에 띄게 등장하는 것으로 미루어 근우회 지회들과 적색 노조 운동 간의 연결이 조영옥의 경우를 비롯해 현존하는 증거들이 보여 주는 것보다 실은 더 강하고 촘촘했을 수 있다는 추측도 가능하다.

___

공조합대표」(1927)에서도 사용한다. 젊은 석공 박창호가 고용주의 반대를 무릅쓰고 석공 노조 대표로 서울에서 열리는 회의에 참석하러 가면서 가족을 핍박하는 고용주와 창호의 아내 옥순 사이에 격렬한 충돌이 일어난다. 평양 시내의 한 고무공장 노동자인 옥순은 이 장면에서 "돌진성과 모험성을 가진 서쪽 여인"이자 "똑바른 정신 가진 사람"으로 묘사된다. 폭압적인 고용주가 시아버지의 뺨을 치자 옥순은 마치 "미쳐서 날뛰는 암사자"처럼 그에게 달려들어 두 손으로 힘껏 밀쳤다(안승현 편 1995, 1:118).

[70] 잡지 『비판』의 1931년 7월호에 발표된 이 소설은 안승현 편 1995, 2:252-58에 수록돼 있다.

여공이 등장하는 식민지 시대 소설 작품 중 강경애의 「인간문제」 (1934)는 우리에게 기억에 남을 입체적인 여공 활동가 캐릭터를 선사한다.[71] 소설은 성폭력을 겪은 후 고향을 떠나 인천의 방직공장에서 일하게 되면서 헌신적인 노동운동가로 성장해 가는 두 시골 소녀, '선비'와 '간난'의 이야기를 그린다. 소설 속 사회주의 남성 지식인 '신철'은 "어리석은 로맨스와 흔들리는 정치적 신념 사이에서 어정쩡하게 왔다 갔다 하는" 모호한 캐릭터다. 한편 선비를 사랑하는 노동계급 마을 청년 '첫째'는 궁극에는 충실한 혁명가로 성장한다. 문학 연구자 박선영은 강경애의 소설이 "1930년대 사회주의 여성운동의 페미니즘적 의미에 대해 귀중한 통찰을 제공"해 준다고 평가하면서 사회주의 여성 작가들의 많은 작품이 당대의 문화적 맥락에서 읽는다면, 사회주의적 가부장제를 비판하는 "진정한 페미니즘적 기능을 수행한 것으로 여겨질 수 있다"고 강조한다.[72] 그에 따르면, 「인간문제」는 선비와 간난이라는 여공 캐릭터와 신철이라는 남성 혁명가 캐릭터를 통해 계급 문제와 더불어 젠더 문제를 진지하게 다룬 작품이고 "계급에 기초한 사회주의 사상"과 여성 작가들 사이에서 새롭게 나타난 "젠더화된 비판적 주체성" 사이의 긴장을 잘 드러낸 소설이다.[73]

[71] 1934년에 『동아일보』 지면에 연재되었던 「인간문제」는 오늘날 한국에서 "식민지 시대 문학 중에서 가장 성공한 작품의 하나"로 평가받고 있다(Sunyoung Park 2015, 221[박선영 2022, 325]). *Ibid.*, 222-28[같은 책, 325-34]는 「인간문제」의 등장인물에 대한 탁월한 분석을 제공한다.

[72] 또 강경애의 『소금』(1934)에 대해 "여성의 가정적인 미덕을 찬양한 당대의 가부장적 담론을 반대하는 맥락에서 읽을" 경우 "'자기희생적인 모성적 구원'의 이상화된 이미지와 다른 명백한 '페미니즘적 입장'을 보여 준다"고 평가한다. *Ibid.*, 200[같은 책, 296-97].

[73] *Ibid.*, 200, 222-28[같은 책, 297, 325-34].

1906년에 태어난 강경애는 강주룡보다 다섯 살 정도 어렸다. 가난하게 자랐지만 신여성이 되기를 열망했고, 어려움을 강인한 성품으로 이겨 내면서 정규교육과정을 밟았다. 평양 숭의여학교에 다녔지만, 당시 많은 사회주의 여성들이 그랬듯 1922년 동맹휴학을 주도하다 퇴학당했다. 그 후 서울의 동덕여고보에서 1년 정도 공부한 뒤 1927~28년 무렵 2년간 북만주에서 살았다. 고향 장연으로 돌아온 후에는 근우회 장연지회에 가입해 서무부장을 역임했다.[74] 황해도 장연은 평양과 서울 사이에 있다. 그는 근우회 장연지회에서 활동하던 중 1930~31년 서북 지역에서 일어난 많은 여공 파업에 관심을 기울였을 가능성이 높다. 평원고무 파업이 끝난 지 얼마 되지 않은 1931년 12월에 잡지 『신여성』에 발표된 그의 시 「오빠의 편지 회답」에는 한 고무 여공 활동가가 화자로 등장한다. 체포당한 오빠에게 보내는 편지에서 고무 여공은 다음과 같이 자랑스럽게 보고한다.

오빠! 그러나 이 누이도
언제까지나 못나게끔 우는 바보는 아니랍니다
지금은 공장 속에서 제법 고무신을 맨든답니다
오빠 이 팔뚝을 보세요!
오빠의 팔뚝보다도 굳세고 튼튼해졌답니다
……
거리거리에는 바람결에 호외가 날고 있습니다
오, 오빠! 알으십니까? 모르십니까?

[74] 이상경 2017, 343, 366.

오빠! 기뻐해 주세요 이 누이는

옛날의 수집던 가슴을 불쑥 내밀고

수많은 내 동무들의 앞잡이가 되어

얼굴에 피가 올라 공장주와 ××답니다.[75]

　1930년대 식민지 조선의 적색 노조 운동에는 기억에 남을 노동자 투쟁이 많았는데, 이 극도로 위험한 지하 반제 계급투쟁의 중심에 많은 여성 노동자들이 있었다는 점을 우리는 기억해야 한다. 강주룡의 눈부신 을밀대 고공 농성뿐만 아니라 처절한 단식투쟁, 충격적인 공장 "습격", 극적인 가두시위 등 잊을 수 없는 장면들을 만들어 낸 1931년 평원고무 파업은 여공 운동의 수준과 그들의 적극성을 보여 주는 대표적인 사건이었다. 을밀대의 지붕 위에서 강주룡은 그간 배움을 통해 획득한 지식, 그의 표현을 빌리자면 "내가 봬와서 아는 것"에 대한 자신감을 표현했다.[76] 식민지 근대와 사회주의 근대의 지형에서 공장 노동과 노동운동 참여를 통해 얻은 '해방의 지식'과 그 지식에 대한 자부심으로 무장한 새로운 주체, 즉 여공 활동가들이 등장하고 있었다.[77] 개인의 자존감을 크게 일깨운 혁명운동의 이런 측면은 강주룡과 같은 여성 노동자들이 왜 두려움을 무릅쓰고 노동운동가로서의 위험한 삶을 선택했는지 이해하는 단서가 된다.

[75]　강경애 2005/1934, 525.

[76]　무호정인 1931, 40.

[77]　'해방의 지식'이라는 개념은 김경일 2006에서 빌렸다.

3장

파업 여공,
근대적 주체의 등장
식민 통치하 민족·계급·성의 문제

앞의 두 장에서 우리는 강주룡과 동료 여성 고무 노동자들의 이야기를 따라가면서, 그들이 평양의 재계 엘리트, 민족주의자, 사회주의 운동가들과 어떤 관계를 맺고 있었는지 살펴보았다. 이제 이 장에서는 전국 단위로 시선을 넓혀 여공에 대한 사회적 인식의 변화를 조망해 보려 한다.

1930년 당시 식민 정부의 산업 인력 통계에 잡힌 여성 공장노동자 수는 전체 인구 2000만 명 가운데 3만 명에 미치지 못하는 수준이었다.[1] 그 시대를 살던 사람들은 대부분이 공장에서 일하는 여공의 모습을 볼 기회가 없었고, 여공의 생활환경에 대한 정보는 거의가 언론 보도나 문학작품을 통해 알려졌다. 중산층이나 엘리트 오피니언 리더들에게나 여공은 낯선 존재였다. 아주 드물게 언론 인터뷰를 통해 파업 여공의 목소리가 전해지는 경우를 제외하면 공장 여성의 목소리는 세상에 거의 알려지지 못했다.

이 같은 자료 부족을 고려할 때, 여공은 사회적으로 어떤 존재로 인식되었고, 또 여공들은 스스로를 어떻게 인식했는가라는 질문은 두 가지 각도에서 접근해 볼 수 있다. 첫째, 당대 신문과 잡지, 문학작품, 그리고 활동가들이 생산한 팸플릿 같은 문서 등을 통해 엘리트와 활동가들이 여공을 어떤 모습으로 재현했고 이를 통해 그들에 대한 사회적 인식에 어떤 영향을 미쳤는지 파악할 수 있다. 둘째, 여성 노동자들의 실천들과 파업 요구 사항을 분석함으로써 여공 스스로가 사회적·정치적으로 자신을 어떻게 위치지었는가에 대한 단서를 찾을 수 있다.

이 장의 첫 번째 절에서는 당시 언론이 어떤 방식으로 여공 파업을 이해하고 재현하려 했는지에 초점을 맞춘다. 여공에 대한 성별화된 인식을 생산하고 조정해 간 세력에는 식민지 조선의 언론과 사회운동계뿐만 아니라 여성 노동자 자신도 포함돼 있었다. 활동가로서 계급의식으로 무장한 일부 여성들은 언론과 사회가 여공을 인식하는 방식에

---

[1] 김경일 2004b, 46, <표 2-3>. 이 표는 『조선총독부 통계 연보』의 데이터에 기초하고 있으며 5인 이상을 상시 고용한 공장만 포함되고, 관영 공장은 제외되었다. 1930년의 경우 8만3900명(남자 5만5612명, 여자 2만8288명)의 공장노동자가 이 기준을 충족했고, 그중 화학 노동자는 1만4720명(남자 9547명, 여자 5173명)이었다. 공장노동자 총수는 1943년이면 33만7269명(남자 25만956명, 여자 8만6313명)으로 치솟는데, 이는 302퍼센트 증가(여자의 경우 205퍼센트)에 해당한다. 그중 화학 노동자는 5만4690명(남자 4만2879명, 여자 1만1811명)이었다.

영향을 미쳤다. 여성 노동자들의 실제 저항은 여공에 대한 기존의 고정 관념을 넘어서는 경우가 많았다. 부르주아 민족주의 언론과 사회주의 전위 활동가들은 여공의 존재와 그들의 운동을 자신들의 인식틀에 맞춰 정의하려 노력했지만, 거기에는 분명한 한계가 있었다. 이들의 자발적인 실천 속에는 엘리트의 관점과는 상이한 요소들이 많았기 때문이다. 여공에 대한 새로운 이미지와 담론이 생겨나는 상호 구성적인 과정을 염두에 두면서 두 번째 절에서는 당사자의 목소리를 통해 여성 노동자들이 어떻게 활동가로서 정체성을 발전시켜 나갔는지 살펴본다.

이 장의 세 번째 절에서는 당시 평양의 유동적인 이데올로기 지형에서 일어난 고무 노동자 협동조합 운동을 살펴본다. 비록 짧은 기간에 그쳤지만, 이 운동은 평양의 노동계급과 엘리트 지도층 사이에 존재하던 희망과 선의의 정점을 보여 주었다. 마지막 네 번째 절은 식민 통치 마지막 10년의 억압적인 파시즘 정권 아래서 급진적 노동운동이 소멸의 길을 걸으면서 강주룡과 전투적이었던 고무 여공 파업에 대한 기억이 희미해지는 과정을 추적한다.

신문·잡지에 재현된 파업 여공

식민지기 조선 사회에서는 여공을 어떻게 서술하고 정의했을까? 여공과 그들의 투쟁을 특정 방식으로 재현하는 배경에는 어떤 이해관계가 깔려 있었을까? 이 절에서는 주로 당대의 미디어 자료를 바탕으로 강주룡의 사례를 통해 이런 질문을 탐구한다. 특히 민족주의 언론이 전투적인 여공들의 소식을 보도하는 과정에서 겪었을 고민에 초점을 맞춘다. 폭력적인 행동을 서슴지 않고 기존의 젠더 규범과 계급 규범을 일상적으로 위반하는 여공들을 마주하면서 논평가들은 기존 젠더 서사의 틀 안에 특이하고 위협적인 이들의 존재를 끼워 맞추기 위해 어떤 수사학적 전략을 사용했을까?

당시의 신문·잡지에서는 여성 공장노동자를 흔히 '여직공' 또는 '여공'이라 불렀다. 이 용어의 미디어 용례는 비교적 쉽게 살펴볼 수 있다. 방대한 양의 식민지 시기 문서와 정기간행물을 포함하고 있는 국사편찬위원회의 <한국사데이터베이스>를 이용해 신문·잡지에서 식민지기에 이 용어들이 사용된 표본을 모아 보면, 2016년 현재 총 1458건이 조회된다.[2] 우리가 다루는 두 차례의 평양 고무 파업을 비롯해 여성 노동자들의 대규모 파업이 많았던 1929년부터 1933년 사이로 검색 범위를 좁히면 669개 항목이 확인된다.[3] 『동광』, 『삼천리』, 『별건곤』 등 당대 인기 잡지에서는 인터뷰, 회고록, 소설 등에 속하는 항목 수십 건을 찾을 수 있다. 이 데이터베이스를 보완하기 위해 『동아일보』 『조선일보』 『중앙일보』(『조선중앙일보』로 이어짐) 『시대일보』 『매일신보』 등 그 시기 주요 신문들의 사회운동 관련 기사를 수집해 지역별로 분류한 열두 권짜리 사회운동 관련 기사 모음집도 검색 대상에 포함시켰다.[4] 사용된 아카이브의 특성을 반영해 이 표본은 전반적으로 『동아일보』 같은 부르주아 민족주의 성향의 주요 간행물에 치우쳐 있으며 좌파의 목소리는 잘 대표되지 않지만 좌파 작가가 쓴 것으로 보이는 항목도 일

[2] db.history.go.kr(검색일 2016/04/22).

[3] 이 669건('여/녀직공' 124건과 '여/녀공' 545건) 중 간행물 기준 『동아일보』 기사가 가장 많다(여직공 52건, 여공 180건). 중복 항목 및 관련 없는 문서를 제외하면 그 숫자는 다소 줄어들 것이다. 이 데이터베이스에는 (『조선일보』를 제외한) 주요 한글 신문·잡지 외에도 서울대학교 중앙도서관이 소장하고 있는 광범위한 식민지 시대 신문 스크랩 자료가 포함돼 있다.

[4] 김봉우 편 1989.

부 포함돼 있다. 그럼에도 불구하고 여성 공장노동자와 그들의 운동을 주류 미디어가 어떻게 표현했는지 살펴보기 위한 목적으로는 이 표본만으로도 충분해 보인다.

이렇게 모은 여공·여직공 관련 기사들을 검토해 보면, 기본적으로 존경받는 위치에 있는 남성들이 젊은 여성들의 가난과 고통에 연민을 표하고, 순진하고 무지하다 여겨지는 공장 소녀들의 타락 가능성에 대해 경고하는 가부장적 논조를 확인할 수 있다. 그러나 동시에 불안과 당혹감도 감지할 수 있다. 1930년대에는 노동문제를 다룬 문학작품뿐만 아니라 신문·잡지에서도 여성들이 일하는 공장의 끔찍한 노동환경을 묘사하는 보도가 많아졌다. 이는 이전 10년 동안 근대 공장 생활에 대해 대체로 긍정적인 묘사가 더 많았던 것과는 대조적이다.[5] 보통 신문 기사에서 여성 노동자는 '노동자'로 간주되기보다는 가족과 관련해 서술되었다. 신여성, 모던 걸, 양처현모 등 당대 중상류층 여성을 정의하기 위해 동원되는 범주들이 여공에 대한 서술에서는 잘 사용되지 않았다. 여성 공장노동자들은 가족의 생계를 위해 적은 보수에도 불구하고 엄청난 고생을 감내하는 것으로 그려졌고, 가족을 위한 그들의 희생은 애처롭지만 칭찬받아 마땅한 일로 여겨졌다. 딸, 며느리, 아내, 어머니 등 가족 구성원으로서 여성의 역할이 강조되면서 '공장'이라는 도덕적으로 모호한 근대적 공간에서 여성이 바깥일을 하는 것이 용인되었는데, 특히 가족의 생계를 책임지는 기혼 여성에게는 더 그랬다. 이런

---

[5] 서지영 2013, 222-23. 1920년대에 예민한 작가들은 공장 취업과 도시 생활의 경험이 농촌에서 이주한 젊은 여성들의 삶에 긍정적인 요소로 작용하는 측면들 역시 놓치지 않았다. 일부 언론 보도에서 여가 시간에 서양음악을 듣고 잡지를 읽으며 현대 도시 생활을 즐기는 여공의 이미지를 접할 수 있다(같은 책, 221-36).

서사에서 성희롱, 강간, 느슨한 성도덕의 가능성으로 가득한 위험한 공직 공간에 머무르는 것으로 여겨지는 여공들에 대해 사회적으로 커져 가는 불안감은 가족을 위해 희생하는 가난한 여성의 이미지를 통해 희석되었다. 그리고 여성 노동자들 역시 '가족을 위해 희생하는 여성' 서사를 활용해 스스로를 존중받아 마땅한, 존엄성을 지닌 존재로 드러냈다. 한 예가 강주룡이 고무신 노동자로 "밥벌이를 하면서" 부모님과 동생을 위해 "아들 노릇"을 하게 된 자신의 이야기를 자랑스럽게 들려줄 때이다.[6]

파업하는 여성 노동자에 대한 언론 보도는 여공의 힘겨운 현실을 환기하는 강력한 이미지를 통해 독자의 공감을 자아내는 감정적인 언어로 가득 차 있다. 예를 들어 여성들의 시위 장면을 묘사하는 데에는 "처참한" "참혹한" "눈물겨운" "불쌍한" 같은 형용사가 자주 사용된다. 이와 같이 부르주아 민족주의의 여공 서사는 여성 공장노동자의 "불쌍"함과 가족을 위한 희생에 주목하며 노동계급에 대한 가부장적 태도를 견지한다. 하지만 여성 노동자들의 전투적 행동과 폭력적 태도에 대해서는 수사학적 조정이 필요했다. 특히 서형실이 보여 주듯이, 여성 공장노동자들이 그 온순함과 참을성 때문에 값싼 노동력의 원천으로 유용하다고 널리 여겨지는 상황에서 그들의 투쟁성이 발현되자 기존의 젠더 위계와 계급 위계에 맞춰 그것을 설명하기 위해 더 복잡한 서사 전략이 요구됐다.[7]

1930~31년 평양의 고무 파업 당시 여성 노동자들의 전투성을 묘

[6] 무호정인 1931, 41.
[7] 서형실 1989, 67-68.

사한 언론 보도를 분석해 보면 세 가지 주목할 만한 측면이 드러난다. 첫 번째는 뭔가 특이한 일이 일어났다는 느낌이다. 대규모 파업이 진행되는 동안 여성 노동자들은 종종 공장을 습격하고, 기계를 부수고, '파업깨기꾼'을 괴롭히고, 길거리에서 시끄럽게 시위를 벌였다. 1930년 평양 고무 노동자의 총파업 당시 2000명이 넘는 노동자들이 열 차례 이상 공장을 습격했다. 오기영이 작성한 『동아일보』 기사는 그들을 다음과 같이 묘사했다. "남녀 직공은 마치 곱비끈흔 노우怒牛와가티 공장 습격의 폭력적 행위에 출하얏다."[8] 1920년대 후반 노동쟁의에 대한 신문 보도를 통해 파업 여공들의 전투적인 행동은 이미 익히 알려진 상태였고 평양 고무 파업으로 전투적인 파업 여공의 이미지가 전 국민에게 대대적으로 노출되면서 비참하고 무기력하며 순종적인 여공이라는 기존의 준거틀은 흔들리게 되었다.[9] 여성 노동자들의 과격한 행동에 대한 경찰의 반응은 언론 보도에서 "당황"이나 "창황망조"와 같은 표현으로 묘사되는 경우가 많았다.[10] 이 단어들은 1920년대 후반에 주로

[8]　오기영 1930a, 4(『동아일보』 1930/09/07).

[9]　예를 들어 1930년 식민지 조선에서는 160건의 파업에 약 1만 9000명의 노동자가 참여했으며, 평양에서는 총 2800명의 노동자가 참여한 네 차례의 대규모 고무 파업을 포함해 14건의 파업이 있었다(김경일 1992, 308쪽의 <표 6-1>과 311쪽의 <표 6-3>; 김경일 2004a, 116, <표 2-11>). 같은 해 일본에서는 일부 산업에서 여성 파업 참가자 수가 남성 파업 참가자 수를 넘어섰고, 60일 이상 수천 명의 노동자가 벌인 "가장 폭력적인 파업 중 하나"였던 1930년의 도요 머슬린 파업은 "'여성의 파업'으로 유명"해졌다. 역사학자 베라 맥키에 따르면, 조직된 여성 노동자의 수는 여전히 적었지만 "이런 파업들은 일하는 여성을 노동자로서, 동지로서 바라보는 새로운 시각을 촉진하는 데 중요한 역할을 했다"(Mackie 1997, 124-26).

[10]　예를 들면 『동아일보』 1931/07/31, 1932/11/11; 『중외일보』 1930/08/21, 1931/06/01.

사상 범죄, 노동쟁의, 소작쟁의, 학생운동 등 사회 갈등과 관련한 보도에서 사용되기 시작했다. 그런 기사에서 동요한 당사자는 정부 당국이나 회사 또는 학교 관계자였다. 여공 파업과 관련해서는 『동아일보』가 1928년 12월 섬유공장 파업을 보도하면서 이런 표현을 처음 사용하기 시작해 1935년경까지 계속 사용했는데, 남성의 파업에는 거의 사용되지 않는다.[11] 회사나 경찰 등 상급자들이 여공들의 전투성에 직면할 때 느끼게 될 당혹감에 초점을 맞춘 것은 이에 대해 기자들 스스로가 느낀 당혹감을 어느 정도 반영한 것으로 보인다.

평양의 고무 파업에 대한 언론의 반응에서 두 번째로 흥미롭고 눈에 띄는 측면은 여성의 단식투쟁에 대한 집착에 가까운 관심이다. 특히 여공들이 단식을 통해 단호하게 항의할 때 엘리트 사회와 경찰은 당황하는 모습을 보인다. 한 시인은 잡지 『동광』에서 강주룡의 단식에 대한 당국의 반응을 다음과 같이 해석했다.

[강주룡은] 죽음을 각오하고 일체 단식을 단행하엿다. 실로 단식 칠십

---

[11] 초기의 사례는 함흥의 함흥제사 파업(1928년 12월), 부산의 조선방직 파업(1930년 1월), 서울의 조선견직 파업(1931년 1월), 평양의 세창고무 파업(1931년 7월) 등이다(『동아일보』 1928/12/25, 1930/01/11, 1930/01/15, 1930/01/20, 1931/01/06, 1931/07/31). 키워드 ‘당황’과 ‘창황망조’를 써서 네이버의 <뉴스 라이브러리>에서 『동아일보』(1920~40년) 기사를 검색하면(newslibrary.naver.com 검색일 2019/01/12), ‘당황’이 쓰인 사례가 1789건, ‘창황망조’가 123건 등장한다. 그중 노동쟁의를 다룬 기사는 소수에 불과한데, 이런 용어가 적용된 쟁의는 거의 대부분 여성 노동자와 관련된 것이었다. 처음으로 이 표현이 사용된 쟁의 기사는 황해도 겸이포의 삼능제철 운수 노동자 파업(1927년 12월)이었지만(『동아일보』 1927/12/11), 이 표현이 중공업 남성 노동자의 파업과 관련해 사용된 다른 사례는 찾지 못했다.

팔시간 — 우리들에게 얼마나 충동을 준 산 교훈이냐. 놈들도 여기에는 무서웟으며 놀래엇으리라. 그리하야 놈들은 [강주룡] 씨를 내어놓지 아니하고는 못견지엇다.[12]

사실 강주룡은 정식 공소를 제기하지 않고 경찰이 구금할 수 있는 최대 일수가 다 차서 석방된 것이었지만 이 글을 보면 그의 석방이 비상하게 긴 단식투쟁의 결과인 것처럼 묘사돼 있다.[13] 1931년 6월 10일자『조선일보』『동아일보』는 대구의 한 고무공장 파업에서 단식에 참여한 여성 노동자들이 지쳐서 누워 있는 광경을 담은 심금을 울리는 사진을 실었다(<그림 6> 참조). 단식투쟁은 이 시기 조선의 파업 노동자들이 자주 채택한 전술이었으며, 일본의 노동쟁의에서도 드물지 않은 일이었다. 1923년에 이미 서울의 고무 여공들은 첫 아사동맹을 조직하고 나선 바 있었다. 1931년 평원고무 파업의 경우, 20여 명의 여성 노동자들이 아사동맹을 조직하고 끈질기게 단식을 이어 갔다. 1931년 6월 5일『동아일보』는 57시간의 단식투쟁 끝에 경찰서에서 풀려난 네 명의 여직공에 대해 보도했는데, 그 어조를 전달하기 위해 기사를 좀 길게 인용한다.

지난 1일 평양경찰서에 검거된 이래로 물 한방울 밥 한술 먹지 아니하야 세상을 놀라게 하든 파업여직공 네명은 단식한지 57시간만인

---

[12] 김창술 1931, 51.
[13] 예를 들어『조선신문』은 경찰이 그에게 음식을 먹게 하려 했으나 그가 "완강히 헝거스트[단식투쟁]를 계속"했다고 보도하면서 "혹 생명에 우려됨으로" 6월 1일 자정이 막 지난 시각에 그를 풀어 주었다고 말한다(『조선신문』 1931/06/02).『동아일보』는 석방 시간을 5월 31일 밤 11시 반으로 보도하고 있다(『동아일보』 1931/06/03).

<그림 6>

대구의 한 고무공장에서 벌어진 단식투쟁을 다룬

1931년 6월 10일자 『동아일보』 석간 2면(위)과 『조선일보』 석간 2면(아래).

작 3일 오후 다섯시반경에 필경 경찰서에서 노힌 몸이 되엇다.

여름날 류치장 속에서 오랫동안 굶고 잇든 그들은 경찰서 문전에 나섯스나 행보를 자유로 못하고 가다가 넘어지고 가다가는 넘어지고 하야 할수업시 그들의 석방을 고대하고 잇든 동지들의 등에 업히어 물한목음 먹을 틈도 없시, 새로히 모집된 직공들이 일을 하고 잇는 평원고무공장으로 몸을 옴기엇다. 때마츰 일을 마치고 신모직공들이 자동차로 각각 도라가려는 광경을 보자 운신을 맘대로 못하든 녀공 네명을[은] 무엇에 힘을 어덧는지 그들 신모직공들에게 달려들어 자동차를 못타게 하엿다. 이에 신직공들이 전차를 가러타고 도라가려 하매 전차궤도우에 전긔 네사람과 그들 동지 십여명이 일제히 들어 누어 전차를 가지 못하게 한 결과 전차차장도 할수업시 신모직공을 모다 전차에서 쪼차내리워 노핫다.

……

전긔 녀공 네명은 마츰 쏘다지는 폭우도 무릅쓰고 다시 공장문 아페 이르러 문을 여러달라고 간청하얏스나 공장 측에서는 들은 척도 아니하고 잇든 중 원체 쇠약한 몸들이라 흥분끄테 찬비까지 마진 까닭인지 전긔 네명중 오양도(27)와 리인봉(31)은 필경 공장문 아페 졸도되어 인사불성에 이르럿다.

……

한편으로 남은 여직공 두사람, 황도신(34) 김취선(36) 등도 파업단 본부인 선교리로 향하다가 긔진맥진하야 길가에 졸도긔절하얏다. 이것을 본 여러사람들이 자산의원 의사를 청하야다가 응급치료를 하든 중 때마츰 그 부근에 잇는 국제고무공장과 금강고무공장에서 직공 이백여명이 일을 마치고 몰리어나오다가 이 광경을 보고는 그중 소녀공 백여명이 일제히 길에 안자 목을 노하 통곡을 하기 시작하엿다.

단식녀공 두명이 혼도긔절되어 잇는 여쎄 백여명 소녀직공들이 일제히 통곡을 하아 비오는 저녁 거리에 처절한 광경을 연출하게 되매 이곳저곳에서 모여드는 사람이 삼백여명에 달하야 일시는 일대혼잡을 이루엇는데 응급수당의 효과가 잇서서 다행히 전긔 두 여직공도 얼마후에 회생되엇다 한다.

단식투쟁이 당시 이렇게 큰 주목을 받은 것은 불황으로 심각한 타격을 입은 사회에서 기아가 현실적인 문제였기 때문이기도 하다. 도시와 농촌을 막론하고 노동계급 조선인의 절박한 빈곤 수준과 끔찍한 생활환경은 사회적으로 큰 관심사였다. 1931년은 1929년 미국 주식시장 붕괴의 영향이 세계경제에 파급되면서 노동계급의 경제적 어려움이 가장 심했던 해 중 하나였다.[14] 또 고무 노동자들이 자녀를 둔 기혼 여성인 경우가 많았다는 사실 역시 이들에 대한 동정심을 증폭시켰을 수 있다.[15] 특히 가족을 먹여 살리기 위해 노동하는 여성들이 일부러 굶주림을 선택했다는 아이러니 때문에, 가난한 여성, 특히 애 딸린 여성들이 항의의 표시로 식사를 거부하고 굶주림을 무릅쓰는 모습은 실로 마음에 동요를 일으키는 이미지였을 것이다.

[14] 조선 총인구 중 '빈민' 비율은 1926년 11.3퍼센트에서 1931년 26.7퍼센트로 뛰어올랐다(2026만2958명 중 541만5324명). 총독부 통계 데이터에서 빈민의 범주는 '세민'(생활이 궁박해 겨우 연명하는 자), '궁민'(생활이 극히 궁박해 긴급 구제를 요하는 자), 그리고 '걸인'을 포함한다. 이 가운데 이 시기 가장 빠르게 증가한 하위 범주는 '궁민'이었다. 1933년 당시 다섯 개 주요 도시(서울, 인천, 대구, 부산, 평양) 조선인의 17.4퍼센트가 '빈민'의 범주에 속했다(이상의 2006, 36-37).
[15] 1931년에 일어난 평원고무 파업과 부산의 마루다이丸大고무(환대고무) 파업으로 체포된 여공의 나이는 29~39세에 걸쳐 있었다(『동아일보』 1931/06/05; 『부산일보』 1931/03/13, 김경일 2004a, 149에서 재인용).

그러나 언론이 파업 여공의 단식에 몰두하는 데에는 다른 이유도 있었던 것 같다. 여성 노동자들이 얼마나 의지가 강하고 놀라울 만큼 용감해 보였는지를 이야기하는 대신, 그들의 투쟁을 "비오는 저녁 거리"에서 본 "처절한 광경"이라는 이미지를 통해 기술하는 것은 이들의 전투적이고 급진적인 투쟁을 훨씬 더 다루기 쉬운 이야기, 즉 사회의 동정이 필요한 무력한 하층민의 이야기로 바꿔 놓는 효과가 있었다. 즉, 파업 이야기를 '여성'의 이야기로 서술하면서 평양 사회의 조선인 소유 기업과 조선인 노동자 사이의 계급 갈등이라는 핵심 문제를 주변화할 수 있었던 것이다. 민족주의 신문들은 이렇게 인도주의적 접근법과 모두에게 익숙한 신파적 서술 방식을 통해 식민지 자본주의 질서에 대한 여성 노동자들의 도전이라는 심각한 문제를 비참한 삶에 울부짖는 가난한 여자들의 이야기로 바꿔 놓고 노동문제와 젠더 문제를 모두 교묘하게 회피하는 데 성공한다.

그럼에도 불구하고 여성 노동자들이 부르짖은 대의, 즉 기본적 인간의 존엄과 가족 생계를 보장하라는 요구는 무시해 버릴 수 없는 것이었다. 따라서 민족주의 신문들은 이런 주장의 정당성과 지역 민족자본가의 정통성 사이에서 힘든 줄타기를 해야 했다. 역사학자 오미일이 주장하듯, 식민지 조선의 기독교 자본가 엘리트들은 사회적으로 자신들의 정당성을 공고히 하기 위해 경제적 근대화의 선봉에 서는 전략을 추구했다.[16] 즉, 자본가로서 자신들의 역할이 일반 대중을 포함한 민족 전체에 유익한 것이라는 게 그들의 주장이었다. 그러나 1930년대 초 조선의 낮은 자본주의 발전 수준과 대공황이라는 거대한 난관은 엘

[16]   오미일 1995; 오미일 2002.

리트 자본가들이 부르주아 민족주의자로 행세할 여지를 남기지 않았다. 이 같은 정당성의 위기는 진정성 있는 민족주의자들에게는 혼란스러운 일이었다. 『동아일보』 기사의 지나치게 감정적인 어조는 민족주의 엘리트가 직면한 이런 어려움의 깊이에 상응하는 것이었다.[17]

전반적으로 볼 때 부르주아 민족주의 언론은 동정심을 자극하는 울부짖는 여성의 이미지와 적색 '배후'에 대한 공포를 결합하는 데서 부르주아 민족경제론에 도전하는 여성 노동자들의 급진성을 희석할 수 있는 효과적인 공식을 찾은 것으로 보인다. 그러나 가부장의 도움이 필요한 불쌍한 빈곤 여성의 이미지와 "노우"처럼 돌진하는 실제 여성 투사 사이의 틈새는 봉합이 쉽지 않았다. 이를 위해 민족주의 언론이 사용한 서사 전략은 강주룡을 비롯한 여성 파업 지도자들을 예외적인 인물로 격상하는 것이었다. 이를 통해 이들은 여공의 전투성이라는 불편한 현실에 눈감으며 예외적인 개인과 평범한 노동자들 사이에 안전한 거리를 확보하는 효과를 낼 수 있었다. 강주룡은 최소 네 차례에 걸쳐 '여투사'('여류 투사' '여자 투사' 등)로 불렸다.[18] '여투사'라는 말이 식민지기 언론

[17] 이 여공 문제를 전국적인 이슈가 되도록 열심히 제기한 기자 오기영(무호정인)이라는 점도 주목할 만하다. 1930~31년의 고무 파업 당시 오기영은 『동아일보』 평양지국 특파원으로 있었고(1928년 3월부터 1936년 3월까지 그 직책에 있었다), 김성업이 지국장이었는데 이들은 모두 서북 지역 개신교 민족주의 운동의 중심인물이자 (수양)동우회 개혁파였다(장규식 2001, 141, 260, 272). 『동아일보』 지면에 내지 못한 글을 오기영은 『동광』이나 『별건곤』 같은 잡지에 실었다. 이 두 잡지에 실린 그의 분석 기사로는 이 책에서 주요 자료로 쓰인 『동광』 1931년 7월호의 강주룡 인터뷰를 비롯해 「평양 사회단체 개관」(『별건곤』 1930년 9월호), 「평양고무공장 쟁의 전적」(『별건곤』 1930년 10월호), 「평양폭동사건 회고」(『동광』 1931년 9월호) 등이 있다.

[18] 강주룡은 『동아일보』 기사(1931/05/31), 『중앙일보』 기사(1931/12/30), 그리고 『동광』(1931년 7월호)에 실린 무호정인과 시인 김창술의 글에서 "여투

매체에서 사용된 사례는 매우 드물다.[19] 그중 여공 개인에게 이런 존칭을 부여한 사례는 단 세 건뿐인데, 강주룡이 그중 한 명이다.[20] 강주룡을 여투사로 부른 사례에 더해 여공 삼인방 '강주룡-최용덕-김취선'을 함께 "투사들"이라고 지칭한 사례가 하나 있다. 이 세 '투사들'은 평원고무 파업의 최전선에 있었고, 그들의 체포가 큰 타격이 되어 파업 본부에 "극히 적막한 기분이 떠돌고" 있다고 보도되었다.[21]

당시 언론 매체들이 조선 여성에게 '여투사' 칭호를 붙이는 일이

사"라 불렸다. 김창술은 강주룡을 "체공녀"로 지칭하면서 "여투사"라고도 불렀다. 그가 강주룡의 동료 노동자들을 '여투사'라 하는 대신 "용감한 자매들"이라 부른 점이 흥미롭다(김창술 1931, 51).

[19] '여(녀)투사' 키워드로 <한국사데이터베이스>를 검색하면 식민지기를 통틀어 18건이 확인되는데, 그중 9건은 해외의 외국 여성에 대한 기사다(검색일 2016/04/27). 나머지 9건 중 2건은 중국에서 활동하는 조선인 여성 독립운동가, 4건은 근우회 리더 허정숙과 '여장군' 김명시 등 국내의 유명한 여성 사회운동가에게 붙여진 것이다. 김명시는 동방노력자공산대학에서 훈련받고 인천에서 적색 노조 조직 활동을 하다 1932년 체포됐다. 나중에 그는 중국에서 중국공산당 팔로군과 조선의용군에서 싸우며 '여장군'이라는 별명을 얻게 된다(안재성 2015, 323).

[20] '여투사'라는 칭호를 여공에게 부여한 다른 사례들은 일본어 신문에서 발견된다. 『조선신문』은 1933년 함흥의 조선질소에서 발각된 적색 노조 사건을 보도하며 '여투사'를 언급했다(『조선신문』 1933/12/14). 『부산일보』는 부산, 마산, 진해, 대구 등지에서 농촌과 공장의 적화를 기도하다 1934년 10월 70여 명의 검거자를 냈던 사건의 송치 보도에서 "여공 투사"들이 활약했다고 소개하는데, 송치된 활동가 중에는 부산의 "조방 녀공 박순희"가 공범으로 들어가 있다(『부산일보』 1935/03/17). 『조선일보』는 같은 날짜 기사에서 "박순희(여, 19)"를 포함 여성 7명, 남성 11명의 송치자 목록을 게재했는데, 『동아일보』의 같은 날짜 기사에 따르면 이들 여성 중 "농촌 여자가 6명"이다. 『부산일보』에는 '박현희'로 표기돼 있으나 송치된 활동가들의 한자 이름이 명기된 『조선일보』 기사로 미루어 '박순희'로 추정된다. 한글 신문에서 강주룡의 사례 이후 '여투사'라는 용어가 다시 사용된 예는 해방 후인 1946년 3월 3일, 3·1운동을 회고하는 기사에서다.

[21] 『동아일보』 1931/06/15.

드물었던 반면, 유명한 여성 활동가들은 종종 "여걸" "여장부" "여류호협"이라 불렸는데, 이는 모두 강인하고 용감한 남성의 여성 버전을 의미하는 것이었다.[22] 강주룡도 '여장부'라 불린 적이 있다.[23] 존경할 만한 여성 개개인을 언급할 때 언론은 종종 '여사'라는 호칭을 썼다.[24] 일반적으로 높은 지위의 기혼 여성에게 사용하던 이 존칭을 일부 매체가 강주룡과 평원고무 파업의 또 다른 지도자 김취선에게 썼다는 점은 흥미롭다.[25] 여성 공장노동자에게 '여사'라는 존칭을 붙이는 것은 상당히 부조화스럽게 느껴지는데, 그 호칭과 당사자 사이의 신분적 불일치 때문만이 아니라 여공에 대한 기존의 유아적 이미지와는 상반되는 측면이 있기 때문이다. 오랜 노비제의 역사로 인해 비농업 육체노동에 대한 혐오의 정서가 깊이 뿌리내린 상황 — 1894년 노비제가 폐지된 지 불과 수십 년 후인 1930년대 초만 해도 유교적 가부장적 젠더 이데올로기와 신분 의식이 사회 전반에 여전히 강고하게 남아 있었다 — 을 고려할 때 이는 여성 육체노동자에 대한 태도에 상당히 놀라운 변화가 나타나고 있었음을 보여 준다.

언론에서 일부 노동계급 여성의 주체성과 역량에 대한 인식이 이처럼 급격하게 변화한 것은 여성 고무 노동자 대다수가 그 지역에 거주하는 성년의 기혼 여성이었기 때문이기도 하다. 앞서 이야기했듯이 고

---

[22] <한국사데이터베이스>에서 '여장부'를 검색하면 식민지 시기에 34건이 확인되는데(검색일 2016/04/27), 이렇게 불린 인물로는 사회주의 운동가 정종명과 허정숙, 개신교 민족주의 운동가 김마리아 등이 있다.

[23] 『동아일보』 1932/06/10.

[24] <한국사데이터베이스>에서 '여사'와 '녀사' 키워드로 검색되는 식민지기 기사는 수천 건이다(검색일 2016/04/27).

[25] 『동아일보』 1931/06/08, 1931/06/13; 『중외일보』 1931/06/02.

무산업은 섬유산업과 고용 패턴이 달랐다. 섬유 노동자 중에는 농촌 지역에서 온 젊은 미혼 여성이 많았고, 대개가 가난한 소작인의 딸들이었다. 기혼 고무 노동자들의 전투적 집단행동의 조건을 이해하기 위해 고무 노동자와 제사 노동자를 비교 연구한 여성학자 서형실에 따르면, 따라서 고무산업의 기혼 여성 노동자는 "순종성과 여성다움이라는 사회적 규정에서 다소 자유로왔다."[26]

그럼에도 성적으로 타락하기 쉽고 가부장적 통제가 필요한 어린 여공이라는 집단적 이미지화에서 고무 노동자들이 제외된 것은 아니었다. 여성 고무공들은 흔히 "고무공장 큰아기"라 불렸는데, 이는 난잡하고 성적 착취에 취약하다는 이미지를 떠올리게 하는 말이었다. 1930년대 유행한 <고무공장 큰아기>라는 신민요 가사는 이 같은 측면을 잘 보여 준다.

하루 종일 쭈그리고 신발 붙여갈제
큰아기 젖가슴이 자주 띈다오
얼굴 예쁜 색시라야 신 잘 준다고
감독 앞에 헤죽헤죽 아양이 밑천
고무공장 큰아기 세루 치마는
감독나리 사다주신 선물이라나[27]

[26] 서형실 1989, 56, 67-75. 서형실은 식민지 시대 여성 노동자들이 전반적으로 지배적인 가부장적 젠더 관념에 순응해 대부분 순종적이고 수동적인 태도를 유지했다고 보면서도, 기회가 주어지면 여성 노동자, 특히 기혼 여성은 수동적인 특성을 극복하고 파업을 통해 격렬한 저항을 할 수 있었다고 강조한다.
[27] 김태수 2005, 41.

유순하고 불쌍한 어린 소녀의 이미지가 여공에 대한 일반적인 고정관념으로 자리 잡은 가운데, 현실로 대두한 여공 활동가들의 존재를 설명하기 위해 민족주의 언론은 대안적인 여공 이미지를 생산하기 시작한 것으로 보인다. 그중 몇몇 예외적인 인물들은 '여사' 또는 '여투사'로서 어느 정도 존경받을 자격이 있다고 여겨지기도 했다. 이들은 부르주아 민족주의의 사고에서 근대적 인격의 특징으로 내세워진 리더십, 강인한 정신력, 자신의 생각을 표현하는 능력 등을 보여 줌으로써 자신의 가치를 증명했기 때문이다. '투사'는 조선의 개신교 민족주의 운동에서 근대사회를 건설하기 위해 극도의 헌신과 희생정신을 발휘하는 활동가의 이상적 주체성을 지칭하기 위해 사용하기 시작한 용어다. 수양동우회 지도자이자 개신교 민족주의 운동의 거물이었던 안창호는 1929년 미주 동포들에게 보내는 편지에서 "혁명을 진행시키려면 무엇보다 투사의 양성이 필요"하다고 강조했다.[28] 즉, 조선인, 특히 청년들이 자신감 있고 헌신적인 근대적 투사로 성장해 나가는 이미지는 당시 사회주의 진영뿐만 아니라 개혁주의적 열망을 가진 민족주의 진영에도 널리 퍼져 있었고, 이는 언론이 파업 여공을 보는 시각에도 영향을 미치기 시작한 것으로 보인다.

하지만 새로운 '여사 여공' '여공 투사'상을 상상하는 이런 실험은 오래 지속되지 못했다. 1930년대 후반 전시 상황에 돌입하자 강주룡을 전국적인 인물로 만들어 낸 여공의 전투적 파업은 불가능해졌다. 이후

---

[28] 장규식 2001, 238. 안창호계 인물이자 (수양)동우회 내 개혁 운동의 리더였던 주요한도 『동광』 1927년 7월호에 실린 글에서 '투사'를 육성하는 임무의 중요성을 강조했다(같은 책, 204, 236). 이 '투사'라는 용어와 서북 지역 개신교 운동과의 연관성이 강주룡을 '투사'라 지칭하는 4개의 기사 중 3개가 『동아일보』와 『동광』에서 보이는 이유를 부분적으로 설명해 준다.

여공들의 투쟁은 공산주의 적색 노조 운동을 통해 지하에서 지속됐다. 다만, 계급투쟁에 대한 헌신을 강조하고 개인보다는 프롤레타리아 집단의 일원으로서 여공의 위치를 강조하는 경향으로 인해 기존의 영웅적 개인의 이미지를 부각하는 '투사'상은 명맥을 유지할 수 없었다.

결국 모든 싸움이 끝났을 때, 고무산업에서 수년에 걸친 치열했던 계급투쟁의 승자로 떠오른 것은 공장주들이었다. 비록 평원고무가 1931년 6월, 임금 삭감 계획을 철회해야 했지만, 평양의 세창고무 경영진은 7월 말, 200명의 노동자들이 함께한 파업을 — 모유 수유 중인 어머니와 임산부를 비롯한 여성 노동자 7명이 단식투쟁을 벌였음에도 — 물리쳤다.[29] 8월 중순, 노동자들이 만든 공제고무를 제외한 평양의 12개 고무공장들이 일제히 큰 폭으로 임금을 삭감하기 시작하면서 고무공장주들은 1930년 초부터 그들이 소망했던 계획을 마침내 달성했다.[30]

여공의 주체성
: "내가 배와서 아는 것"

강주룡의 인터뷰와 같은 흔치 않은 기회를 제외하고 여성 노동자의 목소리를 직접 들을 수 있는 방법은 없다. 학자들은 그들의 행동을 살펴봄으로써 주체성의 흔적을 찾고자 노력해 왔다. 1923년 서울 파업부터 1935년 부산 파업에 이르기까지 고무산업의 파업 여공들은 매우 높은 수준의 결단력 전투력 조직력을 보여 주었고, 언론에 자신들의 메시지

[29] 『동아일보』 1931/07/31.
[30] 『동아일보』 1931/08/23, 1931/09/10.

를 전달하는 능력도 뛰어났다. 우리가 자세히 살펴본 평원고무 파업뿐만 아니라 섬유 부문의 파업 여공들도 전투적인 투쟁으로 유명했다.[31] 여성 노동자들이 노동쟁의에서 보여 준 치열함, 사측과의 협상 과정에서 반복적으로 보여 준 자부심, 현장에서 발휘한 리더십은 모두 자율적인 근대적 개인으로서 여공의 주체성에 대해 많은 것을 시사해 준다.

여공을 정치의식이 부족하고 전위 활동가의 지도가 필요한 존재로 보았던 남성 사회주의 이데올로그들의 인식과 실제 사이에는 분명 괴리가 있었다. 식민지 조선의 여공들과 사회주의 여성 노동운동가들은 자신의 주체성을 표출하고 목소리를 내기 위해 운신의 폭이 좁고 험난한 젠더 정치의 지형을 헤쳐 나가야 했다. 『태평양로동자』 같은 공산주의 기관지와 남성 지식인이 쓴 좌파 소설은 여공에 대해 조선의 남성 급진주의자들이 가진 전형적인 이해를 드러낸다. 예를 들어 1933년 좌파 잡지 『비판』의 '병철'(필명)이라는 남성 논객은 "성질이 유순하고 반항심이 적고 공장주의 명령이나 감독의 지휘라면 무엇이든지 복종함"을 여성 노동자의 단점으로 열거하며 한탄한다.[32]

비인간적인 억압에 시달리며 도움을 갈구하는 비참한 어린 여공의 이미지는 1925년 7월 일본에서 출간된 호소이 와키조의 『여공애사』女工哀史에서도 극명하게 재현되고 있다. 역사학자 베라 맥키에 따르면 『여공애사』는 일본에서 "동정과 연민의 대상으로 여성 노동자에 대해 서술하는 관습"을 공고히 하는 데 적지 않은 역할을 했다.[33] 식민지 검열 당국은 사회주의와 사회주의 페미니즘 사상을 담은 많은 책들과 마

---

[31] 이정옥 1990, 215-20.

[32] 서형실 1989, 67.

[33] Mackie 1997, 108.

찬가지로 이 책의 배포를 즉시 금지했지만, 그럼에도 불구하고『여공애사』는 조선에서 노동운동가들 사이에 유포된 것으로 보인다. 한 예로 1931년에 출간된 송영의 「오수향」에 노동자들이 읽는 텍스트 중 하나로 이 책이 등장한다.『여공애사』담론은 식민지 조선에서 공장 여성의 시련에 대한 좌파적 상상력 속에 편재했던 것으로 보이는데, 동시에 이는 노동계급 여성의 비참한 현실에 대한 부르주아 민족주의의 가부장적 관점을 매끄럽게 뒷받침해 주는 것이기도 했다.

이 '애잔함'pity, 哀에 초점을 맞춘 여공 담론의 영향력을 보여 주는 좋은 예가 바로 단식투쟁을 둘러싼 논란이다. 민족주의 언론은 단식투쟁을 자극적으로 보도했고, 공산주의자들은 그 전술이 여성 노동자의 "잔약한" 몸을 손상시키는 어리석은 선택이라고 비난했다. 그렇다면 여성 노동자들 자신은 단식투쟁의 경험에 대해 어떻게 이야기했을까? 『동광』인터뷰에 실린 강주룡의 발언에서 그 실마리를 찾을 수 있다. 앞서 살펴본 것처럼, 강주룡은 이전에 만주의 한 경찰서에서 "하도 원통하고 또 돌봐 주는 이도 없어서 1주일을 꼽박 굴멋"던 일을 회고하면서 평양 경찰서에서 했던 사흘간의 단식투쟁에 대해 "이번 사흘쯤 단식이야 쉽지 않아요?"라며 담담하게 말했다.[34]

이 고무 여공의 활동가적 주체성과 무장 게릴라 운동을 비롯한 만주 경험 사이의 관계에 주목해 보면 1920, 30년대 조선에서 여성 주체성이 어떻게 진화해 왔는지를 새로운 관점에서 볼 수 있다. 특히 급속한 산업화와 중국·소련과의 근접성으로 인해 주민들이 일찍부터 외국의 근대적 사상과 관행에 노출돼 있던 북부 지역은 급진적 운동이 발달

[34] 무호정인 1931, 41.

해 강주룡과 같이 확장된 인식 지평을 가진 노동계급 여성이 출현할 수 있는 조건을 갖추고 있었다.[35] 강주룡은 열네 살부터 스물네 살까지 (1914~24년경) 만주에서 생활하면서 일제의 잔인한 반란군 토벌 작전, 중국인·조선인·일본인 사이의 민족 갈등, 만연한 빈곤과 빈번한 무력 충돌의 현실을 비롯해 조선인 만주 이주와 반제 운동을 둘러싼 정치와 맞닥뜨렸을 것이다. 강주룡은 더 큰 세상을 보았고, 반제국주의 전쟁에 참전하며 많은 시련을 이겨 냈다. 조선의 북녘에서 만주로, 그리고 다시 서북으로 돌아오는 삶의 여정을 통해 강주룡은 정치의식뿐만 아니라 주체적인 자아의식을 획득해 갔을 것이다.[36] 강주룡은 평원고무 파업 직전 적색 노조 운동에 얽히기 시작한 시점이 아니라 그 훨씬 이전부터 정치의식을 키우기 시작했을 가능성이 높다.

『동광』에 실린 강주룡의 증언에 따르면, 스물네 살에 귀국해 1931년 평원고무 파업이 일어났을 때는 평양에서 생활한 지 5년째 되던 해였다. 1920년대 말과 1930년대 초의 평양은 여러 사회운동 단체들이 북적대는 곳이었다. 강주룡은 1930년 파업 직전 평양고무직공조합에

---

[35] 이 같은 경험들이 식민지 조선에서 여성의 주체성 형성에 어떤 영향을 미쳤는가라는 질문은 2000년대 들어 한국 문학 연구자들 사이에서 제기되기 시작했다. 강경애에 대한 연구가 대표적이다. 그는 1920년대 후반 북만주에서 2년간 교사로 일하며 반식민 투쟁을 목격하고 사회주의 사상을 받아들였다. 1931년 중반 남편과 함께 간도로 이주한 강경애는 중병에 걸려 1939년 고향인 황해도 장연으로 귀향하기 전까지 간도에서 작품 대부분을 썼다. 강경애의 문학작품과 그의 만주 경험 사이의 관계를 논의하는 저작으로는 이상경 2002, 8장; 이상경 2017; 김현생 2013; Kwon 2015, 9장 참조.

[36] 『동광』 인터뷰에서 강주룡의 "과거 생애"를 들은 무호정인은 "오늘 그가 가진 의식과 남자 이상의 활발한 성격이 우연한 바가 아님을 알수잇다"고 평했다 (무호정인 1931, 40).

가입했고, 조합원으로서 그해 고무신 노동자들의 격렬한 총파업을 겪었다. 앞서 살펴본 바와 같이 1930년의 '대파업'은 여성 노동자들이 보여 준 전투성과 대담성의 측면에서 전례가 없는 일이었다. 노동자들은 여러 차례 공장을 습격해 경찰과 충돌했고, 150명 이상의 여성을 비롯한 노동자 수백 명이 구금된 동료의 석방을 요구하며 경찰서에 "돌입"하는 일까지 있었다.[37] 따라서 강주룡은 정달헌 그룹과 연결되기 전에 이미 급진화돼 있었을 가능성이 높다. 혹은 조영옥과 정달헌을 통한 공산주의 운동과의 만남이 그가 생계 부양자 역할을 내려놓고 본격적으로 노동운동에 뛰어들게 만든 촉매제 역할을 했을 수도 있다. 어쨌든 1931년이면 강주룡은 코민테른과 프로핀테른의 지침을 따르는 공산주의 노동운동가들의 국제적 네트워크와 연결되었고, 이들의 정신은 임박한 세계적 혁명 물결에 대한 코민테른의 비전에 의해 한껏 고무돼 있었다. 강주룡은 『태평양로동자』 같은 공산주의 선전지를 읽었거나, 적어도 그런 문서에 홍보된 적색 노조 운동의 전략 전술을 학습했을 가능성이 크다.[38]

　　강주룡이 노동운동가로 성장하는 과정에서 어떤 경로를 밟았든 간에 을밀대 지붕에서 열정적인 연설을 할 때 그가 자신의 행동의 중요성을 잘 알고 있었음은 분명하다. 지붕 위 연설에서 그는 다음과 같이 자신의 대의를 정당화하기 위해 사회주의적 언어를 구사할 능력이 있

---

[37] 『중외일보』 1930/08/21-25; 오기영 1930a, 3(『동아일보』 1930/09/06). 여성 노동자들은 모두 체포됐지만 신간회 평양지회의 중재로 곧 석방됐다.

[38] 공산주의 활동가 김명시가 태로에 의해 1932년 3월 상해에서 인천으로 파견되어 제사·성냥 공장 등에서 여공을 조직하기 시작했을 때, 그가 여성 노동자를 위한 주요 교재로 사용한 것도 태로의 지하신문 『태평양노조』 같은 공산주의 잡지들이었다(안재성 2015, 322). 이는 당시 적색 노조 운동의 관행이었던 것 같다.

었다.

> 우리는 49명 우리 파업단의 임금감하를 크게 역이지는 않습니다. 이
> 것이 결국은 평양의 2천3백명 고무직공의 임금감하의 원인이 될 것
> 임으로 우리는 죽기로써 반대하랴는 것입니다. 2천3백명 우리 동무
> 의 삶이 깎기지 않기 위하야 내 한몸덩이가 죽는 것은 아깝지 않습니
> 다. 내가 뽀와서 아는 것 중에 대중을 위하야서는⋯⋯ 명예스러운 일
> 이라는 것이 가장 큰 지식입니다. 이래서 나는 죽음을 각오하고 이 집
> 웅우에 올라 왔습니다. 나는 평원고무 사장이 이 앞에 와서 임금감하
> 의 선언을 취소하기까지는 결코 내려가지 않겠습니다. 끗까지 임금
> 감하를 취소치 않으면 나는⋯⋯ 근로대중을 대표하야 죽음을 명예
> 로 알뿐입니다.[39]

"내가 뽀와서 아는 것 중에"라고 당당히 말하는 그에게서 우리는 자신
의 지식에 대한 자신감과 자부심을 느낄 수 있다. 정규교육을 받을 기
회가 없었던 노동계급 여성으로서, 강력한 국제 공산주의 운동과의 만
남을 포함해 노동운동을 비롯한 다양한 인생 경험을 거쳐 얻은 지식은
그에게 큰 용기를 주고 활동가로서의 정체성을 강화해 주었을 것이다.

강주룡의 연설에서 또 하나 주목할 만한 발언은 죽음을 무릅쓰겠
다는 대목이다. "내 한몸덩이가 죽는 것은 아깝지 않습니다"라는 그의
말에는 단순한 수사 이상의 결연한 의지가 느껴진다. 강주룡은 지붕에
올라가기 직전, 부친에게 파업에서 승리할 때까지 싸우겠다는 결의를

---

[39] 무호정인 1931, 40.

담은 편지를 남겼다. 『조선일보』 1931년 5월 31일자에 실린 그 편지에서 강주룡은 "불효여식은 소원이 성취되면 재견再見하옵고 약불연후若不然後 견지하見地下하리다[만약 그렇게 되지 못하면 저승에서 뵙겠습니다]"라고 쓰고 있다. 『동광』 인터뷰에서 그는 그 밤에 공장에서 쫓겨난 후 원래 항의의 표시로 "목숨을 끊어서 세상 사람에게 평원공장의 횡포를 호소할 맘을 먹엇"으나 사람들이 자신의 죽음을 음란한 일로 인한 과부의 자살로 소문낼까 우려해 자살 수단으로 사둔 광목으로 밧줄을 만들어 을밀대 지붕 위로 올라갔다고 밝혔다. 우리는 당시의 많은 공산주의 운동가들에게서 죽음을 각오할 정도로 강렬한 헌신의 표현을 흔히 볼 수 있다. 2장에서 만난 급진적 여성운동가 이순금과 박진홍도 그랬다. 이 둘 역시 자신의 선택이 또다시 투옥과 고문, 심지어 죽음으로 이어질 수 있다는 것을 분명히 알면서도 출소 후에 매번 다시 지하운동으로 돌아갔다.[40]

삶과 죽음에 대한 강주룡의 태도 역시 공산주의 신조와 '혁명'의 필연적 승리에 대한 믿음에 근거한 것이었을까? 그가 적색 노조 운동에 관여한 기간이 짧았다는 점을 고려하면, 동료 노동자들의 운명에 대한 그의 정서적 애착과 굳은 결의는 평양의 고무 파업에서 목격한 불의, 동료들과의 연대감, 사회주의 지하운동의 훈련을 비롯한 여러 "꽤

[40] 잔혹한 고문으로 1944년 40세의 나이에 옥사한 전설적 공산주의 조직가 이재유는 "우리들 공산주의자들은 운동을 위해 생명을 버릴 결심이고 또 그런 자가 진실한 공산주의자"(김경일 2007, 487)라는 1938년 법정 최후진술을 통해 이런 태도를 집약해 보여 준다. 우리는 이런 수준의 치열함을 20세기 후반 한국의 노동운동이나 학생운동에 참여했던 활동가들 사이에서 다시 마주한다. 한국의 '열사'를 둘러싼 정치에 대해서는 Nam 2019, Cheon 2019, Sun-Chul Kim 2019 참조.

와서" 알 기회들을 통해 얻은 경험이 쌓여 형성된 결과였을 것이다. 그 지점에 이르기까지 그가 어떤 경로를 거쳐 왔든, 지붕 위 연설을 할 당시 강주룡은 동료 여성 노동자들의 당당한 지도자로서 자신의 대의와 목적에 대해 확신을 가지고 발언하고 있었다.

이처럼 굳건한 계급의식을 갖춘 단호하고 적극적인 여공의 사례는 강주룡의 경우에 그치지 않는다. 예를 들어 1930년 1월 부산 조선방직(조방)의 여공들은 파업 중에 다음과 같이 선언했다.

세상에서 흔히 여자는 다 어리석고 아무것도 모르는 무지한 자이고 약한 인간이라고 하고 더우기 우리 같은 여공들은 사람같이 보지 않고 무시하지만, 이번의 동맹파업을 일으킨 뒤로 우리 여공들의 단결된 굳센 힘은 회사 중역들을 놀라게 하였다고 할 수 있다. 우리들이 요구하는 두 가지 중요한 조건을 들어 줄 때까지는 조금도 굴하지 않고 싸울 작정이다.[41]

일부 파업에서는 여성에게만 가해지는 부당행위에 항의하는 여공들도 있었다. 예컨대 1930년 4월, 평양 야마주山+제사(이하 '산십제사') 파업에서 여성 노동자 600명은 회사에 "남공의 [성적] 농담을 금하라"라고 요구했다.[42] 1930년 1월 부산 조방 파업의 경우에서처럼 여

---

[41] 박재화 1993, 36. 1920, 30년대 전반기 제사업의 노동조건과 쟁의를 검토한 역사학자 윤정란은 이 여공들이 이 시기에 "근대 자아의식을 가진 여성으로 성장"하고 있었으며 "새로운 여성 문화"를 만들어 가고 있었다고 주장한다. 그에 따르면 1930년대 후반기부터 1945년 해방까지의 전시 통제기에는 여공들의 이런 가능성이 "잠복된 상태로 있을 수밖에" 없었다(윤정란 2006, 38, 71-73).
[42] 다른 요구 사항은 "음식물을 사람답게 먹여라" "작업 시간은 10시간으로

성 노동자들은 때로 남성 지도부와 별도로 독자적인 파업 본부를 만들기도 했다.[43]

강주룡이 적색 노조원이라는 소식은 그가 경찰에 구금돼 있던 상태에서 터져 나왔다(풀려났던 강주룡은 6월 10일 최용덕과 함께 다시 구금되어 감방에서 또 단식투쟁 중이었다). 이 소식은 정달헌이 이끄는 태로 그룹에 대한 경찰의 일제 검거로 알려지게 된 것이었다. 정달헌 그룹과의 관계가 밝혀지자 강주룡은 계속 구금 상태로 있게 되었고 이듬해 6월 병이 깊어진 후에야 석방될 수 있었다.[44] 가난에 시달리던 가족과 친구들은 그를 제대로 치료해 줄 형편이 못 됐고, 결국 강주룡은 1932년 8월 13일 평양의 한 빈민가에서 사망했다. 언론은 감옥살이의 고통으로 인한 활동가의 사망을 보도하는 관례에 따라 그의 죽음을 '옥사'로 보도했다.

가혹한 심문과 1년간의 투옥 생활을 겪으면서 그가 정달헌 그룹에 연루된 것을 후회했는지는 알 수 없다. 또한 현재 남아 있는 자료만으로는 그가 적색 노조 운동에 연루된 것이 파업을 마무리하는 협상 과정에서 노동자 측에 부정적인 영향을 미쳤는지 여부도 알 수 없다. 분명한 것은 파업의 적색 '배후'에 대한 자극적인 언론 보도에도 불구하고 동지들

하라" "의복은 세탁하여 입혀라" "너무 학대를 하지 마라" 등이었다. 이 파업 이전에도 1930년 1월 산십제사 여공 500여 명이 임금 인상과 노동조건 개선을 요구하며 파업을 벌인 바 있다(박재화 1993, 55; 『조선일보』 1930/04/27).

[43] 서형실 1989, 98; 박재화 1993, 36.

[44] 『동아일보』 1931/06/13, 1932/06/10, 08/17. 강주룡이 1932년 6월 7일 보석 방면된 것은 "극도의 신경쇠약과 소화불량"을 포함한 심각한 병세에 의한 것으로 보도되었다.

이 그를 떠나지 않았다는 사실이다. 강주룡과 함께 파업을 주도하고 구금 생활을 함께 견딘 김취선과 최용덕은 그의 곁을 지켰다. 최용덕을 비롯한 몇몇은 극심한 가난에 시달리던 그의 가족을 도맡아 부양했고, 서울의 고무공장에 취직한 김취선은 일당 0.50원의 빈약한 수입 중 일부를 감옥에 있는 강주룡의 영치금으로 보냈다.[45] "남녀 동지 100여 명"이 모여 장례식을 치른 후 강주룡은 서장리 묘지에 묻혔다.[46]

평화고무의 실험

평원고무 파업은 일시적이긴 했지만 임금 삭감을 막았다는 점에서 어느 정도 성공적이었다. 『동아일보』는 그 결과를 "노동자의 승리"로 규정했다.[47] 그러나 강주룡, 최용덕, 김취선 등 지도부를 포함한 여공 20명이 일자리를 잃었고 강주룡은 구속 상태였다. 해고된 여공들이 취한 다음 조치는 1930년대 초 평양의 복잡한 이념 지형을 잘 보여 준다. 해고된 노동자들은 최용덕의 주도 아래 "지역 유지"라 보도된 평양의 지역 엘리트들 — 사업가 외에도 기자, 변호사 등 전문직 종사자와 사회운동가 등 — 과 손을 잡고 노동자 소유 공장을 설립하는 진보적 실험에 나섰다. 이 시도는 선례가 있었는데, 1930년 평양 고무 파업 이후 출범한 노동자 소유의 생산 협동조합 '공제고무'가 그것이다. 일부 엘리트 지도자들이 노동자 소유 공장을 설립하자는 아이디어에 동조했다는 사실과 그들이 실제로 이 개혁적 시도에 상당한 투자를 했다는 사실은

[45] 『중앙일보』 1931/12/30.
[46] 『동아일보』 1932/08/13, 08/17.
[47] 『동아일보』 1932/08/17.

1930~31년의 전쟁과도 같았던 일련의 고무 파업이 평양 사회에 상당한 파급력을 미친 사건이었음을 보여 준다. 이런 전개는 또한 전투적이고 종종 폭력적이기까지 한 생경한 여성 노동자 이미지가 무지하고 수동적인 여공이라는 기존의 계급·젠더 관념에 균열을 일으키기 시작했음을 시사한다. 노자 갈등의 해결책으로 노동자 소유의 공장 협동조합을 설립하기로 한 이 결정을 이해하기 위해서는 1920년대 말과 1930년대 초 평양의 기독교 민족주의 운동과 아나키즘 운동 내부의 변화를 먼저 살펴볼 필요가 있다.

우리는 1장에서 1920년대 후반과 1930년대에 계급 갈등이 고조되고 부르주아 민족주의에 대한 사회주의적 비판이 심화됨에 따라 식민지 조선에서 기독교 민족주의 운동의 이념과 실천에 어떤 변화가 일어났는지 살펴보았다.[48] 1930년대 전반, 노자 갈등이 심각한 문제로 인식되면서『동아일보』『조선일보』『조선중앙일보』등 민족주의 언론이 일본 본토에서는 이미 시행되고 있던 노동법을 식민지까지 확대해야 한다는 목소리를 냈지만 결국 실패로 돌아갔다.[49] 계급 양극화와 빈곤이라는 절박한 현실 문제에 대응하려는 이런 개혁주의적 요구는, 일본에서도 그랬듯, 생산성 향상을 통해 자본주의하에서 노동과 자본의 이해관계가 궁극적으로 수렴할 수 있다는 믿음에 기초했다.[50] 그러

---

[48] 민족주의자들은 1930년대 내내 노자협조의 문제와 씨름했다. 1930년대 후반에 이훈구, 이순탁, 이종만 등의 민족주의 사상가들이 자신들의 노자협조론을 노동문제의 해결책으로 제시했고, 식민 정부 또한 '노자협조' 개념을 전시 노동 및 경제 통제와 개발 이데올로기의 일부로서 강조하기 시작했다(이상의 2006, 87).
[49] 식민지 정부 내에서 이 문제에 대한 정책 논의는 1936년 이 법안을 "시기상조"로 보는 최종 평가가 내려지면서 끝났다(같은 책, 86, 94-107).
[50] 같은 책, 87-89. 민족주의자들 대다수가 당시 한국 경제 상황에서 '분배 투

나 이대위와 같이 노동문제에 대한 민족주의적 해결책을 진지하게 고민한 기독교 개혁가는 소수에 불과했다.

한편 1920년대 후반에 이르면 기독교 민족주의 운동 내의 주류는 도시의 노동문제에서 눈을 돌려 농촌을 주 활동 무대로 삼는 방향으로 전환을 꾀하고 있었다. 당시 인구의 80퍼센트가 농업에 종사하고 있었고, 농촌 경제의 악화는 양심적인 운동가들뿐만 아니라 식민지 정부에도 행동을 요구하고 있었다. 역사학자 앨버트 박이 보여 주듯이, 천도교, 개신교의 장로교단, YMCA 등 종교에 기반을 둔 사회운동 단체들은 1920년대 중반부터 농촌 운동에 많은 투자를 했다.[51] 또 『동아일보』는 1920년대 후반, 학생을 핵심 주체로 삼는 활력 넘치는 '귀농' 캠페인을 시작한다. 부르주아 민족주의 운동이 농촌문제로 눈을 돌린 것은 개인의 자아 수양에 초점을 맞추던 것에서 벗어나 자본주의 근대화가 야기한 사회문제를 해결하려는 노력이었다. 그것은 또한 사회주의의 도전에 대한 대응인 측면이 컸다. 『동아일보』그룹과 종교계의 민족주의 운동 세력은 농촌으로 돌아가 민족을 위해 봉사하는 역동적인 민족주의 청년상을 새롭게 정립하고 확산시키기 위해 농촌 캠페인에 자원을 쏟아부었다. 그들이 농촌계몽운동의 지도자로 부상해 사회주의 청년운동에 맞서 싸울 수 있기를 희망하면서 말이다.[52] 농촌은 급진적 운동들이 확대될 만한 잠재력을 지닌 무대로 1930년대 초에는 공산주의자들도 농민을 '적색' 농민조합으로 조직하고자 노력 중이었다.

쟁'은 '시기상조'라고 생각했기 때문에 부르주아 민족주의 운동에서 계급 간 분배 문제에 관심을 촉구하는 목소리는 소수에 머물렀다(오미일 2002, 522-25).

[51]   Albert Park 2015.

[52]   이기훈 2014, 143-48.

대체로 종교적 민족주의 운동의 계몽 담론과 자강 프로그램들은 공장보다는 농촌에서 더 큰 호응을 얻었다.

　부르주아 민족주의자들이 농촌으로 눈을 돌리면서 1920년대 중반부터 협동조합 운동, 특히 덴마크 모델이 상당한 주목을 받았다. 앨버트 박에 따르면, 개신교 사회운동가들과 천도교 운동가들은 공동체적 형태의 노동, 인격 수양, 상호 부조의 정신을 장려하는 덴마크식 협동조합 시스템을 농촌에 적용해 "윤리적 형태의 자본주의"를 발전시키려 했다.[53] 협동조합 운동의 핵심 인물이었던 함상훈은 1931년 당시조선에 200개 이상의 소비조합이 있고 생산조합도 "그다지 소수는 아닐 것 같다"고 보았다.[54] 신간회도 농촌 지역의 협동조합 운동을 적극지원하기로 활동 방침을 정해 협동조합 운동에 힘을 보탰다.[55]

---

[53]　장규식 2001, 342-75; 장규식 2009, 124; Albert Park 2015, 5장. 덴마크 협동조합 시스템은 18세기에 시작된 덴마크 국가와 사회 안정화를 위한 국가적 운동의 핵심 요소였다. 이 운동의 세 가지 주요 요소는 토지개혁, 니콜라이 그룬트비가 시작한 민중 학교 운동, 그리고 협동조합 운동이었다. 1920년대에 덴마크 모델은 전 세계적으로 인기를 누렸다. 한국에서는 1920년부터 "덴마크에 대한 담론이 폭발적으로 증가했다." 앨버트 박은 덴마크 시스템이 한국의 기독교 개혁가들에게 매력적이었던 이유는 덴마크가 "포괄적 협동조합 시스템"을 통해 "세계에서 가장 존경받는 근대적 농업국가"가 된 유일한 나라였고 식민지 조선에서 전면적인 토지개혁이 불가능할 경우 덴마크 시스템이 실행 가능한 대안이 될 수 있을 거라 보았기 때문이라고 분석한다(Albert Park 2015, 20, 154-55, 161, 164).

[54]　최규진 2009, 211. 『동아일보』가 1932년 봄 실시한 조사는 조선 내 협동조합 93개를 파악했다(오미일 2002, 498). 신용조합, 소비자 협동조합, 생산자 협동조합 등 다양한 종류의 협동조합이 농촌 지역에 조직되었지만, 1930년대 중반에는 대부분이 1932년 식민지 정부가 시작한 농촌진흥운동에 흡수되었다(같은책, 9장).

[55]　오미일 2002, 510.

1920년대 후반부터 1930년대 초까지 부르주아 민족주의 운동이 이런 양상으로 전개된 것으로 보아 1931년경에는 자본주의가 야기한 사회문제를 해결하기 위해 협동조합을 조직하자는 것이 서북 지역의 민족주의자들에게, 그리고 아마도 평양의 고무 노동자들에게까지도 친숙하고 인기 있는 아이디어였을 것이다. 이북 지역에서는 천도교, YMCA와 장로회의 농촌 사회운동 모두 매우 활발히 전개되고 있었다. 이들 협동조합은 대부분 농촌 지역에 건설되었지만, 평양은 서북 협동조합 운동의 중심지였으며, 1931년 4월 이 지역의 기독교 활동가들은 평안도와 황해도의 협동조합들을 상대로 다양한 서비스와 교육을 제공하는 조정 기구를 결성하고 조만식을 이사로 삼았다.[56] 조만식의 영향 아래 있던 기독교농촌연구회는 1930년대에 걸쳐 기독교사회주의 운동의 기반을 닦았는데, 그 두 중심축은 '기독주의'Christism와 유토피아적 '예수촌' 건설 운동 — 농촌 교회와 협동조합 운동을 핵심으로 하는 — 이었다.[57]

앞에서 소개했듯이, 1930년 평양 고무 파업의 베테랑들은 '공제 고무'라는 노동자 소유 공장을 설립했고, 평원고무의 해고 노동자들은 파업이 끝난 직후 지역 유지들의 도움을 받아 '평화고무'라는 생산자 협동조합을 설립했다. 당시의 일본어 신문들은 공제고무를 '공산'('공산주의적' 또는 '공동으로 생산하는') 또는 '공영'('공동으로 운영하는') 공장이라 묘사했다.[58] 여기서 '공제'라는 이름과 함께 '공산'이라는 단어가 흥

---

[56] 장규식 2001, 276. 기구의 명칭은 '관서협동조합경리사'였다.
[57] 장규식 2009, 131. 기독주의에 대해서는 Albert Park 2015, 99, 133 참조. 가난한 자들의 경제사회적 필요를 외면하지 않는 예수의 사랑과 영성에 기반을 둔 국가 건설을 강조하는 흐름이다.

미로운데, 이 단어들의 선택이 지역 아나키스트들이 사업에 관여한 상황을 반영한 것인지 궁금해지기 때문이다.

1장에서 언급했듯이 평양은 기독교 민족주의 운동뿐만 아니라 아나키스트 운동의 강세로도 유명했다. 1920년대 평양에서 아나키스트들이 강력한 기반을 구축했으며 아나코-생디칼리즘이 1920년대 말 평양 아나키스트들 사이에서 하나의 주요 흐름을 형성했다는 사실은 그들이 라이벌인 공산주의 세력에 맞서 평양의 엘리트 민족주의자들과 계급을 초월해 협력할 가능성을 높였다.[59] 식민지기 조선의 아나키스트 운동을 폭넓게 연구해 온 역사학자 이호룡에 따르면, 1880년대에 조선에 처음 소개된 아나키즘은 제1차 세계대전과 러시아혁명 이후 주목받기 시작했고 1919년 3·1운동 이후 급속히 확산됐다. 아나키즘은 1920년대 중반에 이르러 사회주의 운동계의 주류를 차지하게 된 마르크스-레닌주의, 즉 공산주의 운동과 경쟁하며 1920, 30년대 식민지 조선의 사회주의 운동에서 중요한 역할을 담당했다.[60] 앞서 언급한 바와 같이 아나키즘 운동에서는 식민지기 내내 크로포트킨의 상호부조론을 중심으로 한 아나코-코뮤니즘이 주류를 이루었지만, 아나코-생디칼

---

[58] 『오사카 마이니치신문』(조선판), 1930/09/07; 『부산일보』 1930/10/15; 영진 편 1989, 1:456, 464.

[59] 이호룡 2015, 144-63; 김경일 2004b, 177.

[60] 이호룡 2015, 11, 19-50, 471. 식민지 조선의 아나키스트 운동은 국내 아나키스트들, 중국 망명자들, 일본 망명자들로 구성돼 있었는데, 이호룡에 따르면, 이 운동에서는 식민지 시기에 사회혁명을 위한 세 가지 투쟁 전략을 개발했다. 첫 번째는 테러적 수단을 통한 직접행동을 강조하는 전략이고, 두 번째는 '혁명 근거지' 또는 '이상촌'을 건설하는 운동으로 주로 중국에서 활동하는 조선인 아나키스트들이 채택한 전략이었다. 세 번째는 아나코-생디칼리즘의 전략으로 '경제적 직접행동'과 '일상 투쟁'을 우선시하는 전략이었다(이호룡 2001, 266-93).

리즘도 지속적으로 영향력을 발휘했다. 1920년에 설립된 조선 최초의 노동단체인 노동공제회는 이미 아나키스트 경향을 강하게 내비치고 있었고, 1920, 30년대 내내 많은 아나키스트들이 노동조합운동에 지속적으로 참여했다.

아나코-코뮤니스트와 아나코-생디칼리스트는 혁명 전략, 특히 노동조합운동의 위치와 역할에 대해 입장이 달랐다. 아나코-생디칼리스트는 노동운동과 노동조합을 사회혁명의 기반으로 우선시했다. 노동조합을 통해 노동자들은 "경제적 직접행동에 의해 사회혁명을 달성"하는 전략을 따라 민주적 구조와 생산의 자기 관리를 확립하는 법을 배우게 된다는 것이었다.[61] 반면 아나코-코뮤니스트는 산업 노동자들의 조직적인 계급투쟁에 아나키스트가 깊숙이 개입하는 것을 의심의 눈초리로 보았다. 그들에게 노동운동은 전체 혁명운동의 여러 부문 중 하나일 뿐이었다. 이호룡에 따르면, 아나코-생디칼리즘은 1920년대 말부터 조선 아나키즘 운동의 주요한 흐름 중 하나를 형성하기 시작했다.[62] 조선 아나키즘 운동에서는 아나코-코뮤니즘의 전통이 강했음

[61] 이호룡 2001, 93.
[62] 이호룡은 그 결과 1929년 아나코-코뮤니즘(또는 '순정아나키즘')을 계속 옹호하는 주류 아나키스트와 아나코-생디칼리즘 경향을 가진 아나키스트 사이에 분열이 일어났다고 주장한다. 이는 그 전에 일본 아나키스트들 사이에서 일어난 비슷한 분열에 뒤이은 것이었다. 이호룡에 따르면, 이홍근, 최갑용 등의 아나코-생디칼리스트들이 일본으로부터 귀국한 것이 조선에서 아나코-생디칼리즘의 부상을 자극했다(같은 책, 236-37; 이호룡 2015, 157-58). 역사학자 황동연은 조선의 아나키스트 역사에 관한 최근 저서에서 1929년 분열의 중요성과 그로 인한 운동의 약화를 강조하는 이호룡의 주장을 반박하면서, 조선 아나키스트들이 지역의 상황과 요구에 대응하기 위해 다양한 실천과 방법론을 개발해 갔음을 설득력 있게 보여 준다(Hwang 2016, 116, 211-12).

에도 불구하고 아나키스트들이 노동문제를 다루면서 아나코-생디칼리즘에 눈을 돌린 것은 어떤 의미에서 필수적이었고, 특히 산업화가 진행된 이북 지역에서는 더욱 그랬다. 그렇게 함으로써 아나키스트들은 산업 노동자들 사이에서 그들의 최대 경쟁자인 공산주의자들의 적극적 공세에 대응할 수 있었다.

1920년대 중반부터 노동운동에 대한 아나키스트의 개입이 가속화되었다. 원산, 함흥, 단천, 평양 같은 북부 공업 도시는 아나코-생디칼리스트 노동운동이 가장 활발했던 곳이다.[63] 1920년대 중반 평양에서는 아나키스트들이 목공, 양화 직공, 고무공, 그리고 일용직 노동자들의 노조에서 강력한 영향력을 발휘했다.[64] 1920년대 후반에서 1930년대 초 사이 식민지 조선에서 등장한 가장 중요한 아나키스트 조직은 평양의 관서흑우회였다. 이 단체는 1927년 12월 신간회 평양지회에 맞선 경쟁 조직으로 만들어졌다.[65] 관서흑우회는 1929년 말 최초의 아나키스트 전국대회 개최를 위한 야심 찬 캠페인을 벌임으로써 조선 아나키스트 운동의 지도적 위치를 과시했다.[66] 그 무렵 아나코-생디칼리스트들은 흑우회 조직 내에서 상당한 권력을 장악했고, 평양의 고무 파업을 비롯한 노동자 투쟁에도 적극적으로 관여하기 시작했다.[67]

[63] 이호룡 2015, 157-80

[64] 그들은 노동운동의 전국 조직이었던 조선노동총연맹의 평양지부에서도 영향력이 컸다(같은 책, 147-49, 159-62).

[65] 신간회 운동은 아나키스트들의 반공산주의 투쟁을 크게 자극했는데, 특히 아나키즘의 기반이 강했던 평양과 원산 등에서 그랬다(같은 책, 472).

[66] 전조선흑색사회운동자대회 소집 계획은 식민 당국의 탄압으로 결국 실패로 돌아갔다(같은 책, 125-28, 150-54).

[67] 같은 책, 158-63; 이호룡 2001, 243.

아나코-생디칼리스트들은 '직업적 활동가'에 의해 수행되는 중앙집권적이고 권위주의적인 공산주의식 조직화 방식에 단호히 반대하며, '자유연합' 원리를 옹호했다. 그들은 외부 선동가들이 주도하는 적색 노조 유형의 조직화에 반대하고 정치적 투쟁을 강조하는 것에도 반대하면서, "보이코트[불매동맹]·태업·파업" 등을 통한 노동자들의 경제적 직접행동을 선호했다. 그들은 또 노동자의 능력을 개발하는 방법으로 '작업부'나 '생산조합' 같은 노동자 중심의 조직을 권장했다.[68] 이런 조직들은 "생산기관 사회화"와 공정한 이윤 분배라는 아나키스트의 꿈을 향한 디딤돌로 여겨졌다. 평양양화직공조합과 평양목공조합의 작업부 설립, 공제고무와 평화고무 같은 여성 고무 노동자들의 생산조합 시도에도 아나코-생디칼리스트들이 깊이 관여했다.[69]

평양의 1930년 고무 파업 후에 세워진 공제고무 공장[70]의 주된 설립 동력은 지역의 재계에서 나왔다. 공장 경영자 우제순이 설립을 주도하고 변호사 김지건, 신문기자 최윤옥, 지역 유지인 자산가 황연, 김인수 등이 참여했으며, 김지건이 공장 경영 책임자로 선정되었다. 설립

---

[68] 이호룡 2015, 157-60.

[69] 같은 책, 160-62. 당시의 신문 보도에 따르면, 평양의 양복공(『동아일보』 1926/11/29), 금은세공 노동자(『동아일보』 1928/12/11), 양화 직공(『중외일보』 1930/03/27; 『조선일보』 1930/12/2), 목공(『조선일보』 1931/01/14와 1931/01/16), 양말 직공(『동아일보』 1927/12/20) 등이 '작업부'나 '생산조합'을 설치했다.

[70] 공식 명칭은 '평양공제생산조합 고무공업부'였다. 공제고무에 대한 정보는 다음 자료에서 추출했다. 채린 1998/1931, 177-79; 이호룡 2015, 160-62; 『동아일보』 1930/09/18, 1930/10/08, 1930/10/12-13, 1930/10/16, 1930/10/19, 1930/11/06-07, 1930/12/01, 1930/12/18; 『중외일보』 1930/09/05, 1930/09/12, 1930/09/18; 『조선일보』 1930/09/07, 1930/09/18, 1930/10/29, 1930/11/06; 『매일신보』 1930/09/08, 1930/11/01.

시 자본금은 10만 원이었는데, 노동자들은 1주당 10원씩 내고 (필요하다면 할부 형식으로) 주식을 샀다. 이 "직공의 공장"에서는 직공과 양심적인 기업인이 평등한 주주로서 함께 일하고, "노동 생활 합리화"와 "이윤 분배 균등화"를 추구하며, 노동자에게 더 높은 임금과 하루 8시간 (3교대) 노동을 비롯한 더 나은 대우를 보장한다는 조건이었다. 오기영이 쓴 것으로 보이는 『동아일보』 기사들은 이 공장을 "노동자의 혈한[피와 땀] 결정"이며 "노자 쟁의의 획기적 산물"이라 칭찬했다. 1931년 8월 평양의 고무공장주들이 또다시 임금 인하를 모의했을 때, 앞서 언급했듯이 공제고무는 기존 임금 수준을 유지한 유일한 회사였다.[71]

공제고무와 같은 노동자 소유 공장을 설립하자는 아이디어는 평원고무 파업이 끝난 직후, 이번에는 세창고무에서 또 다른 고무 파업이 벌어지는 와중에 제기되기 시작했다.[72] 평화고무는 10월에 2만 원의 그리 크지 않은 자본금을 모아 출범했다.[73] 여론은 대체로 우호적이었고, 『동아일보』는 그 진행 상황을 열심히 보도했다.[74] 언론 보도를 통해 우리는 전년도의 공제고무 사례와 마찬가지로 민족주의 엘리트들과 아나키스트들이 평화고무 설립을 위해 다시 손을 잡았음을 알 수 있다. 한 『중앙일보』 기사는 지역 유지들의 후원을 지적하면서, 동시에

[71] 이호룡 2015, 162; 『동아일보』 1930/10/08, 1930/10/19, 1930/11/06, 1930/12/01, 1931/08/23, 1931/09/10.

[72] 『동아일보』 1931/07/11.

[73] 『동아일보』 1931/10/07, 1931/10/13; 『중앙일보』 1931/12/16. 김남천은 자신의 단편 「공장신문」(1931년 7월 『조선일보』 연재)과 「공우회」(잡지 『조선지광』 1931년 1~2월호 연재)에서 노조 조직 운동이 일어나는 현장인 고무공장에 '평화고무'라는 이름을 붙였다.

[74] 김경일 2004b, 180; 『동아일보』 1932/01/07 사설.

관서흑우회 창립 멤버인 승도경을 공장 설립을 주도한 핵심 인물의 하나로 언급했다.[75]

식민지 조선의 아나키스트들은 부르주아 민족주의자들을 자본가계급의 대표로 보았고, 공산주의자와 민족주의 좌파가 지지하는 연합 전선 운동을 노동자계급의 성장을 저해하는 심각한 위협으로 여겼다. 그렇다면 부르주아 민족주의자들과 자본주의 체제를 오랫동안 맹렬히 반대해 온 아나키스트들이 이 건에서 민족주의자들과 협력하게 된 이유는 무엇일까? 역사학자 이호룡에 따르면, 1930년대 초 평양의 아나코-생디칼리스트들은 민족주의자들에 대한 기존의 태도를 크게 바꿔 그들과의 협력에 개방적인 태도를 취하게 되면서 아나코-코뮤니스트들의 날카로운 비판에 직면했다.[76] 그 이유와 과정은 밝혀져 있지 않지만 평양 아나키스트들이 노동자 소유의 공장을 만드는 데 민족주의자들과 공동의 노력을 기울였음은 분명하다. 생산조합이나 작업부를 만드는 전략에 지역 자본가들의 협력이 필요했기 때문일 것이다. 또한 아나키스트들 사이에서 반공주의 정서가 심화된 것도 한 요인으로 보이는데, 아나키스트와 부르주아 민족주의자 사이의 이런 동맹 관계는 해방 후 남한에서도 계속된다.[77]

[75] 『중앙일보』 1931/12/16; 이호룡 2015, 162.

[76] 이호룡 2015, 169-71, 179. 이호룡에 따르면, 아나코-코뮤니즘 조직들은 관서흑우회 내에서 아나코-생디칼리스트들에 대한 비판을 강하게 전개했다. 아나코-코뮤니스트의 관점에서 아나코-생디칼리스트들은 자신의 경제적 이익을 추구하려는 노동자들의 욕망에 굴복해 자본주의 타도 투쟁을 방기하고 본질적으로 자본가들과 타협하는 입장에 선 '타협 개량주의자'들이었다(같은 책, 170-71; 이호룡 2001, 243-45).

[77] 이호룡 2015, 292-93, 472-73

공산주의자들은 "산업조합"이라는 아이디어에 기본적으로 반대하는 입장을 취했고, 특히 평양 고무 노동자들의 실험에 격렬하게 반대했다. 채린은 『태평양로동자』 1931년 4·5월호에 실린 「신착취방법의 실현인 평양공제산업조합에 대하야」에서 노동자와 자본가가 함께 투자·협력해 노동조건을 개선한다는 '노동자 산업조합'의 아이디어는 "노동자의 계급적 정신을 마비"시키기 위한 자본가의 "교활한 수단"에 불과하며 노동자의 "자본주의적 제도에 반항하는 투쟁욕을 여지없시 말살하면서 노동운동을 훼상"하려는 정책 중 하나라면서 평양 공제고무에 대해 신랄하게 비판했다.[78] "이익 분배의 균등화"라는 슬로건이 "퍽 아름다운 조건"으로 들리지만, 10원짜리 한 주도 사기 어려워 4회 할부로 겨우 그 돈을 마련하는 노동자가 자본금 10만 원의 3분의 2를 부담한, "투기업자"에 불과한 "60인 신사"에게 속임을 당하고 계속 더 착취를 당하게 되는 것이 실상이라고 그는 경고했다. 노동자들이 자본주의 경제체제에서 "실현되지 못할" 거짓 약속에 휩쓸려 가고 있다고 그는 한탄한다. 당시 조선의 공산주의자들은 코민테른이 1935년 7차 대회에서 반파시스트 인민전선 전략으로 선회했다는 사실이 알려지기 전, 코민테른과 프로핀테른의 지침에 따라 노동운동과 사회운동의 "개량주의" 분자들에 맞서 싸우는 데 열중하고 있었다.[79]

[78] 채린 1998/1931.
[79] 최규진 2009, 4장은 공산주의자들이 인민전선 전략을 어떻게 수용했는지에 대해 분석한다. 프로핀테른은 "평화적으로 서서히 자본주의 틀 안에서 '사회화'해서 문제를 해결할 수 있다는 환상"을 불어넣는다는 이유로 개량주의적 협동조합을 반대했다. 하지만 소위 올바른 노선에 따른 협동조합에 대해서는 프로핀테른도 긍정적인 태도를 보였는데, 그런 조직이 노동조합과 마찬가지로 "프롤레타리아 대중의 접합점"으로서 중요한 역할을 할 수 있다고 보았기 때문이다. 이

이런 공산주의자들의 경고에도 불구하고 최용덕을 비롯한 평원고무의 해고 노동자들은 지역 사업가, 뜻있는 투자자, 아나키스트들과 힘을 합쳐 그해 여름과 가을을 바쁘게 보내며 공장 설립을 위해 분주히 움직였다. 주식 한 주당 가격은 20원으로 정해졌고, 평원고무에서 해고된 노동자가 5주 이상을 사면 새 공장에 고용될 수 있었다.[80] 참여 노동자들이 지역의 민족주의 엘리트에 대해 보여 준 신뢰, 그리고 인간의 얼굴을 한 자본주의 대안에 대한 동정적 여론은 지역 부르주아지의 영향력과 가부장적 노사 문화가 여전히 건재했음을 시사한다. 개혁적인 기독교 민족주의 운동가들이 제시하는 노자 협력에 대한 비전도 여공의 신뢰를 얻는 데 보탬이 되었을 것이다. 이전에 공제고무에 대해 호의적인 기사를 많이 실었던 『동아일보』는 1932년 1월 7일의 사설에서 평화고무를 "근로 민중의 혈맹체"라고 높이 평가했다. 노동자들도 이런 인도주의적 자본주의 발전의 가능성을 믿었던 것으로 보이며, 그 실험에 동참하기 위해 주식을 사들이는 데 최선을 다했다. 『동아일보』의 한 기사는 평화고무를 "월자[머리카락], 모옥[초가집] 팔아서" 조직된 공장이라 불렀다.[81] 아나키스트의 꿈이든, 개혁적 민족주의자의 꿈이

런 인식에 근거해서, 그리고 그들의 혁명운동을 위해 합법적 외피를 마련할 필요에서, 조선의 노동조합·농민조합 활동가들은 정평 농민조합의 예에서 보이듯이 1930년대 초반에 소비조합 운동을 활발히 전개했다. 1930년대 후반기 원산그룹 공산주의자들도 노동자 소비조합을 노동자 의식의 훈련장이자 "투쟁의 물적 토대"이며 "노동자의 병참"이라 보고 적극적으로 노동자 소비조합 건설에 나섰다 (최규진 2009, 212-15).

[80] 『동아일보』 1931/07/11, 1931/10/07. 창립준비위원회는 김동석이 이끌었고, 김용선, 박봉춘, 김임관 외 다섯 명, 그리고 평원고무 여공 최용덕이 참가했다(『동아일보』 1931/07/11).

[81] 『동아일보』 1932/12/07.

든, 노동자의 꿈이든, 극단적인 착취를 배제한 하나의 대안적 자본주의 체제에 대한 비전은 1931년 평양에서 살아 있었다.

그러나 이 고상한 꿈은 현실의 무게를 오래 견디지 못했다. 회사는 얼마 못 가 재정 문제와 관련된 내부 분쟁에 휘말렸고 이듬해 말 파산 위기에 직면했다.[82] 1930년의 고무 파업으로 태어난 공제고무는 형편이 나아서 약 4년간 지속됐지만, 거기서도 주식 보유량에 관계없이 주주들에게 동등한 대표성을 부여하는 조항을 비롯해 생산 협동조합을 뒷받침하는 급진적인 아이디어들은 일찌감치 번복된 뒤였다.[83] 그러나 노동자가 운영하는 모범 공장의 꿈이 완전히 사라진 것은 아니었다. 해방 후 조선방직에서, 그리고 산업화 시기 청계피복 노동자 전태일의 소망에서 그 꿈은 부활한다.

강주룡의 기억

노동자가 운영하는 고무공장에 대한 열기가 고조되고 있을 때, 강주룡은 미결 상태로 오랜 감옥 생활을 견뎌 내고 있었다(식민지 조선에서는 공판 전에 '예심'이라는 이름으로 피고인을 오랜 기간 구속 상태로 두는 것이 관행이었다). 강주룡은 아주 드문 노동자 출신 여성 정치범이었다. 일제 치하에서 심문과 고문으로 인한 부상에 더해 악명 높은 감옥 생활을 견디다 옥사한 항일운동가들은 부지기수였다. 그의 옥살이에 대해 자세히 알려진 바는 없으나 강주룡은 1932년 6월 7일, 신병 치료를 위해 석방되

---

[82] 같은 글.

[83] 김경일 1992, 426; 『조선일보』 1930/10/16(이호룡 2015, 179에서 재인용).

었다가 8월 13일, 세상을 떠났다. 그의 너무 이른 죽음은 1933년 2월 14일 요코하마의 한 공원에서 시신으로 발견된 일본 '연돌남' 다나베의 비극과 섬뜩하게 닮아 있다. 일본 공산당 기관지 『아카하타』赤旗는 다나베가 1월에 경찰에 체포되어 고문을 받다 죽었다고 보도했다.[84]

비범한 여성 운동가 강주룡은 당대 사람들의 기억 속에 얼마나 오래 남아 있었을까? 그의 이름은 1933년 3월 적색 노조 사건의 예심 결과와 그에 뒤따른 재판 결과에 대한 보도가 쏟아진 후 언론에서 사라진다.[85] 그 기사들 중 하나에는 강주룡의 사진이 기소된 다른 멤버들의 사진과 함께 실렸고(이 책 90쪽, <그림 3> 참조), 비극적인 '옥사'를 포함한 강주룡의 일대기가 꽤 자세히 서술돼 있었다. 강주룡에 대한 기억이 희미해진 것은 식민지 조선의 정치사회적 환경이 급변했기 때문이기도 하다. 1930년대 중반부터 식민지 조선을 포함한 일본 제국은 총력전 체제에 돌입했고, 무자비한 반공 탄압 속에 언론에 대한 검열은 더욱 엄격해졌다. 거기에 더해 그의 활약이 정치의 중심지, 서울에서 일어난 일이 아니라는 점도 그의 발자취가 전국 차원의 기억으로 살아남는 데 도움이 되지 못했을 것이다.

그러나 서북 지역의 사회주의 운동가들은 한동안 강주룡의 고공 농성과 비극적인 죽음을 기억하고 애도했던 것으로 보인다. 예를 들어, 검열로 인해 평양 북쪽 의주의 한 어린이 잡지에 실리지 못한 어떤 기사에서는 1932년 한 해 동안 일어난 가장 비극적이고 부당한 사건 중 하나로 "숙모 강주룡의 옥사"를 꼽았다.[86] 사회주의 운동가들에 대한 가

[84] 『아카하타』 122(1933/02/28) (하시모토 1997에서 재인용).
[85] 『조선중앙일보』 1933/03/25, 1933/10/31; 『동아일보』 1933/03/25, 1934/04/21, 1934/05/01.

족적 상상력 속에서 강주룡이 젊은 독자들에게 '숙모'로 위치지어졌다는 점이 흥미롭다. 특히 평양에서는 지역 고무 노동자들과 주민들 사이에서 그의 기억이 살아 있었다는 증거가 있다. 북한의 역사학자 송지영은 평양의 1930년 고무 총파업에 대해 쓴 1959년 논문에서 강주룡의 투쟁을 높이 평가하며 "오늘 평양 고무공장 노동자들의 존경을 받고 있는 그의 이름은 …… 인민들에게 널리 알려지고 있다"라고 했다.[87] 평양 사람들의 기억 속에 강주룡의 이름이 계속 자리하게 된 데는 고무 파업이 사회적으로 워낙 파급력이 컸던 사건이었던 점도 작용했을 듯하다.

해방 후 북한은 평양에서 발생한 역사적 고무 파업들에 특별한 가치를 부여했다. 수도 평양에서 일어난 그 파업들이, 이북에서 공산주의 운동이 승리한 배경에 노동 대중의 끈질기고 영웅적인 투쟁이 있었다는 서사를 뒷받침하는 유용한 증거가 되기 때문이었다. 북한 노동사에서 강주룡이 어떻게 서술돼 왔는지 그 기억의 궤적에 대해서는 아직 연구가 더 필요하지만, 적어도 1950년대 말까지는 그를 적극적으로 기념한 것이 분명하다. 북한에서 발간된 잡지 『조선녀성』 1959년 8월호의

---

[86] 우리가 이 자료의 존재를 알 수 있는 것은 그에 대한 검열 기록이 경성지방법원 검사국 자료(일본어)의 일부로 남아 있기 때문이다(<한국사데이터베이스>를 통해 검색 가능). 이 잡지는 『고도모라』子供等, 1권 1호라 기록돼 있고, 검열 결과는 '불허'였다. 문학 연구자 이상경의 추정에 따르면 원 제목은 '아이들'이었을 것으로 보인다. 이상경에 의하면, 기록상 『아이들』을 펴낸 것은 평북 의주의 박완식인 것으로 확인된다. 박완식은 의주에서 『조선소년』이라는 잡지를 몇 년간 냈고 그 잡지는 계속 검열에 걸리다 결국 폐간했다. 『아이들』은 『조선소년』 폐간 후 박완식이 다시 시도한 잡지로 보이는데, 이 역시 심한 검열 탓에 곧 폐간한 것 같다. 두 잡지 모두 남아 있는 권호가 없다. 『조선일보』 의주지국에서 일했던 박완식은 1934년의 2차 카프KAPF 사건으로 검거돼 징역을 살기도 한 인물이다. 이 내용은 이상경 교수와 나눈 이메일 대화(2016/07/07)에 기초한다.
[87] 송지영 1989/1959, 251.

한 기사는 강주룡을 영웅적인 투쟁을 벌이고 혁명을 위해 목숨을 바친 모범적인 공산주의 전사로 묘사하고 있다. 이 서사에서 강주룡이 "붉은 깃발"을 "튼튼히 잡고" 을밀대 지붕 위에 올라서 있는 것으로 묘사되는 점이 흥미롭다. 어떤 면에서 이는 강주룡의 이야기와 연돌남 다나베가 높은 굴뚝 위에서 위협적으로 적기를 휘날리는 이미지를 결합한 것으로 보인다. 이 글을 쓴 김영근은 강주룡에 대한 묘사에서 "영채 도는 눈동자며 날쌘 코"와 함께 "깃대를 틀어쥐고 힘있게 뻗친 팔"을 강조하며 강한 의지를 형상화했다. 김영근에 의하면, 강주룡은 때로는 "붉은 기폭을 휘날리며" 또 때로는 "붉은 깃대로 부벽루 쪽을 가리키며" 당당하게 소리높이 연설을 이어 갔다. 그는 "을밀대 룡마루에서 붉은 기를 휘날리며 동 계급의 기염을 토한 강주룡 녀성"은 "우리 로동계급의 귀한 딸"이자 잊어서는 안 될 "애국 렬사"의 한 사람이라는 선언으로 글을 맺는다.[88]

1930년대에 노동운동에 가담한 강주룡을 비롯한 여성 노동자들은 근대적 자의식을 갖춘 공장 여성이라는 주체의 등장을 알렸다. 2장에서 소개한 「오빠의 편지 회답」을 쓴 강경애 같은 좌파 작가들의 작품에서 우리는 이런 새로운 여공 주체의 등장을 확인할 수 있다. 강경애와 같이 노동계급의 삶을 예민하게 파악한 관찰자들은 근대적 자의식과 저항정신으로 무장한 새로운 유형의 여성 노동자의 출현을 인정하고 반겼다. 암울했던 식민지 말기를 지나 해방 후 정치적 격동기를 거치며 그들의 존재는 과연 계속 기억될 수 있었을까? 식민지기 수많은 고무 파업과 섬유 파업을 꾸려 낸 선배 여공들처럼 해방 후 남한의 노

[88] 김영근 1959.

동운동에서도 전투적 여공들이 등장했을까? 노조 운동과 사회는 그들에게 어떤 위치를 허용했을까?

다음 4장과 5장에서는 여성 노동자 투쟁의 역사를 해방 후 시기와 경제발전기의 순서로 따라가 본다. 그리고 마지막 6장에서 우리는 노동운동가 김진숙의 등장과 더불어 강주룡의 이름을 다시 마주하게 될 것이다. 남한에서 강주룡 기억하기는 북한에서보다 훨씬 늦게 시작되었지만, 강주룡에 대한 기억이 촉발되었을 때 그 내용은 더 복합적이었으며 여성 산업 노동자들이 직면한 문제와 더 밀접하게 맞물려 있었다.

4장

격동의 1950년대 여성 노동자

한반도 중부에서 여전히 전쟁이 격렬하게 진행되던 1951년 12월, 조선 방직(조방) 부산 공장에서는 벽보를 붙이려는 노동자들과 그것을 막으려는 사측 간에 다소 기이한 싸움이 벌어지고 있었다. 노조가 처음에는 사장 강일매를 규탄하는 벽보를 공장 여기저기에 붙였는데, 경찰은 "건물 오손汚損"을 이유로 노조 위원장 안종우와 그 외 다섯 명의 노조 간부를 체포했다.[1] 벽보를 철거당한 노동자들은 이번엔 건물 안에 줄을 매고 벽에 닿지 않게 줄에다 "폭군 강일매 물러가라"라고 쓴 벽보를 매달

[1] 안종우 1972a, 120. 벽보 사건의 세부 내용은 별도의 인용이 없는 경우 안종우의 회고(안종우 1972a, 안종우 1972b)에 기반을 둔다.

왔다. 그러자 경찰은 "미관상 안 된다"며 다시 철거를 압박했다. 조합원들은 이번에는 약 20미터 되는 광목 — 이는 공장의 주 생산 품목이었다 — 에 같은 구호를 써 40미터 높이 굴뚝 꼭대기에서 내려 걸었다. 이 플래카드는 세간의 주목을 끌어 사진과 함께 신문지상에 "대서특필"되었는데 역시 철거되고, 기사를 쓴 『부산일보』 사회부 기자는 "강일매의 압력에 못 견뎌" 퇴사하게 되었다. 하지만 노조는 포기하지 않고 이번에는 부산시청 앞에 있는 상급 노조 부산지구연맹의 사무실 2층에서부터 플래카드를 내려 걸었고, 경찰은 이를 다시 강제 철거했다.

이에 노동자들은 또 다른 묘안을 짜냈다. 구호를 찍은 광목을 옷에다 꿰매 달고 돌아다니기 시작한 것이다. 이들을 붙잡고 구호가 찍힌 천을 찢으려는 경찰과 노동자들 사이에 잦은 충돌이 발생했다. 그러자 노동자들은 이번엔 함석판에 구호를 새겨 옷 등판에 등사잉크로 찍어 입고 다니기로 했다. 여성 노동자들이 늘 입고 다니는 흰 저고리 등판에 구호가 검은 잉크로 또렷하게 박혔다. 옷을 벗길 수 없어서인지 계속되는 항의에 지쳐서인지 이번만은 경찰도 손을 대지 못했다.

노조위원장 안종우의 회고에 따르면, 심지어 사장실에 근무하는 "사환 아가씨"도 이 구호가 찍힌 흰 저고리를 입었는데, 차를 따라 주고 나가는 사환의 등에 인쇄된 구호를 본 강일매는 "기절초풍 까무라치듯" 놀랐다. 강일매는 쟁의 이후 심각한 심장병을 얻었다. 자기 사람이라고 심어 놓은 간부들도 반대 세력에 가담하고 사방에서 "폭군 강일매 물러가라"라는 구호가 돌출하는 소동에 "공포증"이 생긴 것이다. 치열한 싸움 끝에 노조를 꺾었지만 그 과정에서 쓴 자금과 정치자금 등의 문제로 회사는 결국 빚더미에 앉고 강일매도 여러 해 병으로 고생하다 1959년 사망했다. 이런 이야기의 결말은 노동자들 사이에 떠돌던 '권선징악' 서사의 하나로 보이지만, 그럼에도 우리는 여기서 1951~52년 겨울 조방 공장에서 폭발했던 노동자 저항의 감정적 깊이와 치열함을 짐작할 수 있다.

'흰 저고리'의 위협은 거기서 그치지 않았다. 1952년 1월 전시 수도 부산의 임시국회 건물 앞에서 1000여 명의 조방 여성 노동자들이 데모를 했고, 이후 1300명의 여공이 부산 시가에서 시위를 벌였다. 고려대 노동문제연구소가 펴낸 『한국노동운동사』는 조방 쟁의를 "민란을 방불케 한 분규"로 평가한다.[2] 또 조방 쟁의는 오늘날까지도 대한민국 노사 관계를 규정짓고 있는 노동법이 최초에 통과될 수 있도록 기여한 핵심 쟁의이기도 하다.[3] 역사학자 나카오 미치코는 조방 쟁의를 현대 한국의 노사 관계, 더 나아가 정치 시스템 전체의 "스타트 라인"에 위치시킨다.[4]

1945년 8월 일제로부터 해방을 맞은 기쁨은, 38도선을 경계로 국토가 물리적으로 분단되고 경쟁하는 두 강대국 소련과 미국이 각각 북쪽과 남쪽을 점령하자 곧 실망감으로 바뀌었다. 남한이 소련에 동조하는 좌파 세력과 친미 우파 세력 간의 내전 같은 분쟁 상황에 빠져들면서 노동운동은 이 잔혹한 좌우 전투의 주무대 중 하나가 되었다. 한국전쟁은 1940년대 내내 한반도 안팎으로 끓어오르던 긴장과 갈등의 정점에 있었다. 결국 남쪽에서는 이승만과 반공 세력이 이 투쟁에서 승리했는데, 이는 남한에 반공주의 피후견국을 수립하는 것을 목표로 했던 미군정(1945~48년)의 전폭적인 지원에 힘입은 것이었다. 이후 1950년대는 길고 길었던 1940년대의 엄청난 혼란과 고난을 거쳐 자본주의경

---

[2] 송종래 외 2004, 333.

[3] Nam 2009a, 2장.

[4] 나카오 1990, 63.

제에 기반을 둔 국가 건설이 본격화하는 1960년대를 향해 가는 그 사이에 위치한 시기였다. 이 시기는 계급 이데올로기와 젠더 이데올로기 등 식민지기에 형성된 다양한 관념과 실천이 여전히 큰 영향력을 발휘하는 동시에 냉전 시대의 지정학이라는 새로운 현실이 적응을 강요하는 격동의 과도기였다.

이 1950년대를 거치며 자본주의경제 원칙을 철저하게 긍정하는 한국의 반공 자유민주주의는 헤게모니적 지위를 획득했다. 노사 관계 측면에서는 자본주의 체제의 문제점을 비판하던 '노자협조'의 아이디어와 기획들이 서서히 사라지고 자본주의적 노동 통제 체제가 자리를 잡아 갔다. 이 새 공화국의 형성기를 이해하는 것은 매우 중요하다. 이 시기에 일어난 일들이 오늘날까지도 한국의 정치·사회에 많은 영향을 미치고 있기 때문이다. 이 장에서는 조방 사례를 중심으로 1940년대 후반과 1950년대 초반의 격동기를 여공들이 어떻게 헤쳐 나갔는지에 주목한다. 1951~52년의 조방 쟁의가 '민란'이었다면, 그것은 여공, 즉 여성 공장노동자들의 반란이었다. 암울했던 일제강점기 말기에 눌려 있던 여성 산업 노동자들의 투쟁성이 해방 이후 다시 분출한 것이다. 당시 여공들의 기백 넘치는 쟁의 활동은 1960년대 이후의 노동운동에서와는 달리 남성 노조원들의 긍정적 평가를 이끌어 냈다. 이는 과연 어떤 정치사회적 조건 속에서 가능했던 것일까?

조선방직 노동운동의 해방전후사

1951~52년의 쟁의 당시 조방 부산 공장의 노조는 반공주의 노조였으며 이승만 독재 정권의 엄청난 압력에도 불구하고 노동자의 이익을 위해 싸울 준비가 된 투쟁력 있는 노조이기도 했다. 수천 명의 조방 노동

자들은 이 같이 활성화된 노동조합을 건설하기까지 30년에 걸쳐 많은 우여곡절과 험난한 여정을 걸어왔다. 조선방직은 1917년 일본 자본으로 설립되었고 1922년에 부산 공장이 가동되기 시작했다. 미쓰이 재벌의 계열사였던 이 회사는 시간이 지남에 따라 메리야스, 부동산, 석유 등 다양한 사업 분야로 진출했으며, 국내 다른 도시와 만주 지역으로 사업을 확장했다.[5] 1935년경 일본 기업인 도요東洋방적(이하 '동양방적'), 종연방적, 다이니폰大日本방적이 조선에 들어와 섬유공장을 세우기 전까지 조방은 조선 내 최대 면방직 회사였다. 조방은 식민지기 내내 그리고 1950년대 초까지도 높은 수익성을 유지했다.

조방 노동자들은 1920년대부터 자랑할 만한 노동운동의 역사를 써왔다. 1922년 3월, 조업을 시작한 지 얼마 되지 않은 시점에 500명의 노동자가 임금 인상과 노동시간 단축을 요구하며 이틀간 파업을 벌였고, 그해 4월, 6월, 7월에도 노동조합이 없는 상태에서 하루 또는 이틀씩 파업을 이어 갔다. 이듬해 8월에는 비록 큰 성과를 거두지는 못했지만 약 1700명이 참여한 대규모 노동쟁의가 회사를 뒤흔들었다.[6] 해방 전 가장 유명했던 조방 파업은 1930년 1월에 일어났는데, 이는 앞서 살펴본 1930년 평양 고무 총파업이 일어나기 몇 달 전의 일이다.

평양의 고무 회사 소유주들과 마찬가지로 조방 경영진도 1930년 회사가 별다른 어려움을 겪고 있지 않음에도 불구하고 대공황을 핑계로 임금 인하를 결정했다. 이에 맞서 노동자 2000여 명은 12개 요구 사항을 내걸고 열흘 이상 조직적으로 투쟁을 지속했다. 그들의 요구에는

[5] 같은 글, 4.
[6] 박재화 1993, 55.

임금 인상과 8시간 노동제에 더해 벌금제 폐지, 민족 차별 금지, 생산직 노동자에 대한 승진제도 마련, 회사 식당 음식의 품질 개선 등이 포함돼 있었다.[7] 당시 조방 생산직 노동자 2566명 중 절대다수는 여성(1800명)이었고 이들은 평양의 여성 고무 노동자들처럼 적극적으로 싸웠다.[8] 여러 노동·사회단체들에서 지원이 답지했고, 급진적인 격문이 속속 뿌려지며 경찰의 경계심을 키웠다. 심지어 일부 일본인 종업원들도 동정 파업을 시작하고 친노동적 격문을 배포하는 등 파업을 지지하고 나섰다. 경찰은 신간회 부산지회와 지역 사회단체를 파업의 '배후'로 보고 이들 단체의 회원 다수를 검거했다. 신간회 부산지회뿐만 아니라 도시의 여공들을 조직화할 계획을 갖고 있던 근우회 부산지회도 조방의 파업 여공들을 적극 지원했다.[9]

1930년 1월의 조방 파업은 일본인 경영진과 경찰이 힘을 합쳐 탄압에 나서면서 노동자의 패배로 끝났고 많은 노동자들이 해고되었다. 하지만 조방에서 노동운동은 계속되었고 — 그해 10월에 또 다른 파업 계획이 좌절되었지만, 1933년에는 삼엄한 감시에도 불구하고 파업이 일어났다 — 1930년대 초반 적지 않은 수의 조방 여공 지도자들이 파업과 관련해, 또는 지하 공산주의 사건에 연루돼 체포됐다.[10] 이들 조

---

[7] 『동아일보』 1930/01/17.

[8] 박재화 1993, 17.

[9] 같은 글, 23, 33-34, 37, 45-46; 이송희 2003, 378.

[10] 예를 들면 1930년 10월, 파업 계획과 관련해 조방 여공 이정심과 그의 동료가 체포되고 그들의 등사기가 압수되었다(『동아일보』 1930/10/07). 1931년 5월에는 학출이었던 김계정 등 네 명의 조방 여공이 체포되는데, 김계정은 풀려났지만 다른 세 명의 여공(제영순 조복금 정금자)은 기소되었다(『동아일보』 1931/05/30). 1933년 5월에는 열 명의 조방 여공이 체포되고 9월에 한 명이 더 체포됐다(『동아일보』 1933/05/07과 1933/09/24).

방 여공들에 대해서는 거의 알려진 바가 없다. 남아 있는 경찰과 법원 기록의 추가 연구로 그들의 활동과 배경이 더 밝혀질 수 있기를 기대한다. 2장에서 우리는 조방 여공 박순희가 1934년 부산에서 대규모 적색 노조 사건과 관련해 기소된 남성 24명, 여성 15명 중 한 명이었다는 사실을 확인했다.[11]

1930년 부산의 조방 파업은 1930년대 초반 급진적 운동이 고조되는 흐름의 일부였고, 공산주의 적색 노조 운동에 영향을 받은 평양의 고무 파업 등 동시대 다른 파업들과 여러 가지 성격을 공유했다. 1930년대 초 부산의 고무 노동자들도 섬유 노동자들과 맞먹는 수준의 투쟁성을 보였다. 특히 1933년 10월에 25일간 지속된 연대 파업은 7개 회사 고무 여공 700여 명이 오랫동안 치밀하게 파업을 계획했으며 회사가 고용한 깡패들의 잔인한 폭력, 해고, 경찰의 체포에도 불구하고 몇 주 동안 물러서지 않았다는 점에서 여성 노동자들의 역량을 분명하게 보여 주었다.[12]

조방 파업과 평양 고무 파업에는 비슷한 점도 있지만 차이점도 분명 존재한다. 조방 파업 지도부의 핵심에는 1929년 11월, 남성 직공 112명이 외형상 친목 단체로 출범시킨 '중락회'가 있었다.[13] 조방의 여성 노동자는 대개 농촌에서 모집돼 기숙사 생활을 하는 젊은 여성들이었던 반면, 고무 노동자 중에는 좀 더 나이가 많고 기혼인 여성이 많았다. 조선인이 소유하고 경영하는 중소기업인 평양의 고무공장들과

---

[11] 『부산일보』 1935/03/17.

[12] 이송희 2003, 385.

[13] 박재화 1993, 22-25. 파업 과정에 대한 논의는 따로 명시하지 않는 경우 이 석사 논문에 기반을 둔다.

달리 조방이 일본인 소유의 대공장이었다는 사실도 파업 노동자에 대한 정재계의 대응 방식에 영향을 미쳤다.

박재화에 따르면 1930년 조방 파업 동안 "실질적으로 파업을 주도하였다고 해도 과언이 아닐 정도로 여공들의 파업 의지와 행동은 크게 고양되어 있었"음에도 당대의 신문 기사는 대개 남성 지도부와 외부 선동 세력에 초점을 맞추었다.[14] 여성 노동자들은 단식투쟁을 감행하고 열성적으로 시위에 참여하며 경찰과 충돌했다. 또 회사가 여공들 중 핵심 지도자들을 해고하자 남성 주도의 파업 본부와는 별도로 '파업 여공단' 사무소를 설치했다.[15] 이렇듯 조방의 섬유 여공과 평양의 고무 여공 모두 투쟁성과 자율성을 보여 주었음에도 당대 언론이 이들에 대해 서술하는 방식에는 미묘한 차이가 있었다.

조방 파업을 다루는 『동아일보』 기사와 사설은 "잔약한" 여공이 "비참하게" 울고 있다는 식의 통상적인 담론을 동원해 견디기 힘든 노동조건에서 고통받는 여성 노동자에 대한 동정을 표했다.[16] 하지만 평원고무 파업의 경우와 달리 그 논조에서 여성의 자율성과 지도 역량에 대한 긍정적 평가는 찾아보기 어렵다. 『동아일보』는 조방 여성 노동자들이 파업에서 보이는 극렬한 싸움꾼 같은 모습을 보도하고 (드물기는 하지만) 파업 여공의 강경한 진술을 전하면서도[17] 여공을 "가장 빈곤

---

[14] 같은 글, 49. 이송희는 이 조방 쟁의가 "부산 노동 여성들의 주체성 확립과 역량을 크게 드러내 준 쟁의"라 결론짓는다(이송희 2003, 386).

[15] 『중외일보』 1930/01/21.

[16] 예컨대 『동아일보』 1930/01/17 사설 참조.

[17] 예를 들어, 1930년 조방 파업에 참여한 여성 노동자들은 "세상에서 흔히 여자는 어리석고 아무것도 모르는 무지한 자이고 약한 인간이라 하고" 특히 "여공들은 사람으로 보지 않고 무시하지만" 자신들은 동맹파업을 일으켜 "단결된

하고 가장 무저항적인 부녀노동자"로 정의하며 전형적인 피해자로 만드는 내용의 사설을 아무 주저 없이 싣고 있다.[18] 조방 파업과 관련해서는 어느 여공도 '여사'라 불리지 않았고, 누구도 강주룡처럼 기억할 만한 여성으로 언론 보도에 등장하지 않았다.

1930년대 후반이 되면 '총력전'하의 동원 정책이 식민지 조선에 본격적으로 적용되면서 노조 활동이 거의 불가능해졌고, 적색 노조 활동이 산발적으로 이어졌지만 경찰의 삼엄한 감시망 아래서 대개 오래 버틸 수 없었다.[19] 일본에서는 전시 노사 관계의 재편이 '산업 보국 운동'이라는 형태로 나타났다.[20] 1940년이면 정부 지도하의 산업 보국 노동 전선이 노동조합을 대체했고, 노조들은 "자발적" 해산을 강요받았다. 노동 현장에서는 '노동 신질서'라는 모토 아래 '애국반'이라는 새로운 조직이 등장했다.[21] 조선에서는 전국적 조정 기구로 산업보국회가 구성되지 않았지만, 애국반으로 조직된 조선 노동자들은 일본에서와 같이 '근로'와 노자협조 사상에 기반을 둔 이데올로기 훈육을 받았다.[22]

굳센 힘"으로 "회사 중역들을 놀라게 하였"으며, 요구 조건을 들어줄 때까지 "조금도 굴하지 않고 싸울 작정이다"라고 진술했다(『동아일보』 1930/01/19, 박재화 1993, 36에서 재인용).

[18] 『동아일보』 1933/09/08 석간 사설.

[19] 노동자들은 그들의 불만과 분노를 태업, 결근, 도망(징용 노동의 경우), 낙서, 유언비어 등을 통해 표출하기도 했다(이상의 2006, 363-65).

[20] 일본 전시 산업 보국 운동의 복잡한 역사와 그 유산에 대해서는 Notar 1985; Gordon 1985, 7~8장; Saguchi 1998, 266-74 참조.

[21] Saguchi 1998, 271.

[22] 조지 오글(Ogle 1990)이나 노동사 연구자 박순원(Soon-Won Park 1999) 같이 식민지 조선에 산업 보국 단체가 있었다고 가정하는 연구물들을 비판하면서, 사회학자 신원철은 산업보국연맹 같은 조직의 부재를 비롯, 조선에서 행해진 새 노동정책 실험의 제한적인 성격을 밝힌다. 역사학자 이상의와 곽건홍의 책은

전쟁이 확대되면서 조선인은 식민 정부의 통제 아래 국내외 작업장으로 징발되었고 젊은 남성에 대한 징병이 시작되었다.[23] 1943년, 일본의 산업 보국 운동을 따라서 조선의 작업 현장에도 군대식 분대·중대·연대 조직이 생기고 노동자와 관리자가 함께 조직원이 되어 '산업 전사'로 천황을 위해 봉사하는 소명을 부여받았다. 1944년부터는 '현원 징용'이 시작되어 중요 공장과 광산에 근무하는 수십 만 명이 직장을 떠날 수 없는 징용 노동자가 되었다.[24]

우리는 조방 같은 대기업 '중요 공장'에서 산업 보국 운동이 어떻게 진행되었는지, 그리고 노동자들이 식민 정부의 노동력 동원 정책에

조선에서 식민 정부가 전개한 전시 노동정책에 대한 상세한 분석을 담고 있다. 신원철과 이상의는 조선의 식민지 상황 때문에 조선에서 행해진 실험의 형태와 효과가 일본에서의 그것과는 상당히 다르게 나타났다고 본다. 신원철은 식민지 조선에서 구축된 "파시즘 유형의 전시 동원 체제"는 "전시 동원의 강제성과 야만성"이 두드러지는 "훨씬 폭압적인" 체제였고, 그런 맥락에서 "국가주의적 이데올로기의 효과는 매우 제한적이었다"고 결론짓는다. 신원철 2010, 171-72, 180, 185; 곽건홍 2001; 이상의 2006, 366-68, 380-81 참조.

[23] 당시의 산술적 계산으로는 100만 명의 병사가 전선에서 싸우기 위해서는 1200, 1300만 명의 '산업군' 노동력이 필요했다(이상의 2006 159). 빠르게 늘고 있는 식민지 조선의 인구 2000만은 일본 제국주의 영역 내 총인구의 4분의 1 가량(1935년 23.4퍼센트)을 점해 "가장 적당한 인적 자원의 공급원"으로 떠올랐다(같은 책, 161). 1939년부터 1945년 해방 때까지 다양한 방법으로 700~780만 명의 조선인(인구의 약 3분의 1)이 강제로 동원된 것으로 추정된다. 같은 시기 약 28만 명의 조선인이 "군요원"軍要員으로 송출되어 토목 건설 현장이나 군수공장의 노무자, 운수 요원, 포로 감시원 등으로 일해야 했다(같은 책, 320-21).

[24] 1944년 2월 사업장 전체가 징용의 대상이 되는 '현원 징용'이 단행되었고, 11월에 72개의 '중요 공장'과 71개 광산에서 실시되었다(이상의 2006, 252-53). 국내 현원 징용자 수는 26만 명에 달했다(신원철 2010 182). 1944년 8월에는 만 16세에서 40세까지의 남성을 대상으로 '일반 징용'이 실시되기 시작했다(이상의 2006, 310-14).

어떻게 반응했는지에 대해 잘 알지 못한다. 또한 '군국의 어머니'로서 전장에 나간 남성을 대신해 국내 전선을 지키는 여성의 역할을 추켜세우는 식민 정부의 전시 젠더 담론이 여성 산업 노동자에게 어떻게 수용되었는지에 대한 연구도 아직은 없다. 전시 노동 담론에서 '근로'의 의미를 공장 여성이 소비하기 쉽도록 가공하려는 노력이 있었을까? 공장법 같은 노동 보호 입법이 결여된 상황에서 직장의 애국반들이 미래의 처와 어머니가 될 여공의 건강을 보호하기 위한 조치들을 고려했을까? 식민지기 마지막 10년간 노자 관계의 변화를 다룬 연구들이 증가하고 있지만 젠더를 분석 범주로 삼는 일은 여전히 드물다.[25] 전시 동원기 노동자의 삶을 상상해 볼 수 있는 방법 중 하나는 일본의 항복 후 대기업 공장들에서 어떤 일이 있었는지를 살펴보는 것이다. 조방에서 일어났고 다른 공장들에서도 되풀이되었던 두 가지 흐름을 검토하는 것이 우리의 논의를 위해 중요해 보인다. 이를 통해 노자협조의 이데올로기가 전시에 그토록 강조되었음에도 불구하고 노동자들 사이에서 어떻게 급진적이고 전투적인 노동운동의 저류가 지속될 수 있었는지, 또 전시 노동정책이 노동자들을 급진화시킨 측면은 없는지에 대해 생각해 볼 수 있기 때문이다.

첫 번째로 주목해야 할 현상은 해방 후 전국적인 좌파 노동조합 연합체인 전평의 놀라운 성장세다. 해방 후 노동자들은 즉시 노조를 조직하기 시작했고 이들 노조는 전평, 즉 조선노동조합전국평의회 아래

[25] 식민지 후기의 노사 관계에 대한 주요 저작으로는 곽건홍 2001; 이상의 2006; Janice Kim 2009 등이 있다. 재니스 김의 연구는 이 시기 섬유 노동자의 상황에 초점을 맞추는데, 여성 노동자에 대한 산업 보국 운동의 적용 과정이나 영향은 논의에 포함돼 있지 않다.

로 결집했다. 1945년 11월 결성 당시 한반도 전체, 즉 38선 이남과 이북 모두를 아울렀던 전평은 1946년 2월 16개 산별노조에 235개 지부, 1676개 분회와 조합원 57만4479명을 가진 강력한 전국적 노동자 대중 조직으로 성장했다.[26] 전평 지도부에는 1930년대 적색 노조 운동과 연결된 인물들이 다수 포진해 있었다. 그 한 예가 우리가 2장에서 만난 여성 노조 조직가 허균으로, 그는 전평 본부의 부인부 책임자가 되었다. 해방 직후의 시기에는 일제와 협력하기를 거부하고 지하에서 저항을 이어 갔던 좌파 활동가들의 정통성이 부르주아 민족주의 우파 세력을 쉽게 압도했다. 전평에 대한 산업 노동자들의 강한 지지에는 당시 분명하게 좌로 기울었던 이데올로기 지형이 반영돼 있었다.[27]

두 번째 주목할 것은 남쪽에서 제조업 부문을 휩쓴 '공장 자주 관리 운동'이다. 그것은 특수한 역사적 조건의 산물이었다. 일본인 고용주와 관리자들이 '귀속재산'(한국 정부로 귀속된 일본인 소유의 재산)을 남겨 두고 급히 조선을 떠나면서 노동자들은 생산의 마비와 권력의 진공상태를 마주하게 되었다. 다수의 공장에서 노동자들은 이런 상황에 대응해 생

---

[26] 안태정 2002, 115-19. 전평의 급속한 성장과 역시 급격했던 추락, 노동자 자주 관리 운동의 운명, 그리고 대한노총의 성격에 대해서는 Nam 2009a, 1장 참조. 전평 조직원 수에 대한 통계는 여러 가지 버전이 있는데 안태정 2002의 논의가 가장 상세하다. 1946년 4월 북조선노동총동맹이 전평으로부터 독립해 나간 뒤, 남조선만의 전평 조합원 수는 극심한 탄압으로 전평 운동이 궤멸되는 1948년 초까지 약 30만 명 선에서 오르내렸던 것으로 보인다. 전평 창립 당시의 조합원 수 21만7000여 명은 일제 말 조선 내의 노동자 총수 약 212만 명의 10퍼센트 가량이었다(안태정 2002, 92, 111-12, 117-21).

[27] 1945년 8월부터 1948년 2월 사이 전평과 관련된 파업 총수는 3251건이고 총 76만2913명의 노동자가 참가했다. 이 가운데 1만732명이 체포되고 1만8599명이 해고되었으며 사망자도 25명이나 됐다(한국노총 2003, 286).

산을 스스로 관리할 능력과 권리를 주장하고 나섰다.[28] 통계자료가 불충분하기는 하지만 한 자료에 따르면 해방 3개월이 지난 1945년 11월 초 '공장 관리위원회' 수는 728개, 참여 노동자도 8만8000명에 달했다.[29] 노동자들은 여태 노동을 통해 공장을 성장시켜 온 장본인으로서 자신들이 정당한 소유주이며 미군정이 보낸 관리인보다 공장을 더 잘 경영할 수 있다고 주장했다. 이런 급진적 주장에 내포된 강한 도덕적 뉘앙스는 그것이 식민지 말기 산업 보국 체제를 경험한 데서 비롯된 효과일 가능성을 생각해 보게 한다. 그 경험을 통해 적어도 대기업에서는 노동자들이 스스로를 관리자와 대등한 위치에 선 파트너라고 상상할 수 있게 되었고 나라를 위해 숭고한 애국적 노동을 수행하는 노동자로서 일종의 자부심과 사명감을 갖게 된 것으로 보인다.

여성 노동자들도 전평이 이끄는 노동조합운동과 자주 관리 운동에 적극적으로 참여했다. 1946년에 일어난 170건의 노동쟁의 중 가장 큰 몫을 차지하는 부문은 섬유산업이다(43건, 1만232명 참가). 1947년의 통계도 비슷하다. 1947년의 노동쟁의 134건 중 32건(4818명 참가)이 섬유산업에서 일어났다.[30] 1945년 11월 창립 당시 전평의 섬유 산별 노조는 96개 분회에 조합원 1만5430명 규모였고, 1946년 2월 당시 전

[28] Nam 2009a, 1장. 일본 노동자들 사이에서도 같은 시기 매우 유사한 운동이 일어났다.

[29] 한국노총 2003, 258. 100만 엔 이상의 자본금을 가진 대기업 212개 중 195개(92퍼센트)가 일본인 소유였다는 1944년 통계로 미루어 자주 관리 운동이 불러온 파장의 심각성을 짐작할 수 있다(Nam 2009a, 27).

[30] 두 번째로 높은 부문은 기계기구공업으로 1946년에 31건의 쟁의(4403명 참가), 1947년에 31건의 쟁의(4131명 참가)가 있었다. 박영기·김정한은 이 수치들이 이들 산업에서 좌파가 지배적이었던 사실을 반영하는 것으로 해석한다(박영기·김정한 2004, 504-5).

평 조합원 중 여성의 비율은 약 25퍼센트였다.[31]

조방 부산 공장에도 전평 분회가 탄생했다. 미군 점령 지역에서 규모가 가장 크고 수익성이 높은 공장 중 하나였던 부산 조방은 좌우파 모두가 조직화 대상으로 삼았던 주요 목표였다. 전평에 가입한 조방 분회가 1947년 3월과 1948년 2월의 전평 주도 총파업에 참가했다는 사실 외에는 이 분회의 성격과 활동에 대해 알 수 있는 자료는 많지 않다.[32] 조방 분회는 탄압에도 불구하고 1947년까지도 전평에 대한 지지를 포기하지 않았던 것으로 보인다. 1948년 2월 7일의 총파업에 전평은 조방 공장을 포함해 동양·대한·종연 공장의 섬유 노동자들이 대거 참가했다고 주장했다.[33] 유엔이 결정한 남쪽만의 5월 단독선거에 항의하는 명백히 정치적 목적을 위해 추진된 이 총파업에 조방에서는 3000명 이상이 참가했는데, 대부분이 여성 노동자였다. 이 파업 후 전평 운동은 거의 궤멸 상태에 빠진다.

조방이 전평 운동의 핵심 거점이 됨으로써 조방 부산 공장은 우익 세력의 반격이 집중되는 주요 공격 대상이 된다. 우익의 전국 노동조직인 대한노총은 조방을 장악하고 전평 조합원을 몰아내기 위해 전투적 조직원들을 파견했다.[34] 이들 중에는 악명 높은 서북청년단 같은 우익 청년 단체 회원도 다수 포함돼 있었다. 이 같은 대한노총 활동가 중 하나였던 안종우는 부산 영도의 작은 조선철공소에서 이미 전평계 노조

[31] 안태정 2002, 91, 95.
[32] 나카오 1990, 22; 한국노동조합총연맹 1979, 337.
[33] 박영기·김정한 2004, 604-5.
[34] 대한노총의 원래 이름은 대한독립촉성노동총연맹이었는데 1948년 8월의 대의원대회에서 이름을 대한노동총연맹(약칭 대한노총)으로 변경했다. 이 책에서는 '대한노총'으로 통일해 부른다.

를 분쇄한 경력을 가진 반전평 운동의 혁혁한 전사였다.[35] 당시는 영도 소재 대형 조선소인 조선중공업(대한조선공사의 전신)에서도 대한노총 활동가들에 의해 전평계 노조를 상대로 비슷한 빨갱이 숙청 작업이 진행되고 있었다. 안종우는 우익 활동가 600명을 모아 1947년 11월 17일, 조방에 대한노총 소속 노조를 창립하고 공장의 전평 조합원들과 전쟁을 시작했다. 안종우의 진술에 따르면 조방에서 일하다 쫓겨난 전평 측 활동가 30~40명이 공장 정문으로 쳐들어와 격투가 벌어진 적도 있었고, 안종우의 동지였던 송원도의 진술에 의하면 대한노총 세력이 "청산가리를 뿌린다 어쩐다" 하면서 협박하는 등의 극단적인 방법으로 전평 간부들을 쫓아내기도 했다.[36] 이런 폭력적인 과정을 거쳐 대한노총은 1947년까지만 해도 "좌익 세력이 강대하고 도저히 대한노총의 간판을 올릴 수 있는 상황이 아니었"던 부산에서 조방을 비롯한 주요 공장과 조선소들을 접수했다.[37] 이후 이 지역의 전평 조합원 수백 명

[35] 안종우 1972a; 안종우 1972b. 안종우는 반전평 운동의 베테랑이었다. 그는 목도조선철공소에서 "전평 산하 '빨갱이'들과 투쟁하여 그들을 타도하고 노조 위원장으로 피선되었던" 인물이었다(안종우 1972a, 115). 목도(영도)에서 가장 큰 기업이었던 조선중공업도 유사한 성격의 갈등을 겪었다(Nam 2009a, 1장). 1947년 2월 총파업 후에 대한노총의 조직가로 부산에 파견되어 부산의 첫 우익 노동조합인 부두 노동자 조합을 조직했던 송원도는 안종우의 반전평 운동에서 강력한 조력자가 되었다. 서북청년단의 경남도 단장도 안종우의 핵심 동지였다. 안종우와 송원도는 1948년 부산지구연맹, 1949년 경남도연맹의 설립을 주도했으며, 부산에서 대한노총이 전평 세력을 제압해 가는 격렬한 투쟁의 핵심 설계자 역할을 했다(나카오 1990, 23; 안종우 1972a. 114-15).

[36] 안종우 1972a, 115-16; Nam 2009a, 33-35; 나카오 1990, 24.

[37] 부산지구연맹의 위원장인 송원도의 회고(나카오 1990, 23에서 재인용). 서로 다른 통계들이 있지만, 두 전국 노동조직의 힘이 빠르게 역전되는 추세는 분명하다. 사회부 노동국 통계에 따르면 1948년이 되면 전평 노조는 사라지고 대한노총이 683개 노조와 12만7618명의 조합원을 거느린 조직으로 성장한다

이 좌익 인사의 교화 및 전향을 위해 정부가 만든 국민보도연맹에 등록되어 감시를 받았다. 이들처럼 전국 각지에서 보도연맹에 가입된 인원의 다수가 1950년 6월 한국전쟁이 발발했을 때 경찰과 군에 의해 학살된 참혹한 역사는 잘 알려져 있다.[38]

조방 여공들 사이에서 전평에 대한 지지는 확고했던 것으로 보인다. 대한노총 조방 분회의 핵심 리더였던 이상옥의 회고에 따르면, 대한노총이 남조선노동당(남로당. 공산주의자들이 주도한 좌익계 연합 정당) 부산시당 사무소를 습격했을 때 남로당 입당자 명단이 나왔는데, 거기에는 70여 명이나 되는 조방 종업원의 이름이 포함돼 있었고 대부분이 여공이었다.[39] 이렇게 이름이 폭로된 노동자들이 그 후 어떻게 되었는지는 알 수 없다. 한 가지 확실한 것은 이런 비극적인 빨갱이 숙청을 겪은 조방 노동자들이 그럼에도 불구하고 투쟁성을 회복해 1951~52년 겨울에 집단행동에 나섰다는 사실이다.

1940년대 후반 엄혹한 전평 타도 운동이 계속되는 동안 미군정이 임명해 보내는 공장의 '관리인'('지배인' 또는 '사장'이라고도 불렸다)은 계속 교체되었다. 해방 직후 1945년 9월 하순경 조직된 공장자치관리위원회의 위원장을 맡았던 정호종은 1948년 4월 네 번째 관리인으로 취임해 1951년 9월 강일매로 교체될 때까지 그 역할을 수행했다. 정호종은 조방의 방직 기계를 직접 설치한 것으로 알려진 존경받는 방직 기

(한국노총 2003, 303). 이런 과정의 결과 대한노총 소속 조방 노조는 그 시기 다른 대한노총 노조들과 마찬가지로 서북청년단이나 이범석의 민족청년단에서 넘어온 조합원을 다수 거느리게 되었다(안종우 1972a, 115; 나카오 1990, 34).

[38] Nam 2009a, 63.

[39] 나카오 1990, 22.

술자였다. 그는 자치관리위원회의 위원장으로서도 관리인으로서도 노동자들의 든든한 지지를 받았던 것으로 보인다. 정호종은 도쿄공업대학에서 방직을 전공하고 졸업 후 1930년대부터 조방에서 일한 조선인 유일의 고급 기술자였다.[40] 따라서 그 자신이 파업 참가자였든 아니든, 1930년대 조방 파업에 대해 잘 알고 있었을 것이다.

정호종의 리더십 아래 조방은 삼교대제를 통해 근무시간을 단축하고, 종업원 수를 4000명에서 6800명으로 늘렸으며, 노동자들의 임금과 각종 수당도 개선했다.[41] 이 같은 지출에도 불구하고 조방은 1950년에 80억 원이라는 높은 수익을 올렸다. 정호종과 부산 공장 노조 분회장 장재봉은 우호적 관계를 유지했고, 둘은 지역의 유력 사업가이자 국회의원이었던 김지태와 함께 정부가 공장을 불하할 때 공동 매입하는 방안을 논의하고 있었다.[42] 조방 쟁의 중 국회에 제출된 조방 사건 조사 보고서에 따르면 "사원이나 공장원 중에는 20여 년 혹은 30여 년 이 회사에 종사해 온 관계로 이 조방은 자기들의 것으로 애착심을 가졌고" 조방을 "명실공히 그들의 사업체로 하려는 운동이 표면적으로 쉬지 않고 태동하고 있"었다.[43]

[40] 박영기·김정한 2004, 195; 나카오 1990, 12; 김낙중 1982, 145; 서문석 2011, 339.

[41] 1951년 당시 한국에서 가장 큰 방직 회사이자 한국전쟁의 와중에 몇 남지 않은 흑자 기업 중 하나였던 조방은 부산과 대구의 사업장에 7300명을 고용하고 있었는데, 이 가운데 86퍼센트인 6300명이 여성이었다.

[42] 안종우 1972a, 117. 김지태는 1946년부터 1952년까지 부산상공회의소의 1, 2대 회장직을 역임한 부산의 유력 경제인이었고 1950년 5월 국회의원으로 선출되었다. 그는 1946년에 부산의 또 다른 귀속 사업체인 조선견직(아사히견직의 후신)의 관리인이 되었고, 이를 바탕으로 1951년 3월에 그 회사를 사들인다. 김지태는 1948년 3월부터 조방의 이사로 재직했다(나카오 1990, 14).

실제로 조방 노동자들은 회사를 불하받을 때 필요한 보증금을 마련하기 위해 기금을 모으고 있었다. 그들은 또 회사에 오래 기여한 것에 대한 보상 차원에서 자신들이 얼마간의 주식을 '공로주'로 받을 수 있을 것이라는 희망을 품고 있었다. 새로 통과된 귀속재산처리법은 불하의 우선권이 "연고자와 종업원"에게 있음을 확인해 주었고, 따라서 조방의 경영진·노조 팀이 회사를 인수해 노동자 소유 기업으로 전환하는 것이 가능하다고 여겨졌다.[44]

귀속재산처리법은 1948년 후반에 국회에서 격렬한 논쟁을 거쳐 통과되었다. 국회의원이자 대한노총 위원장이었던 전진한은 귀속재산의 처분 방법이야말로 "자본주의도 사회주의도 아닌 헌법 정신에 의거"해 "계급 대립이 없고 완전히 민중이 협동해서 나가는" 국가로 한국을 규정하도록 해주는 중요한 문제라 보았고, 불하 우선권을 받을 수 있는 당사자에 '종업원조합'을 포함하는 법안 개정안을 통과시키는 데 성공했다.[45] 하지만 이승만 대통령이 거부권을 사용해 결국 "종업원조합"이라는 단어가 "종업원"으로 수정되었다.[46] 그럼에도 이 법은 노동자 스스로가 오랜 세월 땀 흘려 일궈 온 회사의 주인이 되는 것을 꿈꿀 수 있도록 문을 열어 주었다. 여러 면에서 1951년 조방 노동자와 관리자들이 함께 추구했던 회사 매입의 꿈은 해방 후 불타올랐던 노동자

---

[43] 송종래 외 2004, 339.

[44] 같은 책, 338-39; Nam 2009a, 50. 1951년 12월 당시 조방 순이익이 무려 85억 원에 달했다는 기록이 있다(송종래 외, 338).

[45] 조합이 회사를 불하받지 못한 경우에도 해당 조합에게 회사 전 자금의 3할을 출자할 수 있는 권리를 주는 조항도 추가되었으나 역시 통과되지 못했다(나카오 1990, 29). 전진한의 생애와 활동에 대해서는 Nam 2009a, 41-50 참조.

[46] 나카오 1990, 30.

자주 관리 운동의 이상과 맥을 같이하는 것이었다. 그것은 또한 평양의 여성 고무 노동자들이 노동자 소유의 생산 협동조합을 만들었던 실험과도 공명하는 꿈이었다.

급진적으로 보이는 전진한의 이념적 입장과 1940년대 후반부터 1950년대 초까지 그가 이끌었던 대한노총의 반공주의 노동 이념에 대해서는 여기서 약간의 설명이 필요하다. 해방 이후 1940년대 후반부터 1950년대 초반까지는 남한에 자본주의 이데올로기가 완전히 자리 잡지 않은 상태였다. 당시만 해도 사유재산에 대한 권리와 경영권 — 경영자가 채용·해고·징계를 포함한 인사 문제와 재무적 의사 결정을 일방적으로 통제할 수 있다는 — 에 대해 여전히 의문이 제기되던 시기였다.[47] 1948년 반포된 대한민국 제헌헌법의 경제조항들은 당시 급진적 이념의 영향력이 아직도 강하게 남아 있던 상황을 보여 준다.[48] 근로자의 권리를 규정한 헌법 제18조는 사기업의 이익을 노동자가 공유할 수 있는 권리(이익 균점권)까지도 보장했다. 이 시기는 미국의 헤게모니가 공고화되기 전까지 다양한 이데올로기들이 주도권을 놓고 경쟁을 벌이던 역동적이고 불안정한 시기였다.

앞서 살펴본 바와 같이 식민지 말기 산업 보국 동원 캠페인을 통한 강렬한 이데올로기 훈육은 한국인들을 노자협조, 반공 애국주의, 그리고 '산업 전사'가 수행하는 '근로'를 존귀하게 여기는 사상에 익숙해지게 만들었다. 대한노총 <연맹가>의 후렴구 — "우리들은 산업 전사/강철같이 단결하여/이 나라를 건설하리" — 를 보면 한국 노동자들에

---

[47] 당시의 이데올로기적 상황에 대해서는 Nam 2009a, 2장의 논의를 참조.
[48] 대한민국 헌법의 성격에 관한 최근의 주요 논의로는 박찬승 2013과 김육훈 2012 참조.

게 이런 생각이 상당히 친숙한 것이었음을 알 수 있다.[49]

그에 더해 중국에서 귀국한 일부 민족주의 운동가들이 가지고 돌아온 파시즘적 사고는 이미 단순하지 않았던 이념적 지형을 더욱 복잡하게 만들었다. 중국 국민당과 함께 일하거나 독일·일본 철학자들과의 접촉을 통해 파시즘 사상을 흡수한 사람들 가운데 가장 영향력 있는 인물은 중국에서 일제에 대한 군사적 저항을 이끈 민족주의 영웅 이범석과 독일에서 교육받은 철학자 안호상이다. 이범석은 미군정의 지원을 받으며 조선민족청년단(족청)을 조직하고 젊은이들을 위한 수준 높은 교육 프로그램을 운영하며 다수의 활동가들을 키워 냈다. 족청은 "민족 지상 국가 지상"이라는 유명한 슬로건 아래 민족국가 건설을 위한 비자본주의적 경로를 주창했다.[50] 족청은 곧 우익 청년운동의 핵심 세력으로 등장했고 반전평 투쟁에도 합류했다.[51] 독일 예나 대학교에서 박사 학위를 받은 민족주의자 안호상은 이승만 정권 초기에 이념적 기반을 제공한 유사 파시즘적 일민주의 이데올로기의 핵심 이론가였다. 정치적 이념으로서 일민주의는 신분 차별, 지역 차별, 남녀 차별, 빈부 격차의 타파를 외치며 전 국민의 통합('일민'−民)을 주창하고 자본주의

[49] 임송자 2007, 68-69; 이정은 2008, 153. 이정은에 따르면, 1950년대에 노동자는 일상적으로 '수송 전사'나 '교통 전사'처럼 '전사'로 불렸다.

[50] 족청과 족청 그룹의 영향에 관한 주요 저작으로는 후지이 다케시 2012와 임종명 1996 등이 있다.

[51] 이범석은 1950년대 중반 미국의 강력한 압력으로 이승만이 그와의 관계를 끊을 때까지 이승만과 긴밀히 협력했다(후지이 2012, 395-456). 1947년 5월 조방에 부임한 세 번째 관리자는 미군정 상공부 산업국장이었던 정명석이었다. 안종우가 1947년 말 전평 노조를 깨기 위해 조방에 왔을 때, 정명석이 이미 노조에 대적하는 자위 세력으로 족청 사람들을 데려온 것을 알게 되었다고 한다(안종우 1972a, 115).

적 해법과 사회주의적 해법 모두를 비판했다.[52] 1940년대 후반부터 1950년대 초까지 이범석이나 안호상 같은 파시즘의 세례를 받은 인사들이 끼친 영향력은 이승만 정부에서 이범석이 첫 총리로, 또 국방부 장관으로 임명되었고 안호상이 첫 문교부 장관이 되었다는 사실에서 잘 드러난다.

한편, 개혁적 성향의 부르주아 민족주의 인사들 다수가 미군정에서 일자리를 찾았다. 특히 미국 유학을 다녀온 기독교인들의 목소리가 남한의 민족국가 건설 과정에서 강한 영향력을 행사했는데, 그들 중 상당수가 평안도 출신으로 안창호의 흥사단 운동과 연결된 사람들이었다.[53] 그중 우리가 앞서 만났던 기독교 개혁가로는 일찍부터 노자협조를 주창해 온 이대위와 수양동우회 개혁파의 리더인 조병옥을 들 수 있다(이 책 1장 참조).[54] 이대위는 미군정기 노동부의 장으로 일하며 노자

---

[52] 이정은 2008, 159. 일민주의에 관해서는 서중석 1998; 후지이 2012, 225-70 참조.

[53] 장규식 2011. 1924년 당시 재미 유학생의 90퍼센트가 기독교 신자였고, 1932년 당시 미국 유학생의 절반이 평안도 출신이었다고 한다(이상의 2015, 418-19). 미군정에 참여한 고위직 한인 관료의 상당수가 서북 출신의 개신교인이었고 특히 흥사단 그룹의 인물이 많았는데, 이는 그들의 미국 유학 이력과 영어 구사력, 그리고 미군정이 자문을 구하던 미국 선교사들과의 친분에 힘입은 바가 컸다. 예를 들어 미군정이 1947년 설치한 남조선과도정부의 중앙행정기구 13부 수장 가운데 5인(경무부장 조병옥, 노동부장 이대위, 교육부장 오천석, 상무부장 오정수, 보건후생부장 이용설)이 흥사단 계였다. 1947년 11월 당시 흥사단 국내 재적자 수는 141명이었는데, 적어도 43명, 즉 30퍼센트 이상이 미군정에서 각종 직책을 맡고 있었고 그중 31명이 미국 유학생 출신이었다(장규식 2011, 248, 250-58).

[54] 장규식 2001, 167-85; 장규식 2011; 이상의 2015. 이상의는 일제강점기에 미국에서 유학하고 해방 후 미군정 및 한국 정부와 정치권에서 활약한 민족주의 지식인들이 제시했던 경제 발전과 노동문제에 대한 여러 견해를 소개한다. 그

간에 균형 잡힌 관계를 만들기 위해서는 노동 측의 교섭력이 강화될 필요가 있다는 견해에 기초해 친노동적 입법을 추진했다. 전『동아일보』기자 오기영을 비롯해 개혁적 성향의 일부 민족주의자들은 당시 극렬했던 좌우 대립 속에서 '중간파' 그룹에 속하는 선택을 했고, 나라의 분단을 막고 냉전의 압력을 극복하기 위해 좌우 협력을 옹호했다.[55] 오기영과는 대조적으로 평양 개신교 재계의 리더이자 유력한 민족주의자였던 김동원은 반공 의제를 우선시하고 남한만의 공화국 수립을 지지했다. 그는 미군정청 군정장관의 행정 고문으로 일했다.

더 넓게 보면, 해방 직후에는 '평등'이 새로운 사회를 조직하는 중심 원칙이 되어야 한다는, 식민지기부터 이어져 내려온 강한 합의가 존재했다. 1930년대 망명 독립운동가들은 제국주의 일본에 대항하는 연합 전선을 결성하기 위해 부르주아 민족주의와 사회주의 의제를 조화시키려 노력했고, 계급 문제의 시급성을 인정하는 토대 위에서 서로 합의할 수 있는 원칙들을 마련해 나갔다. 이런 합의는 대한민국임시정부의 1941년 문서 「건국 강령」에서 "민주공화국"과 "균등 사회"를 국가 건설의 핵심 조직 원칙으로 명시하면서 구체화되었다.[56] 이후 대한민국의 제헌헌법은 이 원칙들을 충실히 따랐다. 이 합의의 핵심에는 '민

는 경제의 생산 측면에 초점을 맞춘 '경제적 자유주의 그룹'과 경제의 분배 측면에 초점을 맞춘 '경제적 민주주의 그룹'을 구분하고, 후자에 속하는 이대위, 장덕수, 한승인, 조병옥, 이훈구 등의 노자협조론을 분석한다.

[55] 장규식 2011, 261, 264-75. 오기영은 또 귀속 기업이 자주적인 민족경제의 근간이 되어야 한다고 주장하며 귀속 기업체의 국유화를 옹호했다. 이 시기에 오기영은 주요 귀속 기업인 경성전기에서 업무 부장으로 일했다.

[56] 신주백 2018, 122-24. '균'과 비자본주의적 발전에 대한 민족주의적 합의에 관해 여기서 논의하는 내용은 주로 신주백의 논문에 기대고 있다.

주공화국'을 건설한다는 원칙에 더해 '균'equality 개념이 존재했다. 이 개념은 보통 '삼균주의'로 설명되는데, 모든 한국인은 계급·성별·종교에 상관없이 정치적 평등(균권), 경제적 평등(균부), 그리고 교육 기회의 평등(균학)을 가진다는 것이다. 이런 가치는 보통선거권과 의회제도, 토지와 대규모 생산 시설의 국유화, 의무교육을 통해 실현되어 국민의 '균등 생활'을 가능하게 할 것이었다. '균' 원칙에 대한 보편적 합의에 기초한 제헌헌법은 따라서 자본주의와 사회주의를 초월한 대안적 형태의 민주적 경제체제를 구상했다. '균'에 기반을 둔 구상에서는 소수의 친일 협력자를 제외한 모든 국민이 일본인 억압자 계급과의 관계에서 피억압자 계급에 속하므로 단결이 충분히 실현 가능하다고 간주됐다.

이런 평등 또는 '균'의 이념은 해방 후 남한 사회에서 상당한 영향력을 발휘했으며, 우익 노조 연맹인 대한노총의 창립을 주도한 주요 정치 그룹들도 이 이념의 영향 아래 활동했다. 특히 민족주의자 안재홍의 국민당 그룹은 반공주의 대한노총을 창립하고 강령과 이념을 만드는 데 핵심적인 역할을 했다.[57] 토지개혁의 필요성에 대한 국민적 공감대나 헌법에 노동권과 노동자의 이익 분배 균점권을 보장하는 조항이 들어간 것은 이 같은 '균'의 원칙에 대한 믿음이 널리 공유돼 있었기 때문이다.

균의 원칙에 입각해 노동문제에 접근한 개혁주의 민족주의자들 외에 아나코-생디칼리스트 그룹도 대한노총의 창립에 적극적으로 참여하고 그 초창기 활동에서 중심적 역할을 했다. 아나키스트들은 1930

[57] 송종래 외 2004, 125.

년대부터 부르주아 민족주의자들과 협력하기 시작했으며, 민족국가 건설에 대해 더 급진적이고 반자본주의적인 비전을 가지고 있었음에도 불구하고 공산주의의 영향 아래 있는 전평의 힘에 맞서기 위해 우익 대한노총과 연합해 투쟁에 나섰다.

전진한을 비롯한 헌신적인 대한노총 활동가들은 노자 협력을 추구하는 여러 층위의 이데올로기를 흡수해 '균'에 기반을 둔 자신들의 노동 이념을 만들어 냈는데, 이는 식민지 시대의 버전들과 달리 훨씬 더 강력한 반공주의적 경향을 띠고 있었다.[58] 산업 노동자의 계급적 이익을 최우선에 두는 전평의 대중적 인기에 맞서기 위해서는 철저히 반공이면서도 동시에 노자 협력을 내세우는 충분히 친노동적인 이데올로기가 절실했다. 이들은 한국이 아직 자본주의 발전 수준이 높지 않아 계급 갈등이 불가피하지 않다는 입장에 기초해 노동자의 권리와 이익을 보호하는 것이 국가 경제를 파탄시킬 수 있는 계급투쟁을 피하는 최선의 방법이라고 주장했다. 따라서 노동조합운동은 강화되어야 하고, 이를 통해 산업 노동자가 반공 국가 건설에 적극 참여하게 해야 한다는 것이었다. 전진한 지도부에서 대한노총은 "국민경제 재건과 만민 공생의 균등 사회 건설"을 목표로 천명했다.[59]

대한노총이 내세운 노자협조 이데올로기의 핵심은 산업 노동자가 새 공화국의 완전한 시민으로 인정받아야 한다는 아이디어였다. 이 민주적 이상은 — 비록 공산주의자나 공산주의 동조자로 의심되는 사

---

[58] 1920년대에 협동조합 운동을 적극 추진했던 전진한은 자신의 사상을 '협동주의'라 명명했다. 1950년대 후반 다수의 아나키스트 사상가들과 함께 그는 '민주사회주의'로 옮겨간다.
[59] 나카오 1990, 25-26.

람들에 대한 숙청을 전제로 한 이야기지만 — 1950, 60년대 일부 반공 조합원을 열렬히 노동운동에 나서게 한 원동력이기도 했다.

이런 노자협조 이데올로기는 공산주의의 위협이 약화되고 노동 쟁의가 증가하면서 그 힘을 잃었다.[60] 1951~52년 겨울 조방에서 벌어진 노동쟁의는 노자협조를 통해 노동자의 이익을 추구한다는 반공주의 노동조합의 이상에 내재한 모순을 극명하게 드러내 주었다.[61] 그리고 그 후 몇 년 동안 한국의 정치적 분위기는 급변했다. 1954년 이승만은 미국의 압력으로 미국식 자본주의와 민주주의에 대한 지지를 분명히 하고, 이범석의 족청 그룹을 숙청했다. 그리고 헌법 개정을 통해 제헌헌법에 담겼던 자본주의 이념에 반하는 일부 조항이 삭제되면서 이 과정은 마무리됐다.[62]

흰 저고리 검정 치마 "우리의 여동지들"
: 1951~52년 조방 쟁의

조방 노동자들은 1950년대 초의 이 같은 엄청난 정치적 파란에 직접적으로 휘말렸다. 조방은 회사의 규모와 수익성 때문에 정부가 불하하는

[60] 이정은 2008, 160.

[61] 그 역사적 중요성에도 불구하고 조방 노동자들의 투쟁은 학자들의 관심을 크게 끌지 못했다. 한국노동조합총연맹이 발간한 공식 역사서(한국노총 1979; 한국노총 2003)와 시대별 노동사 서술(김낙중 1982; 송종래 외 2004)에서 조방 쟁의와 그 정치적 파장이 무게 있게 다뤄지고 있지만, 지금까지 조방 쟁의에 대한 학술 연구를 발표한 학자는 노동사 연구자 나카오 미치코밖에 없다(나카오 1990; 나카오 1991).

[62] 노동자 이익 균점권에 관한 제18조는 박정희 정권의 1962년 수정 헌법에 가서야 삭제된다.

귀속재산 중 가장 매력적이고 주목받는 대상 중 하나였고, 이승만 대통령을 비롯한 정치인들에게 중요한 "자금원"으로 간주되었다.[63] 정치인, 정부 관료, 노동계 지도자 등 모두가 조방이 새로운 대한민국이 어떤 정치·경제 질서를 추구할 것인가를 결정지을 투쟁의 중요한 격전장임을 잘 알고 있었다.

파업으로 이어지게 되는 일련의 사건은 1951년 3월 16일, 무시무시한 육군 특무대CIC가 불현듯 조방에 나타나 사장 정호종을 비롯한 최고 경영진 몇몇과 노조 위원장 장재봉을 체포하면서 시작되었다. 기업인 김지태 — 국회 내 반이승만 그룹의 핵심 인물로 의심받고 있었다 — 역시 체포됐다. 이들은 사기와 배임·횡령만이 아니라 '이적 행위' 혐의가 씌워져 군법회의에 송치되었다(당시 한국은 전시 계엄령하에 있었다). 정호종과 장재봉은 체포 직후 회사에서 해고되었고, 많은 기대를 모았던 회사 매각은 중단되었다. 원자재 공급이 한정된 상황에서 더 많은 천을 생산하기 위해 조방에서는 정호종의 지휘 아래 낙면을 재활용해 새 면화 원료에 혼입했는데, 그 결과 품질이 떨어지는 군용 면직물 제품이 생산되었으니 이는 반역 행위에 해당한다는 것이 특무대가 씌운 죄상이었다. 낙면 혼입은 사실 상공부의 승인 아래 수년간 지속돼 온 생산방식이었다. 하지만 특무대는 조방 경영진과 노조 위원장이 공모해 절약한 면화로 여분의 면포를 생산, 노동자들에게 내부적으로 판매해 회사를 인수할 자금을 축적하려 했다고 주장했다.[64] 정호종, 장재

[63] 안종우 1972a, 116. 귀속재산 불하는 유엔군이 맥아더 장군의 인천 상륙작전 후 북한 침략군을 38선 이북으로 밀어낸 1950년 11월에 다시 시작되었고, 조방의 불하는 1951년 3월로 예정돼 있었다(Nam 2009a, 264n65).

[64] 나카오 1990, 37.

봉, 김지태 등 조방의 주요 피고인들에 대한 기소장에는 그들이 남로당과 연관이 있고 심지어 조방 내에 "괴뢰군 환영준비위원회"를 조직해서 국군의 작전을 방해했다는 터무니없는 혐의도 추가되었다.[65] 김지태는 결국 항소심에서 무죄를 받았고 다른 조방 관계자들도 집행유예로 풀려났다. 하지만 소위 '낙면 사건'을 날조해 이승만 정부는 가장 유력한 입찰자 그룹을 제거하고 매각을 중단할 수 있었다. 이승만 정부는 7월에 정호종을 해고하고 9월 5일에 이승만의 측근 강일매를 새 사장으로 보낸다.

섬유업계 경험이 전무한 강일매는 수십 명의 경관과 10여 대의 차량에 탑승한 무장 청년들과 함께 공장에 나타났다. 도착하자마자 그는 사원 67명을 포함해 120명의 직원을 새로 채용하고 기존 직원들을 그만둘 때까지 괴롭혔다. 또한 20년 이상 근속한 60세 이상의 숙련공 20명을 해고하고, 노동자들에게 광목천 지급을 중단해 분노를 샀다.[66] 당시 상공부는 일정 생산 할당량을 채우는 조건으로 공장에서 생산된 광목의 5.5퍼센트를 노동자 복지에 사용하도록 지정해 두고 있었다. 해방 직후부터 이승만 정권 초기까지 인플레이션율은 놀라울 정도로 높았는데,[67] 이런 상황에서 공장노동자들에게는 실제 현금으로

---

[65] 재판은 5월에 민간 법정으로 옮겨졌고 8월에 6명이 유죄 선고를 받았다. 김지태와 장재봉은 1심에서 각각 징역 10개월 집행유예 1년 반을 선고받았고, 정호종은 징역 2년에 집행유예 4년을 받았다(나카오 1990, 38; 배석만 2009, 182-86).

[66] 안종우 1972a, 118-19; 배석만 2009, 202-3.

[67] 1947년의 전국 도매물가지수를 100으로 놓을 때, 전쟁이 시작된 1950년의 지수는 348이었다. 그 수치는 전국이 전쟁에 휩싸인 1951년에는 2194.1(530.5퍼센트 증가)로 치솟고 다음 해에는 4750.8(116.5퍼센트 증가)에 달했다(송종래 외 2004, 71, <표 2-5>). 정부 통계에 따르면 1951년의 실업자 수는 총

지급되는 임금보다 옷감이나 곡물 등 현물로 지급되는 보수가 더 중요한 경우가 많았다. 현물 지급은 대기업의 복지 관행에서 핵심적인 요소였다. 이는 노동자의 생계 문제에 대한 회사의 의지를 보여 주는 것이었고, 전쟁 중에는 군수물자를 생산하기 위해 하루 24시간 2교대로 일하는 '생산 전사'에 대한 보상이기도 했다.[68] 따라서 광목 지급을 중단한 조치는 근거 없는 해고 조치와 함께 노동자들의 반감을 크게 샀다.

조방 사장 강일매는 수익성 높은 조방이 김지태와 같은 반이승만 그룹의 손에 넘어갈 수 있는 상황에서 조방을 자신의 편으로 확보하고자 했던 이승만의 관리 대행인 역할을 수행했다.[69] 즉, 강일매를 투입하고 정호종과 김지태를 제거한 직접적인 이유는 비밀 정치자금의 중요한 원천을 확보하기 위해서였다. 그러나 이승만이 조방을 장악한 데에는 이보다 더 중요하거나 비슷하게 중요한 두 가지 이유가 더 있었다. 이승만은 대통령 직선제 개헌 계획에 반대하는 야당과 진보파 의원들이 장악한 제2대 국회(1950~54년)의 힘에 대항하기 위해 자신의 정당을 만들기로 결심했다.[70] 조방은 그 중요한 정치적 작업을 위해 노

인구 2000만 중 110만 정도였다(같은 책, 82).

[68] 나카오 1990, 30.

[69] 강일매는 한 백화점의 관리자였던 것을 제외하면 산업 경영면에서 별로 경험이 없었다. 그와 이승만의 사적 관계에 대해서는 잘 밝혀져 있지 않지만 『우남 이승만 문서』(중앙일보사, 1998)는 강일매가 1947년과 1948년에 이승만으로부터 상당한 액수의 자금을 받았음을 보여 준다(배석만 2001, 91-92). 김지태의 회고에 따르면, 그와 회사 사장 정호종이 소위 낙면 사건으로 탄압받은 이유는 그가 이승만에게 정치자금을 대는 것을 거부했기 때문이었다(김지태 2003, 263, 295-300). 조방의 경영자와 종업원 연합체가 조방을 불하받을 경우 김지태가 조방 사장이 될 예정이었다(나카오 1990, 14; 배석만 2009, 182-83).

[70] 자유당은 "근로대중"의 당이 될 것이었다(Nam 2009a, 39, 255). 그 정당은 산업 노동자(대한노총), 농민(대한농총), 여성(대한부인회), 청년(대한청년

동자들을 신당으로 모집하고 동원하는 주요 거점 역할을 할 수 있었다. 또 다른 이유는 더 근본적이고 이념적인 이유였다. 노동자 자주 관리 운동의 기억이 생생했던 당시에 조방을 경영진과 노동자의 연합체에 매각한다면 일제로부터 인수한 기업의 소유권과 경영권을 둘러싼 투쟁에서 강력한 선례가 될 것이었다.[71] 예정대로 매각이 진행됐다면 조방은 노사가 공동으로 운영하는 생산 협동조합 형태의 사업체로 전환될 가능성이 컸다. 김지태는 그가 3월에 조선견직을 인수한 뒤 했던 것처럼, 조방 주식의 3분의 1을 종업원 몫으로 배정하는 방안을 마련한 것으로 알려져 있었다.[72]

강일매는 핵심 노조원들에 대한 뇌물 공여와 폭력적 협박을 통해 중요한 노조 선거에 대한 개입을 시도했다. 핵심 노조 간부인 이상옥은 선거 이틀 전 조방의 대구 공장으로 발령을 받았지만 짐을 든 채 대의원회의에 참석했다. 그의 연설과 한 표는 노동자들의 지지를 받는 박정태가 상대 후보를 단 한 표 차이로 누르고 당선되어 강일매의 계획을 저지하는 데 결정적인 역할을 했다.[73] 새로 선출된 노조 지도부와의

단), 일반 국민(국민회)이라는 다섯 개의 사회운동 연합체를 기반으로 하는 것으로 상정되었다.

[71] *Ibid.*, 51. 귀속재산이 국내 총자산에서 어느 정도 비중을 차지했는지를 통계적으로 정확히 파악하기는 어렵지만, 광업과 제조업에서 압도적인 비중을 차지하고 있었다는 사실은 누구도 부인하지 않는다. 한국은행 통계에 따르면 1947년 9월 당시 남한에는 5만770명의 종업원을 고용하는 1551개의 귀속재산 공장이 있었다. 이에 비해 귀속재산이 아닌 공장은 3959개에 7만7922명의 노동자를 고용하고 있었다(박영기·김정한 2004, 184-88). 상공부는 관할 귀속재산 기업 상당수에서 경영권을 둘러싼 분쟁에 휩싸여 있었다(Nam 2009a, 265n71).

[72] 나카오 1991, 152; 배석만 2009, 183-84; 나카오 1990, 33.

[73] 안종우 1972a, 119.

협상을 거부한 강일매는 12월 중순 노조 핵심 간부 한승룡과 안종우를 해고했다. 오랜 기간 근무한 노조원과 노조 지도부를 쳐내고 노동자들에게 구타와 욕설을 퍼붓는 강일매의 "폭군"적 행태에 대한 노동자들의 분노는 곧 단호한 집단행동으로 폭발했다.[74] '벽보 투쟁'은 바로 이런 맥락에서 시작된 것이었다. 강일매는 경찰 병력과 조직폭력배를 투입해 대응했다. 그리고 성탄절 날 벽보 투쟁을 핑계로 노조 위원장 박정태와 부위원장 이상옥을 해고했다. 얼마 후 조합원 7명에 대한 해고가 이어졌다.

전진한이 이끄는 대한노총은 쟁의 초기부터 조방 부산 공장 노동조합(공식 명칭은 조방 노조 지회에 소속된 부산 공장 분회였다)의 투쟁을 지지하고 나섰다. 12월 14일 전진한은 강일매를 설득하려고 공장에 왔으나 강일매는 권총을 꺼내 노조원들을 위협하는 등 무례하게 행동했다. 전진한의 지휘 아래 대한노총은 조방 '쟁의대책위원회'를 만들었지만, 놀랍게도 대한노총 내 반전진한 세력이 강일매와 손을 잡고 12월 말 조방 노조 및 전진한의 행동을 공개적으로 규탄하고 나섰다.[75] 이렇게 조방 쟁의는 대한노총 내부의 권력 투쟁에 얽혀 들었고, 다시 전국 차원의 정당정치와 엮이게 되었다. 전진한은 반전진한 그룹과 달리 대한노총이 이승만을 위해 표를 동원하는 도구가 되는 것을 우려하는 입장이었다. 이런 정치적 배치의 큰 그림을 고려할 때 조방 쟁의는 전국적 차원의 격렬한 투쟁이 될 운명이었다.

강일매는 쟁의 기간 동안 이승만 정권과 긴밀한 관계를 유지하며

---

[74] 김낙중 1982, 146.
[75] Nam 2009a, 51.

경찰과 특무대 군인, 조직폭력배를 동원해 노동자들을 협박하고 굴복시켰다. 그는 어용 노조를 만들어 노조 사무실을 강제로 점거했다. 이런 상황에서 "폭군 강일매 물러가라"라는 구호는 강일매가 동원한 일당에게 핍박당한 수백 명을 비롯한 전체 조방 노조원들 사이에 폭넓은 지지와 공감을 얻었다. 1952년 1월 21일, 조방 여성 노동자 1000여 명이 국회 앞에서 "강일매 사장 물러가라!"라고 외치며 시위를 벌였다. 수백 명의 경관이 이들에게 무차별적으로 곤봉을 휘둘렀고, 기마경찰이 행진 대열 한가운데로 돌진해 (안종우의 표현을 빌리자면) "아비규환"을 만들었다. 기마경찰도 여성 노동자들을 상대하기가 쉽지만은 않았다.『동아일보』는 현장에 있던 한 섬유 여공이 경찰이 움직이지 못하게 말의 꼬리를 잡아당겼다고 보도했다. 그날 오후 1300여 명의 여성 노동자들은 공장을 나와 부산 시가지를 행진했다. 그들은 공장에 돌아와 "강일매 물러가라"를 외치며 사장실을 둘러싸고 사측 노조가 동원한 폭력배 및 경찰과 충돌했다.[76]

폭력적인 탄압에 맞선 여성 노동자들의 공개적이고 끈질긴 행동은 국민적 관심을 불러일으켰다. 국회는 진상조사위원회를 구성했고, 상공부는 강일매와 고위 간부 한 명을 정직 처분하며 노동자들에게 희망을 안겨 주었다. 하지만 1월 31일, 노조 지도부와 활동가들에 대한 경찰의 검거 작전이 시작되었고 상공부는 "기업 운영의 질서 유지라는 명분으로" 강일매를 복귀시킨다.[77] 강일매는 경찰을 대동하고 — 여기에는 기마경찰과 사복형사들까지 포함돼 있었다 — 공장에 돌아왔

---

[76] 안종우 1972a , 123;『동아일보』1952/05/20; 김낙중 1982, 147-48.

[77] 안종우 1972b, 158.

다. 세 여성 노동자 ─ 김삼덕(22세) 이외선(22세) 김옥자(21세) ─ 가 두 남성 노동자와 조방 분회 부위원장과 함께 폭력 행사를 이유로 체포 기소되었다.[78] 마침내 2월 27일, 전진한이 이끄는 조방 대책위원회는 3월 3일부터 파업을 시작하기로 결정했다. 당시는 전시 계엄령 상태였기 때문에 이는 쉬운 결정이 아니었다. 이때 발표된 「조방 파업 선언」은 노동자 권익을 넘어선 매우 중요한 정치적 문제를 공개적으로 제기하고 나섰다. "만약 강일매의 행동이 민주주의국가에서 용인될 행동이라면 우리는 민주주의에 대해 회의하지 않을 수 없다." 「선언」은 조방 파업이 조방만의 일이 아니라 "우리 노동자의 인권 옹호와 민주주의 자유 노동조합운동을 확보하기 위"한 "전국적인 투쟁" 차원에서 전개되는 일임을 강조했다.[79] 한편 2월 29일 국회는 조사위원회의 보고를 청취한 후, 강일매 사장을 퇴임시키고 대한노총은 파업을 중지할 것을 요구하는 결의안을 재석 의원 107명 중 찬성 93, 반대 0표로 가결했다. 국회 결의를 존중해 3월 1일 대한노총은 이틀 후로 예정된 파업을 중지한다고 발표했다.

그러나 이승만 정부는 강일매에 대한 지지를 굽히지 않았다. 1952년 1월 18일 이승만의 대통령 직선제 개헌안이 국회에서 부결된 후 국내 정치 상황에는 극도의 긴장감이 감돌았다. 이승만의 개헌안은 반대 143표, 찬성 13표라는 압도적인 표 차이로 부결되었다. 강일매의 폭력배들은 반대표를 던진 국회의원을 상대로 한 친이승만 시위에도 동원되었다. 수백 명의 노동자가 경찰에 체포됐고 파업 찬성 노조원들

---

[78] 『동아일보』 1952/02/09.

[79] 안종우 1972b, 159; 김낙중 1982, 148-49.

에 대한 폭력은 일상이 되었다. 하지만 노조는 꿋꿋이 버텨 냈고 다른 노조로부터 지지가 쏟아졌다. 일부 조방 노동자들은 절박감에서 파업을 허용해 달라고 호소하며 대책위원회에 혈서를 쓰기까지 했다.[80] 마침내 3월 11일, 전진한은 국회로 가서 정부가 국회의 결의를 존중하지 않고 물리력으로 노조를 탄압하고 있다며 다음날 오전 8시를 기해 파업을 시작하겠다고 선언했다. 이외선과 다른 여성 노동자들이 다음날 아침 시작될 파업을 앞두고 수천 명의 노동자들을 단결시키는 비밀 임무를 수행한 것은 바로 이 시점이었다.

여성 노동자들은 형사와 관리자들의 눈을 피해 통신망을 조직하고 주야간 교대 근무자들에게 비밀 암호를 전파하는 등 비밀리에 준비 작업에 들어갔다. 파업의 시작 시점은 "흰 저고리에 검정 치마를 입고 손에는 손수건을 들고" 여공이 작업장을 순회하며 알리는 것으로 정해졌다.[81] 그 무렵이면 노조 간부들은 모두 체포되거나 해고되고 무장 경찰 병력으로 포위된 공장 근처로 접근하는 것이 금지돼 있었다. 또 사복형사들은 공장 내 전략적 위치에 배치되어 노동자들을 감시하고 있었다. 강일매와 경찰은 노조의 지휘 체계를 사실상 무너뜨렸기 때문에 파업이 불가능할 것이라고 판단했다. 그러나 3월 12일 오전 8시, 주야 근무가 교차하는 시간, 6000여 명의 노동자들이 한꺼번에 공장 정문으로 쏟아져 나와 경찰과 충돌하기 시작했다. 해고된 노조 위원장이자 조방 대한노총 노조의 설립자 안종우는 단 하루 만에 파업을 조직하는 어려운 임무를 "치밀하고 민첩"하게 수행해 낸 이외선 등 여성 노동

[80] 김낙중 1982, 150.
[81] 안종우 1972b, 163.

자들의 역할을 높이 평가했다.[82] 이 여성들은 공장 내 평조합원들로부터 절대적인 지지를 받았다. 회사 측 추산으로도 주간 근무자의 약 81퍼센트가 파업에 참여했다.[83] 공장의 철문은 노동자들의 몸에 밀려 넘어졌고, 경찰이 정문을 막기 위해 바리케이드로 설치한 10여 대의 트럭은 여성 노동자들의 습격으로 — 그 안의 경찰을 꼬집고 물면서 끌어냈다고 한다 — 쓸모없는 것으로 판명되었다.[84] 경찰이 경고 사격을 하자 공장 주변은 사실상 전쟁터가 되었다. "깡패도, 몽둥이도, 총소리도 그리고 개머리판도 거대한 노도와도 같이 밀어닥치는 종업원들의 자유과 권익을 쟁취하기 위해서는 '죽어도 좋다'고 뜨겁게 단결된 6000여의 '넋'을 막을 길이 없었다"고 안종우는 향수에 젖어 그 광경을 회상한다.[85]

그날의 파업은 최종 결과와 상관없이 "기대했던 이상으로 성공했다"는 것이 안종우의 판단이다. 그러나 많은 노동자들이 중경상을 입

[82] 이외선은 조방 분회의 부위원장 이상옥의 조카였다(같은 글 163). 그것이 아마도 안종우가 여러 여공 지도자들 중 그의 이름을 특별히 기억하고 언급한 이유일 것이다.

[83] 송종래 외 2004, 337.

[84] 김낙중 1982, 152. 전진한이 파업을 선언한 직후 이승만은 조방 쟁의에 대해 자신의 분명한 입장을 피력하는 담화를 발표했다. 그는 "조선방직 회사에 대해서 아직도 다소간 시비가 있는 모양이나 이 문제에 대해서는 아무런 시비가 있어도 다 소용이 없을 것"이라 운을 뗀 후, "정부의 방침은 공업과 정당 운동을 갈라놓으려는 것"이라 밝히고, "특별히 우리나라에서 큰 공장"인 조방이 "무슨 정당이든지 막론하고 정당 손에 들어가지 말게 할 작정이다"라고 선언했다. 그는 쟁의를 "사주"한 세력과 사주를 받은 종업원들을 "다 밀어내고 단순한 생산 발전만을 주장하는 사람들을 고용해다가 맡길 터이니 일하고 싶은 사람은 이 주장 밑에서 일해야 될 것"이며 "종시 못 알아듣고 공연한 시비를 일으키려고 할 터이면 다 불리할 것"이라 위협했다(같은 책, 151).

[85] 안종우 1972b, 164.

었고 40명 가까운 노동자가 체포됐으며 강일매는 24시간 내에 업무에 복귀하지 않는 자는 해고하겠다고 선언했다. 그럼에도 불구하고 야간 근무자의 약 85퍼센트는 그날 밤 복귀를 거부했다. 하지만 전진한이 이승만의 압력에 굴복해 하루 만에 파업을 중단시키면서 노동자들의 기대를 저버렸고, 파업은 순식간에 무너졌다.

이 패배로 인한 희생자 규모는 엄청났다. 안종우에 따르면 파업 시작 후 구타당하면서 "개 끌려가듯이 끌려간" 노동자 1000여 명 중 약 600여 명이 구속되었다. 강일매에 반대했던 계장 이상 고위 간부 26명 은 파면되었고 여공이 대부분인 600명 이상의 조합원도 해고당했다. 이 대량 해고 이후 "이를 보다 못해 스스로 자퇴서를 내던지고 그만둔 종업원은 무려 500명 이상이나 되었다"고 안종우는 기억한다.[86] 패배 는 전면적이었다. 어용 노조는 입지를 굳혔고, 전진한은 대한노총 위원 장직에서 쫓겨났으며, 해고된 많은 여성 노동자들이, 한국노총 공식 역 사서의 표현에 따르면, "사회의 밑바닥으로 전락"했다.[87] 생존을 위해 성매매에 의지해야 했다는 뜻이다.

강일매는 결국 1955년 정부 감정가보다 훨씬 낮은 가격에 조방 을 매입하는 데 성공했다.[88] 해고된 조방 노동자들의 복직 투쟁은 1950년대 후반 동안 간헐적으로 이어지다가 1960년 4월 혁명 이후 다 시 불붙었다.[89] 하지만 노사 협력에 기초한 생산자 협동조합의 꿈은

---

[86] 서문석 2011, 343; 안종우 1972b, 164; 한국노총 1979, 366.

[87] 한국노총 1979, 366.

[88] 서문석 2011, 343-44.

[89] 「1950년대 조선방직주식회사 쟁의 관련 문서 해제」(김승 2009)는 조방의 1951~52년 쟁의와 1958년 쟁의에 대한 20건의 1차 자료를 소개하는데, 여기에 는 박정태와 이상옥이 4월 혁명 후 1960년 8월에 조직한 조방쟁의피탈주권쟁취

좌절되고 말았다. 한때 매우 높은 수익성을 자랑했던 회사는 재정적 어려움에 빠진다. 쟁의 중 회사는 정호종을 비롯한 핵심 인력과 많은 숙련공을 해고했고, 그 결과 회사의 기술 기반이 약화되었다. 조방을 장악한 강일매의 전성기도 오래가지 못했다. 그는 1959년 사망했고 조방은 삼호방직의 정재호에게 매각되었는데, 새 소유주는 회사에서 대규모 정치자금을 빼돌리면서 필요한 설비투자를 소홀히 했다.[90] 결국 파산한 회사는 1968년 부산시에 넘겨졌고, 시는 도시 개발계획에 따라 조방 공장을 철거한다.

조방 쟁의의 역사적 유산

1950년대 초 신생 대한민국은 어떤 경제체제를 선택할 것인지를 놓고 갈림길에 서있었다. 가장 중요한 귀속재산 중 하나였던 조방을 노동자가 매입하지 못하도록 막은 것은 한국전쟁 이후 경제계획이 정통 자본주의의 방향으로 나아가는 데 결정적 역할을 했다. 상식을 가진 사람이라면 누구나 우려할 만큼 문제가 많은 강일매를 이승만과 상공부가 확고하게 지지한 이유 또한 이런 맥락 속에 있었다. 조방 파업을 진압한 후 이승만은 1952년 7월 개헌을 밀어붙이는 데 성공했고 8월 5일의 대통령 직선제 선거에서 승리했다. 대한노총은 껍데기만 남은 조직으로 전락했고, 이때부터 산업 노동자를 동원해 정부를 지원하는, 정권의 도구 역할을 충실히 수행해 가기 시작했다.[91]

위원회의 자료도 포함돼 있다.

[90] 서문석 2011, 343, 344.

[91] 나카오 1990, 63; 송종래 외 2004, 297-323. 강일매는 조방에 '민의동원본

여성 노동자들은 이렇게 중요한 투쟁이었던 조방 쟁의에서 중심적인 역할을 했다. 산업민주주의에 대한 진지한 논의를 촉발하고 노동 입법의 시급성에 대한 합의를 이끌어 낸 것은 전쟁이 교착상태에 빠진 1951년 후반부터 발발한 섬유·광산·부두 노동자들의 대규모 파업이었다. 이전 연구에서 나는 이런 노동쟁의가 어떻게 적극적인 노동 입법 움직임을 이끌어 냈는지 설명한 바 있다.[92] 여기서는 조방 쟁의가 이 중대한 정치적 과정에서 수행한 직접적인 역할과 함께 1년에 걸친 투쟁 과정을 지탱한 평조합원 여공들의 자발적이고 적극적인 행동의 힘에 주목하고자 한다.[93] 1952년 2월 조방 쟁의의 와중에 치러진 부산 영도구 국회의원 보궐선거에서 당선된 전진한은 이런 진보적 성격의 노동법 통과를 주도했다. 유명 정치인을 포함해 23명의 후보가 출마했지만 전진한이 선거에서 압승을 거둘 수 있었던 것은 수천 명의 조방 노동자와 그 가족들이 지역구를 "가가호호" 돌며 자발적으로 선거운동을 펼친 덕분이었다. 안종우에 따르면 여성 노동자들은 매일 약 500명씩 자진해 "가가호호 한집도 빠짐없이 두세 번 방문하면서 '우리들을 살리는 길은 오직 전진한 씨가 당선되어 국회로 진출하는 길뿐'이라고 눈물을 흘리며 애소했다."[94]

부'를 설치했고, 조방 쟁의가 끝난 후 국회를 공격하고 이승만을 옹호하는 폭력적인 우익 가두시위에 조방 노동자들을 동원했다(송종래 외 2004, 319-20, 333).

[92] 나의 분석은 노동사가이자 운동가였던 김낙중(1982)과 노동법학자 신인령(1987)의 통찰로부터 도움을 받았다(Nam 2009a, 48-53).

[93] 경제학자 송종래는 1951~52년의 "조방 쟁의에서 현장 조합주의가 태동하기 시작"했다고 평가한다. 그는 전시 계엄령 아래서 일어난 조방 쟁의에서 보여 준 "기층 노동자의 의식화" 수준을 높이 평가하는데, 그 노동자들의 대다수가 여공이었다는 사실은 적시하지 않았다(송종래 외 2004, 347).

[94] 안종우 1972a, 157.

1953년 공포된 노동조합법, 노동쟁의조정법, 노동위원회법, 근로기준법 등의 노동법을 통해 노동조합은 노사 관계에서 기업 측의 정당한 파트너로 인정받게 되었다. 이 법들을 통해 노동자들은 — 실제로는 법 집행이 제대로 이루어지지 않을 때가 많았지만 — 자유롭게 노조를 조직하고, 단체교섭을 하고, 단체행동에 참여할 수 있는 권리를 확보했다. 기업은 법에 따라 노조와 교섭할 의무를 지게 됐고, 노조 가입을 이유로 조합원을 차별하거나 노조 활동에 개입하는 행위는 부당노동행위로 처벌받게 되었다. 이처럼 상당히 발전된 수준의 산업민주주의에 대한 정치적 합의가 이루어질 수 있었던 것은 과거 전평 운동을 비롯한 수십 년에 걸친 한국 노동운동의 역사 덕분이었다. 전평은 노동자들과 사회 전반에 사회주의의 꿈을 전파하고 적극적 단체행동을 통해 노사 관계 관행을 형성하는 데 기여했다.[95] 그러나 노동 입법에 대한 즉각적인 자극은 전투적인 파업에서 나왔고, 그중 가장 영향력이 컸던 것은 조방 쟁의였다. 조방 노동자들은 패배 속에서도 많은 것을 성취했다.

이를 통해 조방의 여성 노동자들은 남성 노조원들로부터 "여동지"로서 존중 받는 위치에 서게 되었다. 이 말은 조방 쟁의 때 대한노총 내에서 전진한 그룹 편에 섰던 전국철도연맹 위원장 김주홍이 사용한 표현이다. 김주홍은 1953년 6월에 쓴 격문에서 반대파를 "노동귀족" "정치 부로커"라 규정하며 강일매가 조방 여성 노동자들을 좋은 직장에서 쫓아낼 수 있게 도운 "그들 노동귀족"이 "순진하고 결백한 우리의

[95] 전평 기관지 『전국노동자신문』은 선전 활동의 핵심적인 통로였다. 1946년 5월 말 당시 발행 부수는 6만 부에 가까웠던 것으로 보인다(안태정 2002, 204-15).

여동지로 하여금 윤락의 세계를 방황케"하는 데 강일매보다 더 큰 책임이 있다고 주장했다.[96] "여동지"는 여성이 활동가로서 보여 준 자주적 역량과 노동운동에서 그들이 수행한 역할에 대한 일정 정도의 인정과 존경심을 반영한 말이었다. 김주홍 같은 노조의 고위 간부가 조방 여성들을 주저 없이 '동지'라 부르고, 안종우 노조 위원장이 여공의 리더십에 칭찬을 아끼지 않은 것은 조방 여성 노동자들의 투쟁 역량이, 아직 전체 사회에 공유된 인식은 아니라 해도, 당대의 노동운동 지도자들에게 깊은 인상을 심어 주었음을 보여 준다.

그러나 파업 여공에 대한 이런 인정과 존중은 조방 파업이 끝난 후 노동운동 진영에서도 언론에서도 대부분 사라졌다. 조방 쟁의 당시 언론 보도에서 여성들의 목소리는 그 중요한 역할에도 불구하고 1930년대 평양 고무 파업 때에 비해 잘 들리지 않았다. 남성 지도자들의 회상을 통해서 그나마 우리는 흰 저고리와 검정 치마를 입은 '여동지들'이 파업을 조직하기 위해 작업장을 도는 인상적인 장면이나 끈질기고 전투적인 투쟁으로 강일매를 위협하는 여공 서사를 접할 수 있을 뿐이다. 하지만 여공의 주체성과 역량의 수준을 엿볼 수 있게 해주는 그런 자취들조차 시간이 흐르면서 거의 사라졌다. 여성 노동자들의 투쟁에 힘입어 노동법이 통과된 이후 그들이 노사 관계에서 보이지 않는 존재가 된 것은 아이러니한 일이 아닐 수 없다.

조방 여공의 주체적 역량에 대해 단서를 제공해 주는 김주홍의 선언문에서 눈길을 끄는 부분이 하나 더 있는데, 이에 대해서는 보충 설명이 필요하다. 김주홍은 '여동지들'이 성매매의 세계로 전락하게 된

---

[96] 김준 2010, 219-21, 229-30.

운명을 한탄했고, 앞서 살펴본 것처럼 한국노총(대한노총을 계승해 1961년 8월에 설립)의 공식 역사서도 조방의 많은 해고 여공이 "사회의 밑바닥으로 전락"했다고 기록함으로써 김주홍의 표현을 비슷하게 반복하고 있다. 공장 노동과 성노동 사이의 좁은 거리를 이 기억을 생산한 사람들은 분명 잘 알고 있었던 것 같다.[97] 1950년대 초 높은 실업률과 초인플레이션 상황에서 조방 일자리는 선망의 대상이었으며, 특히 여성의 경우 조방과 동등한 수준의 양질의 일자리는 매우 드물었다. 1960년대 이전까지만 해도 한국 경제는 여전히 농업에 기반을 두고 있었다. 1953년부터 1958년까지 국민총생산GNP에서 농업이 차지하는 비중은 44~48퍼센트인 반면, 제조업 비중은 6~10퍼센트에 불과했다.[98] 1952년 당시 5인 이상을 고용한 전국의 4300개 사업장 가운데 200인 이상 규모의 사업장은 240개에 불과했으며, 운 좋게 그런 사업장에 고용된 노동자는 14만7446명에 불과했다.[99] 전쟁의 폐허로부터 경제가 어느 정도 회복된 시점인 1957년, 남한의 5인 이상 사업장의 제조업 종사자는 13만6230명(남자 7만8197명, 여자 5만8033명)이었고, 그중 4만9141명(남자 1만1499명, 여자 3만7642명)이 당시 제조업 부문의 선두 주자였던 방직업에 종사하고 있었다. 따라서 1950년대 초 시점에서 6000여

[97] 조방에서 대량 해고가 일어난 지 약 반년 후, 지역신문인 『국제신보』는 조방 해고 노동자들이 어떻게 살고 있는지를 보도하면서 "해고자는 복직을 못하고 타처에도 구직하지 못하여 가두를 방황. 특히 여직공들은 밤의 여인으로 전락, 윤락의 길을 걷고 있다"고 썼다(『국제신보』 1952/09/09, 배석만 2009, 187에서 재인용). 일부 해고당한 조방 여공에게 닥친 비극적 결과는 사회적으로도 잘 알려져 있었던 것으로 보인다.

[98] 송종래 외 2004, 99. 1955년에는 농민의 수(450만 명, 경제활동인구의 67.9퍼센트)가 산업 노동자 수(31만 명)를 크게 압도했다(같은 책, 80-81).

[99] 같은 책, 83.

명의 조방 방직 여공은 소규모 영세 사업장에서 일하거나 행상, 식모, 노점상, 서비스업 종사자, 농업 노동자가 대부분이던 전체 취업 여성을 놓고 볼 때 최상층의 위치를 점하고 있었다 할 수 있다.[100] 1952년에 대량 해고된 조방 여공들이 전시에 부산에서 이런 직장에 상응하는 일자리를 찾는 데 큰 어려움을 겪을 것은 불 보듯 뻔했다.

1950년대 광주 전남방직에서 일했던 여공들의 구술 증언을 통해 여성 노동자의 주체성을 분석한 역사학자 이희영의 연구 덕분에 우리는 당시 여공이 차지했던 사회적 위치를 좀 더 명확하게 파악할 수 있다. 이희영은 1950년대에 공장 여성에 대한 특정 담론이 뚜렷이 존재했음에 주목하고 이를 '공장가시네'(또는 '정방 큰애기') 담론이라 이름했다. 당시 수백만 명의 전쟁 사상자로 인해 많은 가정에서 남성 생계 부양자가 사라졌고, 여성들은 생존을 위해 집 밖에서 일자리를 찾아야 하는 상황에 몰렸다. 여성에게 고정 임금을 지급하는 공장 일자리는 매우 드물었는데, 한 구술자는 당시 방직공장 입사 경쟁이 얼마나 치열했는지를 기억하며 "마치 요즘 같으믄 대학 시험에 붙은 거" 같았다고 표현한다.[101] 1950년대의 '공장가시네' 담론도 가정 내 여성의 적절한 위치를 규정하는 당시의 지배적인 유교적 젠더 이데올로기를 반영해 공장에서 일하는 젊은 여성에 대한 의심과 이들을 사회적으로 통제하려는 욕망에 기반을 두고 있었다.[102] 그러나 이희영에 따르면, 이는

[100] 이희영 2008, 172-73.
[101] 같은 글, 187-88. 여공들이 입는 "멋있는 작업복"은 이런 상황에서 동경의 대상이 되었다. 마찬가지로 대규모 방직공장인 서울의 경성방직의 경우 1960년대 초반까지 여자 종업원 모집에 무려 10대 1의 경쟁률을 보였다고 한다(같은 글, 190-93). 여공에 대한 이 시기의 상대적으로 긍정적인 인식은 앞에서 논의한 1920년대의 상황을 떠올리게 한다.

1960, 70년대의 여공 담론과는 달랐다. 여성 육체노동자에 대한 사회적 차별과 배제의 태도가 훨씬 더 뚜렷이 드러나는 산업화 시대의 여공담론과 달리 1950년대 '공장가시네' 담론에는 그들의 행운에 대한 부러움과 함께 가족의 생계를 위해 위험한 세상으로 나간 착한 딸들의 용감한 행동에 대한 어느 정도의 존경심이 담겨 있었다. 되풀이하는 얘기지만, 가족이라는 이해의 틀을 통하면 여공의 존재를 용인하거나 심지어 존중하는 마음으로 바라보는 것도 가능했다.

여성에게 안정적인 공장 일자리가 부족했던 당시 상황을 고려할 때, 조방 여성 노동자들이 해고의 위협에도 불구하고 노사 투쟁의 최전선에서 수개월을 버텨 낸 것은 대단한 일이었고, 이런 점이 "죽어도 좋다"는 태도로 싸우는 여공들에 대한 남성 노조 지도자들의 감탄과 존경심을 증폭시켰을 것이다. 이런 행동에서 우리는 이들이 역사적으로 중대한 의미를 지닌 싸움의 한복판에 선 일하는 여성으로서 — 그리고 그중에서도 드문 기회를 차지한 대공장 엘리트 노동자로서 — 가졌을 자부심과 자의식을 상상해 볼 수 있다. 조방 여성들이 20년 전 선배 여성노동자들의 투쟁과 해방 직후 조방 노동운동의 자랑스러운 역사에 대해 얼마나 알고 있었는지는 확인할 길이 없지만, 과거 여공 투쟁의 역사가 남성 노조 활동가들로 하여금 여공을 선뜻 '동지'로 인식할 수 있게 한 문화적 조건을 마련해 주었을 가능성이 크다.[103]

[102] 같은 글, 199-200.
[103] 조방 파업이 끝난 지 반년 뒤인 1952년 9월, 전평 노조 운동 경험의 지속적인 영향과 전시 부산의 긴장된 이념적 상황을 보여 주는 사건이 발생했다. 언론은 "여대생, 여직공, 타이피스트 등 가담 미모의 스파이단"인 "괴뢰 여간첩단"이 검거되었다는 선정적인 뉴스를 내보냈다. 의대를 졸업하고 북한에서 훈련받은 '스파이'로 부산 미군기지에서 타이피스트로 일했던 박정자(25세)를 리더로

동시에 1951~52년의 조방 쟁의는 분회 및 전국 단위에서 남성 지도부 주도로 진행되었다는 점 역시 주목해야 한다. 식민지기와 달리 이 시기 남한에서는 정부가 승인한 대한노총만이 산업 노동자 집단의 유일한 대표로서 정부와 상대할 수 있었다. 여성의 관점에서 볼 때, 조직 노동운동의 제도화와 세력 강화가 가져온 중요한 결과 중 하나는 여성의 역할이 평조합원으로서 남성 지도부에 의해 동원되는 보병의 역할로 축소되었다는 것이다. 조직을 체계화한 전평 운동에서 이미 이런 경향이 나타나고 있었다. 조방 사례와 같이 사회적으로 관심을 끌었던 노동쟁의의 경우, 여성들이 실제 전투력을 제공했음에도 불구하고 대한노총의 남성 지도자들이 상황을 지도·통제했고 언론은 그들에게 관심을 집중했다. 여성이 지배적인 사업장에서의 파업도 더 이상 '여공 파업'으로 묘사되지 않았다. 물론 남성 노조 지도자들이 여공들의 기여를 높이 평가하기는 했지만, 현존하는 문서 자료에서 여성의 목소리를 찾기는 쉽지 않다.

1930년대 부르주아 민족주의 언론과 지식인들은 적어도 이론적으로는 미래 민족국가의 구성원으로 인정되는 여성 노동자들의 절박한 외침에 주목했다. 그리고 여성들의 투쟁성은 높이 평가되고 기록으로 남았다. 당시 공산주의 적색 노조 이론가와 활동가들은 여성 노동자들이 파업 노동자로서 보인 역량을 높이 평가했고, 혁명을 위해 싸우는 프롤레타리아 보병으로서 그들의 잠재력에 기대를 걸었다. 반면, 1950

해 13명의 활동가들로 구성된 이 조직은 지역 내 빨치산 전사들과 연계해 활동했다는 의혹을 받았다. 체포된 인물들 중에는 여의사, 여자 의대생, 미군 기지의 여성 군속 외에 두 명의 조방 사무직 "사원"(윤칠성과 이말순)과 두 명의 조방 여공(석옥희와 임미자)이 포함돼 있었다(『경향신문』 1952/09/05; 『동아일보』 1952/09/15).

년대에는 국가가 노동조합운동을 인정하고 제도화하는 한편 남성이 전국, 지역, 사업장 수준에서 노조 지도부를 독점했고 여성 노동자들은 주변화되었다.

다음 장에서는 1950, 60년대에 걸쳐 지속적으로 진행된 노동조합운동의 제도화와 남성 생계 부양자 모델의 공고화가 어떻게 여성 노동자의 주변적 위치를 고착화했는지, 그리고 1970년대에 이르러 여성 노동자들이 이런 상황을 뚫고 어떻게 새로운 전투적 노조 운동의 핵심 세력으로 다시 부상할 수 있었는지 살펴본다.

5장

산업화 시대
노조를 이끈 여자들

조방 파업 이후 1953년 노동법이 통과되고 노사 관계가 제도화되면서 남성이 이끄는 조직 노동운동이 노사 협상의 주도권을 쥐게 됨에 따라 공장 여성들의 집단 투쟁이 ― 분명 그들의 투쟁은 계속되었다 ― 국민적 관심을 끄는 일은 거의 없었다.[1] 그러다 여성 산업 노동자들이 노

[1] 한 가지 예외로 대구의 대한방직(1956~60년)과 제일모직(1960년 6~8월)에서 해고된 여성 노동자들의 쟁의가 있었다. 이는 대한노총 내 개혁 운동의 등장 및 대한노총의 라이벌 조직인 전국노동조합협의회의 설립(1959년)으로 이어지는 일련의 과정과 밀접히 연관된 것이었다. 대구의 대한방직은 1955년 자유당의 유력 정치인 설경동에게 매각된 조방 대구 공장의 후신이다. 설경동은 종업

동 현장의 전투적 주체로 언론에 다시 등장한 것은 1970년대 섬유·전자 산업에서였다.

당시의 상황은 어느 모로 보나 1950년대와는 많이 달랐다. 앞 장에서 보았듯이 1950년대는 공화국의 새로운 사회경제 질서가 형성되는 단계로 여러 사회집단들이 자신들의 이해관계를 반영하기 위해 경쟁하면서 이념적·사회적·문화적 유동성이 컸던 시기였다. 이에 반해 개발의 시대인 1960, 70년대의 에토스는 전쟁으로 피폐했던 1950년대와는 상당히 달랐다. 1960년대는 시민들이 투쟁을 통해 이승만 독재정권을 무너뜨리고 사회를 근본적으로 변화시킨 희망적 사건으로 출발했다. 1960년의 4·19혁명은 광범한 지지를 바탕으로 한 민주주의 투쟁의 정당성을 확인시켜 주었다. 그러나 예기치 않게 민주주의가 꽃 피우는 것을 목격한 데서 오는 기쁨과 흥분은 오래가지 못했고 5·16 쿠데타로 국민들은 곧바로 또 다른 독재자 박정희의 반공 군사독재라는 냉혹한 현실을 마주해야 했다. '국가 건설자'로 나선 박정희는 단순한 독재자가 아니었다. 엘리트층과 비엘리트층을 막론한 사람들의 공통된 욕망과 열망을 솜씨 좋게 이용하면서 그는 '가난 극복'과 '조국 근대화'라는 약속을 내세워 국민을 열광시켰다. 박정희는 1960, 70년대에 급속한 경제성장의 시대를 이끌며 국가-사회관계를 근본적으로 재구성했다.

앞서 살펴본 바와 같이 조직 노동운동은 여공들의 투쟁에 힘입어 1953년 노동법이 제정된 후 상당히 발전된 노사 관계 시스템을 확보했다. 이를 기반으로 1960년대 조직노동자들은 노동자 본인뿐만 아니라

원 2600명을 해고해 해고 노동자들의 끈질긴 투쟁을 촉발했다. 좀 더 자세한 내용은 송종래 외 2004, 380, 536; 김경일 2010 참조.

가족의 인간다운 생활을 보장하는 '생활급' 실현을 요구하기 시작했다. 한국노동조합총연맹(한국노총) 산하 노동조합의 이런 임금 공세는 '남성 생계 부양자' 모델을 실현하기 위한 것이었다. 박정희 정부의 수출 주도형 개발 전략 아래 경제 발전을 위해 노동자를 동원하고 보상을 제공하는 젠더화된 체계가 만들어졌다. 새롭게 정비된 성별 분업 속에서 여성 산업 노동자는 값싼 단기 노동력의 주요 공급원으로 간주되어 저임금 노동력에 의존하는 산업에 투입되었고, 남성이 지배하는 노동조합 체제의 통제 아래 놓였다. 하지만 노동조합은 여성 노동자에 대한 구조적 차별을 문제로 인식하지 않았다.

박정희 정부의 수출 주도 성장 정책은 섬유, 가발·신발 제조, 전자 등 노동집약적이고 여성 노동력을 주로 이용하는 산업을 중심으로 진행되었다. 이런 정책의 결과 농촌에서 도시로의 이주가 폭증하고 여성 공장노동자 수가 급격히 증가했다. 1960년대 후반에 이르러 여공이 주도하는 노동쟁의가 증가하자 정부의 탄압이 시작되었고 한국노총 소속 산별노조들은 국가의 압력에 굴복해 노동자 저항을 진압하는 사측을 적극적으로 돕기 시작했다. 그럼에도 불구하고 여성 노동자들의 노동쟁의는 끊이지 않았다.

동시에 1960, 70년대는 민주화 운동이 활발해지고 지식인 활동가들이 비엘리트 계층의 힘을 재발견하게 된 시기이기도 했다. 민주화 운동 내에서 1960년대 후반부터 노동문제에 대한 관심이 높아지기 시작했고, 이런 추세는 1970년 이후 더욱 가속화된다. 한편으로는 여공의 경제적 동원이 대규모로 일어나고, 다른 한편으로는 여공 사이에 새로운 '민주노조' 운동이 발전하는 — 이는 노학연대에 의해 뒷받침되었다 — 이중의 과정은 일하는 복잡한 젠더 정치를 낳았고 여성 산업 노동자에 대해 상충하는 이미지와 인식을 만들어 냈다. 사회적으로는 여공을 '공순이'로 지칭하는 일이 늘기 시작했는데, 이는 이들을 교육받지 못한 하층계급 여성이자 위험한 공장 환경에 노출돼 여성성과 도덕성이 의심되는 존재로 낙인찍는 은어였다. 이는 여성 공장노동자를 애국적인 '산업 전사'로 칭송하는 정부의 선전에도 불구하고 일어난 변화였다. 이와 동시에 1970년대 후반에 이르러 민주노조 운동에 참여한 진보적 지식인들과 여성 노동자들은 이전 시대의 강주룡처럼 투쟁력 강하고 정치의식이 투철한 '여공 투사'라는 정반대의 이미지를 발전시켰다. 하지만 이처럼 새로운 전투적 노조 운동의 선구자로 등장한 '여공 민주 투사'의 정치 역시 젠더 관계의 역학 속에 있었다.

이 장은 1950년대 노사 관계가 새로 정립되는 과정에서 남성 생계 부양자 모델이 자리 잡아 가는 역사적·시대적 조건을 검토하는 것으로 시작한다. 두 번째 절에서는 '생활급'에 대한 권리를 주장함으로써 새 공화국에서 자신들의 자리를 확보하려 했던 남성 산업 노동자들의 노력을 살펴본다. '가족의 생계를 보장하는 수준의 임금'이라는 목표는 남성 노동자에게 가장이자 시민이라는 신분을 확보하는 지름길로 여겨졌다. 하지만 여성 노동자에게 이런 목표 설정은 문제가 될 수밖에 없었다. 세 번째 절에서는 남성 피복 노동자 전태일의 죽음이 민주노조 운동의 탄생 신화가 될 수 있게 해준 조건들을 살펴본다. 네 번째 절에서는 1962년에 일어난 방직공장 '김 양'의 항의 자살이 전태일과 유사한 선택이었음에도 불구하고 사회적 관심을 불러일으키지 못하고 잊힌 이유를 탐구해 본다. 또 한국노총 산하 노조 운동에 만연한 여성 배제적 경향에도 불구하고 여성 노동자들이 소그룹 조직 활동을 통해 성차별에 민감한 계급의식과 전투적 행동주의를 지속적으로 발전시켜 온 과정을 검토한다. 여성 노동자들이 각성하고 역량을 키워 가는 이런 이야기들은 전태일 열사의 죽음을 운동의 시발점으로, 그리고 이후 생겨난

'노학 연대'를 운동의 성공을 이끈 중심 기제로 강조하는 민주노조 운동의 주류 서사를 복잡하게 만든다. 마지막 절에서는 여성 노동자들의 자주적이고 민주적인 노조 운동이 아래로부터 발전해 가는 역사에 계속 초점을 맞추면서 1970년대와 1980년대 초 새로운 차원의 젠더 의식을 보여 준 민주노조 운동 사례를 소개한다. 초기에는 노조 정치에서 주변부로 밀려나 있었지만 이 시기 민주노조 운동에 참여한 여성 노동자들은 다시 노동운동과 민주화 운동의 중요한 주체로 입지를 굳혔고, 정부나 사측의 폭력적인 노동 탄압도 주로 이들에게 집중되었다.

새로운 노사관계의 정착과 남성 생계 부양자 모델

1950년대는 사회를 송두리째 뒤흔든 전쟁으로 그 서막을 열었다. 한국전쟁을 전후로 이북에서 넘어온 수백만 명의 피난민뿐만 아니라 남한 인구의 대다수도 삶의 터전을 떠나야 했다. 너나없이 치열한 생존경쟁에 내몰리면서 오랜 세월을 거치며 사회에 깊숙이 뿌리내린 유교적 사회규범은 약화되기 시작했다. 전쟁은 수백만 명의 사상자와 함께 30만 명 이상의 '전쟁미망인'을 만들어 냈다.[2] 전후 많은 지식인들과 언론은 서구 문화, 특히 미군 문화가 한국 여성에 끼친 악영향에 몰두했다.

[2] 공식 통계들에서 밝히고 있는 수치는 서로 다르지만 그중 상대적으로 낮은 수치의 통계도 10만 명 이상의 '전쟁미망인'과 약 5만9000명의 고아가 생겼다고 추산한다(함인희 2006, 166-67). 여성사가 이임하는 추산치에 납치 또는 실종자, 그리고 '좌익' 소탕에 걸려 죽은 이의 부인도 포함시키는데, 그 경우 1950년대 동안 적어도 30만 명의 '전쟁미망인'이 존재했다. 그것은 당시 전체 '미망인' 수의 약 30퍼센트 전후에 해당한다. 일본에서는 1947년 5월 당시 '미망인' 인구 188만 명 중 56만 명(29.8퍼센트) 정도가 '전쟁미망인'이었다(이임하 2004, 28-34).

남성은 서구의 문화적 습관을 받아들이도록 권장됐지만 여성에게는 민족의 문화적 순수성을 지켜 내는 역할이 주어졌다. 가부장제에 뿌리를 둔 사회 관습은 좀처럼 바뀌지 않았지만 전시와 전후의 현실은 전례 없이 많은 수의 여성을 시장, 공장, 건설 현장, 각종 서비스직으로 내몰았고 그 가운데 일부 일자리는 성매매나 다름없을 정도로 성착취적이었다.

여성의 사회적 활동 범위가 확장되고 가정의 재정 문제에 대한 목소리가 커지면서 남성들은 가부장적 성 규범에서 벗어난 여성의 행위에 대해 경계를 강화했다. 영화 <자유부인>(한형모 감독, 1956년작)이 흥행 돌풍을 일으킨 것도 이 시기였다.[3] 이 영화의 인기 요인 중 하나는 평범한 중산층 가정주부가 '춤바람'이 나고 '외도'를 한다는 당시로서는 파격적인 설정에 있었는데, 결국 여주인공이 이런 '일탈'을 후회하며 남편의 '아량' 속에 가정으로 돌아가는 결말로 실은 당시의 보수적 여성관을 잘 보여 주는 작품이었다. 영화의 원작 소설 『자유부인』의 화자는 "민주주의란 과연 좋은 사상이기는 하다"라고 전제한 후 다음과 같이 자신의 견해를 솔직하게 피력한다.

그러나 자유와 방종이 혼동되어, 사회질서가 그로 인해 파괴될 우려가 있을 경우에는, 민주주의를 잠시 무시해도 좋으니, 여성 각자에게

---

[3] 정비석이 쓴 동명의 원작 소설은 1954년 1월부터 8월까지 『서울신문』에 연재되었는데, 그 기간 동안 신문 구독자 역시 기하급수적으로 늘었다. 책으로 출간된 뒤에도 큰 성공을 거두었는데, 한국에서 10만 부 이상 팔린 최초의 책이기도 하다. 허윤에 따르면 1956년 당시 신문과 책의 독자와 영화 관객을 합쳐 120~150만 명 이상이 이 이야기를 소비했다(허윤 2016, 94).

지각이 생길 때까지는 아낙네들을 엄중히 단속할 필요가 있을는지도 모른다.[4]

'자유'를 추구하는 여성에 대한 남성의 이런 두려움은 전후 한국 사회에서 가족 내 여성의 권한이 일정 정도 강해졌고 여성의 주체 의식에 눈에 띄는 변화가 있었음을 암시한다. 이런 상황에서 생계 부양자로서 책임을 완수하는 능력은 남성이 자신의 남성성과 자존감을 지키는 데 훨씬 더 중요한 의미를 가지게 됐다.

1950년대 초 산업 노동자들이 헌법과 법률로 노동기본권을 보장받았을 때, 대한노총이 대표하는 조직 노동운동에서는 과거의 패기를 찾을 수 없었다. 초창기의 비전과 자율성은 이미 상실된 상태였고, 지도부는 비리 혐의와 파벌 싸움에 사로잡혀 있었다. 그럼에도 불구하고 전국철도노동조합(철로)에 대한 노동사가 김준의 연구가 보여 주듯이, 정권과 대한노총 사이에 형성된 일종의 후원과 의존의 관계는 일부 노조가 조합원의 이익을 위해 노동법이 제공하는 법적 틀을 성공적으로 활용할 수 있게 해주었다.[5] 특히 철도, 전력, 은행 등 국영기업의 노동자들과 민간 대기업 노조에 속한 노동자들은 새로운 산업민주주의 제도의 혜택을 누렸다. 1950년대 후반에 이르러 이들 사업장의 노조들은 법적으로 보장된 노동권을 효과적으로 행사하는 방법을 터득했다. 김준의 연구에 더해 나 역시 1950, 60년대 한국에서 가장 큰 조선소였던 대한조선공사의 노동조합에 대한 연구를 통해 적어도 남성이 지배적

[4] 정비석 1954, 하권 39.
[5] 김준 2010.

인 특정 산업에서는 노조 운동의 역량이 강화되는 추이를 확인할 수 있었다.[6]

철로는 대한노총 창립 이래 한국 노동조합운동의 중심에 있었고, 1960년대에는 대한조선공사 노조와 더불어 한국에서 가장 선진적이고 강력한 노조에 속했다. 남성이 지배적인 이 두 노조는 1970년대 이전의 한국 노조로서는 드물게 훗날을 위해 다량의 노조 자료를 보존했다는 점에서도 차별성을 가진다.[7] 두 노조의 활동과 기록을 검토할 때 눈에 띄는 점은 노조 지도자, 정부 대표, 관리자, 심지어 경찰들까지도 새롭게 구축된 노사 관계 체제 내에서 서로를 협상 파트너로서 인정하고 존중하는 태도를 보였다는 사실이다. 노사 간 남자 대 남자의 협상에서 핵심 쟁점은 노조원(남성)이 일터에서 어떻게 대우받아야 하는지에 있었다. 노사 갈등의 쟁점은 임금과 복리 후생 문제만이 아니었다. 대한조선공사 노조 문서에서 분명히 알 수 있듯이, 협상 테이블에 앉은 노조 측은 종종 관리자와 동등한 대우를 받는 문제나 작업장에서 누가 통제권을 가져야 하는지를 둘러싸고 갈등을 빚었다.[8]

이와 같이 당시 노조가 있는 일부 사업장의 남성 노동자들은 법적으로 승인된 제도를 통해 권리 주장이 가능했지만, 여성 노동자들은 그렇지 못했다. 어느 계급에 속했건, 어떤 정치적 성향을 가졌건 간에 해방 후 남한의 정치 지도자들은 철저히 가부장적인 인식 아래 남성 가부

[6] Nam 2004a, 3-5장.

[7] 전국철도노동조합과 대한조선공사 노동조합이 사무실에 오래 보관해 온 귀중한 노조 문서들은 현재 성공회대학교 노동사연구소 편, 『한국노동사 자료 총서』에 포함돼 있고, 영인본(성공회대학교 노동사연구소 편 2014a, 2014b)도 출간돼 있다.

[8] Nam 2004a, 5장.

장의 생계 부양자 역할을 당연시했다. 사회학자 함인희가 주장하듯이, 헌법과 노동법에서 노동권을 정의할 때 표준은 성인 남성 노동자 시민이었고, 여성이 가정 밖에서 하는 노동은 예외적인 상황에서만 발생하는 것으로 간주되었다.[9] 남성 노동자들이 노동조합운동의 정당성을 확보하고 이를 통해 노사 관계의 파트너로 사회적 입지를 굳히자 여공의 투쟁성에 대한 긍정적 인식은 희미해졌다. 여성 노동자들은 섬유산업과 같이 여성이 지배적인 부문에서조차 주변화되었다. 남성이 주도권을 독점한 섬유 부문의 전국 산별노조는 1950년대부터 마침내 여성 평조합원들이 반기를 드는 1970년대까지 가장 약하고 부패한 산별노조 중 하나였다.[10]

이 시기 노사 간 합의 역시 여성 노동자를 가족 관계망에서 아내와 딸의 위치에 있는 '부녀'로 보는 시각에 기반을 두고 있었다. 사회학자 황정미는 1940년대 후반과 1950년대에 '부녀' 개념으로 여성을 틀짓는 특정 젠더 담론이 공고화되었다고 본다.[11] 전후에 '부녀'는 한편으로는 사회적 통제의 대상으로, 다른 한편으로는 근대적 어머니와 아내 양성

---

[9] 함인희 2006, 182.

[10] 1962년 8월 당시 섬유 산별노조의 42개 지회 중 조합원 209명을 가진 지회 한 곳만이 단체협약으로 보호받고 있었고, 해당 산별노조원의 99퍼센트를 차지하는 나머지 지회의 조합원들은 단체협약 없이 일했다. 이런 상황은 같은 시기 단체협약 체결률 100퍼센트를 자랑한 철도·전력·통신·전매 산업 등 남성이 지배적인 정부 관리 산업 노조들과 크게 대조된다(한국노동조합총연맹, 『한국노총 사업보고 1962』, 368).

[11] 황정미 2014. 미군정에서 여성 관련 사무는 '부녀국' 소관이었는데, 부녀국은 공창 폐지 문제 및 근대적 어머니상을 배우도록 여성을 계몽하는 일에 중점을 두었다. 이승만 정부의 사회부(나중에 보건사회부) 산하 부녀부는 생활 방식 개선과 여성을 위한 직업훈련에 초점을 맞추었고 노동 관련 문제에는 거리를 두었다.

을 목표로 하는 계몽운동의 대상으로 간주되었다. 황정미에 따르면 이런 틀 안에서는 여성이 개별적인 '시민'이나 '노동자'로 인정받기 어려웠다. 국가와 여성의 관계는 가족에 의해 매개되었고, 규범적인 가족의 영역과 사회에서 규정한 여성적 역할에서 벗어난 여성은 사회의 안녕과 도덕성에 잠재적 위협이 되는 하층의 '부녀'로 간주되었다. 따라서 국가의 정책 입안자들의 관점에서 보면 잠재적으로 위험한 여성을 '보호'하고 엄격하게 통제하는 것이 시급한 과제이자 정부 젠더 정책의 핵심이었으며, 이런 정책적 합의는 이후 수십 년 동안 지속된다.

이 같은 인식을 바탕으로 사업장과 노사 관계에서 여성 노동자는 진정한 '노동자'가 아닌 노동계급 가족의 구성원으로 정의되는 것이 기본이었다. 이는 많은 여성 노동자가 사실상 생계 부양자라는 명백한 사실에도 불구하고 그랬다.[12] 그리고 가정에서와 마찬가지로 공장에서도 여공이 노조의 남성 지도부에 의해 대표되고 통제되는 것은 당연했다.

이런 구조에서 여성의 특수한 요구, 즉 여성 노동자에 한정된 요구를 노조가 해결해야 할 의제로 상정하거나 작업 현장에 만연한 성폭력 같은 골치 아픈 문제를 제기하기는 어려웠다. 물론 이 점에서는 과거의 노조도 별반 다르지 않았다. 식민지기의 공산주의 노동운동은 여성 특수 의제에 형식적이나마 관심을 보였고 해방 직후 전평은 이를 더 구체화했지만, 파업 참가자 대부분이 여성인 경우에도 여성의 문제가 실제 파업에서 중심이 되는 경우는 거의 없었을 뿐더러[13] 노조 지도부

[12] 당대의 신문 기사는 여성 노동자 다수가 생계 부양자라는 사실을 분명히 지적한다. 예를 들어 『동아일보』 1965/02/25; 『매일경제』 1969/09/17 참조.

[13] 공산주의 운동의 노동 관련 의제는 수유 시간, 산전산후휴가 보장 등을 포함하고 때로는 '동일 노동·동일 임금' 같은 이상적인 요구도 파업 요구 조건 목록

에서 여성이 평등하게 대표되지 못하는 문제가 수면 위로 떠오른 적은 더구나 없었다.

1950년대 중반에 정착된 새로운 노사 관계에서 일제강점기의 민족적 차별은 사라졌지만 성별 분리된 노동시장과 성별 분업의 관행은 그대로 계승되었다. 고무산업의 사례에서 볼 수 있듯이, 식민지기에 여성 노동자들은 여성이 지배적인 특정 산업과 특정 직무에만 저임금 단기 인력으로 투입되었고, 남성 노동자들은 승진 기회가 있으며 상대적으로 임금이 높고 고용이 안정된 일자리를 독점했다. 전시의 산업 보국 운동은 기업이 육체노동자를 대하는 방식에 의미 있는 변화를 낳았지만, 직장 내 성별 위계질서에 대한 도전은 거의 이루어지지 않았다.

4장에서 살펴본 바와 같이, 식민지기 산업 보국 운동은 노동자들로 하여금 스스로를 나라를 위해 봉사하는, 경영진의 파트너로 느끼게 만들기도 했지만 연공임금 체계나 가족 생활임금 같은 유산을 남겼다. 역사학자 앤드류 고든이 밝힌 바와 같이, 일본의 경우 1930년대 후반부터 1940년대 초반까지 진행된 산업 보국 실험을 계기로 노동자의 헌신적 노동을 유도하고 노사 갈등을 줄일 수 있는 적절한 임금체계에 대한 논의가 활발해졌고, 시간이 지나면서 주요 산업 부문에서 노동자의 생계상 필요에 더 큰 비중을 둔 새로운 임금구조가 뿌리내리게 된다. 이

에 등장했다. 전평은 8시간 노동제 및 최저임금제와 더불어 동일 노동·동일 임금, 산전산후휴가, 탁아·수유 시설 마련 등 여성 노동자의 특수 요구도 제기했다. 하지만 식민지 시기든 해방 직후든, 전평에서든 대한노총에서든, 여성 특수 의제를 제시하는 것이 활동가와 노조원들 사이에서 그에 대한 활발한 논의로 이어지지는 못했다. 이는 노조 활동가들과 야마카와 기쿠에 같은 사회주의 페미니스트들 사이에 여성의 요구를 어떻게 정의할지, 무엇이 노동운동에 여성 노동자를 위치시키는 적절한 조직적 구조인지 등에 대해 심도 있는 토론이 벌어졌던 일본의 상황(Mackie 1997, 105-15)과 사뭇 달랐다.

'생활'임금은 근무 경력이 긴 숙련노동자를 우대했는데, 연령과 연공서열이, 남성 가장으로 상정되는 노동자의 생애 주기에 따른 필요를 가장잘 대변하는 지표였기 때문이다.[14] 이에 따라 생산량이나 직무에 따른 임금에서 벗어나 노동자 가족의 생계상 필요에 조응하는 임금을 보장하는 방향으로 임금구조에 근본적인 변화가 도입됐다. 그리고 이런 변화는 주로 '가족수당'으로 현실화됐다. 일본 노동자들은 산업 보국 운동의 경험을 통해서 필요에 기반을 둔 생활임금 개념과 친숙해졌고, 이에 대한 요구는 종전 후 일본에서 임금 공세의 중심축이 되었다.[15]

일본에서 생활임금 개념이 등장한 역사적 조건은 서구 국가들과는 차이가 있었지만 역시 남성 생계 부양자 모델을 기반으로 했다. 이에 대한 연구 문헌들 가운데 전시 산업 보국 실험과 전후 노조의 생활임금 요구 사이의 연관성을 탐구한 것으로는 역사학자 앤드류 고든과로라 헤인, 그리고 경제학자 사구치 가즈로 등의 저작이 있다. 사구치에 따르면, 천황의 "산업 전사들"에게 경제적 안정을 제공하는 것이 중요하다고 여겨지면서 전시 정부의 임금 통제 조치들에서 생계 필요에기반을 둔 임금제, 즉 생활급 개념이 힘을 얻었다. 이는 대개 '가족수당'의 형태로 제도화되었는데, 1942년 7월이면 1000인 이상을 고용한 공장과 운수회사들이 거의 모두 가족수당을 지급하고 있었다.[16] 로라 헤

---

[14] Gordon 1985, 262, 275-80, 338. 고든은 생활임금을 "연령, 연공, 가족에 대한 책임 부담의 증가와 함께 자동으로 오르기 때문에 이론상 개별 노동자와 그의 가족의 물질적 필요를 충족시키는" 임금으로 정의한다(같은 책, 275).

[15] 같은 책, 295-97, 338.

[16] Saguchi 1998, 276. 1941년 9월의 임금정책은 최고·최저임금과 함께 표준임금을 확립하게 했는데, 이는 "소득의 안정성을 제공하고 고임금과 저임금 사이에 큰 차이를 만들지 않는" 공정한 임금이라는 아이디어가 형성되는 데 일조했

인의 일본 에너지산업 노동자에 대한 연구와 앤드류 고든의 일본 노사 관계의 진화에 대한 연구는 1946년 후반에 덴산電産(일본전기산업노동조합日本電気産業労働組合)의 대규모 노동쟁의를 통해 도입된 '덴산 임금제'가 어떻게 조직 노동운동의 임금 협상에서 일반적인 모델로 빠르게 정착할 수 있었는지를 보여 준다. 이들 논의에 따르면, 이는 전시 후생성 관료들이 제안했다가 실현을 보지 못한 생활급 계획들과 관련돼 있었다. 덴산 노조는 전시에 전력 회사 인사과에서 일하며 생활급을 추진하다 좌절한 경험을 가진 직원들의 도움을 받아 정교한 새 임금 계획안을 마련할 수 있었다. 고든은 이를 전시 후생성 안의 "노동자 버전"이라 보았다.[17] 1950년대 초가 되면 사측이 회사의 수익성과 생산성을 임금 결정의 핵심 요소로 재확인하면서 덴산 임금체계의 영향력이 감소하게 되지만, 임금 산정에서 연령과 경력이라는 개인적 속성에 상당한 가중치를 부여하는 것을 비롯해 전후 초창기에 노동 측이 획득한 성과의 일부는 계속 살아남았다.[18]

다(같은 글, 276-77). 사구치는 이런 전시 노동정책과 산업 보국 실험이 비록 노동자들의 열광적인 반응을 이끌어 내는 데는 성공하지 못했지만 "전후 일본의 노사 간 상호작용, 임금체계, 고용 시스템을 강력하게 제약"했다고 주장한다(같은 글, 261).

[17]　같은 책, 100, 105; Gordon 1985, 352-55. 1947년 1월 당시 평균적 덴산 생활급 구성은 다음과 같다. 소액의 수당을 제외한 기본급(98.8퍼센트)이 주 소득원인데, 그것은 소액의 "지역 수당"(6.8퍼센트)과 "기본급"(92퍼센트)으로 구성되고, 기본급은 다시 임금의 약 3분의 2를 차지하는 "생계 보장"(63.2퍼센트), "능력급"(24.4퍼센트), 연공급(4.4퍼센트)으로 이루어져 있다. "생계 보장"분은 노동자의 연령에 따른 "개인급"(44.3퍼센트)과 가족 규모에 기초한 "가족수당"(18.9퍼센트)으로 구성된다(Gordon 1985, 353 <표 4>).

[18]　Gordon 1985, 374-86.

생활급과 여공의 임금

한국의 노조 운동에서 생활급 개념이 힘을 얻어 가는 과정은 아직 연구가 부족하다. 그 개념이 한국에 정착하는 과정을 밝히는 것은 일본의 경우보다 훨씬 더 어려운데, 그 이유는 35년간의 일제 식민 통치에서 벗어난 뒤에도 한국의 정치경제 체계를 자국식으로 재편하려는 미국의 전방위적 노력이 계속되었기 때문이다. 분명한 것은 해방 후 이미 노조의 요구 사항에 "생활급"이라는 어휘가 등장하고, '연공서열'과 '연령'이라는 개인적 속성을 우선시하는 임금체계가 산업 현장, 특히 남성이 지배적인 기업에 상당히 정착돼 있었다는 점이다. 1960년대 내내 한국의 관리자들은 뿌리 깊은 연공서열 중심의 임금 문화를 '합리화'하려 노력했지만 성과를 거두기는 매우 힘들었다. 이렇듯 필요에 기반을 둔 '생활급'이라는 이상에 대한 공감대가 형성된 상황에 대해서는 좀 더 상세한 고찰이 필요하다. 이런 임금체계가 여성의 임금이 이해되는 방식에도 심각한 영향을 끼쳤기 때문이다.

제2차 세계대전 이후 조선과 일본의 임금 문화의 유사성을 고려할 때 조선이 일본과 전시 산업 보국 경험을 공유했다는 점에 주목하지 않을 수 없다. 문제는 일제 말기 전시에 있었던 생활급 논의와 실천이 한국 노동자들의 기대와 경영 관행을 형성하는 데 얼마나 중요한 역할을 했는가 하는 점이다. 사회학자 신원철은 식민지 조선에서 산업 보국 운동이 전면적으로 시행되었다는 기존의 일반적 가정을 경계하면서, 일본과 달리 조선에서의 운동은 대부분 경찰과 식민지 정부 행정조직에 의해 위에서부터 아래로 강제된 것이라는 점을 강조한다. 하지만 이런 지적에도 불구하고 그의 연구는 전시 동안 작업장에서 상당한 수준의 이데올로기 훈육이 이루어졌음을 보여 준다.[19] 국영기업이었던 조선국철에서 벌어진 산업 보국 운동에 대한 사회학자 임채성의 사례연구를 통해 우리는 천황을 위한 노사 협력이라는 산업 보국 이데올로기가 조선국철에서 얼마나 광범위하게 실천되었는지 알 수 있다. 조선국철은 전시 노동 통제 조치가 체계적으로 시행된 필수 군사 사업장 중 하나였다. 이들 사업장의 '애국반'은 일본 산업 보국 운동의 주요 조치들을 모방해 정기적으로 모임을 열고 업무 개선 방안 등을 논의했다.[20] 임채성의 연구에 따르면, 식민지 조선에서 전시 노동 통제는 직장을 넘어 노동자 가정으로까지 확장된 경우도 있는데, 이는 당시 진행된 이데올로기 훈육의 범위가 상당히 넓었음을 짐작케 한다.[21]

신원철의 주장대로 '성전'聖戰을 치르는 동안 노동의 명예로움이나 노사 간의 평등한 파트너십에 대한 달콤한 이야기가 전파되었음에도 불구하고 식민지 정부와 일본인 소유 기업들이 조선인 노동자들에게 실질적인 물질적 인센티브를 제공하기를 꺼렸을 것으로 추정하는 것이 합리적이다. 하지만 1938년부터 최소 7년간 마을과 가정 단위까지 사회 전반에 스며든 선전전의 강도와 범위를 고려할 때, 그리고 이 황민화 운동 시기 동안 식민 당국이 일상생활에서 개개인에게 자발적

---

[19] 신원철 2010, 171-72, 179-80, 184.

[20] 林采成 2005, 76-77, 신원철 2010, 184에서 재인용.

[21] 함경남도 이원군의 철산 광산은 상금을 활용해 노동자의 부인이 무결근 운동에 참여하는 것을 독려했고, 상습 결근자를 가정 방문할 계획을 세웠다. 일본인인 경북 안동의 한 열차 구장은 "부하 감독의 범위는 단순히 공무상에만 그쳐서는 충분하다 할 수 없고 어느 정도 사생활 감찰을 요한다"면서 직원 가족의 가정 방문, 가계 조사뿐만 아니라 "사상 및 성격의 조사"를 추진하고 "친척 친구의 신상조사"까지 시행했다고 한다(林采成 2005, 130-31; 신원철 2010, 183-84). 이렇듯 조선에서 특히 철도나 광산 부문 대기업이 진지하게 산업 보국 운동을 추진했다는 산발적 증거들이 존재하지만, 우리에겐 조선인이 경영하는 회사들을 포함해 다른 부문에서 산업 보국 운동이 어떻게 전개되었는지에 대한 정보가 거의 없다.

이며 적극적인 충성 표현을 요구한 점을 고려하면, 총력전의 담론은 조선인들에게 상당한 영향을 미쳤다고 봐야 할 것이다. 특히 노동자의 애국적 사명의 고귀함이라든지 헌신에 대한 보상으로 주어지는, 필요에 기반을 둔 임금은 그 호소력의 측면에서 더 영향력이 컸을 것이며, 당시 노동자의 인식과 언어에 지울 수 없는 흔적을 남긴 것으로 보인다. 적어도 조선인과 일본인이 함께 일했고 전략적으로 중요했던 대규모 중공업 공장과 광산에서는 그렇게 보는 것이 타당하다.[22]

　1950, 60년대 한국 대기업의 임금구조를 검토한 학자들은 모두 임금 산정에서 연공서열이 매우 큰 비중을 차지하는 것이 이들 대기업의 뚜렷한 특징이었음을 강조한다.[23] 비록 역사적 자료를 근거로 제시하고 있지는 않지만, 노동경제학자 탁희준은 이런 경향을 뿌리 뽑아야 할 일제의 잔재로 상정한다. 그에 따르면 대기업뿐만 아니라 중소기업에서조차 연공서열형 임금 결정의 경향이 "극히 강하였"고, 그 결과 청년과 여성 노동자들은 저임금에 시달렸다. 신원철의 연구는 1960년대에 연공서열형 임금 문화가 뿌리내린 기업들에서 정부가 원한 직무급제를 도입하기가 얼마나 어려웠는지를 보여 준다.[24] 경제학자 황의남은 한국의 임금구조와 정책에 대한 상세한 분석에서 가족수당의 오랜

[22]　내가 『배 만들기, 나라 만들기』(Nam 2004a)에서 주장했듯이, 1960년대 한국의 중공업 현장에서 제기된 노조 요구의 핵심 요소들은 식민지기 말기에 산업 보국 운동이 내걸었던 급진적 아이디어들과 공명하는 부분이 크다. 예를 들어 가족 생활임금 개념, 노동자 사이의 임금격차 완화를 우선시하는 임금 배분 방식 주장, 화이트칼라 사원과 육체노동자 간의 신분적 차별에 대한 도전 등이 그것이다. 노동자가 자신들의 요구를 애국주의의 언어로 포장하는 방식이나 국가 경제 건설을 위한 노동자의 역할을 강조하는 것 역시 이에 포함시킬 수 있다.

[23]　황의남 1964; 탁희준 1966; 신원철 2001.

[24]　탁희준 1966, 186-89; 신원철 2001, 154-74.

역사에 주목하며, 그것이 주로 가장인 남성 노동자의 부족한 임금 수준을 보충하기 위해 발전해 왔다고 설명한다.[25]

해방 후 남한의 노동자들은 임금 요구를 항상 생계비에 근거해 제시해 왔다.[26] 하지만 노조 문서와 당시 언론 보도를 분석해 보면, '생활급 확보'가 주요 산별노조가 주도하는 노동쟁의의 핵심 구호로 등장하는 것은 1960년대 중반이다. 1972년까지 임금 인상 투쟁은 한국노총 본부가 아닌 산별노조들이 주도했고 본부의 역할은 자료를 제공하고 정책적인 지원을 하는 정도에 그쳤다.[27] 노조의 공세에서 생활급 요구가 부각되기 시작한 것은 1963년 10월에 시작된 철도노조 투쟁부터이고, 1964년 1월에는 체신노조와 전매노조가 이 투쟁에 동참한다.[28] 전국화학노동조합연맹은 1964년 1월 '최저생계비' 확보 투쟁을 위한 대책위원회를 결성했다. 그리고 대한조선공사 노조는 1965년 4월 "최저생활급 확보!"라는 슬로건을 내걸고 투쟁을 시작한다.[29]

---

[25] 황의남은 생활급 범주에 가족수당, 생계 수당, 별거 수당, 주택수당을 넣고 각각을 상세히 설명한다(황의남 1964, 445-55).

[26] 해방 후 많은 노조들이 생활급을 요구했고, 대한노총과 그 후신인 한국노총도 지속적으로 '생활급 확보'를 의제화했다.

[27] 한국노동조합총연맹 2002, 445.

[28] 『동아일보』 1963/10/18, 1963/12/30, 1964/01/29, 1964/02/01, 1964/02/10; 『경향신문』 1964/02/01, 1964/02/10, 1964/03/02; 한국노동조합총연맹 2002, 369; 성공회대학교 노동사연구소 편 2014a, 『전국철도노동조합활동 1960~80년대』, vol. 4, 『생활급 확보 투쟁 관계 서류철』(1963); 전국화학노동조합연맹 1986, 155. 전국전매노동조합(현KT&G노동조합)은 담배·인삼 등 국가 독점사업 노동자가 조합원이었다. 한국전매공사는 1989년 한국담배인삼공사로 사명을 변경했고, 2002년 주식회사 케이티앤지KT&G Corporation라는 이름으로 민영화되었다.

[29] 성공회대학교 노동사연구소 편 2014b에 들어 있는 「1963 1964」와 「1965년도 임금 인상 및 (부당)노동행위 관계철」이라는 제목의 문서철 참조.

'생활급' 또는 '생활임금'이라는 용어가 어떻게 이 특정 시점에 노조 임금 공세의 공통 구호가 되었는지는 분명하지 않다. 생활임금이라는 이상이 전파된 경로에는 앞서 살펴본 전시 노사 관계의 유산도 있지만 국제 노동운동과의 접촉도 생각해 볼 수 있다. 대한노총은 1949년 설립된 국제자유노동조합연맹ICFTU(이하 '국제자유노련')의 창립 멤버로 노조 외교에 적극적으로 참여했다. 또한 한국의 노조 활동가들은 1947년의 아시아지역회의 예비회의 이래 "'생활임금' 혹은 적당한 생활수준을 확보할 만한 최저임금제" 제정을 촉구하는 입장을 취해 온 국제노동기구ILO의 담론을 접하기도 했다.[30] 1960년대 미국 정부는 연수생 교류와 노동 전문가의 한국노총 파견 등을 통해 한국과 미국 노조 간 교류를 적극적으로 지원하고 장려했다.[31] 생활임금을 중심에 둔 노조 공세의 또 다른 영감의 원천은 일본 노조 운동이었을 가능성이 있다. 하지만 1965년 한일 국교 정상화 이전의 한일 노조 간 교류의 성격과 정도에 대해서는 알려진 바가 많지 않다. 한국노총의 연례 활동 보고서를 보면 국제 노동단체들의 회의나 세미나에 대표단을 파견한 일이 많은데, 그중에는 국교 정상화 이전에 도쿄에서 개최된 회의도 포함돼 있다.[32] 한국 노조가 일본의 산별노조들과 본격적으로 교류를 시작

[30] 황의남 1964, 280-81.

[31] 한국노동조합총연맹, 『한국노총 사업보고 1963』, 701-19. 예를 들면, 1963년 초 코넬 대학교의 앨리스 쿡Alice Cook 교수와 전 하버드 대학교 교수이자 백악관 담당 노동 전문 기자였던 존 헤링John Herring이 한국을 방문해 미국 노사 관계와 노동 행정에 대해 소개했다. 쿡 교수의 도움으로 한국노총은 코넬대학교 산업연구소Industrial Research Institute 간행물을 정기적으로 받게 되었다.

[32] 예를 들어 1962년의 『한국노총 사업보고』에 따르면 한국에서 노조 대표 4명이 도쿄에서 열린 아주노동대학Asian Trade Union College, ATUC 세미나에 파견되었고, 인도 캘커타 소재 아주노동대학 교육 프로그램에 7명의 산별노조 간

한 것은 1965년 이후지만 그 이전에도 노조 외교와 언론 보도를 통해 덴산 임금제를 비롯한 일본 노동계의 동향을 주시하고 있었을 것으로 보인다.

1960년대 중반 노조의 공세를 보다 직접적으로 자극한 것은 박정희 정부의 임금 삭감 노력이었다. 정부는 1961년 9월 정부 관리 대기업의 임금체계를 정비하기 위해 '정부관리기업체 보수통제에 관한 특별조치법'을 제정 공포했다. 이 법은 광산·전력·운수·금융·해상·화학·금속 7개 산별노조의 조합원 4만7500명에게 적용되었는데, 정부가 임금을 획일적으로 결정할 수 있게 되면서 주로 고임금 남성 노동자들이 임금이 삭감되고 수당이 폐지되는 등 큰 타격을 입었다. 한국노총은 이 법을 폐기하기 위해 장기적이고 조직적인 투쟁을 벌여 결국 성공한다.[33] 이 투쟁은 박정희 정부에 맞서 한국노총의 주요 노조들이 대규모로 결집한 아주 보기 드문 사례였으며, 수년간에 걸친 투쟁은 많은 사업장에서 노조 운동을 촉진하는 효과를 불러왔다. 1963년 하반기에 시작되어 1960년대 말까지 이어진, 생활급 쟁취를 위한 노동계의 총공세는 이 치열했던 폐기 투쟁으로 강화된, 노조 간의 연대와 투쟁력에 힘입은 것으로 보인다.

구체적인 전파 경로가 어떻든, 한국의 노조원들은 '생활급' 개념을 분명히 받아들였고, 1960년대 중반에 이르러 노조들이 이를 핵심

부들이 수강생으로 파견되었다. 1960년대에 한국노총 본부와 산별노조들은 국제자유노련 및 그 산하 아주지역기구Asian Regional Organization와 적극적으로 교류 활동을 했다(한국노동조합총연맹, 『한국노총 사업보고 1962』, 571-618).
[33] 이 폐기 투쟁에 대해서는 한국노동조합총연맹 2002, 458-61 참조. 특별조치법은 결국 1964년 2월에 폐기된다.

요구로 내걸 준비가 되었을 때, 이 생활급이라는 이상은 철도나 조선업과 같이 남성이 지배적인 사업장에서 노동자들의 광범위하고 탄탄한 지지를 이끌어 냈다. 1960년대에 노조들은 임금 인상 주장에 힘을 싣기 위해 정부나 한국은행이 생산하거나 노조가 설문 조사를 통해 얻은 일련의 통계 데이터를 회사에 대한 노조의 임금 인상 요구안에 첨부하는 것이 상례였다. 생계 부양자인 노동자의 물질적 필요를 충족시키기 위해 현재의 임금이 턱없이 부족하다는 것을 입증하기 위한 이런 자료에는 전국 도소매 물가지수, 주요 생필품 가격, 조합원 가구(1960년대 동안 평균 5~6인이었다)의 월평균 생활비에 대한 노조원 설문 조사 등이 포함되었다.

결국 이런 과정을 거쳐 1960년대 중반 대부분의 노조들에는 남성 생계 부양자의 필요에 맞춰 임금을 책정해야 한다는 생각이 강하게 자리 잡았고, 이는 극심한 성별 임금격차를 가리는 효과를 가져왔다. 1968년 『매일경제』는 독자들에게 한국의 임금체계는 "능률급"이 아니라 "생활급"이고 생활급 방식이란 "인습적으로 가정의 부양을 책임지고 있는 남성 근로자에게 보다 많은 임금을 주는 것"이라고 설명하고 있다.[34] 1963~64년의 생활급 확보 투쟁 당시 일부 철로 조합원들이 연명으로 발표한 한 격정적인 성명서는 "철로의 형제자매 여러분!"을 반복 호명하면서 — 여성 조합원을 의식해 "자매 여러분"을 언급하고는 있다 — 타협으로 기우는 듯한 지도부를 비판하고 생활급 확보 투쟁 실패의 결과를 절절히 묘사하는데, 그중에서도 "잃어버린 가장의 체면을 어찌하면 좋으리까?"[35]라고 하는 대목은 노동자들이 가진 불안의

---

[34] 『매일경제』 1968/01/01.

핵심을 그대로 드러내 준다. 산업 노동자가 남성으로 상정되고 남성 중심의 임금 논의가 전혀 도전받지 않던 시절, 여성 노동자들이 받는 생계비 이하의 임금은, 그들 또한 생계를 책임지는 경우가 많았음에도 불구하고, 노조 운동의 관심사가 될 수 없었다.

한국노총은 가족 생활임금을 옹호하면서도 여성 노동자 임금을 생활급 요구의 틀에 어떻게 맞출 수 있을까라는 곤혹스러운 질문을 외면했다. 여성이 대부분인 섬유 산별노조는 1960년대 동안 면방직·제사·합성섬유 등의 부문별로 임금 교섭을 시도해 일정한 진전을 보았고, 이 과정에서 임금 인상의 근거를 무엇으로 설정할지에 대한 논의에 착수했다. 결론은 최저생계비를 임금 결정의 기준으로 하자는 것이었는데, 섬유 노조는 전문가들의 도움을 받아 1969년 처음으로 최저생계비를 산출해 근거로 제시할 수 있었다.[36] 그해 섬유 노조는 여성 노동자들의 저항이 커지는 원인으로 지목된 극도의 저임금 상황을 완화하기 위해 대대적인 공세를 펼쳤다.[37] 이때 노조가 28.5퍼센트 임금 인상을 요구하며 이를 정당화하는 논리 가운데 가족 생계 보장은 당연히 빠져 있었다. 여성이 지배적인 산업에서 노조의 임금 요구안을 페미니즘적

---

[35] 성공회대학교 노동사연구소 편 2014a, 『전국철도노동조합 활동 1960~80년대』, 제4권.

[36] 한국노동조합총연맹 2002, 445-46. 서울대학교 임종철 교수와 한국생산성본부 최규원 산업문제연구소장이 이 용역을 맡아 했다.

[37] 섬유 노조의 1969년 방직 쟁의에 대해서는 같은 책, 378-80 참조. 1962년 8월 당시 한국노총 조합원의 월평균임금을 보면 화이트칼라나 기술직의 경우 6713원, '숙련공'은 4712원, '여공'은 3308원이었다. 한편 한국은행이 조사한 같은 해 노동자 가정의 월평균 '실태 생계비'는 1만1000원이었다. 1970년 활동 보고서부터 한국노총은 '여공' 범주를 없애고 사무직·기술직·숙련공·미숙련공·임시공으로 범주를 성 중립적으로 바꿔 임금 조사를 하기 시작한다(같은 책, 443, 445).

관점에서 분석한 연구는 아직 없지만 대체로 여성의 임금에 대한 논의는 가족 생활급보다는 '최저임금' 문제와 긴밀히 연관돼 있었던 것으로 보인다.[38] 이런 성별에 따른 임금 요구 관행의 차이는 로버트 스펜서가 기록한 1978년 한 전자 공장의 임금 협상 자료에서도 찾을 수 있다. 그가 입수한 노조 문서에 따르면, 대부분 여성이었던 개개 노조원이 평균적으로 "0.95명을 부양"하고 있었지만, 노조는 월 5만8538원(약 117달러)으로 산정된 '단신(1인 가구) 생계비'를 기준으로 현 임금 월 4만4100원(약 88달러)에서 32.7퍼센트 인상을 요구했다.[39] 1987년 노동자 대투쟁으로 노동조합의 힘이 강화된 후에도 이는 마찬가지였다. 당시 대부분의 민주화된 노조가 평균 부양가족 수를 기준으로 한 가족 생활임금을 강력하게 요구했지만, 여성 노동자의 경우 대다수 노조에서 단신 생계비를 기준으로 한 임금 요구안을 제시하는 관행이 계속됐다.[40]

[38]   1969년 섬유산업의 임금 인상 쟁의가 한창이던 당시 토론에서 전국섬유노조 위원장 이춘선은 섬유 노동자의 80퍼센트 이상이 20세 전후로 가족 부양 부담이 상대적으로 적기 때문에 5인 가구 최저생계비가 1만9772원으로 산출됨에도 월 1만1570원을 요구하고 있다고 설명했다(『매일경제』 1969/09/17). 최저임금법은 1986년 12월 31일 공포되어 1988년부터 광업·제조업·건설업의 10인 이상 사업장부터 단계적으로 시행되었다. 1986년 당시 여성 노동자의 27.3퍼센트가 10인 미만 사업장에 고용되어 법의 적용 범위 밖에 있었다. 1990년 최저임금인 일당 5520원(월 약 16만5000원)은 한국노총이 추산한 여성 노동자 단신 월 최저생계비인 33만1054원에 크게 못 미쳤다(한국여성연구소 편 1991, 101-2). '동일 노동 동일 임금' 조항은 여성운동 단체들의 적극적 캠페인이 있은 후 1989년에야 고용평등법에 추가된다(같은 책, 106-12).

[39]   Spencer 1988, 67.

[40]   한국여성연구소 편 1991, 117-19. 여성의 임금 요구를 단신 생계비에 맞추는 관행이 정착된 원인으로는 다음과 같은 상황이 제시된다. ① 여성 임금이 워낙 낮은 탓에 가족 생계비를 산출해 적용하면 100퍼센트 이상의 급격한 임금 인상을 요구해야 하고, ② 여성은 부양가족이 없다는 관념이 지배적이며, ③ 임

박정희 정권의 경제개발계획에서 여성 노동자와 남성 노동자는 차별적인 방식으로 동원되었다. 젊은 여성은 '미숙련'으로 분류되는 저임금 일자리에, 남성은 승진 사다리와 고용 안정 등 충분한 인센티브가 주어져 있고 상대적으로 고임금인 중공업 일자리에 동원되도록 노동시장이 구조화되었다.[41] 동원 경로가 성별에 따라 두 갈래로 나뉜다는 것은 대부분의 섬유 노동자가 젊고 미혼이며 경력이 2, 3년에 불과하다는 뜻이었고, 이런 현실은 다시 여성 노동자를 생계 부양의 의무에서 자유로운 존재로 보는 지배적 시각을 강화해 주었다.[42] 사실 이 같은 여성 임금에 대한 기본 가정은 1930~31년의 평양 고무 파업 당시와 거의 차이가 없는 것이었다. 당시 한 평양 기업인의 발언은 1960년대 한국의 노동 현장에서도 무리 없이 통용될 수 있었다. "여공은 남자가 있으니 …… 삯이 헐해도 상관없다."[43]

금 교섭이 산업별로 전국적으로 이루어지지 못하고 기업별 단위로 교섭을 하기 때문이다(산업별 교섭의 경우, 전국적으로 평균 부양가족 수를 조사해 가족 생계비를 산출하게 되고 여성과 남성을 따로 생각할 근거가 많이 없어진다). 성별로 분리된 노동시장 상황과 기업 중심의 한국 노조 시스템으로 인해 여성이 지배적인 사업장의 노조는 남성이 지배적인 사업장 노조와 달리 단신 생계비 추정치를 임금 교섭의 기초로 삼았다.

[41]   사회학자 문승숙은 이런 성별화된 발전 정치의 체계가 그가 개념화한 한국 사회의 '군사화된 근대성'militarized modernity의 핵심에 놓여 있다고 본다(Moon 2005).

[42]   1970년 한국노총 조사에 따르면 조사 대상 여성 노동자의 3분의 2 이상이 경력 3년 미만, 78.9퍼센트가 미혼, 73퍼센트가 18~24세인 것으로 나타난다(『매일경제』 1970/07/22). 1968년 당시 한국노총의 여성 조합원 수는 약 12만 명이고 산업 노동자 중 여성은 약 60만 명으로 추산된다(『동아일보』 1968/07/25).

[43]   『동아일보』 1933/11/09.

1960년대의 여공과 전태일 서사의 등장

급속한 산업화가 본격적으로 시작되기 전인 1960년을 전후로 한 시기에 여공에 대한 사회적 인식이 어떠했는지 가늠해 볼 수 있는 한 가지 방법은 당대의 영화 속 여성 캐릭터를 살펴보는 것이다. 1950년대 중반부터 1960년대 중반까지 한국 영화의 황금기에 제작된 최고 흥행 영화들에서 남자든 여자든 산업 노동자 캐릭터는 거의 등장하지 않는데, 이 사실만으로도 우리는 당시 산업 노동자의 사회적 가시성과 영향력이 얼마나 부족했는지 알 수 있다. 이 시기의 히트작 다수는 크게 성공한 삶은 아니지만 관객이 따뜻하게 바라볼 수밖에 없는, 공감 가는 아버지에 초점을 맞추고 도시 중하층 계급의 가족을 플롯의 중심에 두고 있다.[44] 영화 <마부>에 나오는 둘째 딸 옥희의 사례처럼 공장 취업이 가끔은 신세대를 위한 바람직한 커리어로 암시되기도 하지만, 여공의 실제 공장 생활이 영화에서 조명되는 일은 거의 없었다.

하지만 흥미로운 예외로 김기영 감독의 1960년작 <하녀>가 있다. <하녀>는 1950년대 한국에서 부르주아 계층으로의 신분 상승을 갈구하는 사람들의 사회적 욕망을 다루며, 변화하는 계급 관계와 젠더 관계에 대한 당대의 두려움을 그려 낸다. 영화 속 부르주아의 꿈은 서

---

[44] 대표적인 영화로는 <박서방>(강대진 감독, 1960년작), <로맨스 파파>(신상옥 감독, 1960년작), <마부>(강대진 감독, 1961년작), <서울의 지붕 밑>(이형표 감독, 1961년작)을 들 수 있다. 이 영화들에 등장하는 아버지 이미지의 성격 분석과 1950, 60년대에 제작된 영화 목록은 이길성 외 2007 참조. 이 시기에 이례적으로 사업 수완이 뛰어난 당찬 노동계급 젊은 여성이 등장하는 영화가 있는데, 바로 <또순이>(박상호 감독, 1963년작)다. 이 영화의 등장과 성공은 1960년대 초반 젠더 정치 지형이 여전히 유동적인 상태였음을 암시한다. 영화학자 박유희의 관찰에 따르면, 또순이와 같은 캐릭터는 1960년대 후반이 되면 더 이상 나타나지 않는다(박유희 2013).

양식 이층집을 소유하고 피아노와 텔레비전 같은 물질적 재화를 장만하는 것으로 표현된다. 그리고 근대 부르주아 여성성을 주장하는 데 필요한 문화 자본을 축적하기 위해 음악 레슨을 받으려는 여공이 등장한다. <하녀>는 제목이 암시하듯이 하층계급 출신 젊은 하녀가 가장을 유혹하고 온 가족을 협박하며 공격하는 플롯을 통해 이런 부르주아의 삶에 하층계급이 침입할 가능성을 경고한다.

여기서 우리가 주목해야 할 지점은 영화가 여공 캐릭터를 어떻게 묘사하고 있느냐다. 남자 주인공 동식은 한 섬유 회사의 합창 클럽에서 여공들에게 음악을 가르치는데, 이 회사는 종업원에게 퇴근 후 다양한 문화 활동을 제공하는 이상적인 기업으로, 여성 노동자들은 밝고 당당한 모습으로 그려진다. 처음에 여공들은 공장을 무대로 작업복을 입고 등장하지만, 이 장면은 곧 그들이 세련된 서양식 복식을 뽐내는 탈의실 장면으로 전환된다. 이들이 실제 작업장에서 일하는 모습은 거의 등장하지 않으며, 대부분의 공장 장면은 남자 주인공이 피아노를 치는 음악실과 여공 2인이 함께 사용하는 깔끔하고 현대적인 기숙사를 무대로 한다. 엄앵란이 연기한 여공 조경희는 아름답고 똑똑하며 자기주장이 강한 캐릭터로, 착취적인 공장 노동에 시달리는 피해자의 모습과는 거리가 멀다. 동식에게 호감을 느끼고 그에게 피아노 개인 레슨을 받겠다는 핑계로 동식의 집까지 드나들며 애정 공세를 펴는 대담한 캐릭터이기도 하다. 미쓰 조는 여공이라는 신분에도 불구하고 가난한 인물로 그려지지 않는다. 피아노 레슨비를 지불할 능력이 있고, 다른 여공에게 매달 추가 보수를 챙겨 주며 동식의 집에서 하녀로 일하도록 유도할 수 있을 정도로 재정적 여유가 있다. 가족의 생계를 위해 필사적으로 공장의 음악 선생 자리에 매달리고 부업으로 개인 레슨까지 해야 하는 중산층 동식에 비해 미쓰 조는 금전적인 걱정에서 자유롭고 무엇보다 낭만

<그림 7>
1960년작 영화 <하녀>의 여공들은 세련된 서양식 복식을 한 당당한 신여성으로 공장 일이
끝나면 합창단 활동을 한다(위). 여공인 조경희가 공장 일을 마치고 피아노 개인 교습을
받으러 온 장면(아래)에서 부르주아 계층의 여주인은 오히려 전통 한복을 입고 부업으로
재봉일을 하고 있다.

적인 충동에 따라 행동하는 인물이다.

여공에 대한 이런 묘사는 이후 십여 년에 걸쳐 사회적으로 뿌리내리게 되는 하층민 희생자로서의 여공 이미지와는 상반된다. 1970년대 초반에 들어서면 공장 여성을 비하하는 '공순이'라는 말이 사회적으로 널리 퍼지고 '여공'이라는 말 역시 매우 부정적인 의미를 지니게 되는데, <하녀>의 여공 캐릭터들은 1970년대 '공순이'라는 호칭이 가진 뉘앙스보다는 가족의 생계를 책임지는 젊은 여성에 대한 긍정적 평가를 바탕으로 한 1950년대 '공장가시네' 이미지와 더 잘 어울린다. 그사이에 공장 여성을 보는 사회의 시각에 큰 변화가 일어난 것이다.

여공의 가치를 떨어뜨린 요인 중 자명한 것 하나는, 그 수의 폭발적 증가였다. 이는 값싼 노동력을 이용한 박정희 정부의 수출 주도 산업 전략에 따른 것이었다. 1963년 제조업 종사자가 전체 취업자 가운데 차지하는 비중은 약 8퍼센트에 불과했지만, 1970년에는 13.2퍼센트로, 1979년에는 22.8퍼센트로 급증했다. 제조업에 종사하는 여성의 수는 1963년 17만 9000명에서 1970년 41만 6000명으로 232퍼센트 증가했으며, 이런 증가세가 지속되며 1979년에는 121만 9000명에 달했다.[45] 1970년 당시 제조업 부문 10인 이상 사업체의 여성 노동자 29만 3112명 중 54퍼센트에 가까운 15만 7427명이 섬유·의복·신발 기업에 고용돼 있었다.[46] 여성의 값싼 노동력을 국내외 자본과 연결하기 위해 서울

[45] 제조업에서 남성의 증가율은 여성보다는 조금 느려서 1963~70년 기간에 202퍼센트, 1970~79년 기간에 221퍼센트였다. 제조업 남성 종업원 총수는 1963년 42만 2000명, 1970년 85만 2000명, 1979년 187만 9000명이었다. 1963년부터 1979년까지 15세 이상 인구는 1460만 명에서 2380만 명으로 증가했다 (통계청 1994, 282, 291).

[46] 이 산업 범주에서 여성이 차지하는 비율은 69.8퍼센트였다(이옥지 2001,

의 구로수출산업공단(1965년에 가동 시작)과 마산수출자유지역(현재는 마산자유무역지역) 등 대규모 산업 단지가 조성되었고, 새로 유입된 젊은 여성 노동자의 대다수는 '공단'이라 불린 이들 공장단지에서 일했다.

대규모의 여성 노동력 동원은 이 시기 진행된 농촌에서 도시로의 대규모 인구 이동의 한 부분이었다. 1960년부터 1975년까지 약 686만 명이 더 나은 삶과 일자리를 찾아 농촌에서 도시로 옮겨 갔고, 1966년에서 1970년 사이에만 연 60만 명 이상이 도시로의 이농을 택했다.[47] 급속한 산업화에 따라 1960, 70년대 도시-농촌 간 소득 격차가 커지자 이를 우려한 정부는 문제 해결을 위해 1970년대 초 '새마을운동'이라는 이름으로 새로운 농촌진흥운동을 시작한다.[48] 1970년대 박정희 정부의 중화학공업화 계획의 핵심 기획자였던 오원철의 증언에 따르면, 보리 수확이 가능해질 때까지 굶는다고 해서 '보릿고개'라고 불렸던 봄철 농촌의 극심한 식량 부족 상황은 1977년까지도 계속되고 있었다.[49] 재정적으로 곤궁해진 농촌 가정에서는 어린 딸을 도시로 보내

127, <표 11>). 1980년의 통계를 보면 여성 제조업 노동자 중 '섬유·의복·신발' 산업 부문의 비율은 50.7퍼센트로 약간 줄어들고(여성 제조업 노동자 89만7명 중 45만1091명), 1970년 1만4767명밖에 되지 않았던 '전기기계' 부문에 고용된 여성 수가 12만8673명으로 급격히 늘어난다.

[47] 천성호 2009, 221, 248. 농가 인구의 이농과 탈농의 과정은 1967년을 전후로 한층 가속화되었다. 1966~70년의 기간에 비해 그 이전인 1955~66년의 기간 동안 도시로 유출된 농민 수는 훨씬 적어서 연 18만 명 수준이었다.

[48] 이 정보는 미국 워싱턴대학교에서 열렸던 역사학자 김영미의 「한국 새마을운동의 새로운 이해」라는 제목의 강연(2016년 10월 14일)에 기초한다. 박정희 정부가 당시 심각한 도농 소득 격차를 우려한 것은 농촌 지역의 여당 지지율 하락에 대한 정치적 고민과도 관련이 있었다. 1930년대 일본 본토와 식민지 조선에서 실시된 농촌진흥운동 역시 도농 격차 해결을 위한 정책 수단이었는데, 박정희는 당시 초등학교 교사로 근무하면서 이 운동을 직접 접한 바 있었다.

여공이나 가정부로 일하게 하는 일이 많았고, 그 딸이 송금한 돈은 종종 남자 형제를 교육하는 데 쓰였다. 딸들의 희생을 추동한 것은 이렇게 교육을 받은 아들이 장차 집안의 계급적 지위를 끌어올릴 것이라는 희망이었다. 1970년대 서울에만 약 20만 명 정도의 입주 가정부, 즉 '식모'가 있었는데, 이들 중 상당수가 열악한 처우와 극도로 낮은 임금에 시달렸고 성폭력 피해를 당하는 일도 빈번했다.[50] 1960, 70년대에 도시 이주 여성들은 식모 일에서 벗어나 공장에 취업하기를 희망했고, 대기업 공장에 들어가기 위한 경쟁은 치열했다.

급속한 도시화, 농촌인구의 대도시 유입과 함께 신흥 중산층 가정의 등장과 소비사회의 도래는 사회적으로 큰 변화를 낳았다. 1960년대 중반에는 '중산층'이나 '대중' 같은 새로운 개념에 대한 논쟁이 처음 언론에 등장한다. 보수적인 젠더 관념이 지속되는 가운데 개발 국가의 경제정책과 성장 제일주의 이데올로기의 영향으로 돈벌이와 소비에 대한 사람들의 태도가 급격하게 변화했다. 박정희 정권의 경제 발전 약속이 계층 상승을 지향하는 중산층의 상당 부분에서 현실화되면서, 지난 수십 년간 평등을 지향하는 '균' 이데올로기에 의해 지탱되었던 하층민에 대한 동정적 인식은 물질적 부에 의해 결정되는 새로운 신분 의식으로 빠르게 대체되었다. 그리고 이 같은 계급 차별 문화는 자신의 가치와 존엄성을 사회적으로 인정받고자 했던 육체노동자들의 열망과 충돌하며 갈등을 낳기 시작했다.

하층민을 경쟁에서 낙오된 패배자로 보는 사회적 인식의 변화 속

---

[49] O 2009, 432

[50] 천성호 2009, 254. 서울의 인구는 1970년 543만 명(110만 가구)에서 1980년 836만 명(184만 가구)으로 증가했다.

< 그림 8 >
1972년 마산자유무역지역 정문 앞

에서 1970년대 초에는 '공돌이·공순이'라는 말이 공단에서 고된 노동에 시달리는 젊은 공장노동자들을 지칭하는 경멸적 은어로 주류 사회에 확산되었다.[51] 이들을 '돌이'나 '순이'라고 부르는 것은 하층계급을 비하하는 의미와 성인에 미치지 못한 미성숙 단계라는 의미를 내포했다.[52] '공돌이'는 남성 산업 노동자의 성인 가장으로서의 지위를 부정하는 의미를 내포하고 있었지만 '공순이'에 비해 그 사용이 훨씬 제한적이었는데, 이는 여성 노동자에 비해 남성 노동자의 사회적 위계 및 직장 내 위계가 더 높았기 때문이다. '공순이'라는 용어는 1970, 80년대에 널리 사용되었고, 여성 노동자들은 이 호칭의 너무나도 명백한 부정적 의미에 격한 감정적 반응을 보였다. '공순이'는 배러클러프의 표현을 빌리자면 "남성이 쉽게 유혹할 수 있고, 처음 만난 사람들 사이에

[51] 『동아일보』와 『경향신문』의 기사들은 '공순이'와 '공돌이'가 "수출 공단에서 일하는 근로자들"에 붙인 "좋지 않은 별명"임을 확인해 준다(『동아일보』 1980/08/27; 『경향신문』 1989/08/24; 1989/10/06). 네이버의 <뉴스 라이브러리>에서 '공순이' 키워드로 검색해 보면 1974~96년 사이에 43건의 기사가 검색된다(『경향신문』 8건, 『동아일보』 25건, 『한겨레』 7건, 『매일경제』 3건). 가장 이른 예는 「공순이는 과연 타락했는가. 도색조의 선정적 보도는 보다 큰 사회문제를 은폐한다」라는 제목의 1974년 2월 11일자 『동아일보』 기사다. JOC 리더이자 전 한국여성노동자회협의회 위원장 이철순은 이 기사와 관련된 흥미로운 이야기를 전한다. 이부영 기자가 쓴 이 기사를 읽고 매우 화가 난 그는 기자를 만나 비판을 퍼부었다. 2주 후 이부영 기자는 「어둡고 괴로운 여성 노동자」라는 제목으로 기사를 썼다. 이부영은 나중에 노동자 야학 교사로 일하기도 했다고 한다(박수정 2004에 실린 이철순의 증언, 205-6). 방송윤리위원회는 1977년 3월 100개의 비속어와 '공순이' '공돌이' 등 38개 은어를 방송 금지했다(『동아일보』 1977/03/14).

[52] 비슷한 방식으로 버스 차장은 '차순이', 대학 입시에 실패한 재수생은 '재식이' '재돌이' '재숙이' 등으로 불렸다(『동아일보』 1977/03/14). '루저'로 간주되는 사람에게 경멸적 은어를 붙이는 이런 방식은 계속되고 있다. 예를 들어 2019년에 등장한 '문돌이'는 어리석게도 문과 전공을 택한 대학생을 지칭한다.

서 암묵적으로 지켜야 할 예절인 존칭을 사용하지 않아도 되는" 존재였다. 따라서 도덕적으로 의심스럽다는, 성애화된sexualized 시각이 짙게 묻어 있는 용어이기도 했다. 당시 대도시에서 "가부장이 보호하는 은신처를 거부하거나 너무 가난한 나머지 가부장이나 남성의 보호를 받을 수 없는" 여성은 "사냥감이 되기 쉬운 존재"였다. 이들이 노동자로서의 권리를 주장하면 관리자는 폭력을 가하는 일이 빈번했으며 이는 성폭력이 되는 경우도 드물지 않았다.[53]

 '공순이'라는 멸칭이 확산되면서 '여공'이라는 용어 역시 비하의 의미가 짙어져 '공순이'와 동일시되기 시작했다. 공장에서 땀 흘리는 동안 또래 친구들은 중등학교에 다니고 있었기 때문에 평범한 젊은 여성과 여공 사이의 사회적 거리감은 학력 격차와 일치했다. 정규교육을 제대로 받지 못한 것은 여공들을 고통스럽게 하는 신분의 징표였다.[54] 박정희 정부는 기업들에 퇴근 후 중등교육 기회를 제공하도록 장려했고, 이는 가난해서 학교를 마치지 못한 소녀들을 공장으로 끌어들이는

[53] Barraclough 2012, 72-73, 88[배러클러프 2017, 183, 186-87]. 배러클러프의 관찰에 따르면, "공장에서 일하는 여성들과 성판매 여성들을 규정하는 방식 — 때로는 상반된 존재로, 때로는 동일한 존재로 — 은 여성 노동의 불안전성과 그들이 한국 사회에 제기하는 위협 — 사회질서에 혼란을 초래하는 여성 노동자들의 경제적 독립과 성적 자립 — 을 드러내는 것이었다." 그는 이런 억압적인 성의 정치가 1970, 80년대에 여공 활동가·작가들로 하여금 자전적인 글쓰기에서 방어적인 전략을 채택해 "여공의 미덕"을 강조하고 작업장에 "만연했던 성적 학대와 폭력"의 문제를 회피하게 만들었다고 분석한다(Ibid., 88[같은 책, 123]). 번역은 국역본을 따르되 원문의 표현을 일부 살렸다.

[54] 1963년의 경우 51만918명의 국민학교 졸업자 중 54.2퍼센트, 27만7149명이 중학교에 진학할 수 없었고, 그 비율은 1965년 50.2퍼센트, 1969년 38.2퍼센트로 내려간다. 여자의 경우 중학교 미진학률이 1960년대 동안 남자보다 16~20퍼센트 높았다(천성호 2009, 231-32).

데 도움이 되었다. 고등학교 학력 검정고시 커리큘럼을 제공하는 야학에는 언젠가 대학에 진학할 수 있다는 희망을 품고 고된 공장 노동과 공부를 병행하려는 여성 노동자들이 몰려들었다. 정치적 의식을 가진 대학생들이 만든 대안 야학은 이들이 처음 계급과 정치적 현실에 눈뜨는 장소이기도 했다.[55]

민주노조 운동에 참여한 여성들의 증언을 보면 사람들이 무심코 던진 '공순이'라는 말이 얼마나 깊은 상처가 되었는지에 대한 이야기가 넘쳐 난다. 제사공이자 가톨릭 노동 운동가였던 정향자는 직장 내 만연한 성희롱에 항의했을 때 그에게 돌아온 "공순이 주제에"라는 말이 얼마나 분했는지 기억한다.

아예 책상 위에 올라앉아 수매가를 흥정하는 것은 물론 '술 한잔 하러 가자'는 등 지금 생각하면 모두 성희롱이었다. 이를 거부하면 '공순이 주제에……'라는 말이 이어졌다. 순간 울컥 치미는 분노를 누르지 못해 그가 앉은 책상을 엎어 버렸다. 그러자 바로 주먹이 날아와 내 이마를 쳤다. 결국 병원으로 달려갔지만 그 일이 있은 후 적어도 해남 지방 수매 현장에선 여성을 비하하는 행동이나 말은 생겨나지 않았다.[56]

[55] '노동야학'은 1972년 5월 청계피복 노조의 청계천 노동 교실을 기점으로 시작돼, 1970년대 중·후반 많은 생활 야학과 노동야학이 빈민 지역을 중심으로 생겨났다. 1970년대뿐 아니라 2000년대까지도 줄곧 야학의 절대다수는 검정고시 야학이었다. 천성호의 추산에 의하면 1980년대 초반 서울 지역에 대략 200~300여 개의 각종 야학이 있었고, 단편적인 통계지만 1980년의 한 자료(『이화여대 학보』)에 의하면 조사 대상 중 검정고시 야학이 45퍼센트, 노동야학이 33퍼센트를 차지했다고 한다(천성호 2009, 292, 343, 349).
[56] 오미란·안진 2015, 74-75.

컴퓨터 메모리칩을 생산하는 전자 제품 조립 공장 콘트롤데이타의 여성 노동자들이 1974년 회사의 구로수출산업공단 입주에 저항한 이유는 대부분 고졸 출신으로 대다수 여공보다 학력이 높았던 자신들이 공단의 '공순이'로 비치는 것을 원치 않았기 때문이었다.[57] 민주화 운동을 겪고 난 이후인 1991년에도 '공순이'라는 단어는 마음을 할퀴기에 충분한 힘을 가지고 있었다. 부산의 한 제화 업체 여성 노동자 권미경은 '스피드업'과 같은 혹독한 노동조건과 모욕을 일삼는 관리자들의 언어폭력에 항의하며 자살했다(이 책 6장 참조). 그는 건물에서 뛰어내리기 전 왼팔에 세상에 외치고 싶은 말을 유서처럼 남겼는데 그 글귀에는 "내 이름은 공순이가 아니라 미경이다"라는 절규가 포함돼 있었다.[58]

여공에 대한 사회적 인식이 악화되는 가운데서도, 일터에서 착취적 대우에 맞선 이들의 저항은 계속해서 터져 나왔다. 그러나 언론은 여성 노동자들의 고통과 투쟁에 대해 거의 침묵으로 일관했다. '성장 우선주의' 이데올로기가 사회에서 헤게모니를 획득해 가면서 산업 노동자에 대한 착취가 불가피하다는 사회적 공감대가 확산됐다. 특히 여

[57] 당시 콘트롤데이타에는 1973년 12월에 조직된 노조가 있었다. 노동자들은 공단 입주에 동의하는 대신 자신들이 '공순이'가 아님을 확실히 하는 장치로 통근 버스를 요구한다. 멋진 버스를 타고 공장에 출근하면서 그들은 그런 특권을 누리지 못하는 공순이·공돌이에 대해 우월감을 느꼈다. 그 후 수년간의 노조 교육을 통해 마침내 자신들보다 형편이 나쁜 노동자들에 대한 그런 편견을 극복할 수 있었다고 한다(유경순 편 2011a에 실린 유옥순의 증언, 250-52). 일부 기업은 여성 노동자의 '공순이'라는 말에 대한 혐오를 고려해서 "기능직 사원" "생산직 사원" 같은 중립적 대체 단어를 만들어 썼다(『경향신문』 1978/03/22;『동아일보』 1980/05/10).

[58] 『한겨레』 1991/12/07; 강인순 2001, 441.

성 노동자들의 고통은 국가 경제 발전을 위해 딱하기는 하지만 감내해야 할 희생으로 이해되었다. 1960년대 후반 섬유·전자 등 여성이 지배적인 산업에서 대규모 노동쟁의가 일어나고 있었지만, 엘리트 사회와 언론이 이들에 대해 진지한 관심을 보이게 된 것은 1970년 11월 서울 도심에서 남성 피복 노동자 전태일이 분신한 이후였다. 전태일과 동료 활동가들이 오랜 기간 사회에 알리기 위해 노력했던, 평화시장 내 소규모 의류 공장들의 열악하기 그지없는 노동환경과 10대 여성 노동자들에 대한 비인간적 노동 착취의 실태는 그의 비극적인 죽음을 통해 마침내 세상에 드러났고, 곧바로 사회적으로 큰 파장을 일으켰다.[59]

우리는 전태일이 헌신적인 노동운동가가 되기까지의 여정을 그가 남긴 일기장과 소설 초안을 통해 따라가 볼 수 있다. 이 자료들은 그가 자본주의 아래 살아가는 인간의 근본적인 문제들을 스스로의 경험을 통해 파악한, 지적이고 통찰력 있는 유기적 지식인이었음을 드러낸다. 전태일은 고통받는 어린 여성 노동자들을 위해 자신의 목숨을 바치는 마지막 선택을 하기 전, 남성 동료들과 함께 공장주들에게 노동법을 준수하도록 압력을 넣고 또 사회가 자신들의 고충에 관심을 갖도록 하기 위해 다양한 방법들을 강구했다.[60] 그의 아이디어 중에는 근로기준

[59] 전태일의 분신에 대한 대표적인 영어 서술로는 Koo 2001, 69-72; Ogle 1990, 72-75, 113 참조. 전태일의 죽음이 노동운동에 미친 영향에 대한 논의는 Nam 2019에서 따왔다.

[60] 전태일과 동료 활동가들은 피복 노동자들의 노동조건과 고충을 조사한 결과를 들고 노동청을 방문하고, 언론사 기자들을 설득해 기사를 싣고(『경향신문』은 1970년 10월 7일자 사회면 머리기사에 이들의 이야기를 실었다), 시위를 조직했다. 전태일의 분신은 원래 『근로기준법』 법전을 태우는 상징적인 장례 의식을 중심으로 기획되었던 시위에서 일어난 일이었다.

법의 모든 조항을 준수하면서도 이윤을 남기는 회사를 설립하자는 '모범 업체' 계획도 있었다. 전태일의 모범 업체 설립 계획은 노동자를 잘 대우하면서도 기업을 성공적으로 운영할 수 있음을 사회 전체에 보여주기 위한 것이었다. 그가 근로기준법이 제시하는 체제라 믿었던, 노동자의 요구를 반영한 바람직한 자본주의 체제에 대한 비전은 1930년대 평양 고무 노동자들이 노동자 소유의 생산 협동조합을 건설하고자 했던 꿈과 일맥상통한다.

전태일의 분신에 대한 대학생과 진보적 기독교 지식인들의 반응이 강렬하고 신속했던 것은 1971년 대통령 선거를 앞둔 시기의 긴박한 정치 환경 때문이었다. 반정부 운동 진영과 박정희 정부의 관계는 빠르게 얼어붙기 시작했고, 1972년 10월 유신 개헌으로 본격적인 권위주의 통치가 시작된다. 전태일의 죽음은 당시 운동 진영이 정권과의 역사적 싸움에서 노동자계급을 잠재적 동맹 세력으로 발견하고 재개념화기 시작하던 시점에 일어났다. 많은 지식인과 노동자들이 증언했듯이 전태일의 분신은 그들 삶의 큰 전환점이 되었다. 사건 자체의 비극성에 더해 지식인과 학생운동 진영의 지원이 쏟아지면서 언론의 관심도 집중되었다. 연이은 언론 보도는 10대 여성 노동자들이 겪는 극심한 고통의 이미지를 통해 박정희 정권이 선전하던 자본주의 발전 전략의 어두운 이면을 대중에게 극적으로 드러냈다.

1971년 4월 대선에서 박정희가 야당 후보인 김대중을 근소한 차이로 누르고 대통령에 당선된 이후 열악한 노동환경에 대한 언론의 관심은 빠르게 식어 갔지만, 민주화 운동가들과 노동운동가들은 전태일의 기억이 사라지지 않게 하고자 애썼다. 학생운동가 출신 인권 변호사 조영래가 1970년대 중반 집필하고 1983년에 전태일기념관건립위원회 이름으로 출간한 『어느 청년 노동자의 삶과 죽음: 전태일 평전』(이하

『전태일 평전』)은 출간 전부터 원고 상태로 활동가들과 노동자들 사이에 회람되었고 금서로 지정된 이후에도 널리 유포되었다. 이런 과정을 거쳐 이 책은 활동가들의 바이블이 되었고, 1980년대 혹독한 권위주의 탄압 아래서 한 세대의 대학생과 노동자들에게 영감의 원천이 되었다.[61]

조영래의 『전태일 평전』은 박정희의 권위주의 통치에 맞선 저항 운동의 맥락에 전태일의 삶과 죽음을 위치시켰다.[62] '전태일 이야기'가 민주 노동운동의 초석을 놓는 서사가 된 데에는 『전태일 평전』이 저항의 당위성을 제공하는 데 큰 성공을 거둔 것도 한몫했다. 이 전기의 서사는 오늘날에도 여전히 회자되며, 전태일의 죽음은 새로운 전투적 민주 노동운동과 이를 뒷받침한 노학 연대에 불을 붙인 '불꽃'으로 널리 인정받고 있다.[63] 청계피복 노동조합의 역사를 담은 책 『청계, 내 청춘』의 프롤로그 제목에는 이런 이해가 집약돼 있다. "모든 것은 그 사람으로부터 시작되었다."[64]

[61] 이 책은 1980, 90년대 활동가 훈련의 입문서로 여겨지게 되었다. 1980년대를 지나며 이 전기는 '시대의 고전'이 되었고, 정부의 판매 금지 조치에도 불구하고 매우 잘 팔렸다. 1990년대 초에 이미 약 10만 부가 판매되었고, 2000년대 중반이면 30만 부 이상의 판매고를 기록한다. Nam 2019, 193 참조.

[62] *Ibid.*, 172-83 참조.

[63] 이런 견해를 피력하는 문헌은 방대하다. 대표적 예로는 다음을 참조. 조영래 1983, 「서문」; Koo 2001; Ogle 1990; Cumings 2005, 375-76; Lee 2007, 218-22.

[64] 안재성 2007, 33. 존경받는 노동운동가이자 1999~2001년 3, 4대 민주노총 위원장을 지낸 단병호는 민주노총이 1970~2000년 사이의 민주노조 운동 관련 자료를 모아 펴낸 『1970~2000 민주노조 투쟁과 탄압의 역사』(전국민주노동조합총연맹 편 2001)에 쓴 발간사를 다음과 같이 시작한다. "전태일 열사의 분신을 계기로 이 땅에서 다시 점화된 민주노조 운동은 숱한 시련과 고난을 뚫고 끊임없이 성장, 발전해 왔습니다." 이어서 그는 한국 사회에서 "민주화의 진전은 민주노조 운동에 힘입은 바가 실로 컸다는 것은 자명한 사실"이라고 평했다(같은 책, 13).

새로운 민주 노동운동의 '시작'이 이렇게 정의되면서 전태일이 분신하기 전에 진행된 1960년대 여성 노동자 운동의 성장사는 노동운동계나 노동사 연구의 기억과 서사에서 뒤편으로 물러나게 된다. '1970년대 민주노조 운동'이라는 개념이 전평 이후의 한국 노동사를 백지상태로 만들고 자랑스러운 새로운 노동의 역사를 전태일 열사로부터 시작하면서 1970년 이전의 노동자 운동은 남녀를 불문하고 큰 의미가 없어지게 된 것이다. 전태일의 분신은 수출산업 공단이나 중공업 공장, 조직화된 방직공장이 아니라 한국 산업 발전의 주변부에서 일어났다. 이처럼 주변적인 특정 부문에서 일어난 일이 마치 한국 노조 운동 전체의 상황을 대표하는 것처럼 강조되면서 당시 노조가 조직돼 있던 사업장에서 쌓아 온 노동자들의 활동과 성과는 삭제되었다. '열사' 전태일을 기리는 기원 서사는 1970년 이후 여성 노동자가 주도한 투쟁들이 기록되는 방식에도 영향을 미쳤다. 이후 주류 노동운동사에서는 '전태일 정신'과 그의 요청에 부응한 지식인 활동가들의 희생이 강조되기 시작하면서 여성 노동자들의 운동사는 주변화된다.

'김 양'의 죽음과 소그룹 조직 운동

전태일 이전에도 많은 투쟁이 있었다. 여성 노동자들은 그 투쟁들의 중요한 주체였다. 이 절에서는 전태일 서사로 인해 가려진 이들의 활동을 엿볼 수 있는 사례 중 하나로 광주의 '김 양' 사건을 분석해 보려 한다. 1962년 광주에서 스물다섯의 나이에 스스로 생을 마감한 전남방직 '김 양'의 이야기는 전태일의 경우와 달리 사회적으로 주목받지 못했고 이름을 비롯해 알려진 바가 많지 않다. 그의 이야기를 접할 수 있는 유일한 통로는 한국 지오쎄, 즉 가톨릭노동청년회Jeunesse Ouvrière Chrétienne,

JOC의 공식 역사 기록으로, 여기에는 방직 노동자 '김 양'의 자살이 광주의 여성 노동자들 사이에서 JOC 운동이 발전하는 데 촉매제가 되었던 상황이 간략히 서술돼 있다.[65]

김 양의 자살의 의미를 밝히기 위해 애쓴 것은 한국 JOC의 섬유 노동자 회원들이었다. 이는 한국의 여성 노동운동사에서 기독교 노동 운동의 초창기 역사를 이해하는 것의 중요성을 일깨워 준다. 당시 JOC는 야학과 크리스챤아카데미, 도시산업선교 기관들을 비롯한 기독교 조직들과 더불어 1960, 70년대 "여성 노동운동가들의 인큐베이터"로 매우 중요한 역할을 했다.[66] 애초 사회주의 노동조합운동에 대한 가톨릭의 대안으로 1920년대 조제프 카르데인Joseph Cardijn 신부에 의해 시작된 JOC는 1958년 서울대병원 간호사들에 의해 한국에 도입될 당시 수십 개국에 회원 수백만 명을 보유한 국제적 운동으로 성장해 있었다.[67] 한국 JOC는 1958년 11월 16일, 카르데인 추기경과 국제 JOC 부

[65]   한국가톨릭노동청년회50년의기록출판위원회·민주화운동기념사업회 (이하 JOC·KDF) 2009, 43-44. 이름조차 알려져 있지 않은 김 씨는 공식 기록들에 "김××"나 "김 양"으로 표기돼 있다. 이 책에서는 성별을 지우는 호칭보다는 '김 양'이라는 호칭을 따르기로 한다.

[66]   오미란·안진 2015, 77-80, 84. 기독교 조직 및 야학의 노동운동 참여 역사에 대해서는 Lee 2007, 222-33 참조. 여기서 JOC 운동의 역사에 초점을 맞춘 것은 '김 양'의 사례를 추적하기 위한 것이지 여성 노동자 운동에 대한 JOC의 기여가 도시산업선교회보다 컸다는 의미는 아니며, 또 민주 노동운동에서 교회 조직의 역할을 지나치게 강조하는 견해를 지지하는 것도 아니다. 예컨대 구해근은 교회 조직의 개입을 "한국 노동운동에서 여성 노동자들이 보여 준 예외적인 역할을 설명하는 핵심적인 요인"(Koo 2001, 94[구해근 2002, 145])으로 설명한다.

[67]   한국 JOC 운동의 역사에 대한 서술은 별도 인용이 없는 경우 JOC·KDF 2009, 11-40에 기대고 있다. 노동문제에 깊은 관심을 가졌던 가톨릭 지식인 이해남이 1957년 로마에서 열린 제2차 세계 평신도 사도직 대회World Lay Apostolate Conference에 참가하고 벨기에의 JOC 본부를 방문해 여러 언어로 된 JOC 운동

총재가 참석한 가운데 서울 명동성당에서 간호사 9명의 '투사' 선서식이 행해지면서 공식 출범했다. 1960년 4월에는 남성 회원들의 첫 '투사' 선서가 있었다. 1960년 10월 서울 JOC 협의회가 조직된 후 전국에 많은 JOC 단체가 생겨났는데, 광주에서는 1961년 11월, 김 양 사망 약 11개월 전에 설립된다.[68]

'투사'라는 용어는 앞서 보았듯이 식민지기 개신교 민족주의 운동에서 자주 사용된 말로, 당시 여성 활동가에게 이 용어를 사용하는 일은 드물었다. JOC 운동에 참여한 여성 노동자들은 처음에는 이 낯선 군대식 용어에 다소 당황해 했다고 JOC 활동가 박순희는 회고한다.[69] 그러나 곧 그들은 그 용어와 거기 담긴 의미 — 박순희가 이해하는 바로는 하나님의 뜻을 따라 "앞서서 나가는" 헌신적인 사도라는 의미 — 를 열렬히 받아들였다고 한다. 존경과 인정을 받는 '투사'가 되어야 한다는 소명은 JOC에 가입한 여성 노동자들에게 강한 호소력을 발휘한 것으로 보인다. 카르데인의 JOC 운동은 젊은 노동자들이 예수그리스도의 발자취를 따라 일상생활에서 주변 사람들을 도우면서 스스로 복

자료들을 구해 돌아왔다. 다음 해 초 그는 한 잡지에 JOC 운동을 소개하고 노동문제의 중요성과 인류의 생존을 위해 노동문제를 고민할 교회의 사명을 강조하는 교황 비오 12세의 비전을 설명하는 글을 썼다. 이해남이 가져온 JOC 자료를 가지고 서울대학교 병원의 간호사들은 JOC 운동에 대해 공부하기 시작했고, 병원의 노동조건을 개선하는 노력에 JOC 방법을 적용했다.

[68]   처음에 JOC 팀들은 "성경과 빵"이라는 모토 아래 슬럼 지역에서의 의료봉사, 무료 급식, 넝마주이 청년들에 대한 위생 교육과 한글 교육 등 하층민에게 사회적 서비스를 제공하는 데 초점을 맞춰 활동했다. 활동 범위는 곧 농촌 청년 및 임금노동자까지 확대됐고, 공장에서 '직장 팀'을 조직하기 시작한다. 1964년에는 JOC 내에 농촌청년부가 설립되는데, 이 조직은 1966년 JOC로부터 분리되고 1972년 가톨릭농민회로 출범한다.

[69]   송기역 2011.

음화할 수 있다는 믿음에 기반을 두고 자율적 발전의 원칙을 매우 강조했다. JOC의 핵심 훈련 방법은 노동자들이 스스로 "관찰, 판단, 실천"see, judge, act이라는 3단계 과정을 밟아 가는 '생활 반성'이었다. 한국 JOC는 투사 리더가 이끄는 4~10명 규모의 소규모 팀으로 노동자들을 조직했다.[70] 증언에 따르면 이런 팀에서 노동자들은 다양한 활동에 참여하면서 삶과 직장 생활의 경험을 공유했고, 회원들은 긴밀히 엮인 "공동체"를 만들어 지속적인 관계를 맺었다.[71] 이는 1930년대 공산주의 적색 노조 운동에서 사용한 위로부터의 조직화 전술과는 상당히 다른 것으로, 노동자 개개인의 성장과 역량 강화를 중시하는 운동 방식이었다. JOC 교육을 받은 노동자들은 주변의 문제를 스스로 '관찰'하고, 문제의 본질에 대해 스스로 '판단'하며, 문제 해결을 위해 스스로 계획한 것들을 '실천'에 옮겼다. 카르데인의 표현을 빌리자면, "개개인의 일상생활에서 일어나는 이 같은 변화는 그 어떤 일반 혁명보다도 더 위대한 것"으로 회원 개개인의 성장이 주변 환경을 변화시키고 결국 의미 있는 사회 변화로 이어질 것이라는 믿음에 기반을 둔 것이었다.[72]

노동자들은 소모임을 조직해 일상에서 겪는 어려움과 부당한 대우에 대한 경험을 공유하고 서로 일깨우는 과정을 거치며 강한 연대 의식과 헌신하는 마음을 갖게 됐는데, 이는 1970년대 민주노조에서 노동자 의식과 연대감을 이끌어 내는 특징적인 방법으로 매우 성공적이었

---

[70] 두세 개의 '팀'이 '섹션'을 이루고, 섹션들은 JOC교구연합회의 지도를 받았는데, 1970년대에 전국적으로 약 5000명의 투사와 약 3만 명의 예비 회원 및 일반 회원이 있었다고 한다. 전국 13개 교구 중 12개가 교구연합회를 결성했으며, 그 아래 150여 개 팀과 80여 개 섹션이 존재했다(김원 2005, 330).
[71] 오미란·안진 2015, 77-78. 마치 지하조직에서처럼 회원 명부는 비밀이었다.
[72] JOC·KDF 2009, 52; 김원 2005, 334.

다.[73] 이 같은 소그룹 방식을 적용한 첫 번째 민주노조 사례는 전태일의 죽음 직후 만들어진 청계피복 노조였다. 청계피복 노조가 처음 설립됐을 때 조합원을 확보하는 일에 결정적 역할을 한 인물은 JOC 투사 정인숙이었다. 당시 평화시장의 노동자들은 90퍼센트 가까이가 여성이었지만 노조 지도부는 남성들이 독점하고 있었다. 이런 상황에서 600개 가까이 되는 소규모 작업장에 흩어져 있는 여성 노동자들을 조직화하기는 쉬운 일이 아니었다.[74] 여성 노동자 입장에서도 노조에 접근하기가 쉽지 않았는데, 피복 노동자 이숙희는 큰맘 먹고 점심시간에 노조 사무실을 방문했던 날 남성 노조 간부들이 가득한 것을 보고 주눅이 들어 그냥 돌아 나왔던 일을 회고한다.[75] 작은 공장에서 일하며 JOC를 알게 된 정인숙은 전태일 열사의 모친 이소선 여사의 감동적인 연설을 듣고 JOC 전국연합회 윤순녀 회장과 함께 노조를 방문했다. 윤순녀는 청계피복 노조가 발전할 수 있도록 부녀부장 역할을 고려해 보라고 — 마침 부녀부장 둘이 조직화 일이 벅차 잇달아 그만둔 상황이었다 — 정인숙에게 권했다.[76] 1971년 5월 부녀부장에 취임한 정인숙은 노조에

[73] 예를 들어 1970년대 민주노조 운동의 대표 주자의 하나였던 원풍모방 노조의 경우 비공식 조직인 소모임이 활성화되어 70여 개가 활동하고 있었고 거기에 500여 명의 노동자들이 참여했다(홍현영 2005, 421).

[74] 이옥지 2001, 320; 안재성 2007, 129-30, 133. 노동청의 1970년 조사에 따르면, 평화시장 지구에는 5개의 시장에 570개 사업장이 있었으며 이 사업장들이 국내 피복 수요의 70퍼센트를 감당하고 있었다. 청계피복 노조의 1975년 조사에 의하면 전체 2만5000여 시장 종업원의 80퍼센트가량이 여성이었다(유경순 2005, 104-5).

[75] 이옥지 2001, 319.

[76] JOC·KDF 2009, 103-8; 안재성 2007, 129. 정인숙은 나중에 한국 JOC의 여성 회장이 된다.

JOC의 소모임 제도를 도입했고, 연말까지 130명의 조합원으로 8개 팀을 조직할 수 있었다.

1972년 10월에는 평화시장의 소모임이 15개로 늘어났고, 이 모임의 회원들은 청계피복 노조 운동의 핵심 세력이 되었다.[77] 소모임 활동이 조합원들에게 미친 변혁적인 영향은 많은 참가자들의 증언을 통해 확인할 수 있다.[78] 정인숙은 대부분 가장 역할을 맡고 있던 여성 노동자들을 격려하며 다음과 같이 말했다고 한다.

> 우리 모두 가족을 책임지는 가장이에요. 자부심을 가져야 해요. 가족을 책임지는 우리 자신들은 얼마나 훌륭한 사람들인가요? 이제부터는 정말로 이 귀한 우리 자신을 발전시켜서 앞으로 행복한 삶을 살아갈 수 있도록 해봐요.[79]

이숙희는 소모임 경험이 자신에게 얼마나 깊은 감동을 주고 변화를 가져왔는지 기억한다.

[77] 유경순 2005, 128-33. 소모임 회원이 빠르게 늘어나자 클럽들을 만들어 분리해 나갔고 이들 클럽이 모여 연합체로 아카시아회를 구성했는데, 아카시아회의 회원들 다수가 노조 간부로 일했다. 또 다른 클럽 연합체인 동화모임은 '돌멩이' 클럽을 비롯한 남성 노동자 클럽들로 1977년 만들어졌다. 돌멩이 회원들은 1981년 노조가 강제로 해산될 때까지 핵심 역할을 수행한다(같은 글, 172). 동화모임을 지도했던 신순애는 "남자들은 소그룹이 잘 안됐는데," 그들은 "좀 하다가 깨지고 싸우고" 태도가 "성실하지 않은" 사람들도 일부 있었다고 회고한다(유경순 편 2011a, 102-3).

[78] 유경순 편 2011a; 성공회대학교 노동사연구소 2002~05에 수록된 노동자 증언들.

[79] JOC·KDF 2009, 106.

<그림 9>
(위) 아카시아회지 통권 2호, 1976년 ⓒ 전태일재단
(아래) 청계피복지부 아카시아회 산하 물망초 클럽 등록원서, 1976년 ⓒ 전태일재단

공장에 다니는 사람끼리도 이처럼 다정한 친구가 될 수 있다는 것, 서로서로 위로하며 다독여 주는 관계가 될 수 있다는 게 너무나 좋았다. 이 땅에서 노동자로 사는 것이 결코 부끄러운 일이 아니라는 자부심도 갖게 되었다.[80]

여기서 우리가 주목해야 할 JOC 운동의 또 다른 중요한 측면은 양성평등에 대한 강조다. 이 또한 노동자 스스로가 활동가 주체성을 계발하는 데 중점을 두는 운동 철학에서 나온 것이었다. 박순희는 JOC 운동의 가장 큰 장점이 조직 내 여성과 남성 모두에게 "동등한 지위"를 부여한 것이었다고 말한다.[81] 국제 JOC 운동의 규정을 따라 한국 JOC도 1961년 여성 회원을 위해 한국 가톨릭노동여자청년회Jeunesse Ouvrière Chrétienne Feminine, JOCF를 만들었고, 그 후 JOC 연합회들은 남녀 집행부를 따로 두었다. 이런 배치가 여성 회원들로 하여금 좀 더 자유롭게 발언할 수 있게 하고 여성들의 리더십을 향상시킨다는 생각에서였다. 『한국가톨릭노동청년회 50년의 기록』은 이 결정을 보수적인 한국 사회에서 "선구적으로 여성의 존엄과 인권을 지켜 간" 실천으로 높이 평가한다. JOC 여성 노동자들은 그들의 활동 방법인 '관찰-판단-실천'을 적용해 자신들이 "여자답지 않다는 말을 들"었던 상황을 '관찰'하고, 그 문제를 중요한 문제로 성찰해 갔다. 1967년에 나온 서울대교구 여성 JOC 회장이었던 전지숙의 진술은 JOC 여성 회원들이 그 문제 대해 내린 '판단'을 엿볼 수 있게 해준다. 전지숙은 노르웨이 극작가 헨릭 입센

[80] 같은 곳.
[81] 송기역 2011.

이 탄생시킨 상반된 두 여성 캐릭터 — <페르귄트>에 나오는 솔베이지와 <인형의 집>의 노라 — 를 대비하면서, 여성들에게 "모든 숙명을 받아들이는" 솔베이지가 아니라 "남성들의 부속물로서 인형의 취급을 하는 남성들에게 일침을 가한 혁신적인" 노라의 입장에 설 것을 권유한다. 이렇게 JOC 여성 노동자들은 젠더 문제를 비롯한 어려운 질문과 고통스런 현실에 당당히 맞서는 법을 배웠고, 권력에 맞서 진실을 말하고 직장 동료와 주변의 불우한 사람들에게 손을 내미는 자신감 있는 투사로 성장해 갔다.[82]

광주에서는 1961년 11월 전남방직과 일신방직의 여성 노동자 15명으로 조직된 최초의 JOC팀이 탄생했다.[83] 1962년 10월, JOC 회원들은 얼마 전에 있었던 전남방직 섬유 노동자 "김 양"의 자살이 노조 활동과 관련된 죽음이기 때문에 조사할 만한 사안이라고 판단했다.[84] 이들은 노조를 방문하고 김 양의 지인들과 이야기를 나누는 등 증거자료를 "충분히" 수집했다. 약 7년간 전남방직에서 일했던 김 양은 관리자들의 지속적인 괴롭힘에도 불구하고 노조 활동에 적극적이었고 동

[82]   JOC·KDF 2009, 37-52.

[83]   첫 번째 남성 팀은 다음해 1월에 조직된다(같은 책, 123). 전남방직의 전신은 식민지기의 종연방적 전남 공장이다. 종연방적은 1925년 조선에 진출해 서울 동대문에 제사공장을 세웠고 1930년 광주에 제사공장을 설립했다. 이후 회사는 섬유업을 넘어 제철업, 광업, 상업 등으로 확장해 수십 개의 공장 및 사업체를 운영했다(이수애 외 2004, 89). 해방 후 공장은 적산으로 김용주와 김형남에게 불하되어 1953년 전남방직으로 출발하는데, 둘 사이의 불화로 1961년 전남방직(김용주)과 일신방직(김형남)으로 분리된다. 김용주는 대한방직협회 회장으로 업계에 강력한 영향력을 행사했다(정호기 2015, 61).

[84]   '김 양' 사례와 그 여파에 대해서는 JOC·KDF 2009, 43-45와 김석순 2012 참조.

료들의 신망도 두터웠다. 그러던 어느 날 관리자가 김 양이 감독하고 있던 한 노동자의 실수를 빌미로 그에게 책임을 추궁하며 "온갖 욕설과 뺨까지" 때리는 모욕을 가했다. JOC 기록에 따르면, 이에 김 양은 "현재의 동료들과 앞으로의 모든 노동자들을 위해 희생하겠다고 결심"한 후 다량의 "식초"(빙초산으로 추정된다)를 마시고 병원으로 옮겨졌다가 절명했다. JOC 회원들은 이 같은 조사를 통해 "모든 자료를 충분히 얻었으나" "공장 측의 강력한 압력과 무마 수작" 등 "많은 난관"에 부딪혀 더는 조사를 진행하지 못했다.

1962년 광주 JOC 회원들의 이 같은 조사 활동은 비록 미완으로 끝이 났지만, 지역 내 JOC 운동을 활성화하고 JOC 운동의 노동문제에 대한 지향을 공고히 하는 데 광범한 영향을 미쳤다.[85] 예를 들어, 인근 지역 전주의 JOC 회원들은 1963년 봄, 한국노총 산하 어용 노조인 전북제사 노조에 대한 대안 노조로 섬유 노동자 지역 노조를 설립하려 한다. 이들은 인근 삼양모직 노동자와 연대하고 천주교 전주교구의 지원을 받아 6개월간 투쟁한 끝에 1963년 9월, 대안 노조 설립에 성공했다.[86] 그리고 1964년 3월, 일신방직과 김 양이 일했던 전남방직에서는 섬유업계에서 막강한 힘을 발휘하던 회사에 맞서 임금 인상을 요구하며 파업에 돌입하는데, 이 역시 김 양 사건이 촉매가 된 노조 활성화에 기댄 것이었다.[87]

여성 섬유 노동자들의 고통에 대한 사회적 관심과 광범한 연대를

---

[85] 김석순 2012, 117-20, 정호기 2015, 57에서 재인용.

[86] JOC·KDF 2009, 44-45.

[87] 정호기 2015, 61. 파업 후 4~5월에 걸쳐 노동자 수백 명이 두 회사에서 해고되었다.

이끌어 내고자 했던 광주 JOC 활동가들의 소망이 가장 큰 결실을 맺은 곳은 강화도였다. 지역의 21개 섬유업체 노동자들이 연대해 대규모 섬유산업 쟁의를 일으킨 것이다. 당시 강화도에 새로 설립된 JOC 소속의 섬유 노동자들은 1967년 심도직물 노동조합을 시작으로 노조를 조직하기 시작했다. 이에 맞서 강력한 지역 기업인 단체와 정부 당국의 대규모 노조 파괴 공작이 벌어졌다.[88] 이번에는 김수환 주교부터 지역 교구 신부까지 가톨릭 교단 전체가 노동자들의 대의를 위해 나설 준비가 되어 있었다. 사회운동 세력도 여성 노동자들 편에 섰는데, 이는 1960년대 후반 운동 진영에서 노동문제에 대한 관심이 커진 상황을 반영한 것이었다. 1967~68년의 강화도 직물 쟁의는 한국 JOC 공식 역사서에서 한국 JOC 운동의 역사적 전환점으로 서술되고 있다. 이 쟁의는 사회정의를 위해 행동하겠다는 가톨릭교회의 의지를 확인시켜 주었고, JOC 운동의 정체성, 존재 방식, 활동 범위에 상당한 변화를 가져왔다.[89]

JOC 운동이 진행되는 동안 개신교 교단들도 1957년 예수교장로회를 시작으로 산업 노동자를 대상으로 한 '산업전도' 활동을 시작했다.[90] 이는 애초에 교회의 대중적 기반을 넓히는 일로 인식되었고, 교회가 설립한 위원회들은 국내 주요 기업 경영진의 협조를 얻어 개신교의 노동 윤리를 설교하고 예배를 드리거나 '공장 목회'를 실시하는 등

[88] 심도직물이 쟁의의 중심에 섰기 때문에 이 쟁의는 노동사 문헌과 가톨릭 문서에서 보통 '심도직물 쟁의'라 불린다. 이를 비판하며 한상욱은 '강화 직물 노조 사건'이 더 적절한 용어라고 주장한다(한상욱 2015, 129).

[89] 1967~68년 강화도 직물 쟁의에 대해서는 같은 글; JOC·KDF 2009, 61-69; 이옥지 2001, 116-19 참조.

[90] 이어 감리교회와 성공회가 1961년에 산업전도를 시작했고, 기독교장로회가 1963년에, 구세군이 1965년에 그 뒤를 따랐다(이옥지 2001, 111-16).

의 방식으로 활동을 펴나갔다. 일부 기업과 정부 기관들은 기독교의 가르침이 산업 평화를 증진하고 노동자를 규율하는 데 유용할 수 있다고 생각하며 주저 없이 협력했다.[91] 하지만 1960년대 후반부터 한국의 개신교회들은 '도시산업선교'라는 새로운 접근법을 수용하기 시작한다. 이는 부분적으로는 '산업전도' 접근법이 노동자들로부터 큰 호응을 얻지 못한 데 대한 대응이었지만, 아시아기독교협의회Asian Christian Council의 1968년 방콕 회의와 같은 국제적 상황의 영향도 있었다. 방콕 회의에서 협의회는 기독교 전도와 개인의 구원에 초점을 맞추던 이전의 방식에서 벗어나 '도시 선교'와 '산업 선교'의 접근 방식을 지지하기로 결의했다.[92] 1970년대에는 여러 개신교 단체들이 지역 도시산업선교회('산선')와 협의체를 설립하고 JOC 협회들과 협력해 활동했다.[93] 1973

[91] 홍현영 2005, 386-91.

[92] 한국 산업 선교 운동의 역사와 노동운동에 대한 도시산업선교회의 기여와 관련해서는 김준 2003; 권진관 2006; 홍현영 2005; 김원 2004 참조. 김준은 한국 산업 선교 운동의 역사를 세 시기 — ① 1957~63년의 공장 목회 중심 산업전도기, ② 1964~70(71)년의 평신도 교육·기성 노조 중심의 계몽기, ③ 1971(72)~79년의 소그룹 활동 중심 의식화·조직화 시기 — 로 구분한다(김준 2003, 128).

[93] 홍현영 2005, 394-402. 개신교 산선과 가톨릭의 JOC, 한국기독학생총연맹KSCF 대학생부, 크리스챤아카데미 등 산업 노동자를 대상으로 한 복음 전파에 관심이 있던 기독교 단체들은 1971년, 한국크리스챤사회행동협의회라는 연합 단체를 만들고 프레이리와 알린스키의 방법론에 기초해 노동운동가들을 훈련시키기 시작했다(천성호 2009, 305-6). 하지만 노동 선교에 종사하는 인원 규모는 그리 크지 않았다. 1978년 3월 당시 개신교 '산업 선교' 기구들의 실무자는 총 44명이었는데 그중 36명이 수도권에서 일하고 있었고, 개신교 '도시 선교' 기관에서 15명이 일했다(김준 2003, 127). 그중에는 — 특히 1970년대 후반에는 — 기독교 신자가 아닌 이들도 있었고, 황영환을 비롯한 일부는 노동자 출신이었다. 권진관 2006은 영등포 산선과 인천 산선에서 일한 주요 실무자들의 배경과 활동에 대해 소개하고 있다.

년 무렵, 박정희 정부의 노동 탄압이 점점 심해지자 산선들은 정부 당국과 정면으로 충돌하기 시작했고, 가톨릭교회도 고통받는 JOC 노동자 편에 서서 정부 비판을 강화했다.[94]

1970년대 들어 사울 알린스키의 조직 이론과 파울로 프레이리의 '의식화'를 중심에 둔 교육 철학에서 크게 영향을 받은 '소그룹' 방식은 한국 기독교 사회운동 전반에서 뚜렷한 흐름으로 자리 잡았고, 산선도 예외는 아니었다. 프레이리의 사상은 1970년대 초반부터 한국에 소개되기 시작했고, 알린스키의 저작은 1960년대 후반부터 한국 활동가들 사이에서 읽히기 시작했다.[95] 1970년대와 1980년대 초 민주 노동운동의 소그룹 활동에서 프레이리와 알린스키의 영향력은 특히 강했다.[96] 산선 중에서도 특히 서울의 영등포 산선과 인천 산선이 동일방

[94] 김준 2003; 김원 2004; 권진관 2006.

[95] 한국에서 읽힌 알린스키의 저서로는 『시민의 무관심에서 참여로』*From Citizen Apathy to Participation*(1957), 『계획 및 도시 재생에 대한 시민 참여와 공동체 조직』*Citizen Participation and Community Organization in Planning and Urban Renewal*(1962), 『래디컬: 급진주의자여 일어나라』*Reveille for Radicals*(1969) [정인경 옮김. 생각의 힘. 2016], 『급진주의자를 위한 규칙』*Rules for Radicals*(1971) [박순성 옮김. 아르케. 2008] 등이 있다(김준 2003, 115-16, 118). 크리스찬아카데미에서 노동교육을 이끌었던 신인령은 1970년대의 기독교 도시 선교와 농촌 선교가 알린스키 방법에 크게 영향을 받고 있었다고 회고한다(신인령 2016, 291). 조화순은 인천 산선에서 조승혁 목사가 "질리도록" 알린스키 얘기를 했고, 반면 오글 목사는 디트리히 본회퍼의 신학에 몰두해 있었다고 증언한다(성공회대학교 노동사연구소 2002~05, 조화순 증언). 프레이리가 처음 한국 독자들에게 소개된 것은 잡지 『세계와 선교』 1971년 12월호에 문동환이 기고한 글을 통해서였다. 그는 유니온신학대학에서 공부하던 중에 프레이리의 사상을 접했다. 1979년 『페다고지』*Pedagogy of the Oppressed*가 한국에 번역된 이후 프레이리 사상은 학생운동, 사회운동과 대안 야학들에서 큰 영향력을 발휘하게 된다(홍은광 2005, 350-57).

[96] 홍은광 2005, 370. 1980년대 중반 이후 마르크스-레닌주의 문헌에 대한

직,[97] 반도상사, 원풍모방 노조 등의 핵심 민주노조를 조직하고 지원하는 데 중요한 역할을 했다. 1970년대 초 산선이 소그룹 의식화 운동을 채택한 것은 남성 노동자보다는 여성 노동자를 조직하는 전략으로의 전환을 의미하기도 하는데, 이는 부분적으로는 남성 노동자에게 다가가는 노력이 성공적이지 못했기 때문이었다.[98]

1960년대 후반이 되면 산선과 JOC는 특히 서울과 그 주변 지역에서 노동쟁의와 노조 조직화에 깊이 관여하게 된다. 1970년대에 들어서면서 JOC의 활동은 더욱 가속화되었고 직장 단위의 JOC 팀이 빠르게 확산되었다. 1970년대에 약 150개 JOC 팀이 운영 중이었고, 많은 민주노조에서 JOC 회원들이 간부로 활동했다. 일정 부분 김 양의 희생 위에 서있던 광주 지역 JOC 운동의 탄탄한 발전은 이런 1970년대 발전 상황의 좋은 예다. JOC 활동가인 정향자는 전남제사에서 노동자 19명을 모아 JOC 팀을 조직했다. 당시 공장에는 5개 정도의 JOC 팀이 운영되고 있었다.[99] 1975년 노조 지회장이 된 정향자는 광주-전남 지역 JOC 운동의 핵심 지도자 중 한 명으로 떠올랐고, 이후 산별노조인 섬유 노조의 전남본부장까지 역임했다. 여성 노동자가 그렇게 높은 지위에서 활약한 것은 지독하게 남성 지배적인 조직에서 아주 드문 일이었

관심이 높아지면서 의식화 프로그램에서 프레이리의 영향력은 쇠퇴한다.

[97] 동일방직의 전신은 식민지기 동양방적이다.

[98] 인천 산선의 조지송 목사는 산업선교회 리더들이 처음에는 여성 노동자를 주요 조직화 대상으로 보지 않았다고 진술한다. 그에 따르면, 1960년대 초 경영진과의 협력 관계를 구축하려는 원래 계획이 실패하고, 남성 노조 간부 교육을 통한 노동자 조직화 노력도 실패한 후에야 마침내 여성에게 관심을 돌리게 되었다고 한다(정미숙1993, 127).

[99] 정향자의 활동에 대해서는 오미란·안진 2015, 75-78 참조.

다. 1970년대 후반 광주-전남 지역의 JOC 소그룹은 회원이 되어 훈련 받은 노동자들이 나가서 다시 그룹을 만드는 방식, 즉 "문어발식으로" "셀 수가 없"이 급속히 늘어 갔고, 지역의 야학들과 광주 YWCA와 긴밀히 연대하면서 활동했다. JOC 소그룹은 섬유 노조에 속한 지역의 17개 단위 노조 중 12개에 조직돼 있었고, 섬유 사업장을 넘어 로케트전기, 어망 공장 등 다른 업종 사업체들로 확장해 나가면서 1970년대 후반에 "노조의 민주화를 주도"했다.[100]

1970년 전태일의 죽음은 민주노조 운동을 규정하게 된 반면, 1962년 김 양의 죽음은 왜 잊혔을까? 현존하는 노동 관련 아카이브에서 '김 양'의 흔적을 찾기는 쉽지 않다. 전태일과 달리 김 양은 자신의 생각을 글로 남기지 않았고 두 사람의 죽음을 둘러싼 상황도 상당히 달랐다. 우선, 김 양의 죽음은 전태일의 분신처럼 급박한 정치사회적 조건 ─ 이는 당시 지식인과 학생들을 노동 현장에 뛰어들게 했다 ─ 에서 벌어진 일이 아니었다. 또 북적이는 서울 도심에서 분신한 전태일과 달리 김 양은 지방 도시 광주의 한 병원에서 사망했다. 김 양의 경우 이미 노조가 존재하고 있었기 때문에 노조원을 대변할 힘도 의지도 없는 노조라 하더라도 그것을 통해 문제를 해결하려 노력한 반면, 전태일은 노조가 없는 상황에서 자신과 시장 내 남성 동료들이 만든 비공식 조직을 기반으로 활동했다. 노조의 존재 여부가 이들의 죽음과 사후 과정에 어떤 영향을 미쳤는지는 더 연구가 필요하다.

두 자살 항거의 또 다른 두드러진 차이점은 남성 노동자 전태일이 어린 여성 노동자들을 위해 목숨을 바친 반면, 김 양은 동료 여성 노동

---

[100] 오미란·안진 2015, 78; 정호기 2015, 57; 이윤정 2012, 86.

자들 사이에서 싸우다 그들을 위해 죽었다는 점이다. 이후 불타오른 피복 노동자들의 운동에서 지배적인 세력을 이룬 것은 전태일의 발자취를 따라가는 남성 지식인 활동가들과 남성 동료 노동자들이었고, 여성 조합원들은 적극적 참여자의 위치에 머물렀다. 김 양의 죽음에 영감을 받은 광주 JOC의 여성 노동자들은 자율적인 풀뿌리 운동을 발전시켰고, 여러 지역에서 활동하고 있던 여성들이 합류해 활기찬 기독교 노동운동을 만들어 내고 새로운 세대의 여성 노조 지도자들을 배출했다. 주류 운동권 서사가 말하는 것처럼 전태일이 민주노조 운동의 들불을 지핀 '하나의 불꽃'A Single Spark[101]이었다면, 김 양은 민주 노동운동의 여명기에 익명의 여성 노동자들이 쏘아 올린 수많은 작은 불꽃 중 하나였다. 노동운동과 민주화 운동의 젠더 정치에 의해 형성된 주류 노동사는 역사적인 하나의 불꽃을 강조하면서 여성 노동자들의 수많은 작은 불꽃은 외면하고 말았다.

기수회, 여성해방의 깃발을 들다

1976년 11월, 크리스찬아카데미(이하 '아카데미')의 노동교육 프로그램에서 만난 여공들은 자신들만의 단체를 만들기로 결심하고 논의 끝에 그들의 비전을 가장 잘 담아낼 수 있는 이름을 정했다. '여성해방노동자기수회'라는 이름은 아카데미에서 '노동 및 여성 교육 프로그램'을 담당하던 간사 신인령과 한명숙을 깜짝 놀라게 했다. '해방'이나 ('근로자'가 아닌) '노동자', (깃발을 든) '기수' 같은 전복적 단어들이 나열돼 있

---

[101] 『전태일 평전』(조영래, 1983)과 영화 <아름다운 청년 전태일>의 영어 제목이기도 하다. 『전태일 평전』은 전순옥에 의해 영어로 번역됐다.

었기 때문이다. 정부에 탄압의 빌미를 주지 않기 위해 법의 테두리 안에서 아카데미 운동을 신중하게 이끌고 싶었던 아카데미 대표 강원용 목사는 그 이름을 듣고 경악했다고 한다. 그러나 아카데미의 활동가들은 결국 노동자 스스로의 결정을 존중한다는 원칙을 지키기로 했다. 단, 외부와 소통할 때는 '기수회'라는 약칭을 사용한다는 조건을 달았다(그러나 이 해법은 잘 먹히지 않아서 정부 당국은 이 명칭에 대해 끊임없이 트집을 잡게 된다).[102]

여기서 가장 주목할 만한 점은, 여성 노동자 스스로가 노동운동의 대의에 여성해방 대의를 통합해 넣었다는 것이다. 이는 당시 운동 진영에서는 전례 없는 일이었다. 이들은 기수회 회칙 2조에 "노동운동을 통한 여성해방의 성취"라는 목표를 명시했다. 또 여성의 노조 참여 확대와 여성 노동자들 사이의 연대 구축을 설립 취지로 밝혔다. 기수회 회원들은 각자의 일터에서 발생하는 젠더 이슈에 대해 토론을 진행하고 노동운동을 통해 여성해방을 이룰 수 있는 방안을 모색했다.[103] 기수회에 참여한 노동자들 — 원풍모방의 박순희(기수회 회장), 콘트롤데이타의 이영순(기수회 부회장)·유옥순·한명희, 반도상사의 장현자·조금분, 동일방직의 이총각, YH무역의 최순영·박태연, 청계피복 노조의 이숙희 — 은 모두 1970, 80년대 내내 민주노조 운동의 '기수'로 살겠다는 다짐을 실천했다. 훗날 기수회 멤버들은 1980년대에 노조 활동으로 일자리를 잃은 후배들과 함께 '여성해방'과 '노동해방'이라는 두 가지 목표를 함께 주창하며 1987년 3월부터 서울을 비롯한 여러 도시에서

[102] 신인령 2016, 126.
[103] 정연순 1998, 44, 66-67, 87.

여성노동자회를 설립한다.[104]

　　1970년대 후반에 여성 공장노동자들의 젠더 의식이 이 정도로 높은 수준이었다는 점은 놀라운 일이다. 기존 논의들은 1970년대를 — 민주화 운동 전반에서뿐만 아니라 여성 노동자들이 주도한 민주노조 운동에서조차 — 젠더 문제가 심각하게 받아들여지지 않았던 시기로 간주해 왔기 때문이다. 민주노조 운동에 대한 기존의 연구들은 운동에 참여한 여성 노동자들이 직장에서 경험하는 성차별적 관행에 얼마나 민감했고 또 저항했는지에 대해 충분한 관심을 기울이지 않았다. 구해근은 민주노조 운동에 대한 고전적 서술이 된 자신의 저서 『한국 노동계급의 형성』에서 1970년대와 1980년대 초에는 성차별 문제가 "중요하게 대두되지 않았"고 "실제로 1980년대 중반까지 성적 쟁점들은 거의 모든 노동쟁의에서 제기되지 않았다"라고 말한다. 다만 그는 여성 노동자들이 "출산휴가와 공정한 승진 기회를 얻기 위해 싸웠"던 콘트롤데이타의 사례를 "작은 예외"로 언급한다.[105] 1970년대 민주노조

[104]　신인령은 기수회 회원으로 이들 외에 권순갑과 임금자 두 사람의 이름을 더 기록하고 있는데(신인령 2016, 126), 그들이 누구인지는 확인하지 못했다. 최순영은 자신을 포함해 박순희, 이영순, 장현자, 이총각, 이경심 이렇게 여섯이 신인령과 "자본주의 경제사" 등을 공부하는 비공식 세미나 모임을 가졌다고 증언한다(박수정 2004, 99, 104). 신인령이 아카데미 사건으로 체포된 후 이들도 잡혀가 가혹한 심문을 겪었다. 이들 여성 조합원 중 인천 JOC를 맡고 있던 가톨릭 노동운동가 이경심을 제외한 다섯 명이 기수회 회원이었으며, 이들의 관계를 보면 여러 산업과 기업에 걸쳐 전국 최고의 여성 노조 활동가들이 지식인 신인령의 노동교육에 힘입어 강한 유대를 형성해 가고 있었음을 알 수 있다. 기수회는 자체적인 활동 프로그램을 개발하지 않았고, 주로 월례 모임을 통해 여성 조합원들 사이의 소통과 연대의 장으로 기능했다. 아카데미는 기수회를 더 큰 여성 노동자 조직으로 발전시키려는 계획을 갖고 있었지만, 그 꿈은 1979년 3월의 아카데미 사건으로 인해 실현되지 못했다(이임하 2005, 570).

운동에서 여성 노동자들의 경험에 천착해 온 유경순도 그 시기 민주노조 운동이 — 노조 내부의 성차별에 반대하거나 여성 의제를 주요 과제로 추진한 "몇몇 민주노조"를 제외하면 — 전반적으로 "젠더 문제에 대해 크게 관심을 기울이지 않았"고, 민주노조 운동의 "이념이나 지향에서도 성별 문제에 대한 접근은 없었다"고 평가한다.[106]

기수회는 1970년대 중반 여성 노조 활동가들이 도달한 가장 발전된 수준의 젠더 의식과 계급의식을 보여 준다. 기수회 자체는 아카데미 교육 프로그램에 대한 정부 탄압의 여파로 1979년을 넘기지 못하고 사라지지만, 당시 기수회에서 이루어졌던 젠더 문제에 대한 논의가 여성 노조 활동가들에게 미친 영향은 일반적으로 알려진 것보다 훨씬 컸다. 콘트롤데이타 노조, 원풍모방 노조 등 기수회 회원들이 주도한 일부 노조에서는 1970년대 후반과 1980년대 초에 성별 특수 과제들이 투쟁의 핵심 목표로 부상했는데, 이는 당시까지 한국 노동운동사에서 유례 없는 일이었다. "1970년대와 1980년대 중·후반의 **대다수** 한국 여성 노동자들은 성문제라는 관점에서 자신들의 경험을 이해할 수 있는 적절한 해석틀이나 언어를 갖지 못했다"라는 구해근의 관찰은 일견 타당하지만, 1970년대 후반 민주노조 운동에 적극적으로 참여한 여성 노

---

[105]   Koo 2001, 96[구해근 2002, 148]. 그는 "조직적이고 전투적인 여성 노동자들이 주도한 원풍모방·동일방직·YH무역 등의 파업에서조차 여성 노동자들은 성과 관련된 쟁점들을 노동쟁의의 주요 내용으로 제기하지 않았다"고 덧붙인다.
[106]   유경순 2017a, 97. 이 논문에서 유경순은 왜 어떤 민주노조에서는 작업장의 성차별에 도전하는 적극적 움직임이 있었으나 다른 민주노조에서는 그렇지 않았는지 묻는다. 그는 민주노조가 성별 특수 과제를 추구하고 현장과 노조 운동에 만연한 차별적 성별 위계에 도전하는 정도는 산업이나 사업체별 노동과정의 성별적 특징, 민주노조 결성 주체와 지도부의 성별 구성, 노조의 지속성과 안정성 등의 몇 가지 요인을 제시한다.

동자들 가운데 비판적 젠더 의식을 가지고 노조 활동에서 이를 실천한 이들은 **분명** 있었다.[107] 이 절에서는 아카데미 노동교육의 효과와 여성 노동자들이 이끈 1970년대 민주노조 운동의 특징을 간략히 살펴본 후, 여성이 지배적인 사업장에서 성차별로 인한 여성 노동자들의 고충을 해결하기 위해 노조가 전개한 활동을 살펴본다.

민주노조 운동에 참여한 노동자들의 구술 증언과 회고록을 살펴보면 아카데미 교육이 산선, JOC, 노동야학 등이 제공한 훈련과 함께 여성 노동자들에게 강력한 영향력을 발휘했다는 것은 의심의 여지가 없다.[108] 한국의 크리스찬아카데미는 1965년 강원용 목사의 주도로 설립되었는데, 사회문제에 대한 조사 연구, 대화 운동, 교육과 훈련을 주된 과제로 했다. 전후 독일의 아카데미 운동이 기본 모델이 되었고 재정도 독일에서 지원받았다.[109] 아카데미 지도자들은 당시 한국 사회가 직면한 핵심 문제를 정치·경제·사회적 '양극화'로 인한 '비인간화'의 문제라 규정하고, 양극화 추세를 역전하고 사회의 인간화를 이룰 수 있는 최선의 방법은 '중간 집단'의 지도자를 기르는 것이라고 판단했다.[110] 양극화에 대한 완충 역할을 할 아카데미의 '중간 집단' 지도자 양성 교육 프로그램은 1974년에 시작되었는데, 노동 부문 지도자를 훈

[107]   Koo 2001, 96[구해근 2002, 148. 강조는 추가].

[108]   아카데미의 노동교육 프로그램은 당시 최고의 노조 활동가 교육 프로그램으로 인기가 높았고 노동조합 활동가라면 필수적으로 이수해야 할 교육으로 인식되었다(권진관 2006, 211; 정연순 1998, 81). 정연순의 석사 논문은 아카데미 교육으로 인해 삶의 방향이 바뀌었다는 노동자 증언을 싣고 있다(정연순 1998, 81-91).

[109]   아카데미의 역사에 대해서는 정연순 1998; 이임하 2005 참조.

[110]   아카데미는 "압력 집단의 역할과 동시에 화해와 통합의 기능"을 수행하는 사회집단으로 '중간 집단'을 정의했다(정연순 1998, 22).

련하는 '산업사회' 교육 등 총 다섯 개 부문으로 구성돼 있었다.[111] 아카데미 교육의 목표는 철저히 민주적인 환경을 조성하고 과제 중심의 워크숍 방식을 활용함으로써 참가자들 스스로의 깨달음을 촉발하는 것이었다. 참가자들 사이의 정서적 유대, 그리고 삶에 대한 자기 성찰과 결단이 중시된 4박 5일의 교육 기간은 강의와 토론 외에도 노래, 춤, 촌극, 명상, 침묵의 시간, 5분 발언, 비문碑文 쓰기와 한 달 후 발송되는 '자기에게 쓰는 편지', 촛불 의식 등 다양한 창의적 활동들로 채워졌다.

많은 노동자들이 아카데미에서의 경험이 자신의 인생을 바꾸었다고 증언한다. 로케트전기 노조 위원장이자 한국 금속노조 역사상 첫 여성 노조 지회장인 이정희는 아카데미의 "의식화" 교육에 대해 다음과 같이 증언한다.

제가 크리스찬아카데미 교육을 받고 의식화가 되면서부터는 이게 인제 조그만 노동조건에서 시작해서 우리 여성들이 정말 얼마나 남성들하고 불평등하게 대우를 받고 등등 사회에 제가 눈이 뜨인 거예요.[112]

[111] 이 외에도 학생 사회, 농촌 사회, 여성 사회, 종교사회 부문이 있었다. 동시대인들은 아카데미 프로그램들을 진보적 기독교인이 제공하는 사회교육 중 가장 발전된 형태라 평가했다. 준비 단계부터 교육학, 사회학, 정치학, 심리학 등 관련 학문의 전문가가 다수 초빙되어 실무 간사들과 함께 효과적인 교육 방법을 개발했다. 세계 기독교 지도자를 대상으로 한 시카고 에큐메니칼 인스티튜트 Chicago Ecumenical Institute의 프로그램 연수를 통해 배워 온 '워크숍' 교육 방식을 비롯해 서구의 방법론들이 선택적으로 수용되어 명상, 탈춤 등 한국 고유의 방식이나 의례들과 융합되었다. 1974년부터 1979년까지 5년간 진행된 아카데미의 '중간 그룹' 교육 프로그램은 이 방법론을 세밀히 조정할 기회를 제공했고, 그렇게 개발된 아카데미 교육 방식은 1970, 80년대를 거치면서 학생운동, 노동운동, 농민운동으로 확산되어 영향력을 발휘했다(정연순 1998, 18, 49, 77).
[112] 오미란·안진 2015, 80.

아카데미 교육을 받은 노동자들은 다른 부문의 사업장들과 다른 지역의 노조 및 사회운동 단체와 연대를 구축하는 일에 앞장섰고, 아카데미에서 배운 '아카데미 방식'을 소속 노조 활동에 적용했으며, 그 과정에서 때로는 기숙사를 교육 캠프로 바꿔 놓기도 했다.[113] 일부 졸업생들은 6개월 이상의 간격을 두고 한 차례 더 교육을 받았고, 그 이후에는 간사들이 졸업생의 개별 요구에 더 잘 맞춰진 프로그램으로 교육을 이어갔다. 간사들은 노동자 졸업생들에게 학습 자료를 보내거나 사업장을 직접 방문해 상담과 현장 교육을 제공했는데, 그런 교육에는 때로는 성차별 문제나 소위 '사회과학' 서적에 대한 비공개 세미나가 포함되기도 했다.[114] '산업사회' 교육 프로그램은 600명이 넘는 노동자 리더를 성

[113] 오미란·안진 2015, 78, 80-81. 예를 들어 YH 노조의 박태연은 그의 공장 기숙사를 아카데미와 유사한 교육의 장으로 탈바꿈시켰고, 사측은 기숙사 인원 재배치 계획을 밀어붙이는 것으로 대응했다. 이는 다시 노사 간 치열한 대립으로 이어졌고 노동자 사이의 연대를 더 공고하게 만드는 효과를 낳았다. 박태연은 아카데미의 교육과 담당 간사 신인령이 자신이 "노동운동가로 살아가는 데 가장 지대한 영향을 미쳤다"고 술회한다(박민나 2004, 137-40).

[114] 오미란·안진 2015, 79. 1974년 6월부터 1979년 2월 사이 신인령 주재 아래 19회에 걸쳐 진행된 첫 라운드 교육 프로그램을 거쳐 간 사람은 총 602명이다. 그들 중 103명의 활동가가 5회에 걸쳐 제공된 2차 프로그램에 합류했다. 매회마다 두세 명의 지식인 참여가 허용되었는데, 신인령에 따르면 그 기회를 얻으려 대기하는 사람들의 명단이 길었다고 한다. 정규 노동교육 세션에 더해 '여성사회' 교육 간사인 한명숙과 '산업사회' 교육 간사인 신인령이 공동으로 민주노조의 리더들이 모여 노동문제와 여성 문제를 토의하는 별도의 '여성 노동자 교육' 세션을 1977년 4월부터 1978년 4월까지 5회 진행했다. '산업사회' 교육 프로그램 졸업자 50여 명이 1975년 5월 노동사례연구회를 구성해 월례 모임을 이어 갔는데, 그 모임을 통해 청계피복 노조의 유정숙, 반도상사 노조의 한순임, 원풍모방 노조의 박순희, YH무역 노조의 최순영 등 여성 노동운동가들이 지식인과 조합원들이 모인 자리에서 자신들의 사례를 발표할 기회를 가졌다(이임하 2005, 559, 565-68).

공적으로 교육한 후, 노동대학을 설립하는 방향으로 나아가고 있었다. 그러나 노동운동과 농민운동에서 아카데미 교육의 영향이 눈에 띄게 나타나기 시작한 시점인 1979년 3월, 박정희 정권은 아카데미 교육 프로그램을 뿌리 뽑아 버리기로 결정하고 반공법 위반이라는 조작된 혐의를 적용해 신인령과 한명숙을 포함한 6명의 간사를 체포하고 많은 교육생에게 가혹한 심문을 가했다. 목표는 민주화 운동 세력에게 간첩 활동 등 반역 행위를 한 혐의를 뒤집어 씌워 운동 내부에 분열을 조장하는 것이었다.[115]

기수회 여성 활동가들과 그들이 노조를 통해 진행한 성차별 철폐를 위한 싸움은 1970년대 민주노조 운동의 훨씬 크고 복잡한 역사의 작은 일부에 불과하다. 하지만 그것을 전면에 부각시켜 조명함으로써 우리는 민주노조 운동에 대한 기존 연구에서 잘 알려지지 않았거나 제대로 평가받지 못했던 여성 노동자 운동의 또 다른 측면들을 자세히 들여다볼 수 있다.[116] 우선 그들의 행동을 잘 이해하기 위해서는 이들이

[115] 이임하 2005, 586-607. 1973년부터 1979년까지 박정희 정부는 반공법을 적용해 활동가 1931명을 검거했는데, 그 수는 같은 시기 "정치 규제와 관련된 각종 법률로 검거된" 인원 총수 3108명의 62.1퍼센트를 차지했다. 이임하는 아카데미 사건이 "반공법에 의해 지탱되는 유신 체제의 본질을 보여 주는 전형적인 사건"이었다고 평가한다.

[116] 민주노조 운동에 관한 문헌은 상당히 방대하지만, 이 책은 그 복잡한 역사의 한 작은 단면만을 다루고 있다. 관심 있는 독자는, 민주노조 운동의 역사에 대한 개괄적 서술이 담겨 있는 사회학자 구해근의 『한국 노동자계급의 형성』(Koo 2001)과 노학 연대의 동학과 재현 정치를 탐구하는 역사학자 이남희의 『민중 만들기』(Lee 2007)로부터 시작하기를 권한다. Ogle 1990, Seung-Kyung Kim 1997, Soonok Chun 2003도 도움이 된다. 또 이옥지의 『한국 여성 노동자 운동사 1』(2001)에서는 한국 여성 노동운동사와 관련한 기본 정보를 접할 수 있고, 박민나 2004, 박수정 2004, 유경순 편 2011a, 서울역사편찬원 편 2016 등의 구

'민주'라는 용어를 어떻게 사용했는지, 또 한국노총 산하 다른 노조와 자신들의 민주노조를 어떻게 구별했는지 살펴볼 필요가 있다. '민주노조'라는 용어는 1970년대 권위주의 정치 상황에서 정부의 노조에 대한 압력이 극심해지던 시기에 등장한 새로운 용어다. 이미 1960년대 후반부터 여성 공장노동자들의 저항은 빠르게 증가하고 있었고, 오크전자 Oak Electronics와 시그네틱스Signetics Korea 등 수출 부문 외국인 투자 기업에서 일어난 대규모 노사 분쟁은 외자 유치를 열망하는 정책 입안자들의 우려를 증폭시켰다.[117] 1968년 무렵부터 섬유·광산·조선·부두 노동자 등 다양한 분야의 노동자들 사이에서 급속도로 확산된 단체행동들은 박정희 정부의 개발계획에 잠재적 위협이 되고 있었다.[118] 1970년 전태일의 충격적인 분신과 1971년 한진상사 기술자 400명의 서울 대한항공 본사 점거 및 방화 사건 등 미조직노동자들의 저항은 가뜩이나 긴장된 정치·경제 상황을 더욱 불안정하게 만들었다. 정부는

술사 증언 모음집에서는 1970, 80년대 민주노조 운동의 상세한 역사를 엿볼 수 있다. 이옥지 2001은 여성이 이끌었거나 참여했던 크고 작은 사업장 70여 개의 노동쟁의 사례들을 요약 기술하고 있고(143-311), 여성이 지배적인 의복·섬유·가발·전자·제약 부문의 대표적인 민주노조 7개의 사례를 상세히 다룬다(317-424).

[117] 경기도 부천에 소재한 미국계 TV 전자부품 조립 회사 한국 오크전자에서는 1968년 7월의 노조 조직화가 10월의 쟁의와 급작스런 공장폐쇄로 이어졌다. 노조의 전투성이 회사가 문을 닫는 결정을 하게 되는 주된 이유가 아니었음에도 한국의 언론은 노조를 탓했고 이 사건이 박정희 정부의 경각심을 크게 자극했다. 역시 미국 자본인 서울의 한국시그네틱스는 1966년 설립되어 전자회로를 생산 수출하는 회사였는데, 시그네틱스 노조(1967년 설립)는 회사의 노조 파괴 노력에 맞서 적극적으로 싸웠다. 오크전자 사례와 함께 시그네틱스의 1968년 쟁의와 1969년 쟁의는 외자 기업에서 노조 활동을 금지하는 법률의 제정을 촉발한다(이옥지 2001, 102-6).

[118] Nam 2009a, 184-89.

신속하게 노조 활동에 대한 새로운 법적 제재로 대응했다. 1970년 1월, 외국 투자 기업에서 노조의 조직과 쟁의를 크게 제한하는 내용의 '외국인 투자 기업의 노동조합 및 노동쟁의 조정에 관한 임시특례법'이 시행된다. 1971년 12월에는 국가비상사태가 선포되고 '국가 보위에 관한 특별조치법'이 공포된다. 이 법은 노동자의 단체 협상을 극도로 제한하고 단체행동을 정지시켰다. 그리고 1972년 10월, 박정희는 비상계엄령을 선포하고 주요 도시에 탱크와 군대를 진입시킨 후 국회를 해산하고 '유신헌법'이라 불리는 새 수정 헌법을 반포함으로써 거의 무한정의 권력을 쥐게 된다.

유신 권위주의 통치 아래 노조는 ─ 한국노총 본부부터 지역 단위 노조까지 ─ 생산성 향상을 위한 '애국적' 노력에 조합원을 동원하는 임무에 집중하면서 정부와 사측의 지시를 따르도록 강요받았다. 전시 일본의 산업 보국 운동에서와 달리 한국노총은 폐지는 면했지만, 본질적으로 식민지 말기 작업장에서 '애국반'이 하던 역할이 맡겨졌다. 1970년대 중반부터는 농촌의 '새마을운동'을 공장으로 확대한 '공장 새마을운동'이 노조와의 협력을 통해 시행되었고, 이는 노동자의 '자발적' 무급 노동을 늘리는 방향으로 작동했다.[119] 그 무렵 거의 모든 산별 노조의 지도부는 이런 정치적 압력에 굴복해 소위 '어용'이 되었다. 그리고 친정부·친기업적 입장을 거부하고 사측과 상급 단체에 대한 자신

---

[119] 같은 책, 190-92. 회사에 대한 종업원의 충성심을 확보하기 위해 정부와 사측은 경영가족주의 이데올로기 ─ 회사는 종업원을 가족처럼 여겨 복지를 확충하고 종업원은 회사 일을 자기 일처럼 알고 헌신하라는 ─ 를 장려했는데, 충성심의 반대급부로 주어져야 하는 노동자의 복지에 대한 아버지 같은 배려심의 증거가 없는 상황에서 이 같은 이데올로기는 노동자들의 순종적 태도를 낳는 데 별로 효과가 없었던 것으로 보인다.

들의 자율적 입장과 내부 민주주의를 지키려 한 소수의 용기 있는 노조들은 스스로를 이런 '어용'과 구별해 '민주'노조라 부르기 시작했다.[120]

민주노조 범주에 들어가는 대표적인 노조로는 전태일의 죽음 직후 조직된 청계피복 노조를 비롯해 동일방직, 원풍모방(1974년까지는 한국모방), 반도상사(원래 가발 제조업체였으나 의류 제조업체로 전환) 같은 섬유 노조들, 그리고 YH무역(가발), 콘트롤데이타(전자), 삼성제약의 노조들이 있다. 이 노조들은 모두 1970년에서 1975년 사이에 여성이 지배적인 제조업 기업에서 생겨났다. 이후 이들 노조의 지도부는 1978년에서 1982년 사이 사측과 정부 당국의 끈질긴 노조 와해 공작에 의해 — 1980년대 중반까지 민주노조로 활동한 삼성제약 노조를 제외하고는 — 모두 제거되었다.[121]

이옥지, 구해근 등 여러 학자들이 기록한 민주노조의 수많은 투쟁과 감동적인 장면들을 다시 서술하는 대신, 여기서는 이 시기 여성 노동자들의 '민주적' 노동운동에서 나타난 몇 가지 공통된 특징을 검토해 보자.[122]

첫째, 앞서 살펴본 바와 같이 대부분의 민주노조에는 기독교 기관이나 야학에서 교육과 훈련을 받은 조합원들이 있었다. 이렇듯 한 세대의 열성적인 여성 조합원을 배출하는 데 이런 기관의 교육 세션이나 소그룹 활동을 통해 얻은 배움, 즉 '해방의 지식'은 매우 중요했다. 1970년대 후반에 이르면 많은 여성 노동자들의 자생력과 지도력이 크게 성장

---

[120] 이옥지 2001, 315. 신인령은 '민주노조'라는 용어가 아카데미의 노동교육에서 처음 사용되었다고 주장한다(신인령 2016, 278).

[121] 이옥지 2001, 316-17.

[122] Ogle 1990; 이원보 2004; 이옥지 2001; Koo 2001.

해 각 노조가 만든 교육 프로그램이 수없이 생겨나고 노동자 교육의 대부분을 여성 노동자 스스로 수행하는 수준에 도달했다.[123] 민주노조 사이의 연대가 강화되고 민주화 운동 진영과의 소통의 기회가 확대되면서 여성 노조원들의 정치의식 수준도 높아졌다.[124] 민주노조들이 힘든 투쟁을 오래 지속할 수 있었던 것은 수준 높은 노조 교육 프로그램과 소그룹 활동을 적극 시행하고, 신용 및 소비자 협동조합이나 다양한 사회·문화 행사 등 참여형 노조 프로그램을 통해 평조합원들의 강력한 지지를 모은 데 힘입은 바 크다.

둘째, 민주노조는 사측과 정부 당국의 잘 조율된 노조 와해 공작에 맞서 끊임없이 투쟁하며 성장했다. 민주노조들이 작성한 사건 보고서는 성폭력과 고문을 포함한 상상하기 힘든 수준의 폭력에 대한 증언으로 가득한데, 많은 경우 상급 산별노조는 이를 외면하거나 사측과 입장을 같이했다. 탄압을 받는 상황은 노조원들과 외부 지지자들 — 주로 기독교 활동가와 학생운동가들 — 의 유대를 강화했고, 1970년대 후반 정부 당국과 사측은 특히 산선을 표적으로 삼은 집요한 색깔 공세로 이에 대응했다. 민주노조 사업장의 경영진은 주류 언론과 정부 기관의 지원 아래, 무지하고 속아 넘어가기 쉬운 여성 노동자들을 조종하고 이용하는 "빨갱이 배후"에 대한 선전전을 펼쳤다. 자식이 '빨갱이'가 되었다는 소식을 접한 부모들이 딸내미를 데려가려고 공장으로 들이닥치는

---

[123] 권진관 2006, 227-29. 예컨대 동일방직 노조는 연 43회의 일반 조합원 교육을 실시했다(이옥지 2001, 339). 원풍모방 노조는 2500명의 조합원 모두가 노조 간부와 같은 수준의 역량을 획득하는 것을 목표로 했고 노조 대의원과 간부 모두에게 소그룹 활동을 의무화했다고 원풍모방 노조의 마지막 위원장인 정선순은 증언한다(박민나 2004, 206).

[124] 권진관 2006, 228-29.

일도 종종 벌어졌다. 매우 엄격한 국가보안법이 일상을 지배하는 분단 국가에서 '빨갱이' 담론을 사용한 공격 전술은 특히 효과적이었고, 이로 인해 노조는 내부 분열을 겪는 일이 많았다. 사상이 불온하다고 해고된 노조원들은 블랙리스트에 올라 다른 곳에서도 일자리를 구하지 못했다. 하지만 드물게는 노조원들이 직접 가족과 접촉해 이런 공격을 막아 낸 경우도 있었다. 예를 들어 콘트롤데이타에서는 노조원들이 가족과 친지를 조직해 사측의 '빨갱이' 공격에 대응했다. 이들이 경영진에게 항의 전화를 걸거나 농성 현장을 방문해 노조원들에 대한 지지를 표한 사례들도 있고, 심지어 일부 노조원의 어머니들은 체포의 위험을 무릅쓰면서 농성에 참여하기도 했다.[125]

노조 와해 전술 가운데 강력한 힘을 발휘했던 또 다른 전술은 경제적 압박, 특히 성별 갈라치기를 활용해 노동자들 사이에 분열을 일으키는 것이었다. 일부 기업은 민주노조를 상대할 때 채용을 미루거나 하도급을 통해 노조원 수가 줄어들게 만드는 방법을 썼다.[126] 공장폐쇄를 협박 카드로 활용하거나 노조가 회사의 재정을 악화시켰다고 비난하며 실제로 공장폐쇄를 결정하는 기업도 있었다.[127] 폐업의 진짜 이

---

[125] 이옥지 2001, 384.

[126] 반도상사의 경우가 좋은 예다. 1974년에 노조가 조직된 후 회사는 원청의 규모를 줄이면서 일감의 대부분을 하청 공장으로 돌렸다. 노조 조직 당시 1200명 정도였던 여성 생산직 노동자 수는 1970년대 말 700명 정도로 줄어든다(같은 책, 349).

[127] 원풍모방은 1980년 6월 이후 신규 채용을 중단하고 하청으로 물량을 빼돌리면서 공장을 폐쇄하겠다고 위협했고, 1982년이 되면 노조 내부에 심각한 분열이 생긴다(같은 책, 402-3). YH무역은 1979년 8월에 문을 닫았고, 반도상사는 노조가 조직된 부평 공장을 1981년 3월에 폐쇄했으며, 콘트롤데이타는 1982년 7월 한국에서 철수했다.

유가 무엇이든, 폐업 가능성으로 인한 경제적 불안감은 노조 문제에 대체로 방관자적 입장이었던 남성 종업원들을 반노조 입장으로 움직이게 만들었다.[128] 사측은 종종 남자의 자존심에 호소했고, 많은 남성 종업원들이 "여자들 치마폭에 싸여 그 밑에서 일하는 것이 자존심 상하는 일"이라는 이유로 여성 노조 지도부에 대한 지지를 꺼렸다.[129] 이런 거부의 더 근본적인 이유는 이들이 대개 고임금·고숙련의 안정된 일자리를 차지하고 있었기 때문이다. 안정적인 생계 부양을 가능케 하는 일자리를 잃을지도 모른다는 두려움과 보수적인 성 규범이 결합되어 많은 남성 노동자들은 노조에 쉽게 등을 돌렸다. 따라서 노조 활동에서 성별에 따른 뚜렷한 분열이 민주노조 운동의 세 번째 특징을 구성한다.

1970년대 초 여성 노동자들이 뛰어들기 전까지 노조 운동은 한동안 남성의 영역이었다. 민주노조 운동의 선구자 격인 청계피복 노조

[128] 정부 당국과 사측의 전면적 노조 와해 시도로 1982년 가을, 노동쟁의가 발생한 와중에 노동부는 원풍 노동자들의 정치적 성분 분석을 실시해 조합원들을 네 그룹 — 극렬급, 주동급, 동조급, 방관자 — 으로 나누고 첫 번째와 두 번째 그룹은 "구속·해고·구류" 조치를 취하고, 세 번째 그룹은 각서나 사표를 받도록 했다. 여성 노동자 636명 중 289명이 첫 번째와 두 번째 그룹으로 분류되었는데, 남성 노동자 233명 중에서 이 두 그룹에 속한 사람은 30명에 불과했다. '방관자' 그룹은 여성이 30명, 남성이 203명이었다. 방용석 위원장이 이끄는 원풍 노조는 1970년대 지도부의 여성 비율을 늘리고자 노력한 결과 집행위원회의 성비를 전체 조합원의 성비(여성 대 남성의 비율이 8대 2였다)에 맞게 바꿀 수 있었다. 여성 활동가들의 증언에 따르면 당시 남성 조합원들은 자신들은 직장이 생명만큼 소중한데 여자는 결혼하면 공장을 떠날 테니 '여자가 일선에서 싸우면 남자는 뒤에서 돕겠다'는 식의 태도였다(이옥지 2001, 397, 411).

[129] 이 인용구는 삼성제약 남성 생산직 노동자의 태도를 묘사한 것이다. 당시 생산직 노동자 중 약 10퍼센트가 남성으로 기계 수리 기사나 운반 담당으로 일했다. 이들 대부분은 노조 가입을 거부했고 때로는 파업 대체 인력으로 대신 라인에서 일하는 등 노조 투쟁을 방해하는 역할을 했다(같은 책, 420).

에서도 — 여성이 80퍼센트 이상을 차지하는 상황에서 여성 위원장을 선출하기 위한 여성 조합원들의 산발적인 시도가 있었음에도 불구하고 — 핵심 간부 자리는 사실상 남성이 독점하고 있었다.[130] 여성 노조 지부장이 처음 등장한 것은 1972년 5월 동일방직에서다. 동일방직 주길자의 당선은 기존의 젠더 관계에 따른 노동운동의 권력 구조에 균열을 낸 사건으로 한국 노조 역사에서 큰 전환점이 되었다. 그 당시 전국 섬유 노조 조합원의 83.2퍼센트가 여성이었으며, 동일방직의 경우 생산직 노동자 1383명 중 1214명이 여성이었다. 역사학자 김무용은 주길자의 당선으로 촉발된 동일방직 민주노조의 성장이 "여성의 가치와 욕망을 표현한 문화투쟁의 의미"를 띄는 점에 주목한다. 그는 "여자들이 지부장을 하고 노조를 운영하는 정치 비슷한 것을 할 수 있다"는 것에 "무한한 희망과 감격을 느꼈다"는 석정남의 증언을 인용하며 민주노조가 "남녀 노동의 분할에 따른 차별, 남성으로 대표되는 가부장 문화에 따른 제도와 가치, 규범에 대한 저항이 결집된" 장소였다고 결론 내린다.[131]

원풍모방 노조처럼 뛰어난 남성 지도자를 배출한 민주노조도 있

---

[130] 청계피복 노조에서 여성 조합원에게 허용된 최고위직은 부위원장이었는데 이는 사실상 실권이 없는 자리였고, 여성 간부들은 주로 여성부나 복지부에 배치되었다. 여성이 대부분인 현장임에도 불구하고 이들과 연결 고리가 별로 없는 남성이 노조를 대표하는 것에 대해 점점 문제의식을 갖게 된 여성 조합원들은 1976년과 1978년 두 차례에 걸쳐 여성 위원장 선출을 시도했다. 하지만 남성 리더십을 당연시하는 헤게모니적 젠더 담론 — 노조 주변의 남성 지식인들에 의해 전파되고 노동자들 스스로도 대부분 받아들이고 있던 — 의 무게에 눌려 두 번 모두 실패한다. 1981~82년과 1986~87년의 두 시기에 구속으로 남성 지도부가 부재한 상황에서 여성이 전체 지도부를 차지했지만, 남성 리더들이 돌아오자 여성들은 그들에게 가혹하고 부당한 비판을 받고 지도부 자리를 다시 넘겨줘야 했다 (유경순 2017b, 424, 430-36, 440).

<그림 10>
동일방직 노조 집행부 사진.
가운데가 초대 주길자 지부장, 뒷줄 왼쪽에서 세 번째가 제3대 지부장이 되는 이총각. ⓒ이총각었지만, 주요 민주노조에서는 결국 여성이 지도부를 장악했다. 여성 노동자들은 노조 운동의 주도권을 장악한 자신들의 행위가 위계 파괴적인 것임을 예리하게 인식하고 있었고, 사측은 신속하게 노조 연대를 와해하는 데 성별 분열을 이용했다. 경제개발을 위한 박정희 정권의 동원 방식은 사회의 성별 간 분열을 키웠다. 노동 위계에서 유리한 위치를 차지하고 있던 1970년대 남성 노동자들은 여성 노동자들에 비해 노동 쟁의에서 잃을 것이 많았다.[132] 1970년대와 1980년대 초 남성 종업원들은 종종 '구사대'라는 이름으로 사측에 의해 여성들의 집회나 농성을 폭력적으로 방해하는 데 동원됐다.

성희롱과 성폭력이 노동 통제 수단으로 악용된 사례는 민주노조와 관련된 많은 노동쟁의에서 나타난다. 여성학자 안정남은 1980년대 부산 고무산업의 노동 관행을 분석한 논문에서 여성이 지배적인 산업에서 성폭력이 노동 통제의 주요 수단으로 빈번하게 활용되었음을 설득력 있게 보여 준다. 그의 분석에 따르면, 회사 관리자들이 신체적 폭력은 물론 실제로 성폭력을 가하거나 가하겠다고 협박하는 경우가 부지기수였다. 여기에는 관계를 폭로하겠다는 협박을 통해 다른 사업장으로 옮겨가지 못하게 함으로써 노동력을 확보하려는 목적도 있었지만 남성 노동자를 가해자로 동원함으로써 노조를 분열시키려는 측면

---

[131] 김무용 2005, 211-15. 김무용은 이어 민주노조가 "자본주의 노동 질서에 저항하는 계급의식만이 아니라 주변화된 집단으로서 여성 노동자가 경험하고 지향하는 다양한 의식과 문화, 가치, 그리고 나아가 노동에서 벗어나려는 유토피아적 욕망이 표현된 장소였다"고 '문화투쟁'의 의미를 정리한다.

[132] 박 정권의 성별화된 동원 체제에 대해서는 Moon 2005 참조. 1970년대에 남성 중공업 노동자의 침묵을 생산해 낸 경제적 조건에 대해서는 Nam 2009a, 9장 참조.

도 있었다. 성적인 공격은 여성 노동자들 사이에 '강간의 공포'를 증폭시켰고, 노조 활동을 계속할 경우 문란한 성행위가 있었다고 소문을 퍼뜨리겠다는 협박은 노조원 모두에게 강력한 효과를 발휘했다.[133] 자신의 신체와 정숙한 여성으로서의 평판에 대한 지속적인 공격에 직면한 여성 노조원들은 스스로의 취약성을 자각하게 되었고 이들의 투쟁도 고도로 성애화되었다.

때로 여성 조합원들은 이런 폭력에 놀라운 방식으로 대응하기도 했다. 예를 들어, 구해근이 "세계 노동운동 역사상 유례가 없는 놀랍고도 극적인 저항 방식"이라 묘사한, 1976년 7월 동일방직 노조원들의 이른바 '나체 시위'가 그것이다. 농성 중 동일방직의 여성 노조원들은 동료들이 경찰에 끌려가며 옷이 찢겨 나가는 것을 보고 자발적으로 옷을 벗어던졌다. 수백 명의 여성 농성자들이 아무런 사전 논의 없이 한꺼번에 즉흥적으로 내린 결정이었다. 이에 대해 나중에 참가자들은 경찰에게 억울한 일을 당하고 수치심을 겪은 동료들에 대한 강렬한 연대의 감정에서 나온 감정적 폭발이었다고 설명했다. 그것은 또한 남성인 경찰의 접근을 막아 보려는, 필사적이지만 헛된 노력이기도 했다.[134] 경찰은 잠시 머뭇거렸지만 바로 진입해 농성을 강제해산했다. 그 과정에서 72명의 여성이 체포됐고, 200명의 다른 여성 파업 참가자들이 모두 거의 벗은 채 연행을 막기 위해 싸웠다. 이는 여성성에 대한 기존의 관념을 전복해 버린, 한국 여성 노동운동사의 가장 중요한 순간들 가운데 하나다.

남성 노동자들은 남성 관리자들과 더불어 여성 동료들에게 성폭

[133] 안정남 1992, 31-38, 특히 34-36.
[134] Koo 2001, 80-81[구해근 2002, 125-27]; 성공회대학교 노동사연구소 2002~05에 실린 추송례 증언, '동일방직 그룹' 증언, 안순애 증언.

력을 행사하는 당사자가 되기도 했다. 콘트롤데이타에서는 반노조 성향의 남자 직원이 농성 중인 여성 노동자들 앞에서 바지를 내리고 방뇨를 한 일도 있었다.[135] 민주노조의 여성 지도부가 자신들의 투쟁을 여남 노동자 간의 투쟁으로 규정한 적은 없지만, 날카롭게 젠더화되고 성애화된 1970, 80년대 민주노조 투쟁의 지형에서 성별을 뛰어넘는 연대의식 — 1930년대 평양의 고무 노동자들 사이에서 볼 수 있었던 — 을 이끌어 내기는 어려웠다.

민주노조 운동을 통해 여성 노동자들은 노조 활동가로서뿐만 아니라 '여성' 노동자로서 새로운 주체성을 형성했다. 민주노조를 건설하고 유지하는 과정에서 여성들은 과거에는 당연하다고 여겼던 계급 위계뿐만 아니라 젠더에 대해서도 점점 더 많은 질문을 하게 되었다. 이시기 민중운동가들과 이론가들은 대부분 젠더에 기반을 둔 착취와 억압을 주된 문제로 인식하지 않았지만, 민주노조의 여성 노동자들은 학계나 일반 대중의 이해보다 훨씬 높은 수준의 젠더 의식을 보여 주었다.

주목할 만한 민주노조 운동의 마지막 네 번째 특징은 1970년대 후반에 이르러 노조 투쟁에서 여성 특수 과제가 부상했다는 것이다. 오랜 성차별 관행을 타파하기 위한 투쟁 중 가장 진전된 수준의 투쟁은 콘트롤데이타에서 일어났는데, 당시 노조 지도부에는 기수회 부회장 이영순과 기수회 회원 유옥순·한명희가 포함돼 있었다. 고급 산업용 컴퓨터에 쓰는 기억장치를 생산하는 한국콘트롤데이타는 1977년 당시 33개국에 지사를 둔 다국적기업이었다.[136] 1967년에 설립된 서울 지

---

[135]   유옥순의 증언(유경순 편 2011a, 268).

[136]   콘트롤데이타와 그 노조에 대한 정보는 다음 자료에서 가져왔다. 이옥지 2001, 373-89; 성공회대학교 노동사연구소 2002~05, 한명희 증언.

사는 애초 40명에 불과하던 종업원 수가 1974년이면 1000명을 넘었고, 생산직과 관리직을 철저히 성별에 따라 분리해 고용하는 관행 때문에 노조 조합원의 100퍼센트가 여성이었다. 1973년 금속노조 영등포지부 콘트롤데이타 분회로 결성된 노조는 초창기부터 임금 인상 문제와 함께 여성 노동자들의 고충을 해결하려는 노력을 보여 주었다. 당시 생리휴가를 사용하기 위해서는 보건실 간호사에게 증명서를 받아 와야 했고 개인적으로 감독의 허락도 받아야 했는데, 노조는 생리휴가를 무급 휴가로 단체협약에 명시할 것을 강력히 요구해 관철시켰고 이후 생리휴가를 사용하는 관행이 정착돼 갔다.[137] 노조는 또 매년 관리직에만 지급하던 상여금을 여성 생산직 노동자에게도 동등하게 지급할 것을 요구해 관철시킨다.

성평등을 위한 전투적이고 체계적인 투쟁이 본격화된 것은 1977년 5월 아카데미 교육생 이영순이 위원장이 된 뒤부터였다. 이영순 위원장이 주도한 첫 번째 양성평등 투쟁은 1977년 8월 회사 통근 버스에서 벌어진 여직원과 남직원 간의 다툼에서 촉발되었다. 앞서 언급했듯이 1974년 회사가 구로공단으로 이전하면서 노조는 회사에 통근 버스 운행을 요구했고, 1977년 당시 26대의 통근 버스가 운행되고 있었다. 여성이 다수를 차지하는 통근 버스에서는 어느덧 암묵적 관행이 자리 잡았는데, 그것은 남직원들을 위해 첫 두 줄의 좌석을 비워 두는 것이었다. 이는 처음에는 소수인 남성이 여성으로 가득 찬 버스에서 겪을 수 있는 고충에 대한 여성들의 배려에서 비롯된 일이었고 이를 위해 일부

---

[137] 유옥순의 증언에 따르면, 생리휴가 사용 관행을 뿌리내리기 위해 노조는 출근부를 뒤져서 생리휴가를 쓰지 않은 조합원을 찾아내 일일이 설득했다고 한다(유경순 2017a, 138).

여성은 서서 출퇴근하는 것을 감내해야 했다. 하지만 남직원들은 이를 곧 자신들의 특권으로 여기게 되었다. 어느 날 몸이 불편한 여직원 김애희가 남자의 공간으로 간주되는 자리에 앉았는데, 한 남직원이 김애희에게 모욕적인 언사를 했다.[138] 노조는 회사 측에 해당 직원의 처벌과 남직원의 사과를 요구했고, 여성에 대한 언어폭력을 규탄하는 대자보를 붙였다. 안타깝게도 대부분 관리직에 속한 70여 명의 남직원들이 여성들을 비판하고 나서면서 이 '통근 버스 투쟁'은 일종의 성 대결로 확대되었다. 사측이 이 문제에 대해 남직원들의 편을 들자 노조는 단체행동이 불가능한 유신 치하였음에도 암암리에 50퍼센트 태업을 벌여 여성 조합원들의 강한 단결력을 과시했다. 결국 문제의 남성은 정직 1개월 처분을 받았는데, 가벼운 처분이었지만 상징적 의미는 컸고 실제 그 효과 역시 의미심장했다. 이후 남직원들은 여직원들에게 예사로 쓰던 반말을 자제하기 시작했다.

그 후 콘트롤데이타 노조는 당시 기업에서 널리 시행되던 결혼 퇴직제 규정을 비롯해 사내의 더 심각한 차별적 관행에 하나씩 맞서 나갔다. 회사가 채용을 동결하고 자연 감원을 통해 인력을 축소하는 상황이었고 그런 감원의 상당 부분은 여성의 결혼으로 인한 퇴직이었기 때문에, 결혼 퇴직제를 없애는 것은 노조의 생존을 위해서도 중요한 문제였다. 종업원 수는 1976년 1300명에서 1979년 약 600명으로 꾸준히 감소하고 있었다. 노조는 '결혼 후 직장 계속 다니기 운동'을 통해 이런 관행을 바꾸고, 과거에는 남직원들만 누렸던 결혼 휴가 6일과 결혼시 금일봉 지급 혜택까지 쟁취해 냈다. 젠더 및 노동문제에 대한 집중적인

---

[138] 특별히 모욕적으로 느꼈던 말은 "여자들이 싸가지 없이"였다(노동사연구소 2002-5, 한명희 증언).

노조 교육에 힘입어 여성 노동자들은 결혼이나 임신 후 취업에 대한 자신들의 보수적 태도를 바꾸기 시작했고, 관리자의 괴롭힘을 감수하면서도 '여성 평생 고용'이라는 새로운 관행이 뿌리내릴 수 있도록 퇴직을 거부하고 버티는 행동에 자원했다. 1982년 공장이 문을 닫을 당시 기혼 여성은 전체 종업원의 15퍼센트를 차지했고, 그중 30퍼센트는 임신 중이었으며, 노조는 공장 탁아소 설치와 충분한 수유 시간 확보를 위한 투쟁을 계획 중이었다.[139] 노조원들은 또 화이트칼라 사무직에게는 아들을 낳으면 5만 원, 딸을 낳으면 2만 원을 지급하는 반면, 생산직에게는 아기의 성별에 관계없이 2만 원을 지급하던 차별적 관행을 폐지하도록 요구했고, 회사는 출산시 일률적으로 5만 원을 지급하는 데 동의해야 했다. 콘트롤데이타의 여성 생산직 노동자들은 여성은 생산 라인의 '반장'까지만 승진할 수 있게 하던 유리 천장을 깨고 마침내 1977년 처음으로 고졸 생산직 여성 노동자 세 명이 대졸 남자 사원만 맡던 '감독'이라는 관리직에 임명되는 쾌거를 이뤄 냈다.[140]

노조가 운영하는 잘 짜인 교육 프로그램, 민주적 의사 결정 문화, 그리고 회사를 상대로 한 투쟁에서 계속 만족스러운 결과를 얻어 낸 전적은 노조에 대한 조합원들의 신뢰를 키웠고(오픈숍 시스템인데도 거의 전원이 노조에 가입돼 있었다), 여성 조합원들은 집단적으로 투쟁을 조직하는 데 탁월한 창의성과 통찰력을 보여 주었다. 단체행동을 불법화한 국가보위법의 제약 아래서도 태업 ─ 표면적으로는 노조의 개입 없이

[139] 1982년 공장폐쇄 당시 여성 노동자의 평균연령은 제조업 여성 노동자 평균보다 훨씬 높은 28.5세였고 평균 근속 연수도 7.5년으로 평균보다 상당히 길었다(성공회대학교 노동사연구소 2002~05, 한명희 증언).
[140] 유경순 2017a, 143.

자발적으로 발생한 것처럼 보여 사측이 입증하고 대응하기 어려운 방식이었다 — 을 잘 조직해 낼 수 있었던 것은 바로 이 때문이었다. 또 임금 협상을 준비할 때 노조는 협상력을 높이기 위해 회사 재정에 대한 자세한 정보를 수집하고 직접 시장조사를 실시하는 용의주도한 모습을 보여 주었다. 한 번은 사무직 직원으로 위장한 노조원들이 전국무역협회에서 회사의 수출 기록에 관한 중요 데이터를 입수한 적도 있었고, 노조 간부가 회사 생산부서장 사무실에 몰래 들어가 생산성 향상에 관한 데이터를 확보하기도 했다. 또 노조원은 아니지만 기꺼이 도와줄 의사가 있는 사무직 직원들로부터 정보를 빼내는 방법도 동원됐다. 미혼이라는 핑계로 여성 노동자에게 가족수당을 지급하지 않는 관행을 깨기 위해 노조는 조합원 가구를 대상으로 설문 조사를 실시했고, 그 결과 조합원의 평균 부양가족 수가 2.6명이라는 사실을 확인했다.[141] 결국 회사는 노조의 전투성을 이유로 내세우며 공장폐쇄를 결정했다. 이후 남직원들은 노조에 등을 돌리고 여성 조합원들의 공장폐쇄 반대 투쟁을 방해하며 분노를 표출했다.[142]

[141] 유경순 편 2011a에 실린 유옥순의 증언, 259-60, 262-63.

[142] 같은 책, 269. 한명희가 이해한 바로는, 정부는 콘트롤데이타 사건을 대표적 사례로 삼아 산선의 노동자 선동이 다국적기업의 한국 철수로 이어진다는 것을 증명하고 싶어 했다. 정부의 요청에 따라 KBS와 MBC는 콘트롤데이타 노조와 산선을 비판하는 특집 기획물을 세 편이나 방영했다. 반면 사측은 노조와 협상하기를 원했다고 하는데, 그 이유는 치열한 노동쟁의 소식으로 글로벌 기업 이미지에 타격을 입을까 하는 우려에서, 그리고 한국콘트롤데이타 여성 노동자들의 생산성이 긴 근속 연수로 인한 고숙련도와 짧은 노동시간(주 42시간) 덕분에 매우 높았기 때문이었다. 하지만 한국 정부는 다른 사업장에 선례를 남기지 않기 위해 해고된 활동가의 복직은 절대 불가하다는 입장을 고수했고, 교착상태에 빠진 회사는 결국 한국 공장을 폐쇄하기로 최종 결정했다(성공회대학교 노동사연구소 2002~05, 한명희 증언).

기수회 회장 박순희가 핵심 간부였던 원풍모방과 노조원 거의 대부분이 여성이었던 삼성제약에서도 비슷하게 성평등 이슈와 여성 특수 과제를 투쟁 안건으로 내세우는 경우가 많았다.[143] 원풍 노조는 1972년 섬유업계 최저 수준이었던 여성 노동자 임금을 1979년, 최고 수준으로 끌어올리고 성별 임금격차를 완화하는 데 성공했다. 또한 여성 노동자의 결혼 퇴직 관행에 도전하고 직장 내 만연했던 성희롱을 없앴다. 삼성제약 노조는 생리휴가, 결혼 퇴직, 출산휴가, 수유 시간 등 여성 특수 문제를 의제화하고 여성 생산직 노동자를 상대로 성희롱이 만연한 문화에 도전했다.[144]

직장 내 성차별에 대한 반란은 금융권에서도 눈에 띈다. 성차별적인 직장에서도 여성의 권리에 대한 자각이 별로 없었던 한 은행 노동조합의 여성부장 한인숙은 아카데미 교육을 통해 "인생이 바뀌는 계기"를 맞게 되었다. 그는 아카데미 교육을 이수한 다른 노조 여성부장들과 함께 여성 대의원을 선출해 결혼 퇴직제 폐지, 승진 기회와 임금 인상에서의 남녀 차별 폐지 등 여성 조합원의 권익을 대표하는 일에 앞장섰다.[145] 이 모든 사업장에서 노조가 여성의 문제를 심각하고 정당한 고충으로 인정하고 이에 대해 문제를 제기하면서 민주노조 운동 기간 동안 상당한 문화적 변화가 일어나고 있었다. 이들은 직장 내 깊이 뿌리

---

[143] 이옥지 2001, 420. 유경순은 여성운동으로부터 유입된 외부 세력이 노조에서 여성 노동자의 젠더 의식을 높이는 데 중요한 역할을 했다고 보는 여성학자 이숙진의 주장을 반박하는 데 삼성제약 노조 사례를 사용한다. 유경순은 삼성제약 노조는 교회나 지식인 활동가들과 연결돼 있지 않았음을 지적한다(유경순 2017a, 102-14).

[144] 이옥지 2001, 395-97, 420-22.

[145] 정연순 1998, 86-87.

내린 성희롱 관행에 맞서 결기 있게 싸웠고, 여성 생산직 노동자에 대한 남성 상사의 일상적인 반말과 무례한 언어 사용에 맞서 싸웠다.[146]

역사학자 김무용이 명료히 설명한 것처럼 여성 조합원들에게 민주노조 사수 투쟁은 계급적 이익 추구 이상의 의미가 있었다. 여성 노동자들은 민주적 회의, 교육 프로그램, 그룹 활동, 시위, 농성, 국가 폭력과 사측에 의한 폭력을 경험하며 주체성의 변화를 겪는 동시에 노조 활동을 통해 사업장 문화와 주변의 일상을 변화시키고 있었다. 노동운동에 몸담았던 이들 중 많은 이들은 자신들이 노조 활동을 통해 '노동자'임에 자긍심을 갖게 되었고 '공순이'라는 단어가 강요한 고통스러운 열등감을 극복할 수 있었다고 증언한다. 콘트롤데이타 노조 간부였던 한명희는 이영순 지도부 아래서 참여했던 노조 투쟁에 대해 이렇게 회상한다.

든든해서 안 먹어도 막 배가 부르고 세상에 겁나는 게 없고 우리들한테 요구에 수그리고 들어온다 느끼니까 막 세상을 다 얻은 거 같은 정말 든든한 기분으로 그때 회사에 다녔어요. 너무나 멋있게 그래서 세상에 겁날 게 하나도 없었어요. 그래서 이웃에 다른 데 노동자들이 이제 노동조합 결성한다고 하면 막 쏘낙비를 맞으면서도 그냥 노동조합이 너무 멋있는 거예요. 힘이 있는 거고.[147]

그는 사실 자신의 '공순이'라는 위치, 즉 여성스럽지 못하다고 여겨지

[146] 이옥지 2001, 348, 377, 396, 421.
[147] 성공회대학교 노동사연구소 2002~05, 한명희 증언.

는 생산직 육체노동자라는 사실을 숨기기 위해 사치스러운 옷과 화장품으로 외양을 꾸미는 데 열중하면서 가족과 친구들에게 자신이 사무직이라고 거짓말을 하고 살았다. 하지만 1년여의 노조 활동 경험은 그를 가족과 지인뿐만 아니라 낯선 사람들에게도 노동의 대의를 열렬히 선전하는 사람으로 변모시켰다. 그의 내면에 일어난 급진적 변화는 여객선 승객 신고서에 자신의 직업을 '공순이'라고 당당히 적는 상징적인 행동을 통해 잘 드러난다.[148]

이는 여성이 지배적인 일부 대규모 제조업 공장에 국한된 일이긴 했지만, 수천 명의 젊은 여성들이 노조를 발판으로 성차별 관행과 문화에 맞서 효과적인 공세를 펼쳤다는 점에 주목할 필요가 있다. 이들의 운동이 현장의 성차별적 권력관계를 크게 변화시킨 점을 고려할 때, 민주노조 운동의 이런 측면이 한국 노동운동사에서 주목받지 못한 것은 놀라운 일이다. 기수회의 역사와 그 회원들이 각각의 사업장에서 전개한 젠더 혁명의 흔적들은 활동가들의 증언과 노조에 대한 기록들 사이

---

[148] 성공회대학교 노동사연구소 2002~05, 한명희 증언. 이와 관련해 인천 산선 조화순의 경험도 흥미롭다. 조화순은 산업선교를 위해 처음 공장에 들어갔을 때 "청바지와 티셔츠를 입고" 노동자처럼 보이려 애썼지만 노동자들의 눈에는 그가 오히려 "이상하게 보였"다고 회고한다(Cho 1988, 125). 그로부터 세월이 한참 지난 2003년의 인터뷰에서 조화순은 복장과 관련한 계급 문화에 대한 또 다른 흥미로운 에피소드를 들려준다. 이화여대생들과의 만남을 주선했을 때, 인천의 여성 노동자들은 자신들이 생각하는 품위 있는 복장을 하고 나타난 반면, 대학생들은 자신들이 생각하기에 노동계급에 어울리는 옷을 입고 왔다. 조화순은 수수한 옷차림의 대학생들은 너무도 세련되고 멋있어 보이는 반면, 노동자들이 멋있어 보이려고 어설프게 차려입은 모습은 시골 촌뜨기처럼 보인다는 사실에 화가 났다고 한다. 하지만 얼마 지나지 않아 노동자들의 옷차림이 바뀌기 시작했고, 학생과 노동자를 구분하기 어려워졌다고 조화순은 행복하게 술회한다(성공회대학교 노동사연구소 2002~05, 조화순 증언).

에 흩어져 있다. 이 장에서 만난 1970년대와 1980년대 초의 여성 노동 자들은 기존의 관행 — 여성 노동자를 학대의 희생자이자 학생과 지식 인의 도움과 지도를 받아 열심히 민주화 운동을 벌인 선량한 용사로 묘 사하는 — 에 맞서 자신들만의 목소리를 내고 이견을 분명히 해왔다.

　이 시기 사업장 단위를 넘어선 활동가들 간의 폭넓은 교류와 교육 활동(아카데미 노동교육이 상당한 기여를 했다)이 진행되면서 성차별에 대 한 감수성과 노조가 여성의 특수한 고충을 다뤄야 한다는 인식은 수도 권 지역을 넘어 널리 확산되고 있었다.[149] 예를 들어, JOC 투사 정향자 위원장이 이끄는 전남제사 노조는 노조 교육 사업의 일환으로 아카데 미 노동교육 강사 신인령과 이총각, 최순영, 박순희 등 기수회 여성 활 동가들을 광주로 초청해 교육을 진행했는데, 이는 아카데미 교육의 영 향이 어느 범위까지 미치고 있었는지를 짐작케 해준다. 정향자는 당시 노조가 작업장 내 성폭력 문제를 직접 의제화하기 위해 준비 중이었다 고 회상한다. 하지만 1980년 5월 광주에서 일어난 학살과 항쟁, 그리고 이어진 사회운동에 대한 극심한 탄압은 정상적인 노조 활동을 불가능 하게 만들었다.[150]

[149]　유경순은 많은 아카데미 교육 수료자 중 원풍과 콘트롤데이타 노조만 여 성 특수 과제를 추구했고, 따라서 아카데미 교육이 원풍과 콘트롤데이타의 성차 별 극복을 위한 활동에 유의미한 영향을 미쳤다고 할 순 없다고 주장한다(유경 순 2017a, 102-14). 그러나 이 장에서 살펴본 바와 같이 아카데미 교육은 두 노 조를 넘어 훨씬 더 광범위하게 영향을 미친 것으로 보인다.
[150]　박수정 2004, 253, 259, 261에 실린 정향자의 증언.

6장

민주화 이후
여성 노동자와
기억의 정치

"70년대를 관통하며 불씨를 키워 온"[1] 여성 노동자들의 투쟁은 1982년 갑작스럽게 끝이 났지만, 이후 1987년 한국 노동자들은 '노동자 대투쟁'이라는 한국 역사상 또 다른 특별한 순간을 만들어 냈다. 이를 통해 열렬한 노동운동가들조차 상상할 수 없었던 수준으로 조직 노동의 힘은 대폭 강화되었고 노동운동의 상황이 급변하자 노동운동계와 관

---

[1] 이 인용구는 박민나, 『가시철망 위의 넝쿨장미: 여성 노동운동가 8명의 이야기』 서두에 실린 조정래의 「추천사」에서 따왔다.

련 학자들 사이에서는 그러한 엄청난 성공을 이해하고 공과를 분석할 필요성이 대두했다. 하지만 이런 평가 작업에는 기존의 젠더화된 편견이 개입되면서 1970년대와 1980년대 초 민주노조 운동의 주역으로 활동했던 여성 노동자들은 오히려 비판의 대상이 되었다. 이처럼 1987년 이후 맞닥뜨린 부당한 비난들을 돌아보며 베테랑 여성 노동운동가 이철순은 이렇게 씁쓸하게 묻는다. "그때 그대들이 없었더라면 87년 대투쟁이 있었을까, 이 땅의 민주화가 이만큼이라도 가능했을까, 오늘날의 민주노조 운동이 존재할 수 있었을까."[2] 지식인 활동가들이 여성 노조원들을 향해 휘두른 "비난의 칼"은 깊은 상처를 남겼다.[3] 또 신자유주의화가 진행되면서 공장 여성들이 딛고 서있던 투쟁의 토대는 무너졌다. 그럼에도 21세기 들어 우리는 여성 노동자들이 또다시, 이번에는 노동시장의 가장 밑바닥에서 '비정규직'이라는 이름으로 다시 일어나 새로운 노동운동의 '불씨'를 퍼뜨리는 것을 목격하게 된다. 이 장에서는 이 같은 한국 여성 노동자들의 최근 투쟁사를 따라가며, 특히 그것이 과거 여성 노동자들의 투쟁과 어떻게 연결돼 있는지 살펴보려 한다.

이야기는 1980년, 광주에서 시작된다. 1979년 10월 26일, 박정

[2] 같은 책에 실린 이철순의 「발간사」.
[3] "비판이 아닌 비난의 칼"이라는 구절은 베테랑 여성 노동운동가이자 이 장의 주인공 중 한 사람인 박순희가 인터뷰를 통해 드러낸 울분을 표현하기 위해 저자 박수정이 사용한 것이다. 1년을 복역 후 1983년 광복절 특사로 나온 박순희는 자신이 없는 동안 동료 노동자들이 사업장에서는 사측에 당하고 "한편으로는 학생 출신 운동가들에게 당하고" 하는 "이중으로 짓밟히는" 상황이었음을 알게 되었다. 그는 2000년대 초의 인터뷰에서 "전체적인 사회구조나 상황"을 무시하고 "학생운동 출신들이 그냥 비난을 일삼은 거에 대해서는 나는 지금도 용서가 안돼"라고 울분을 표출했다(박수정 2004, 170-71).

희 암살 이후 등장한 전두환 신군부는 권력 장악의 마지막 단계로 광주를 희생양으로 삼았다. 1980년 5월, 백주 대낮에 공수부대가 평범한 시민들을 공격하고 살해한 광주 학살의 형용할 수 없는 잔인함은 민주화운동의 지형을 완전히 뒤바꿔 놓았다. 학생과 지식인 중심의 운동이 거리낌 없는 권력의 전횡 앞에 얼마나 무력한 것이었는지를 뼈저리게 깨달은 엘리트 활동가들은 광주 민중항쟁 이후 저항운동의 기본 전제들을 근본적으로 다시 생각하게 되었다. 포위된 광주를 가장 먼저 탈출한 것은 중산층에 속한 학생과 지식인들이었고 끝까지 싸우다 죽음을 맞이한 것은 노동계급의 평범한 시민들이었다는 사실은 이들을 깊은 죄책감에 빠뜨렸다. 역사학자 이남희는 5·18 이후 1980년대 한국 운동권의 변화를 분석한 저서 『민중 만들기』에서 광주의 무게를 그 전 세대 운동가들에게 전태일이 주었던 충격에 견주며 "1980년대 운동가들이 짊어진 십자가"였다고 말한다.[4]

한편, 권력을 장악한 전두환 정권은 집요하게 노조 탄압에 매달렸다. 노조 활동가 수천 명이 해고되거나 수감되고 블랙리스트에 올랐으며 청계피복 노조 등이 강제 해산되거나 공작에 의해 와해됐다. 민주노조 운동은 수렁에 빠졌다. 이 같은 패배에 대한 성찰과 광주 민중항쟁의 충격 아래서 활동가들은 새로운 형태의 노동운동을 모색하기 시작했다. 이들은 1970년대의 민주노조 운동이 개별 사업장에 국한된 경제투쟁이었다고 비판하면서 개별 사업장을 넘어선 연대와 정치투쟁을 옹호하고, 더욱더 체계적인 노학 연대를 강조했다. 새 노동운동의 지식인 활동가들은 정치와 사회의 급진적 변혁을 목표로 삼았다. 1970년대

[4] Lee 2007, 218[이남희 2015, 348].

민주노조 운동의 많은 베테랑 활동가들은 이런 급진적 사고방식에 반대하며 노조를 민주화하고 생활임금 및 노동조건 개선 투쟁을 통해 노동조합 본연의 역할을 더 강화해야 한다고 주장했다. 1970년대에 소수의 인원과 고립된 몇몇 사업장에 국한되었던 '노학 연대'는 1980년대를 거치며 체계적이고 집단적인 노력으로 확대되었다. 노동자계급 '대중'을 각성시키고 조직하는 것만이 군사정권을 무너뜨릴 수 있는 유일한 방법이라 믿은 많은 학생 조직들이 활동가들을 공장으로 파견하기 시작했다. 확실한 통계는 없지만, 정통한 관찰자들의 추산에 따르면 중산층의 삶을 보장받는 진로를 포기하고 '학출'이라 불리는 공장노동자·조직가가 되기로 선택한 대학생의 수는 1985년까지 수천 명에 달했다.[5]

노학 연대에 기반을 둔 조직화 작업의 중요한 성과 중 하나가 1985년 6월 서울 구로공단에서 일어난 동맹파업이다. 구로공단에서는 적어도 19명의 '학출' 운동가들이 활동 중이었다. 6일간 진행된 이 파업에는 5개 섬유·전자회사 노조원 2500여 명 — 대부분 여성이었다 — 이 참여했고, 지역의 다른 5개 노조도 자체적인 집단행동을 통해 공

[5] 『신동아』 1989년 6월호에 실린 글에 따르면 1980년 5월부터 1983년 대학 자율화 조치 이전까지 학생운동 관련해서 제적당한 대학생 1363명의 상당수가 '학출'의 길을 택해 경인 지역 현장으로 투신했다(유경순 2007, 41에서 재인용). 1985년의 『동아일보』 보도 두 건과 노동부장관 보고, 그리고 부천상의의 1986년 소식지는 학출의 규모를 각각 198명, 302명, 160명, 699명으로 기록했다. 통계자료를 검토한 유경순은 1985년까지 수도권 지역의 학출 수는 대략 1000여 명 정도로 나타나는데, 외부로 드러나지 않은 경우까지 고려하면 실제 규모는 그보다 컸을 것이라 본다(같은 책, 41-42). 야학 운동을 연구한 천성호는 1980년대 초반부터 몇 년 동안 "수천 명"의 대학생이 수도권 지역의 공장에 들어갔다고 추정한다(천성호 2009, 447).

<그림 11>

1985년 구로 동맹파업

개적으로 파업에 대한 지지를 표명했다.[6] 그러나 파업은 패배로 끝났고 그 결과는 참혹했다. 그 전 2년간 새로 설립되거나 민주화되었던 구로 지역의 민주노조가 다 무너지고 1300명 이상의 조합원이 해고되었다. 이 같은 결과는 전략에 대한 격렬한 논쟁을 불러일으켰다. 그럼에도 불구하고 서울의 수출 공단 한복판에서 연대 파업을 벌인 노동자들의 역량은 많은 이들에게 깊은 인상을 남겼다. 그것은 1980년대 중반 남성이 지배적인 중공업 기업을 비롯한 다양한 부문에서 노동자의 전투성이 점차 높아지는 과정에서 중요한 분기점이 되었다.

그해 '6월 항쟁'을 통해 시민들이 집권 엘리트로부터 대통령 직선제를 포함한 중요한 정치적 타협을 이끌어 낸 후, 7월에는 전례 없는 규모와 강도로 파업이 일어나기 시작해 9월까지 전국을 휩쓸며 계속됐다. 7월에서 9월 사이 3341건의 쟁의가 발생해 하루 평균 44건을 넘었고, 정점을 찍은 8월에는 하루 평균 83건의 쟁의가 일어났다. 이 수치는 그전 두 해 동안 증가 추세에도 불구하고 연간 쟁의 수가 300건에 못 미쳤던 것과 뚜렷이 대비된다.[7] 쟁의에 참가한 노동자 수는 10인 이상 사업체 상용 근로자 333만 명의 약 37퍼센트인 122만 명에 달했고, 쟁의의 90퍼센트 이상이 불법 파업에 해당하는 작업 거부나 농성, 시위의 형태를 취했다.[8] 이렇게 해서 새로 생겨난 노조는 1296개(조직 조합

---

[6]   유경순은 파업에 참여한 학출 활동가 명단과 그들의 배경을 포함한 상세한 자료를 제공한다(유경순 2007, 258 <표 28>).

[7]   김원 외 2017, 11. 이 책은 1980년대 한국 노동운동의 주요 사건과 상황을 백과사전식으로 요약하고 평가한다. 1985년에 일어난 쟁의 건수는 265건이고 그 다음해에는 276건의 쟁의가 일어났는데, 이는 1980년대 초반 연 100건 내외의 쟁의가 있었던 것(橫田伸子 2012, 43[요코타 노부코 2021, 68])에 비하면 가파른 증가다.

원 수 33만 6507명)에 달했고, 수많은 기존 노조가 친기업 성향이었던 지도부를 숙청했다.[9]

이처럼 조직 노동운동의 힘이 크게 강화된 결과 노동과 자본 간의 극심했던 힘의 불균형은 상당 부분 개선되었다. 1953년 노동법이 공포된 이후 처음으로 남성 노동자가 지배적인 중공업 대공장을 중심으로 노조의 힘이 분출하자 국가와 기업은 노동 통제 전략을 재구성하지 않을 수 없었다. 한국노총에도 민주적 변화의 바람이 불기 시작했다. 1995년 11월 전국민주노동조합총연맹(민주노총)의 출범으로 한국노총과 경쟁하는 민주노조들의 대안적 연맹체 설립이라는 꿈이 실현되었고,[10] 노동자 정당을 결성하기 위한 실험도 시작되었다. 노조들은 곧이어 1989년부터 국가와 재계의 거센 반격에 직면해야 했지만, 1987년 이후 노사는 이미 돌이킬 수 없는 새로운 국면에 접어들었다고 할 수 있다.

여기서 눈에 띄는 변화는, 1987년을 기점으로 민주노조 운동의 지도부가 여성 노동자에서 남성 노동자로 바뀌었다는 점이다. 이는 여성 노동자들이 1987년 이후 노조 운동에도 적극적으로 참여했음에도 불구하고 일어난 일이었다. 예를 들어, 1987년 여름 부산의 국제상사에서 수천 명의 여성 제화공들은 구사대와 경찰의 폭력에 맞서 노동쟁의를 벌였고, 이는 당시 대한조선공사의 노동쟁의와 더불어 노동자 투쟁의 확산을 이끈 초기 투쟁 중 하나였다.[11] 그러나 남성이 지배적인

[8]   김원 외 2017, 11-12; 강인순 2001, 22.
[9]   강인순 2001, 22. 1987년 6월의 통계인 조합원 105만 명, 노동조합 725개에 비교할 때 1989년 당시 조합원 193만 명, 노동조합 7883개라는 수치는 실로 놀라운 것이었다(같은 책, 362).
[10]   1990년 1월 전국노동조합협의회(전노협)가 결성되고 여러 민주노조 연합체들이 민주노총으로 결합해 가는 과정에 대해서는 Koo 2001, 188-98 참조.

노조에 비해 여성이 지배적인 노조의 가시성과 영향력은 급격히 감소했다.

이 장의 첫 번째 절에서는 1990년대 부산의 신발 여공들의 경험을 통해 이 같은 갑작스러운 주변화가 어떠한 경제적 변화와 맞물려 일어났는지 살펴본다. 그리고 두 번째와 세 번째 절에서는 노동운동에서 여성 조합원이 밀려나는 복잡한 정치과정에 주목해 본다. 이 과정은 민주노조 운동의 서사와 기억에서 진행된 여성의 주변화와 궤를 같이한다. 네 번째 절은 노동운동가 김진숙의 사례를 검토하는데, 중공업 부문의 여성 노동운동가인 그가 걸어온 궤적은 오늘날 한국 노동운동에서 젠더 문제가 주요한 문제로 부상해 가는 방식을 이해하는 데 도움을 준다. 1990년대 들어 과거 민주노조를 이끈 여공들에 대한 사회적 기억은 희미해져 갔고, 노동시장이 신자유주의 정책에 따라 재편되면서 여성 노동자들은 비정규직으로 내몰리기 시작했다. '비정규직'은 임시직, 기간제, 파트타임, 특수고용, 하청, 온콜on-call, 파견직을 포함한 다양한 형태의 불안정 고용을 포괄하는 용어다. 이들 비정규직 가운데서도 여성 노동자들은 2000년대 들어 한국에서 새롭게 등장한 활력 넘치고 혁신적인 노동자 운동의 최전선에 서있다. 마지막 절에서는 이렇게 비정규직 여성 노동자들 사이에서 새롭게 부상하고 있는 노동자 운동에 대해 살펴보고 김진숙의 행동이 어떻게 이 책의 시작점에 자리하는 평양의 고무 노동자 강주룡에 대한 새로운 기억을 불러일으켰는지 알

[11] 강인순 2001, 108-9. 국제상사 신발 노동자들의 투쟁은 부산의 다른 여러 신발공장으로 확산되었고, 9월에는 각자의 사업장에서 구사대 폭력에 밀려난 여섯 개 신발공장 노동자들이 부산의 가톨릭센터에 모여 연대 농성을 시작한다. 이 여섯 개 고무 사업장 — 화성, 풍영, 국제상사, 삼화고무, 대양고무, 부영화학 — 에서 일어난 폭력의 사례는 같은 책, 125-30를 참조.

아본다.

신발 자본의 철수와 여공의 소멸

1991년 죽음을 택했을 당시 권미경은 스물두 살의 노조 활동가이자 부산의 신발 대기업 대봉의 숙련 미싱사였다.[12] 당시 업계 전반의 불황에 직면한 회사는 '30분 일 더 하기 운동'이라는 이름으로 스피드업을 가속화하고 무급 추가 노동을 요구하며 노동자들을 몰아붙이고 있었다. 이 운동은 1991년 11월부터 대한상공회의소, 전국경제인연합회, 한국무역협회, 중소기업협동중앙회, 한국경영자총협회 등 경제 단체들이 전국적으로 전개한 '산업계 5대 더하기 운동'의 일환이었다.[13] 1991년 11월 말 대봉에는 아디다스 스니커즈 신제품 라인이 설치되었는데 매시간 관리자들이 작업자 개개인을 닦달하며 신발 한 켤레를 생산하는 데 걸리는 시간을 체크했다. 한 관리자는 "목표량 달성 못 하면 함께 죽자"라는 글귀를 칠판에 큼직하게 써놓고 노동자들을 심리적으로 압박했으며 작업 속도가 느린 노동자는 심한 꾸지람을 듣고 연장 작업을 강요당했다. 권미경을 비롯한 여성 노동자들은 관리자가 폭언과 욕설을 퍼부으며 연장 작업을 시키는 바람에 어느 날 저녁 식사를 거를 수밖에 없었다. 배고픔을 이기지 못해 권미경과 동료들이 빵과 귤을 나

[12] 권미경의 죽음에 대한 정보는 같은 책, 439-41과 고무노동자협의회 1995, 466-79에서 가져왔다.

[13] 경제 위기를 극복하는 방법으로 제시된 5대 더하기 운동에는 30분 일 더하기를 포함해 물자와 시간의 10퍼센트 절약, 10퍼센트 이상 생산성 높이기, 10퍼센트 이상 수출 더하기 등이 포함됐다(강인순 2001, 440).

뭐 먹자 관리자는 "생산량도 못 채우는 주제에 아가리로 먹을 게 들어가느냐"는 막말로 모욕을 주었다. 동료들에게 권미경은 "지옥이 따로 있느냐, 이곳이 바로 지옥 아니냐" 하며 울먹였다.

권미경은 거의 매일 쓴 일기를 비롯해 "전태일 열사만큼이나 많은 글을 남겼"다. 그 일부는 『고무 노동자 투쟁 자료집』에 수록돼 있다. 권미경의 글은 그가 "소녀들"이라고 애정을 담아 불렀던 십대 노동자들에 대한 깊은 연민의 감정을 드러낸다는 점에서 '시다' 소녀들에 대한 전태일의 글을 떠올리게 한다.[14] "너무나 안타깝고 애처롭다"고 느낀 '소녀들'을 위해 해줄 수 있는 일이 많지 않다는 사실은 권미경을 크게 괴롭혔다. 권미경은 일기에 "내가 그녀들을 위해서 무엇을 할 수 있을까?"라고 적었다. 그리고 1991년 12월 6일, 같은 라인에 있던 어린 노동자가 관리자의 심한 질책과 위협에 엉엉 우는 장면을 목격하면서도 항의조차 할 수 없었던 그날, 회사 건물 3층 베란다에서 몸을 던졌다. 그는 왼쪽 팔뚝에 "마지막 일기"를 남겼다.

사랑하는 나의 형제들이여! 나를 이 차가운 억압의 땅에 묻지 말고 그대들 가슴 속에 묻어주오. 그때만이 우리는 완전한 하나가 될 수 있으리. 인간답게 살고 싶었다. 더이상 우리를 억압하지 마라. 내 이름은 공순이가 아니라 미경이다.

권미경이 극단적인 선택을 하기까지 일련의 사건과 상황은 전남방직 '김 양'의 자살을 떠올리게 한다. 1962년 김 양의 동료들에 비해

[14] 고무노동자협의회 1995, 476-77. 권미경이 왼쪽 팔뚝에 남긴 유서와 일기 일부는 같은 책, 476-79에 실려 있다.

<그림 12>

권미경의 사진과 일기

1991년 권미경의 친구들에게는 그의 죽음을 추모하고 그 뜻을 이어 나갈 역량이 더 갖춰져 있었다. 권미경의 죽음은 부산의 고무 노동자들 사이에서 큰 반향을 일으켰다. 앞으로 살펴볼 것처럼 그들도 권미경처럼 스피드업이나 폭언·폭력 등 끔찍한 노동조건에 시달리고 있었다. 권미경의 장례는 부산 노동자장으로 치러졌고, 그의 죽음이 준 충격은 1992년 4월 고무노동자협의회가 창립되는 계기가 되었다. 이후 1995년에 민주노총에 가입하며 해산하면서 협의회는 앞서 언급된 『고무 노동자 투쟁 자료집』을 펴내 투쟁의 기록을 남겼는데, 여기에 권미경의 행적과 글이 중요하게 다뤄져 있다.

　권미경의 죽음 당시 부산의 신발 산업은 심각한 위기를 맞고 있었다. 1991년부터 본격화된 신자유주의적 경제 재편 — 금리자유화, 자본시장 개방, 공기업 민영화 등 — 은 신발 산업에도 큰 변화를 가져왔다.[15] 평양·서울과 함께 식민지 조선의 3대 고무신 생산지 가운데 하나였던 부산은 1970, 80년대에 신발 산업의 급성장을, 그리고 1990년대 초에는 더 급격한 추락을 경험했다. 1970년 총 7000만 켤레였던 신발 생산량(그중 21.1퍼센트가 수출용)이 1980년에는 2억9800만 켤레(68.1퍼센트 수출)로, 1988년에는 5억7300만 켤레(78.7퍼센트 수출)로 증가했다. 정점을 찍은 1988년 이후 불과 5년 만인 1993년에는 생산량이 7700만 켤레로 1970년 수준으로 감소했고, 총생산량 대비 수출 비중은 62.3퍼센트로 하락한다.[16] 한국 기업들은 값싸고 잘 훈련된 여성

---

[15]　물론 신자유주의는 전 세계적인 현상이었고, 이로 인해 세계 여러 지역에서 고용 안정성과 노조의 힘이 크게 약화되었다. 한국에서는 1997~98년의 아시아 금융 위기가 신자유주의적 전환의 지지자들에게 신속하고 강도 높은 구조적 변화를 도입할 절호의 기회를 제공했다. 전 세계 발전의 맥락에서 본 한국의 신자유주의화 과정에 대한 탁월한 분석으로는 지주형 2011 참조.

노동력에 의존해 수출 호황을 누리면서도 자체 브랜드 개발과 기술력 향상을 위한 투자에는 소홀했다. 거의 모든 신발 생산은 나이키, 리복, 아디다스 등 세계 주요 신발 회사를 위해 제품을 조립하는 OEM(주문자 상표 부착 생산) 방식으로 이루어졌다. 예를 들어 1990년에는 국내 신발 생산의 97.95퍼센트가 OEM 방식이었다. 신발 산업의 전성기에 신발은 전자 제품과 섬유에 이어 한국의 세 번째로 큰 수출 부문이었으며, 한국은 이탈리아에 이어 세계 2위의 신발 수출국이었다.

부산은 이 성장 드라마의 중심에 있었고, 고무노동자협의회의 주장에 따르면 1990년대 초 신발 산업이 "부산 경제의 30퍼센트를 차지"할 정도가 되었다.[17] 한국신발산업협회 자료에 따르면 1991년 11월 기준 부산과 경남 지역에는 전체 292개 제화 업체 중 190개(65.1퍼센트)가 소재해 전체 11만5000명의 제화 노동자 중 9만5000명(82.8퍼센트)을 고용하고 있었다. 1993년 말 신발 산업에는 생산직 노동자 2만7944명(남자 6404명, 여자 2만1540명)을 포함해 3만1395명이 남아 있었는데, 이는 16만4000명의 고용을 자랑하던 1988년 초에 비해 80퍼센트 정도 급감한 수치다. 미국의 신발 수입 통계는 이 시기에 다국적기업 바이어들이 어디로 이동했는지 보여 준다. 1988년 한국은 '가죽 스니커즈' 범주에서 미국이 수입하는 신발의 68.8퍼센트를 차지했는데 1992년 (1월부터 8월까지) 한국의 점유율은 29.7퍼센트로 급감해 중국

[16] 통계자료는 고무노동자협의회 1995, 11-16; 강인순 2001, 422-25에서 가져왔다. 수출 금액은 1990년 43억 달러로 최고치를 기록하고 1993년이면 28억 달러로 감소한다.

[17] 고무노동자협의회 1995, 52, 56, 76. 1992년 6월 "15만 고무 노동자의 생존권 쟁취"를 위해 단식 농성에 돌입한 고무노동자협의회 준비위원회의 주장에 따르면, 신발 산업은 부산 총생산량의 23퍼센트를 차지했다.

(29.8퍼센트)에 뒤졌고 그 뒤를 인도네시아(20.7퍼센트)가 바짝 쫓는 형세가 되었다. 특히 인도네시아로부터 수입되는 제품 중 일부는 값싼 노동력을 찾아 인도네시아로 이전한 한국 기업의 생산품이었다.

물론 이런 자본의 급격한 해외 이전과 그에 따른 지역 경제의 황폐화는 부산의 신발 산업에서만 발생한 일은 아니다. 1990년대가 되면 한국에서 저임금 여성 노동력에 기반을 둔 제조업 중심의 수출 주도 산업화 시대는 끝났다는 것이 분명해졌다. 부산 신발 노동자들의 시련은 많은 수출 업종에서 반복되었다. 기업이 활용하는 다운사이징, 하청 주기, 해외에 신설한 공장으로 물량 옮기기, 남은 노동자들을 대상으로 한 스피드업, 임금 체불, 임금과 퇴직금을 주지 않고 갑자기 폐업하기 등의 방법에 고통을 겪는 노동자 수가 급증했다. 1992년 6월 단식투쟁 중에 있던 부산 고무 노동자들의 표현을 빌리자면, 어제의 '산업 역군'들이 1990년대 초반 하루아침에 "갈 곳 없는 산업 쓰레기"의 처지로 전락한 셈이었다.[18]

이 같은 상황은 그 이전 몇 년 동안 업계를 괴롭혔던 과잉투자와 극한 경쟁 — 노동집약적인 생산공정으로 인해 자본 투자가 상대적으로 적게 필요한 반면 수익률이 높은 신발 사업에 점점 더 많은 자본가들이 진입하면서 발생한 일이었다 — 으로 인해 더욱 악화되었다. 갑작스러운 수출 신발 산업의 붕괴에 대처하기 위해 한국 정부는 3개년 (1992~94년)에 걸친 '신발 산업 합리화' 계획을 발표했는데, 이는 노후화된 설비를 폐기해 생산량을 줄이고 임금동결, 기계화, 정리해고 등을 통해 생산비를 절감하는 것을 우선순위로 삼았다.[19] 정부의 지원에 힘

[18] 같은 책, 57.

입어 신발 업체들은 '구사 운동'을 추진했고, 언론도 이를 노사 관계의 혁신적 새 모델이라 극찬하며 지지했다.

부산의 신발공장은 식민지기의 노무 관계가 상당 부분 지속되어 욕설과 구타가 일상적이고 "'저임금, 장시간, 강제 노동의 대명사'라 할 만큼 노동조건이 열악하기로 소문난 곳"이었다. 거기에 '구사 운동' — 본질적으로 스피드업과 노조 와해 공작을 결합한 캠페인 — 이 더해진 것이다.[20] 여공들은 정규 근무시간보다 5~10분 일찍 일을 시작하고 20~30분 늦게 끝내는 게 일상화되었고, 불합리하게 높게 설정된 생산 목표를 달성하지 못하면 무급 연장 노동을 감내해야 했다. 일부 기업은 노조의 협조를 얻어 노동자에게 상여금이나 시급의 일부를 반납하게 하거나 토요일에 연장 근무를 하도록 압력을 가하기도 했다. 단체협약 상 보장된 격주 토요일 휴무를 아예 포기하는 경우도 있었다. 권미경의 사례에서 보듯 관리자가 라인에서 노동자의 작업 속도를 계속 점검해 "게으른 노동자"를 심하게 압박했고, 지각·조퇴·외출·결근 등 노동자들의 이동은 엄격하게 통제됐다.[21] 또 정규직 평균임금의 15~30퍼센

---

[19] 같은 책, 52.

[20] 같은 책, 471.

[21] 스피드업을 위해 쓰인 각종 방법은 같은 책, 71, 469-71에 기록돼 있다. 가장 악명 높았던 방법은 삼화고무가 시행해 생산성 증가에 성과를 올렸던 품질 증진 사업Product Quality Management, PQM으로 다른 신발공장들도 곧 이를 도입했다. 삼화고무는 테스트 라인을 설치하고 30~40명의 관리자와 회사 간부들이 하루 종일 라인 노동자들을 둘러싸고 화장실에 가는 시간까지 포함해 모든 움직임을 측정했다. 이렇게 엄청난 압박 속에서 달성한 최고 생산 기록은 다른 라인에도 적용되었다. 노동자들은 생산 목표를 달성하기 위해 화장실 이용을 자제하고 점심 식사를 거르며 시간 외 연장 근무를 자원해야 했다. 삼화에서는 1989년 이 프로젝트가 시작된 지 얼마 지나지 않아 여성 노동자 둘이 쓰러져 사망했다. 화승에서는 열일곱 살 남성 노동자가 장시간 근무 후 라커룸에서 잠을

트 수준으로 외국인 노동자를 '견습생' 형태로 고용하는 회사도 있었고, 일부 대기업은 해외에 신규 공장을 설립하기 시작했다.[22]

　　다국적기업의 생산 전략 변화로 인해 발생한 수익률 하락을 노동자를 더욱 쥐어짜는 방식으로 보전하려는 부산 고무 자본가들의 시도는 필사적인 저항을 불러일으켰고 이에 회사는 "상상을 초월하는" 구사대 폭력과 집단 해고로 대응했다. 구사대에는 남성 직원뿐 아니라 용역 깡패가 포함된 경우도 많았다.[23] 사측이 노동 통제 수단으로 집행한 "야수와 같은" 폭력에 대한 고무 노동자들의 증언을 보면 폭력성이 높은 한국의 노동 통제 관행의 맥락에서 보더라도 그 잔혹성이 놀라울 정도다. 여러 사례에서 노조 활동가들이 회사 내 고립된 장소로 강제로 끌려가 몇 시간 또는 며칠씩 구금된 채 무자비하게 구타당했고, 사직서나 거짓 자백 — 사측이 제거 대상으로 삼은 특정 노조 간부가 (주로 성적으로) 부도덕한 짓을 저질렀다는 — 에 서명해야 풀려날 수 있었다.

자던 중 화재가 발생해 사망했다. 노동자들은 이 프로그램을 '사람 잡는 PQM'이라 불렀다(같은 책, 472).

[22]　같은 책, 71-72. 1988년에 11개 회사, 1989년 9개 회사가 해외에 지사를 설립했으며, 1991년 10월 기준 해외에 진출한 총 25개 사 중 14개 사가 인도네시아를 새로운 생산 기지로 선택했다. 권미경이 근무했던 (주)대봉은 부산에 공장을 여럿 두고 있던 대양고무 그룹에 속해 있었다. 1990년까지 종업원이 약 4000명이었던 대양고무는 1993년 대양 그룹의 다운사이징 전략에 따라 대봉을 합병하고, 1994년이면 1300여 명으로 인력을 대폭 축소하며 중국으로 사업을 이전한다(고무노동자협의회 1995, 226).

[23]　같은 책, 59, 443-44. 주경미의 연구에 따르면, 1987년 이전에 약 20~30명의 학출 여성이 부산의 신발공장에 들어갔다고 한다(주경미 2003, 162). 대양고무에서 일한 학출 활동가인 박신미는 그의 모교인 부산대학교에서만도 200명 정도의 학생이 매년 공장에 들어갔지만 대부분은 1년을 못 견디고 떠났다고 회고한다(박민나 2004에 실린 박신미의 증언, 103).

노조 활동가들은 성폭력에 대한 위협과 실제 성폭력에 시달렸다.[24] 1980년대 후반과 1990년대 초 부산 신발 산업 파업 노동자들의 가장 우선적인 요구는 구사대 폭력 근절과 '구사 운동' 중단이었다. 이 시기 신발 회사들이 사용한 가장 효과적인 전략 중 하나는 노동자들 사이에 분열을 일으켜 사측이 가한 폭력을 노동자 내부 갈등의 결과로 돌리는 것이었다. 공장폐쇄나 다운사이징의 위협, 또는 그와 관련한 소문은 종종 이런 노동자 간 분열로 이어졌다. 실제 공장이 문을 닫고 임금이 체불되는 사례도 점점 더 빈번하게 발생했다.

1991년 12월 권미경의 죽음에 동료 노동자들이 크게 동요했던 것도 이런 맥락에서였다. 하지만 1990년대 초 부산의 여론은 이들에게 그리 우호적이지 않았다.[25] 부산의 대자본가들이 노골적으로 힘을 남

---

[24] 고무노동자협의회 1995, 90. 특별히 잔혹한 사례들의 기록은 128-29, 139-41, 374-76, 443, 460-65쪽 참조. 그중 한 사례로 1988년 휠라를 위해 고급 신발을 생산하던 원창에서 벌어진 일을 소개한다. 원창의 A급 미싱사 양태임은 사직서를 쓰라는 요구를 거절한 후 회사에 의해 "20일 이상을" 실질적 감금 상태로 있으면서 구타와 회유를 견디며 버텼다. 4월 22일 "최후의 수단"이라면서 사측은 회사의 작동하지 않는 엘리베이터를 고문실로 꾸며 놓고 끌고 가 무차별 구타하고 쇠파이프를 다리에 끼워 위에서 누르는 식으로 "사극에서나 보는 것처럼 주리를 틀고" 정체불명의 약을 강제로 먹이려 했다. 그래도 버티던 양태임은 가슴을 만지고 성적인 위협을 가하며 강제로 옷을 벗기려 하는 남자 직원들과 사투를 벌이다 결국 불러 주는 대로 사직서를 쓰고 말았다. 해고자 일동 명의의 입장문에 따르면 당시 양태임을 비롯해 11명의 노동자가 "쇠파이프로 무자비하게 폭행과 고문을 당하고" 사직서를 제출했다고 한다(같은 책, 374-79). 더 놀라운 것은 회사가 이들의 사직서를 받아 내려 했던 이유다. 이들은 그 전해인 1987년 여름 노동자 대투쟁 당시 풍영(나중에 화승실업. 나이키 제품 제조업체)에 근무 중 공장의 8월 농성 파업에 참여한 적이 있었는데, 그 사실을 알고 저지른 짓이었다. 이 사례는 1987년 이후의 변화된 노사 관계 지형에서 고무공장들이 사내 노동운동의 가능성에 대해 얼마나 두려움을 가지고 있었는지를 잘 보여 준다.

[25] 같은 책, 74, 471.

용하는 모습에 분개하기보다는 극심한 경기 침체로 어려움을 겪고 있는 신발 업체들을 동정하는 정서가 사회 전반에 퍼져 있었다. "부산 지역 경제가 곧 죽게 생겼다"는 위기감이 노동자의 경제적 안녕이나 인권에 대한 우려를 잠재웠다.[26] 결국 부산의 신발 노동자들은 경영 측의 소위 '합리화' 캠페인 공세에 호응하는 여론의 흐름을 돌리지 못하고 일자리를 잃었다.

이를 1930년대 평양과 비교해 보면 파업 여성 노동자에 대한 사회와 언론의 태도 면에서 눈에 띄는 차이를 발견할 수 있다. 고무 자본가와 언론인을 포함해 평양 부르주아지가 붙잡고 있던 민족주의적 논리와 정서는 1990년대 부산에서 더 이상 찾아볼 수 없다. 1990년대 부산의 고무 자본가들은 노동자들을 최대한으로 착취하는 데 거리낌이 없었고, 그들의 저항 정신을 짓밟기 위해 폭력을 사용하는 데 눈치를 보지 않았다. 신발 공장들은 주저 없이 생산을 해외로 이전하면서 부산 하층민의 생계를 위협했다. 민족의 경제적 토대를 만드는 숭고한 사명을 지닌 기독교 민족주의자로서의 정당성을 유지하면서도 조선인 노동자의 임금 삭감을 정당화해야 했던 평양 고무 사업가들의 곤경은 부산의 신발 산업 경영진이나 언론인에게서는 나타나지 않는다. 『고무 노동자 투쟁 자료집』에 기록된 폭력이 난무하는 노동 탄압의 장면들은 노동에 대한 태도, 특히 여공들을 대하는 방식에서 한국 자본가들이 60년 전인 1930년대 재계의 비전과 실천으로부터 크게 퇴보했음을 보여준다.

전국적으로 1990년대와 2000년대에 걸쳐 여러 산업 부문에서

---

[26] 같은 책, 471.

비슷한 과정이 진행되면서 공단의 여공들은 자취를 감추게 됐다.[27] 1987년 4만 4856명이 일하던 서울 구로공단의 종업원 수는 6년 후 2만 7027명으로 줄었고, 같은 기간 마산수출자유지역의 인력 규모도 2만 8022명에서 1만 799명으로 감소했다.[28] 그러나 여공의 이 같은 대규모 퇴출은 사회에서도, 조직 노동운동에서도 경각심이나 저항을 불러일으키지 못했다.

민주노조 운동에 대한 당사자들의 기억

1970년대 활약했던 여성 노동운동가 8인의 이야기를 담은 『가시철망 위의 넝쿨장미』 발간사에서 한국여성노동자회협의회(현재는 한국여성노동자회)[29] 회장이자 JOC 운동의 존경받는 지도자 이철순은 노동운

---

[27] 한국 제조업의 여성 노동자 수는 1970년 41만 6000명에서 1980년이 되면 115만 5000명(제조업 전체의 39.1퍼센트), 1990년에는 207만 3000명(제조업 노동자의 42.2퍼센트)으로 급속히 증가한다. 그러나 산업구조 재편이 진행되면서 제조업 여성 노동자 수가 급감하는데, 200만 명을 넘긴 최고점(1990년)으로부터 1998년이면 134만 5000명으로 빠르게 줄어들고(다음해에는 144만 3000명으로 약간 증가한다), 전체 제조업 노동자 중 여성의 비율도 34.5퍼센트로 감소한다. 한편 서비스업 부문의 여성 노동자 수는 1990년의 380만 명에서 1999년이 되면 575만 8000명으로 증가하는데, 이를 통해 우리는 제조업에서 퇴출된 여성 노동자들이 이 부문으로 흡수되었음을 알 수 있다(강인순 2001, 349).

[28] 같은 책, 348.

[29] 한국여성노동자회협의회는 서울(1987년), 인천(1988년), 부천(1989년), 광주(1990년), 부산(1990년) 등 주요 도시에서 생겨난 여성노동자회들의 협의체로 1992년에 설립되었다. 이 여성노동자회들의 조직 과정에는 해고된 여성 노동자들과 페미니스트 활동가들이 함께 참여했다. 2004년 당시 협의회는 13개 지부, 회원 수 5000명 규모로 성장해 있었다(강인순 2001, 323-26, 476-77; 박민나 2004, 301).

동과 민주화 운동에 대한 여성의 기여가 결정적으로 중요했음에도 제대로 평가받지 못하고 있는 현실에 대해 다음과 같은 통렬한 질문을 던진다.

> 엄혹했던 시절 이름도 빛도 없이 노동운동을 일구어 온 그대들. 그때 그대들이 없었더라면 87년 대투쟁이 있었을까, 이 땅의 민주화가 이만큼이라도 가능했을까, 오늘날의 민주노조 운동이 존재할 수 있었을까.[30]

이철순의 언명은 1970년대 민주노조 운동을 치뤄 낸 베테랑들이 널리 공유하고 있는 감정을 대변한 것이었다. 우리가 5장에서 만난 전남제사 활동가 정향자는 『숨겨진 한국 여성의 역사』라는 제목의 또 다른 노동자 증언집에서 사회가 그들의 기여를 기억해 주지 않는 데 대한 여성 노동자들의 불만을 다음과 같이 분명하게 표현한다.

> 공장에 조직을 만들고 키우고 지키고 뭉치게 만드는 그 일, 70년대 여성 노동자들은 아주 훌륭하게 했다. 지금 사람들은 그런 역사를 모르고 알려고 하지 않는다. 지금의 노동운동은 이 여성 노동자들의 역사에서 태어난 게 분명함에도 불구하고.[31]

1987년 민주화투쟁과 노동자 대투쟁의 성공에 대한 여성 노동자

---

[30] 박민나 2014에 실린 이철순의 「발간사」.
[31] 박수정 2004, 255.

들의 기여를 인정하는 데 자못 인색해진 요인 중 하나는 그들이 주도했던 부문의 민주노조 운동 자체가 사라지게 된 데 있다. 이는 앞서 논의한 1987년 이후 한국 경제의 구조적 변화에 기인한 바가 크지만 1980, 90년대에 걸쳐 1970년대 민주노조 운동에 대해 부정적 — 운동의 단점이나 '실패'에 집착하는 — 평가가 정착하게 된 데에는 더 많은 힘들이 작용했다. 우선은 1980년 광주에서 일어난 학살이 불러일으킨 엄청난 충격과 그 여파로 저항운동이 총체적으로 변화를 겪은 방식이 큰 영향을 끼쳤다. 1980년대 저항운동의 목표는 민주주의의 핵심 가치들에 대한 느슨한 합의로부터 혁명적 '변혁'이라는 사회주의적 비전으로 바뀌었고, 이 새로운 운동 문화에서 '현장 투신'은 학생운동가들에게 일종의 통과의례가 되었다. 1950년대 후반부터 종종 목격할 수 있는 이전의 '현장 투신' 사례들과 달리 1980년대에 노동운동가가 된 학생, 즉 '학출'들은 지하 서클에서 준비와 조정을 거쳐 집단적 행동으로서 이를 수행했다.[32]

　　1980년대 초중반의 노동운동은 1970년대 민주노조 운동에 대한 부정적 인식 아래 이 같은 대규모 노학 연대를 기반으로 발전했다. 1970년대의 운동은 1980년대 운동 진영이 절대 따라서는 안 되는 모델로 비난 받았다. 비판의 초점은 여성 노동자들이 명백한 정치적 목표를 위해 싸우는 대신 노조 강화와 현장 활동을 우선시하는 '경제적 조합주의'를 극복하지 못했다는 것이었다. 또한 1970년대 기업 단위로 활동한 민주노조가 하나씩 해체되어 가는 것을 가능케 한 요인으로 연대 활동 부족이 큰 문제점으로 지목되었다. 이런 부당한 '비난의 칼'은 학출

---

[32]　유경순 2007, 41-42, 47, 256; 유경순 2013, 80-83; 오하나 2010.

운동가들과 소위 '선진 노동자'들이 초창기 민주노조 운동의 베테랑 여성 활동가들을 향해 휘두른 것이었다. 민주노조 운동을 했던 구술자들의 증언을 살펴보면 자신들을 향한 이런 부당한 비난에 대한 울분이 가득하다. 박순희는 그 부당함에 대해 다음과 같이 분개하며 항의한다.

> 70년대 노동운동은 연대 투쟁하지 않았다는데 70년대만큼 연대 투쟁한 적도 없어. 연대라는 용어를 쓰지 않아서 그렇지, 우리 조합원들 다른 사업장 싸움 때문에 얼마나 두드려 맞고 경찰서를 내 집 드나들 듯이 했는데. …… 집회라는 집회는 다 쫓아다녔지. 우린 안간힘을 써서 했어. 그게 연대지.[33]

당시 박순희와 동료 여성 노동자들에게 연대는 일상적인 실천이었다.
  하지만 1970년대 민주노조 운동을 비난하고 여성들의 투쟁을 폄하하는 담론은 1980년대 내내 힘을 발휘했다. 심지어 이 담론은 1987년 이후 더 깊이 뿌리를 내려 남성 주도 민주노조 운동 '신화'의 일부분이 된다. 김원은 이에 대한 날카로운 비판 작업을 통해 그 신화의 '만들어진'invented 성격을 해부한다. 이에 따르면, 1987년 노동자 대투쟁 이후 운동의 주도권을 장악한 대기업 남성 노조원에게는 노동운동의 지배 세력으로서 자신들의 위치를 공고히 하기 위한 새로운 서사("새로운 남성 노동자의 상징")가 필요했다. 남성 영웅 전태일이 "모든 노동운동의 상징"으로 떠올랐고, 남성 노동자의 투쟁성, 계급의식, 연대를 위한 역량이 여성의 그것보다 훨씬 강하다는 판단을 수용한 새로운 담론이 형

[33] 박수정 2004, 157.

성되었다. 새로운 노동운동사에서 남성 노동자의 부상은 과거의 약점을 극복하고 "과학적" 이론에 바탕한 전투적인 투쟁으로 나아가는 바람직한 발전으로 그려졌다. 이런 신화 쓰기 과정에서 여성 노동자와 그들 투쟁의 주변화는 당연했다. 김원은 1987년 이후의 지배적 담론이 1970년대 민주노조 운동에 대해 제기하는 핵심 주장을 다음과 같이 세 가지로 요약한다. 첫째, 많은 한계를 지닌 여성 노동자 주도의 민주노조 운동은 1970년대 민주노조 운동의 "질적 발전의 장애 요인"이었다. 둘째, 1970년대 민주노조 운동이 지닌 조합주의나 경제투쟁 중심성 등은 "단기 고용 여성 노동자들의 한계에서 기인"한다. 셋째, 1970년대 민주노조 운동은 "이데올로기 혹은 철학이 결여된 물질적 빈곤에 대해 반응한 운동"이다.[34] 김원은 이런 시각이 페미니즘적 시각으로 문제에 접근한 사회학자 이옥지와 인류학자 김현미 등 소수의 연구를 제외하면 당시(2006년)까지 발간된 대부분의 문헌들에 팽배해 있다고 분석한다.[35]

이렇게 1970년대 여성 노동자들의 역사는 노동운동의 주도 세력이 된 남성 노조원의 관점에서 다시 쓰였고, 1970년대 여성 노동자 운동의 이른바 '한계'라는 관념이 노동운동과 노동 관련 학술 문헌에서 상식이 되었다. 여성 주도의 운동에서 남성 주도의 운동으로의 '진보'라는 생각은 한국 노동운동 안팎의 진보적 지식인들 사이에서 남성 중심적 사고의 습관과 쉽게 공명하며 안착했고, 따라서 여성 활동가들이 아무리 부당하다고 느낀다 해도 이에 대해 공개적으로 문제를 제기하

---

[34]   김원 2006, 730-31.
[35]   이옥지 2001; 김현미 1999; 김현미 2006.

기는 매우 어려웠다. 이런 역사 쓰기, 신화 만들기의 과정을 살펴보면서 나 역시 당시 나를 사로잡았던 분하고 억울한 감정의 정체를 비로소 이해하게 되었다. 그 감정은 지난 수십 년간 나를 불편하게 했고 젠더 정치에 초점을 맞춘 한국 노동사 연구를 놓지 않게 한 동력이 되었다. 지난 20여 년 동안 많은 여성 노동운동가들이 구술사 인터뷰에 응하도록 동기를 부여한 것도 '역사가 올바르게 기록되지 않았다'는 비슷한 문제의식이었던 것 같다.

2000년대 들어 구술사 프로젝트가 늘어나 여성 활동가들이 목소리를 낼 수 있는 기회가 생겼고, 그들의 증언과 자전적 이야기의 출판도 크게 증가했다. 대표적인 사례로 2000년대 초반 수백 명의 여성들이 참여해 목소리를 보탠 성공회대학교 노동사연구소의 대규모 프로젝트가 있다.[36] 민주화운동기념사업회도 여성 노동자를 포함한 사회운동가 수백 명의 증언을 취합했다.[37] 2001년『한국 여성 노동자 운동사』가 발간되면서 여성 노동자들의 투쟁을 중심으로 한 한국 노동운동사가 탄생했다. 한국여성노동자회협의회가 기획하고 이옥지·강인순 두 학자가 집필한 이 두 권짜리 역사서는 사라져 가는 여성 노동자 운동의 기억을 되살리기 위해 여성 학자와 활동가들이 다년간 노력을 기울인 결과물이다.[38] 유경순 등은 지식인이 여성 노동자 운동에 대한

[36]   성공회대학교 노동사연구소 2002~05.

[37]   일부 증언은 민주화운동기념사업회 웹사이트db.kdemocracy.or.kr를 통해 접근 가능하다.

[38]   한국여성노동자회협의회는 여성노동자회 창립 10주년을 기념해 1997년,『들꽃이여! 불꽃이여! 그대 이름은 여성 노동자』라는 제목의 노동자 증언집을 펴내고 여성 노동자 투쟁사를 발간하기로 결정했다. 그 후 4년에 걸친 치밀한 작업의 결과물로『한국 여성 노동자 운동사』1, 2권을 펴낼 수 있었다.

기억을 형성하는 과정에 개입할 가능성을 배제한 '노동자 자기 역사 쓰기' 프로그램들을 시도했다. 이는 노동자들이 소그룹을 구성해 직접 쓴 자전적 에세이를 공유하고 토론하면서 "자신의 시각으로 자신의 삶을 재구성하는" 방식을 말한다.[39] 이렇게 새로운 자료가 늘어나면서 지배적인 서사에서 간과되었던 민주노조 운동의 균열과 갈등에 대한 증거가 많이 드러나고 있으며, 이들의 증언과 글을 통해 우리는 여성 노동자들의 감정과 욕망을 짐작해 보고 그들의 노조 문화에 대한 이해를 높일 수 있다.[40]

그러나 이 역시 1970년대 노조 운동에 참여한 여성 노동자 수만 명의 기억들 중 일부분일 뿐이다. 1970년대 민주노조 운동의 중요한 순간들을 함께 만들고 불의와 폭력으로 가득한 암흑의 날들을 견뎌 낸 수천수만 명의 여성 노동자들의 이름을 우리는 모른다.[41] 1970년대 여성 노동자의 절대다수가 겪은 노동조합 경험과 그 삶의 복잡성을 이해하기 위해선 더 많은 증언과 연구가 필요하다. 증언을 자원한 많은 여성 노동자들은 운동의 한가운데서 느꼈던 희열의 순간들에 대해 말

[39]　유경순 2011a와 2011b는 그가 구로 동맹파업 참가자들과 함께한 실험의 결과물이다. 유경순은 "노동자 자기 역사 쓰기"를 노동자가 "자신의 경험을 통해 역사를 경험하고, 또 다른 역사를 만드는 과정"이라 정의한다(유경순 2011b, 579). 최근의 예로는 아사히비정규지회 조합원들의 글 모음인 『들꽃, 공단에 피다』(2017, 한티재)가 있다.

[40]　노동사 아카이브의 성장과 함께 1970년대 민주노조 운동에 대한 지배적 담론과 기존의 가정을 해체하는 연구 성과들이 최근 등장하고 있다. 김원 2006; 김준 2003; 김무용 2005; Nam 2009b 등 참조.

[41]　이옥지 2001에는 "우리가 이름을 알 수 없는 수많은 평조합원들의 열성과 그들을 따라나서는 용기 있는 조합원들의 힘"(338)이 노조의 단결을 만들어 내는 많은 사례들이 실려 있다.

하며, 비록 그로 인해 감옥살이를 하거나 장기간 일자리를 구하지 못하는 등의 시련을 겪었지만 노조 참여 경험이 이후의 삶에 큰 버팀목이 되었음을 강조한다. 이들 중 상당수는 노조 운동을 통해 양심적인 시민으로 성장했고, 공장을 떠난 후에도 다양한 종류의 지역 풀뿌리 운동에 참여하게 된다.[42]

여공의 역사를 둘러싼 기억의 정치

1987년 이후 사회적으로 '산업 전사'나 '공순이'로 인식되는 공장 여성에 대한 기억은 희미해졌지만, 이를 대체하는 새로운 지배적 기억은 형성되지 못했다. 2020년대 한국 사회에서는 여공에 대한 상반된 기억과 이미지가 다양한 문화적 형태로 유통되고 있다. 한편에서는 1970년대 이후 여공에 대한 기억을 정면으로 다루면서도 여성 노동자들의 진솔하고 당당한 목소리를 전면에 드러내는 <위로공단>(임흥순 감독, 2015년작) 같은 작품도 만들어지고 있다. 이 다큐멘터리에서는 여공이 담담히 이야기하는 과거와 현재의 노동 현실이 독특한 상징적 장치들과 어우러지면서 관객들을 불편하게, 때론 먹먹하게 만들고 여공의 노동력을 함부로 이용했던 과거 개발독재의 그늘진 이면에 대해 스스로 질문

---

[42] 사례로는 다음 증언들을 참조할 것. 박수정 2004에 실린 이총각, 최순영, 박순희, 정향자의 증언; 유경순 2011b에 실린 이경옥의 증언; 성공회대학교 노동사연구소 2002~05에 실린 황선금의 증언. 이런 울림이 큰 인간 승리의 이야기를 전면에 내세우다 보면 그리 행복하지 못했던 여공들의 이야기가 가려지는 효과를 낳을 수 있다는 것도 분명하다. 하지만 동시에 이 책에서처럼 여성 노동자 운동의 숨겨진 역사를 조명함으로써 지배적인 남성 중심 한국 노동사 서술의 무게에서 벗어나 여성들의 목소리가 더 자유롭게 들릴 수 있도록 돕는 것도 의미 있는 일이라 믿는다.

을 던지게 한다.

다른 한편, 국가를 위한 여공의 희생에 대한 찬사에 치우친 기억과 담론도 존재한다. 이 찬사 일변도의 서사를 가장 적극적으로 전파한 사람은 박정희 정부 당시 청와대 경제수석으로서 중화학공업화 정책을 이끈 컨트롤타워 역할을 했던 오원철일 것이다. 그는 박정희 정부가 "노동력의 유통기한"이 "5년 정도에 불과"했던 여공의 효용을 어떻게 계산했으며 그들을 경제 발전의 핵심 자원으로 어떻게 효과적으로 동원했는지 거리낌 없이 에두르지 않고 이야기한다.[43] 그는 박정희와 정부가 회사가 후원하는 방과 후 학습 기회와 기타 복지 조치의 형태로 여공들에게 얼마나 많은 가부장적 보살핌을 베풀었는지 칭송하며, 결국 위대한 지도자 박정희의 지도 아래 "조국 수호"를 위해 일어선 "순수한 애국자" 여공들이 "피와 땀"으로 나라를 구했다고 결론짓는다. 김원이 적절히 해독했듯이, 이 이야기의 논리적 구조는 "국가의 가부장인 박정희와 그 딸인 여공이 나라를 가난에서 구했다"는 것이다.[44]

21세기에 진행 중인 이 같은 기념화 작업은 중요한 사회적 세력으로서의 여공은 잊힌 반면, 경제 발전의 기표로서의 여공은 ─ 고난의 담지자든 놀라운 성공의 주인공이든 ─ 여전히 유효하다는 것을 의미한다. 하지만 오늘날의 이 같은 기억 작업에서 눈에 띄게 누락된 것은 너무나 당연해 보이는 다음의 질문이다. **그 많던 여공들은 다 어디로 갔고, 지금 무엇을 하고 있을까?** 1970년대 중반에 10대 후반에서 20대 초반의 나이였던 여공이 임금노동자로 계속 일했다면 2000년대에는

[43] O 2009, 436.
[44] 같은 책, 444-50; 김원 2006, 340.

40~50대의 중년 노동자가 되었을 것이다. 여성의 공장 일자리 소멸과 1997년 외환 위기 이후 가속화된 신자유주의적 구조 조정 속에서 이 시기에는 이들 대부분이 '비정규직' 노동자가 되었을 가능성이 매우 높으며 이런 신분 전환의 역사는 여성 노동자들의 증언에서 때때로 찾아볼 수 있다.

하지만 이보다 더 중요한 것은 1970년대 여공과 오늘날의 여성 비정규직 사이의 구조적 연결성이다. 이는 1970년대 여공에 대한 최근 담론에서도 그다지 주목받지 못했다. 경제개발기의 여공과 마찬가지로 오늘날의 비정규직 여성 노동자들은 외국인 이주 노동자들과 함께 구조적으로 쉽게 쓰고 버리는 저임금 노동력의 위치에 놓여 있으며 사회적 무시와 차별에 취약하지만, 동시에 기업의 지속적 성공과 경제성장에 필수적인 존재다. 오늘날 차별받는 육체노동자의 새로운 이름은 공단의 '공순이'가 아니라 '비정규직'이며, 이렇게 비정규직 자리에 고용된 노동자 대다수가 여성이다.

여성노동자회의 활동가들은 이 연결 고리를 일찍부터 간파하고 있었다. 한국여성노동자회협의회 대표였던 이철순은 2000년대 초반의 증언에서 "보통 40대가 넘는" 비정규직 여성 노동자들(당시 여성 노동자의 73퍼센트가 비정규직이었다)이 "20년, 30년 전에는 어느 공장에선가 미싱을 타고, 전자 부품을 조립하던 그 여성 노동자들이 아니었겠는가"라고 정곡을 찌른다.[45] 1990년대 초부터 여성노동자회들은 한국여성단체연합KWAU의 노동위원회와 함께 노동시장 양극화와 비정규직 문제에 대한 관심을 환기하고 가사사용인, 돌봄 서비스 노동자, 실업자를

---

[45] 박수정 2004의 이철순 증언, 229.

포함해 노동운동의 주변부에 있는 미조직노동자를 대상으로 한 운동을 전개해 왔다.[46] 이런 일련의 노력의 결과 설립된 단체가 바로 전국여성노동조합KWTU이다. 1999년 8월, 그간 조직화가 어려웠던 소규모 사업장이나 비정규 일자리에 고용돼 있던 여성 노동자들을 조직해 만든 전국여성노동조합은 지난 20여 년간 비정규직 여성 노동자들이 일터와 지역사회 양쪽에서 겪는 문제를 의제로 하고 조합원들의 공동체 의식과 리더십을 키우기 위한 소그룹 중심의 활동을 전개하면서 여성 친화적이고 유연한 형태의 노조 활동을 추구해 왔다.[47] 한국노총이나 민주노총에 가입하지 않기로 한 전국여성노동조합은 창립 선언에서 "70년대 민주노조 운동을 개척했던 선배들과 80년대 노동조합운동의 흐름을 만들어 왔던 여성 노동자 투쟁을 계승하고"라고 하여 과거 여성 노동자 투쟁과의 연결성을 분명히 하고 있다.[48]

[46] 강인순 2001, 472-77. 노동위원회는 1988년 2월 한국여성단체연합 산하에 만들어졌고, 1996년 당시 서울여성노동자회, 인천여성노동자회, 한국여성노동자회협의회, 한국여성민우회의 4개 단체가 위원으로 참여하고 있었다.

[47] 김상숙 2017은 전국여성노동조합의 역사와 조직화 전략을 상술하고 있다. 1999년에는 전국여성노동조합 외에 두 개의 여성 노조가 추가로 조직되었다. 서울여성노동조합은 한국노총과 민주노총 양자의 가부장적 태도를 날카롭게 비판하며 등장했고, 전국여성노동조합연맹은 계급 문제를 우선시하며 조직 노동의 단결을 명분으로 곧 민주노총에 가입한다(김경희 1999, 140-44). 2019년 7월 전국여성노동조합은 민주노총 소속으로 초중고 비정규직 노동자를 대표하는 두 단체와 연대를 맺고 사흘간의 총파업을 성공적으로 이끌었다. 그 파업에서 노동자들은 핵심 고용주인 교육부가 대다수가 여성인 비정규직 교육 노동자 15만 명의 고용 안정, 임금 인상, 정규직 전환 경로 설정을 위해 입법 조치를 마련할 것을 요구했다(『오마이뉴스』 2019/07/05; 『참세상』 2019/07/05).

[48] 전국여성노동조합의 블로그 blog.daum.net/kwunion99; 김경희 1999, 144. 2009년 당시 10개 지회와 70개 분회에 6000명이 넘는 조합원(99퍼센트가 비정규직)을 보유하고 있는데, 가장 규모가 큰 직종은 초중고의 학교 비정규직

연결성을 인정하는 이 행위는 강력한 정치적 주장이다. 여성학자 유이지운은 2011년 홍대 청소 노동자 투쟁에 참여한 여성들의 노조 활동과 노동 경험에 대한 민족지학적 연구에서 2000년대 초반 비정규직 노동자의 조직화 작업을 시작한 민주노총 운동을 관찰해 특정 종류의 기억의 정치 — 그는 이를 '망각의 정치'라 명명한다 — 를 드러낸다.[49] 이에 따르면 진보적 지식인들과 민주노총 소속 활동가들은 비정규직 이나 '불안정 노동'precarious labor을 한국 신자유주의 시대의 "새로운" 노동 착취 형태로 규정했고, 조직화 전략의 근거로 "추상적이고 동질적인" 비정규직 노동자상을 만들어 냈다. 이 "새로움의 서사"는 여성 노동자들이 가진 "동질적이지 않은 역사"를 지우고 그들을 1970년대 여공의 역사로부터 분리해 버렸다. 그가 현지 조사 과정에서 인터뷰한 청소 노동자들은 대부분 공장에서 일한 경력을 포함해 길고 다양한 노동 이력을 가지고 있었고, 특히 한 인터뷰 대상자는 30년 가까이 노조 활동에 헌신한 베테랑 노조 조직가였지만, 그들의 소속 노조인 민주노총 산하 전국공공운수노조 서울-경기 지부는 이들의 개인사에 무관심했다. 인터뷰에 응한 여성 다수에게 다양한 형태의 비정규직 노동 경험은 오랫동안 삶의 일부였고 따라서 그리 새로운 것이 아니었음에도 민주노총 주도의 비정규직 운동은 여성 청소 노동자를 '새로운' 주체, 즉 역사가 없는 비정규직 노동자로 간주하면서 "현재의 어려움"을 이야기

노동자(4500명)이고 그 밖에 청소 노동자 600명, 골프장 경기 보조원 100명, "의료 종사자 급여 계산원" 범주에 300명이 있고, 개별 가입자도 500명이다. 2000년대 초 전국여성노동조합은 방송국이나 여타 기업의 비정규직들도 조직했다(Yokota 2014, 82-88).
[49] Yu-Lee 2018, 1장.

하기 위해 소환한다고 유이지운은 분석한다. 그에 따르면 이런 형태의 지우기 또는 망각은 여성 노조원에게 당혹감과 소외감을 느끼게 했으며 "여성화된 노동의 사회적 재생산 과정에 대한 급진적인 비판을 가로막는다."[50]

　　노동운동의 새로운 주체로서 비정규직 노동자를 논의할 때 학자들과 활동가들이 신자유주의 구조 조정의 결과로 여러 형태의 비정규 노동이 급증하는 현상의 '새로움'에만 시선을 고정하고, 그것이 오랫동안 한국 경제를 뒷받침해 온 노동시장 분절과 성별 분업의 역사와 관련돼 있을 가능성에는 충분한 주의를 기울이지 않은 건 분명하다. 또한 비정규직화 현상을 정의할 때 젠더를 주요 분석 범주에서 제외함으로써 오늘날 노조 운동은 젠더 문제를 마주하고 풀어 갈 좋은 기회를 놓치고 있다. 이런 결과들을 이해하기 위해서는 우선 새로움에 대한 주장을 좀 더 면밀히 살펴볼 필요가 있다. 사실 다양한 형태의 비정규직 노동은 20세기 내내 한국에서 자본주의 전략의 필수적인 요소로 사용돼 왔다. 비정규직 노동의 활용은 최근의 신자유주의적 구조 조정과 함께 새로 시작된 일이 아닌 것이다. 대다수 여성 노동자에게는 특히 그랬다. 이들에게는 비정규 고용이 일상적이었고, 공장노동자나 은행 직원처럼 정식 고용계약을 맺을 만큼 운이 좋은 여성들도 결혼과 함께 고용이 종료되는 것이 관례였다. 여성이 주축이 된 몇몇 노조들에서 있었던 결혼 퇴직제 폐지 운동은 여성에게 사실상 비정규직을 강요하는, 성별화된 노동시장 구조에서 벗어나기 위한 노력이었다.

　　역사적으로 비정규직은 남성 노동자에게도 흔한 고용 형태였지

[50]　같은 글, 56, 64.

만, 경제성장기에 남성에게는 비정규직에서 정규직으로 상승하는 길이 활짝 열려 있었다는 점에 주목할 필요가 있다.[51] 경기 변동에 대응하기 위해 임시공을 활용하는 것은 대한조선공사와 같은 중공업 사업장에서 오랫동안 널리 시행돼 온 전략이었지만 중화학공업화와 더불어 숙련 노동력이 부족해진 상황을 배경으로 1980년대 기업들은 숙련공을 경쟁 기업에 빼앗기지 않기 위해 임시공 제도를 없애기 시작했다.[52] 고용 안정성을 강화하는 내부 노동시장 제도를 통해 남성 생산직 숙련노동자를 유지하려는 대기업의 노력은 1987년 노동운동의 강화 이후 본격화되었고, 이는 노동시장을 더욱 분절하고 노조가 있는 대기업 노동자와 그렇지 못한 중소기업 노동자 간의 격차를 확대했다.[53] 1987년 이후 한국 노동운동의 이른바 '핵심 내부자'인 대기업 남성 노동자의 관점에서 볼 때 1997~98년 아시아 금융 위기 이후 가속화된 신자유주의적 구조 조정과 함께 나타난 변화는 자신들 역시 비정규직으로 대체될 수 있다는 사실이었다. 즉, 노조가 조직된 중공업 공장의 최

---

[51] 사회학자 요코타 노부코는 1960년대 후반부터 1980년대 초반까지 개발의 시대에 한국은 다양한 그룹의 '도시 하층'과 생산직 노동자들이 참여하는 단일 노동시장을 유지했다고 주장한다. 1970년대 중공업 남성 노동자들도 예외는 아니었다. 도시 하층민과 생산직 노동자 대부분은 시골에서 올라온 이주민이라는 공통된 사회적 배경을 가지고 있었다. 광범한 통계와 설문 조사 자료에 기초한 요코타의 분석에 따르면 상하 위계로 나누어진 "분단 노동시장 체제"가 생겨나 정착되어 가는 것은 1987년 노동자 대투쟁 이후 기업들이 현장을 장악한 노조와 임금 비용의 증가에 대처하기 위해 "신경영전략"을 추진하면서부터이다. 1987년 이후 대기업에서 내부 노동시장 관행이 정착해 "중핵 노동자"를 보호하게 되면서 외부 노동시장에 속하게 된 "주변 노동자"가 중핵의 일자리로 옮겨 가는 것은 이전 시대와 달리 점점 힘들어졌다(Yokota 2012).

[52] Nam 2009a, 197-98.

[53] Song 2014, 121; Yokota 2012, 2장과 3장.

상급 생산직 일자리조차 비정규직으로 전환되기 시작했다. 1980, 90년대에 전투적 투쟁을 통해 쟁취한 고용 안정과 중산층 수준의 소득을 제공하는 일자리가 점차 사라지면서 가장으로서 가족을 부양할 수 있는 남성 정규직 노동자의 능력도 위태로워진 것이다.

비정규직 담론과 비정규직 조직화 전략의 초점은 바로 이 같은 남성 노동자들의 시련, 특히 남성 생계 부양자 모델의 몰락에 맞춰져 있었다. 하지만 부산 신발 노동자의 사례에서 보듯 1990년대에 이미 대공장 일자리를 잃는 경험을 했던 여성 노동자들에게 비정규직이 되어 고용 불안에 직면하는 것은 새로운 경험이 아니었다. 남성, 특히 대기업의 조직노동자에게 생계 부양이 가능한 일자리를 잃고 전통적으로 여성의 일에서 보이던 업무 수준이나 고용 패턴을 가진 일자리, 즉 '여성화된' 비정규직 위치로 전락하는 두려움은 실존적 위기를 의미했다.[54] 민주노총이 비정규직 문제를 본격적으로 다루도록 추동한 것이 2000년대 초 한국통신KT, 캐리어 등에서의 남성 비정규직 노동자 투쟁의 폭발이었다는 점에 주목할 필요가 있다.[55] 비정규직 노동자 조직

[54] 가이 스탠딩은 주로 여성이 종사하는 업종에서 특징적으로 나타나던 고용 형태가 일반화되는 노동 유연화 추세가 전 세계적으로 나타나고 있다고 지적한다. 그는 국제노동기구가 축적한 세계 각국의 통계자료에 대한 분석을 통해 사실상 남녀의 노동시장 참여 패턴이 모두 "더 유연하고 비공식적 형태의 노동으로" "여성화"되고 있다고 결론짓는다(Standing 1999, 583, 600).

[55] Jennifer Jihye Chun 2009b, 544. 사회학자 조돈문은 2010년대 초까지 한국 비정규직 투쟁의 변천사를 세 시기로 나누어 분석한다. 제1기는 "사회적 관심 형성기"(1998~2002년), 제2기는 "공세적 동원기"(2003~06년), 그리고 제3기는 "수세적 동원기"(2007년~현재)이다. 그는 각 시기 민주노총 비정규직 사업의 주된 한계로 제1기의 "관심 결여", 제2기의 "역량 부족", 제3기의 "전략 부재"를 지적한다(조돈문 2012, 196, 200-22).

화 사업의 핵심 동기가 남성 생계 부양자의 일자리를 지키는 데 있었기 때문에 민주노총 남성 지도부가 여성 조합원의 굴곡 많은 고용 이력이나 과거 성별 노동시장 분절의 역사에 눈을 돌리지 못한 것은 어찌 보면 당연한 일이었다. 1987년 이후 대부분의 민주노총 산하 노조에서는 조합원의 절대다수가 여성인 경우조차 지도부는 남성 중심이었다. 이들 남성 노조 지도부에게 여성 노동자들은 그들의 지도를 받는 신참 노조원으로 간주되었다.

사실 1970년대는 남성 노조원들에게 수치스러운 시기다. 그 기간 여성 노동자들은 가혹한 탄압에도 불구하고 꿋꿋이 민주노조를 지켜나갔던 반면 남성들은 대체로 침묵하거나 오히려 이들을 탄압하는 데 일조했다. 1987년 이후 남성 중심의 조직운동이 주류가 되면서 과거 여성들이 이끈 민주노조 운동의 한계를 강조하고 여공 투쟁의 역사를 평가절하하는 데 성공했지만, 1970, 80년대 여성 노동자들이 온갖 역경을 딛고 중요한 노조 운동을 발전시켰고 그 과정에서 그들의 투쟁성, 지구력, 리더십을 입증했다는 사실을 부인할 사람은 없을 것이다. 현재 민주노총 남성 노조 지도부를 더욱 당혹스럽게 하는 것은 여성 노동자들이 ― 이제는 서비스 산업 비정규직의 위치에서 ― 1970년대의 자매들처럼 신자유주의적 조치에 맞서 전투적이고 끈질기며 민주적이고 창의적인 투쟁을 벌일 수 있음을 다시 한 번 입증하고 있다는 사실이다.

민주노총이 주도하는 노조 운동은 21세기의 여성 노동자들과 1970년대 여공들 사이의 연결성을 보지 못하거나 무시함으로써, 여성 비정규직 노동자들의 싸움을 돕고 남녀 비정규직 노동자들의 운명을 호전시킬 수 있는 소중한 기회를 놓치고 있다. 오늘날 불안정 노동은 여성을 넘어 남성으로, 또 중소기업을 넘어 대기업으로까지 확대되었다. 따라서 이런 새로운 상황은 자본주의의 지나친 이윤 추구에 맞서 다양한 위치에 선 노동자들이 폭넓은 연대 투쟁을 벌일 수 있는 새로운 조건을 만들어 내고 있다. 여성 노동자들이 한 세기에 걸친 투쟁에서 일관되게 보여 준 연대의 정신과 투쟁성을 조직 노동운동이 인정하고 받아들인다면 오늘날 우리가 한국에서 목도하는 노동운동의 쇠락 추이에 제동을 걸 수 있을지도 모른다. 그것이 1970년대 여성 주도 노조 운동의 역사가 중요한 이유이고, 최근 수십 년 동안 학자, 활동가, 당시 투쟁에 참여했던 여성들 사이에서 그 역사가 치열한 기억 전쟁의 현장이 되어 온 이유다.

김진숙이 제기하는 어려운 질문

오늘날 한국 노동운동의 복잡다단한 젠더 정치 지형을 파악하고 사회적으로 고립돼 있는 노동운동에 활기를 불어넣을 수 있는 여성 노동자 운동의 가능성을 가늠해 볼 한 가지 방법으로 이 절에서는 김진숙이라는 특별한 여성 노동운동가의 삶과 투쟁을 살펴보고자 한다.

내가 김진숙을 처음 만난 것은 2004년, 부산의 대한조선공사 노조 운동을 연구하던 중이었다. 남성 위주 작업장의 여성 용접공 김진숙이 1980년대 중반 조선소 노조 민주화 운동의 선봉에 선 것은 이례적인 일이었다. 노조 활동을 했다는 이유로 1986년 회사에서 해고된 김진숙은 그 이후로 30년 넘게 대한조선공사(1989년 이후 한진중공업, 2021년 이후 HJ중공업) 노조와 민주노총을 위해 끈질기게 싸웠다. 나는 그를 직접 인터뷰하면서, 또 그의 대중 강연을 들으며 한편으로는 그 열정과 진정성, 다른 한편으로는 뛰어난 스토리텔링 능력에 깊은 감명을 받았다. 이후 긴 시간에 걸쳐 글과 연설, 그리고 가끔 있었던 개인적 만남을 통해 그를 알게 될수록 활동가로서 그의 삶에 대한 관심과 존경심이 커졌고 남성 중심의 한국 노동조합운동의 장에서 그가 차지하는 위치와 영향력을 이해하고 싶은 욕구가 강해졌다. 20대 초반의 여성 용접공 김진숙은 조선소의 남성적 환경에서 어떻게 살아남았으며, 어떻게 신뢰받는 노조 지도자로 부상할 수 있었을까?

김진숙이 걸어온 길은 1970, 80년대 여성 노동운동가들이 걸어온 길과는 다소 차이가 있다. 1980년대에 김진숙을 비롯한 소수의 여성이 중공업 노동자로 편입되는 방식을 이해하려면 우선 당시의 한국 경제 상황을 살펴볼 필요가 있다.[56] 1973년부터 시작된 박정희 정부의 중화학공업화 정책에 따라 중공업 부문이 급속도로 성장하면서 1970년대 후반에는 심한 인력난이 발생했다. 환율·유가·금리의 이른바 3저 현상에 힘입은 1980년대 중반의 경제 호황은 이런 상황을 더욱 심화시켰다.[57] 조선소에서 기존의 성별 노동 분업을 조정할 필요성이 대두한 것은 이 때문이었다. 1970년대 후반부터 현대중공업과 여타 재벌 그룹들이 설립한 대형 조선사들은 용접이나 금속 절단 등 전통적으로 남성들이 담당하던 업무에 여성을 교육하고 배치하는 새로운 프로그램을 실험하기 시작했다. 대한조선공사 경영진은 전기 용접과 가스 토치 절단 등 일부 작업의 기계화가 이런 작업을 '안전하고 쉬운' 일, 즉 반숙련 수준의 여성 노동력에 적합한 일로 만들었다고 주장하며 남성의 일에 여성을 고용하는 것을 정당화했다. 김진숙은 1981년 7월 대한

[56] Nam 2009c.
[57] 경제학자 배무기의 연구에 따르면, 한국 경제에서 이농 현상에 힘입은 무제한의 노동력 공급은 1975년이면 제한적 공급 상황으로 바뀐다. 이에 따라 1970년대 후반부터는 실업률이 급속히 낮아지고, 실질임금도 임금을 억제하려는 정부 정책에도 불구하고 급격히 상승한다(橫田伸子 2012, 38[요코타 노부코 2021, 63-64]).

조선공사가 여성 채용 프로그램을 잠시 재개했을 때 다른 여성 훈련생 수십 명과 함께 채용되었다.[58] 회사가 의도한 대로 중년의 기혼 여성, 대부분 가장을 대신해 생계비를 벌러 온 "아줌마"들과 달리 김진숙은 스물한 살의 미혼 여성이었고 유례가 없는 "처녀 용접공"의 사례로 조선소에서 명성을 얻게 된다.

대한조선공사 조선소에 오기 전까지 김진숙의 취업 경력은 1970년대 도시 하층민에 속한 여성의 전형적 취업 이력을 따른다. 이들은 대부분 시골에서 이주해 도시 슬럼가에 거주하며 공식·비공식 부문의 일자리를 오가며 일했다. 김진숙은 가난에 시달리던 집안 형편이 원망스러웠고, 결국 중학교 이상 학업을 지속할 수 없었다고 회고한다. 10대 시절 강화도 집을 떠나 집에서 가장 멀리 부산으로 간 그는 한복에 박을 붙이는 공장에서 일을 시작했다. 물론 노동환경은 열악했고 동료가 일상적으로 당하는 성희롱에 충격을 받은 김진숙은 곧 그곳을 나온다. 그리고 당시 1만8000여 명의 어린 여성들을 고용하고 있던 대우그룹 소유의 대형 의류 공장에서 견습('시다') 노동자로 일하게 된다. 이후 그는 "설움과 두려움만 한 보따리 안고 그곳을 나와" 아이스크림 장사, 신문 배달, 두유 배달, 가방 공장 등을 전전하다 시내버스 '안내양'이 됐다.[59] 버스 요금을 훔치지 않았는지 확인하려고 교대 때마다 신체검사를 하는 검사원들 앞에 반나체로 서있어야 하는 등 끔찍한 근무 환경은 그곳도 마찬가지였다. 1970년대 많은 여공들이 그랬던 것처럼 김진숙의 소망도 열심히 일해서 돈을 모아 대학에 진학하는 것이었다. 하지만

[58] Nam 2009c, 85-86. 김진숙의 생애사는 별도로 주를 달지 않은 경우 이 논문과 김진숙 2007, 김진숙 2017에 근거했다.
[59] 김진숙 2007, 43-44.

당시 많은 여공들이 그랬던 것처럼 그도 결국 자신의 꿈 대신 남동생 뒷바라지를 하게 되었다.

그러던 중 지역신문인 『부산일보』에서 본 용접 및 절단 분야 여성 훈련생 모집 광고가 그의 인생을 바꿔 놓았고, 국내 최고의 중공업 공장에서 일하는 엘리트 인력 대열에 합류할 수 있는 문을 열어 주었다. 전기 용접이 여성에게 적합한 안전하고 쉬운 일이라는 회사 측의 주장과는 달리, 그것은 사실 매우 어렵고 위험한 작업이었다. 그는 여자라고 봐주는 것이 없는 현장에서 한쪽 어깨엔 40킬로그램짜리 용접 홀더를, 다른 어깨엔 공구통을 메고, 높이 솟은 배 옆면에 수직으로 붙은 "아슬아슬한 사다리"를 타고 오르내렸고, "괴물처럼 솟아 있"는 철판들이 떨어져 깔려 죽지는 않을까 두려워하며 용접 불똥과 그라인더 쇳가루가 난무하는 현장을 버텨 냈다. 모두가 젊은 여성의 몸으론 하루도 버틸 수 없을 거라 예상했지만 현장의 남성 동료들 사이에서 마침내 "일 하나는 기막히게 잘"하는 용접공으로 인정받게 된 것은 특유의 의지와 인내심 덕분이었다. 결국 김진숙이 '아저씨'라고 부르던 남성 노동자들은 그를 동료로 받아들였다.

엘리트 핵심 노동자층에 속할 수 있는 일생 단 한 번뿐일지 모를 기회에 간절히 매달리며 '모범 사원'으로 살아가던 김진숙이 활동가로 변신하는 과정은 몇 년에 걸쳐 서서히 일어났다. 그는 1984년 부산의 한 YMCA 지부에서 제공하는 '억새풀 야학'에 — 그것이 검정고시 야학이 아니라 노동야학이라는 사실을 모른 채 — 등록했다. 처음엔 자신이 듣고 싶은 영어나 수학 수업 대신 노동 관련 이슈에 집중하는 학교 수업에 거부감을 느끼고 선생님들이 "빨갱이" 같다고 생각했다. 하지만 그는 계속 야학에 나갔다. 매주 수요일의 야학 수업은 혹독한 환경에서 장시간 노동에 시달리던 조선소 용접공의 "짐승 같은 생활"에서 잠시 벗어날 수 있는 소중한 휴식처였기 때문이다. 야학은 그가 "진숙 씨"라고 정중하게 불린 유일한 곳이기도 했다.[60] 야학의 한 교사가 『전태일 평전』을 주었고, 밀어 두었던 그 책을 소나기가 내려 오후 작업을 쉬던 어느 날 — 우천시 야외 용접일을 중단하는 것이 조선소 관행이었다 — 심심파적으로 들춰 보게 되었다. 그 책은 그의 세계관을 송두리째 흔들어 놓았다. "가슴에 큰 산 하나가 들어앉아 그 산에서 돌덩이가 와르르 쏟아져 양심에 돌팔매질을 해대는 그런 느낌이었다"고 그는 그때의 충격을 표현한다.[61] 김진숙은 동료 생산직 노동자들을 얕보고 자신은 그들과 다르다고 믿던 과거의 행태가 부끄러워 오열했다고 한다. 그가 노동자의 권리에 대해 점점 더 깊이 몰두해 틈만 나면 야학에서 배운 노동법을 들먹이는 것을 '아저씨' 노동자들은 받아 주었고 그가 다가가면 "야 근로기준법 온다"고 농담을 하기도 했다.

1986년 초, 김진숙이 같은 생각을 가진 남성 동료 이정식·박영제와 함께 노조 대의원 선거에 출마하기로 결심하게 만든 것도 '아저씨' 노동자들의 권유였다. 당시 선거는 기존 노조 지도부가 막후에서 결정하고 형식적으로만 치루던 요식 행사였다. 선거가 실제 경선으로 치러질 가능성에 봉착한 경영진과 노조 간부들은 이들 세 도전자를 고립시키고 출마를 포기하게 만들려고 애썼다. 선거 당일, 김진숙은 동료들이 점심 먹는 식당으로 사용하는 크레인 꼭대기 방에 몰래 들어가 노조 간부들의 부패와 회사의 생산직 노동자에 대한 부당한 대우를 규탄하는 일장 연설을 했다. 그는 회사에서 제공한 점심밥을 가리키며 이것이 개

[60] 같은 책, 46.
[61] 같은 책, 46-49.

밥보다 낫냐고 목소리를 높였다. 방에 있던 수백 명의 동료들은 김진숙이 연설을 마치자 우렁찬 박수를 보냈고, 관리자와 보안 요원들이 그를 밖으로 끌고 나가려 하자 분연히 일어나 그를 보호했다. 결국 김진숙과 두 동료 활동가는 노조와 회사가 미는 후보인 반장들을 당당히 물리치고 대의원이 되는 데 성공한다. 대한조선공사 조선소 민주노조의 탄생이었다.

김진숙은 이정식·박영제와 함께 노조 대의원으로 활동하며 노조 내부 자료를 분석해 지도부의 비리를 폭로하고 노조가 횡령한 돈을 환수해 조합원들에게 나눠 주었다. 사측의 괴롭힘은 극심했고 — 사측은 김진숙의 성별을 문제 삼으며 동료 노동자들의 남성으로서의 자부심을 자극하려 했지만 별다른 성과를 거두진 못했다 — 특히 김진숙은 사측이 조직적으로 벌인 '빨갱이' 제거 캠페인의 표적이 되었다. 그는 악명 높은 대공분실 고문실로 두 번이나 끌려갔다. 김진숙은 당시 며칠을 두들겨 맞고 거꾸로 매달린 채 눈에서 피가 뚝뚝 떨어질 때까지 고문을 당했다. 결국 고문관들은 그들이 조작하고 있던 북한 간첩단과의 연관성을 찾지 못한 채 "자생적 공산주의자"로 낙인찍으며 그를 풀어 주었다.[62]

회사는 1986년 7월, 김진숙·이정식·박영제 세 명의 조선공사 활

---

[62]   같은 책, 19-20, 24-32. 김진숙은 처음 끌려간 조사실이 "빨간 방"이었다고 기억한다 — 벽도 천장도, 그리고 욕조 변기 세면기까지도 다 빨갰다. 열흘 후 두 번째로 끌려간 방은 온통 "노란 방"이었다. 간신히 풀려나온 뒤 그는 기억을 더듬어 용케도 자신이 끌려갔던 곳을 되짚어 찾아가서는 두 사람을 내놓으라고 울부짖었다. 이번에도 그는 또 구타를 당하고 보자기가 씌워진 채 어디론가 끌려갔는데, 그곳은 바로 영도 경찰서였고 두 동료는 거기에 있었다. 그에게 이정식·박영제 "형들"과의 끈끈한 동지애가 얼마나 중요했는지 말해 주는 일화다.

동가들을 해고했다. 이들은 굴하지 않고 매일같이 경비원들의 괴롭힘과 구타를 무릅쓰며 회사 정문에서 복직 요구 시위를 했다. 김진숙은 그동안 모아 둔 돈을 모두 털어 유인물을 인쇄했다. 그가 가장 원했던 것은 자신이 '빨갱이'가 아니며 회사의 처사가 부당하다는 것을 동료들에게 알리는 것이었다. 밤새 유인물을 쓰고 등사기로 밀어 "한진 아저씨들" 집집마다 끼워 놓는 일이 그들과 소통하기 위해 "그때 할 수 있는 유일한 일"이었으며 그나마도 할 수 없었다면 그 힘든 시절을 살아 낼 수 없었을 것이라고 그는 회고한다.[63]

탄압에도 불구하고 김진숙과 그가 주도한 노조 민주화 운동에 대한 지지는 더욱 거세졌다. 전국적으로 일어난 1987년 6월 항쟁의 물결 한가운데서 대한조선공사 노동자들의 노조 민주화 투쟁도 불이 붙었고, 7월 25일 시작된 대한조선공사 파업은 파업 물결의 전국적 확산에 중요한 역할을 했다. 1990년대가 되면 김진숙은 이미 영도 조선소뿐 아니라 금속 노동운동에서 전설적 존재가 되어 있었다. 그리고 민주화된 한진중공업 노조는 1987년 이후 가장 전투적이고 강력한 노조의 하나로 명성을 얻게 된다.

한진중공업 노조 투쟁을 다룬 다큐멘터리 <그림자들의 섬>(김정근 감독, 2014년작)에 담긴 증언을 비롯해 그의 회고에서 가장 두드러지는 것은 동료, 특히 '아저씨' 노동자들에 대한 애정과 현장에서 그들과 함께 일하던 시절에 대한 짙은 그리움이다. 그가 오랜 세월 금속 노동자들의 운동에 대해 보여 준 헌신은 목숨을 건 단식투쟁과 조선소 크레인 위에서 벌인 309일간의 고공 농성에서 정점에 달했다. 이런 투쟁성

[63]　같은 책, 8.

과 죽음을 무릅쓴 헌신은 그가 여성으로서 마침내 안정적인(즉 남성들에게나 가능했던) 일자리를 얻고 끈끈한 형제애적 공동체를 구축하기까지 얼마나 힘들고 먼 길을 걸어왔는지를 생각해 보면 조금은 이해할 수 있다. 그 공동체를 지키기 위해 싸우는 것이 그의 삶의 목적이 된 것은 어찌 보면 자연스러운 일이었다. 중요한 고비마다 그가 조선소 동료들을 위해 감행한 실천들은 노조가 완강한 한진 재벌로부터 상당한 양보를 이끌어 내는 걸 가능하게 했다. 그러나 남성 노조원들에게 자신들의 남성 중심적인 세계에 대해 김진숙의 성별이 제기하는 질문은 여전히 당혹스러운 난제로 남아 있었다.

그 이유는 김진숙이 1987년 이후 노동운동의 젠더 프레임을 뛰어넘는 활동가였기 때문이다. 남성 중심의 금속노조 운동에서 전국적 인지도를 가진 유일한 노동운동 지도자라는 그의 독특한 위치는 모든 활동가들에게 개념적 도전이었다.[64] 여성 공장노동자가 남성 금속 노동자를 대표하는 존경받는 지도자인 사실을 인정하고 설명해야 하는 곤경에서 벗어나는 편리한 방법은 그의 뛰어난 개인적 자질을 강조하고 여성성을 괄호로 묶는 것이었다. 김진숙을 성 중립적인 노동자 영웅으로 만들어 다른 평범한 여성 노동자들보다 우월한 존재로 추켜세우는 서사들 중에는 그가 축지법을 사용해 거대한 조선소 곳곳에 유인물을 동시에 배포했다는 소문도 — 김진숙이 동료로부터 전해 들은 소문이다 — 있었다.

김진숙 본인도 2000년대까지는 대체로 젠더와 관련한 질문을 외

---

[64] 강인순은 민주노총 조직이 "성차별적"이고 "남성 중심적"이었고, 여성 조합원을 대상으로 하는 프로그램을 계획하고 실천할 능력이 매우 부족했다고 본다(강인순 2001, 366-67).

면했다. 여성학자 김현경과 김주희는 페미니즘적 관점에서 김진숙의 자기 재현이 조선소 남성 노동자들의 '형제' 정체성을 중심으로 이루어졌으며, 이는 '노동자' 정체성을 강조하면서 '여성' 정체성에 괄호를 치는 방식이었다고 분석한다. 그들은 김진숙이 동료 노동자에 대한 연대를 충분히 표명하기 위해, 또 남성 중심의 노조 운동에서 정치적으로 의미 있는 목소리를 내기 위해 남성적인 자질들을 전유하고 남성적 주체, 특히 "'남성 가장'의 자리에서 발화한다"고 지적한다.[65] 김진숙의 글과 증언에서 작업장 내 만연한 성차별과 성희롱에 대한 쓰라린 경험이 "미묘하게 억압된 채로 계속 출몰"하기는 하지만, 두 학자에 따르면 2010년대 이전 김진숙의 재현 전략은 전반적으로 남성 중심적이고 몰성화된 노동운동 담론을 지탱하는 쪽으로 영향을 미쳤다.[66] 금속 노동자 투쟁에서 존재감을 발휘했음에도 불구하고 김진숙의 존재는 운동 내 젠더 권력관계에 대한 진지한 논의를 촉발하지 못했고, 여성 조합원들이 부차적인 — 가족 구성원이나 기껏해야 남성 정치 주체의 조력자라는 — 지위에서 벗어나는 데 도움을 주지 못했다.

　　1986년에 해고된 김진숙은 복직을 향한 끈질긴 열망과 실천에도 불구하고, 그리고 이정식·박영제를 비롯한 남성 동지들의 복직 투쟁에 대한 기여에도 불구하고 — 이정식·박영제는 해직 20년이 지난 2006년에 복직했다 — 생산직 노동자의 정년인 60세에 이를 때까지 영도 조선소에 복직하지 못했다. 경영진의 완강한 거부가 그의 오랜 복직 투쟁이 결실을 거둘 수 없었던 주된 이유였지만 — 그 투쟁은 그가 정년퇴

[65]　김현경·김주희 2012, 1, 4, 15.
[66]　같은 글, 15, 19.

직 연령에 도달한 2020~21년에 다시 광범한 연대 운동을 불러일으켰고 2022년 2월 25일 당일 퇴직을 전제로 한 '명예 복직'이 36년 만에 성사된다 — 2010년의 단식투쟁과 2011년의 크레인 농성에 대한 노조 지도부의 비판을 포함해 그의 리더십이 노조 내에서 상당한 긴장을 불러일으켰다는 사실 역시 간과할 수 없다.[67]

해고 노동자로서 김진숙은 오랫동안 민주노총 부산지역본부 지도위원이라는 영예로운 자리를 맡아 왔다. 그러나 그의 권위와 영향력은 민주노총 조직 내의 공식적인 역할보다도 연대를 만들어 가는 그의 행동과 대중을 설득할 줄 아는 언변의 힘에서 나온 것이었다. 김진숙의 연설과 글은 노동자는 물론 일반 시민들 사이에서도 널리 공감대를 형성하고 깊은 울림을 주는 특별한 힘을 보여 주었다. 지난 수십 년 동안 김진숙은 노동계 행사, 동료의 장례식 등 수많은 공식석상에서, 그리고

---

[67] 김진숙은 한진중공업이 노동자 352명의 정리해고를 결정하자 해고 철회를 요구하면서 1월 13일 무기한 단식을 시작, 2월 5일 건강이 위독해져 병원으로 후송되기까지 24일간 텐트에서 단식투쟁을 지속했다. 단식 23일째, 건강이 극도로 위험해진 상태에서 그는 한진 회장 조남호에게 "조남호 회장님, 나는 …… 살고 싶습니다"라는 제목의 공개편지(<민중의 소리> 2010/02/04)를 보냈다. 이 편지에서 김진숙은 그가 단식에 들어갈 수밖에 없는 이유를 짧게 적어 만든 유인물의 복사를 노조 집행부가 거부했다고 밝혔다. 또 노조 집행부는 혹한에 대로변에 텐트를 치고 농성 중인 그가 발전기를 돌릴 기름을 부탁하자 이 역시 거절했다. 그의 2011년 크레인 농성 때에도 채길용 집행부는 노조 승인 없이 농성을 시작한 김진숙을 못마땅해 했고 그의 행동이 큰 반향을 일으키는 것을 경계했다. 채길용과 금속노조 간부 하나는 2월 14일 조선소 안의 17호 크레인에 올라 별도의 농성을 시작하면서 회사와의 타협에 집중했다(허소희 외 2013, 44-48). 6월에 채길용 집행부는 사측과의 협상에서 파업 철회와 현장 복귀에 합의함으로써 수백 명의 회사 보안 요원과 1000명이 넘는 경찰 병력이 폭력적으로 파업 노동자들을 몰아내고 85호 크레인 밑을 점령해 김진숙을 고립시키는 행정대집행을 실시하도록 길을 터주었다. 채길용은 10월의 노조 지회장 선거에서 김진숙의 투쟁을 지지하는 차해도에게 패했다(같은 책, 171).

단식투쟁이나 고공 농성 중의 발언을 통해 감동적이고 기억에 남는 연설을 해왔다. 그의 글과 연설문을 모아 2007년 출간된 『소금꽃 나무』는 대중적으로도 큰 호응을 얻었다.[68] 그가 노동운동에서 자신의 존재 가치와 영향력을 지속하고 더 많은 대중에게 다가갈 수 있게 해준 것은 스토리텔링을 통해 사람들과 소통하는 능력, 그리고 이타적인 행동을 통해 진정성을 전달하는 능력이었다. 이런 자질은 1931년, 탁월한 연설 능력과 대담한 고공 농성으로 평양 사회를 뒤흔들고 전국적인 반향을 일으켰던 고무 노동자 강주룡의 사례를 떠올리게 한다.

대공장 정규직 남성 노동자들의 노조 운동에 초점이 맞춰져 있던 김진숙의 입장이 중요한 변화의 조짐을 보이기 시작한 것은 2000년대 초반부터다. 그는 정규직 조직노동자들이 비정규직을 비롯한 사회적 약자와 연대하고 있지 못하다며 비판의 목소리를 높이기 시작했다. 예를 들어 2003년 「김주익 추모사」에서 그는 "자본의 연대는 이렇게 강고한데 우리는 얼마나 연대하고 있습니까?"라고 물었다. 그리고 "비정규직을, 장애인을, 농민을, 여성을, 그들을 외면한 채 우린 자본을 이길 수 없"다고 경고했다.[69] 2010년의 해고 반대 단식 중 『경향신문』과의 인터뷰에서는 민주노총을 날카롭게 비판했다. "약자와 함께"해야 마땅한 노동운동이 "과거 십수년간 많이 변질"되어 연대보다는 스스로의 "이익을 추구하는 분위기가 고착화"하고 있다고 진단한 그는 다음과 같이 말한다.

---

[68] 노동자대회에서 행한 김진숙의 명연설들 가운데 「배달호 추모사」(2003/01/25), 「김주익 추모사」(2003/11/09) 등이 이 책에 실려 있다.

[69] 김진숙 2007, 123.

비정규직, 노점상, 농민, 철거민을 모른 체하는 노동운동은 소외될 수밖에 없어요. 연대하지 않는 노동운동은 죽은 겁니다.[70]

결정적 전환점이 된 것은 2011년의 크레인 고공 농성 경험이었다. 당시 희망버스를 통해 다양한 그룹의 수많은 사람들과 소통하는 경험을 한 이후 그는 연대의 범위를 훨씬 넓혀 생각하고 페미니즘에 깊은 관심을 갖게 되었다.

사실 85호 크레인에 오른 게 김진숙이 처음은 아니었다. 한진중공업은 1987년 노동자 대투쟁 이후 노조의 힘을 약화시키기 위해 꾸준히 인력 감축을 추진해 왔고 이로 인해 노사 갈등이 첨예하게 지속돼 온 사업장이었다.[71] 2002년에도 사측은 650명에 달하는 노동자를 정리해고하며 대대적인 공세를 시작했고, 이에 맞선 파업이 장기화되는 가운데 2003년 6월 11일, 노조 지회장 김주익이 85호 크레인에 홀로 올라 고공 농성에 돌입했다. 김진숙이 훗날(2020년 6월 23일, 복직 촉구 기자회견에서) 쓴 표현에 따르면 크레인에 "깃발처럼 매달려 나부끼던" 그는 129일간의 외로운 고공 농성 끝에 10월 17일, 스스로 목숨을 끊었다. 김주익의 극단적 선택은 노조와 조합원들을 상대로 거액의 손해배상(이하 손배)을 청구하는 사측의 새로운 전략으로 인해 조합원들의 연대가 점차 와해되는 상황에서 일어난 일이었다. 사측의 손배 청구는 조

---

[70] 「"약자 외면한 노동운동 죽은 것": 혹한 속 단식 농성 벌이는 50살 용접공 김진숙 씨」, 『경향신문』 2010/01/27.

[71] 1990년대를 거치며 생산직 분야의 정규직 수는 급격히 줄어들어 2002년이면 조선소 생산직 중 비정규직의 비율이 70퍼센트에 가까워졌다. 김주익 곽재규 열사 1주기 추모 사업 추진위원회 2004, 566.

합비뿐만 아니라 노조 간부 개개인의 임금과 주택에 대한 가압류 위협으로 이어져 노조를 뒤흔들었다.[72] 김주익과 보름 후 그를 따라간 곽재규의 죽음 이후 결국 해고는 철회됐지만 전투적 노조를 꺾겠다는 사측의 노력은 이후에도 계속됐다. 2007년, 한진은 필리핀 수빅만 자유무역지대에 최첨단 조선소를 짓고 수주 물량을 그쪽으로 돌리며 노조를 압박했다.[73] 따라서 2011년 부산 한진조선소의 노동쟁의는 자본과 노동 양측 모두에게 판가름 싸움으로 인식되었고, 2010년 12월 15일 회사가 정리해고안을 발표하고 희망퇴직을 강요했을 때 노동 측의 상황은 절박했다.

2011년 1월 6일 한밤중에 김진숙은 정리해고를 막기 위해 김주익이 올랐던 바로 그 85호 크레인에 올랐다. 당시 김진숙은 살아 내려

[72] '손배 가압류'는 2000년대 초반부터 노조의 힘을 약화시키기 위한 가장 효과적이면서도 가장 비인간적인 경영 전략으로 자주 이용되었고 많은 노조원들을 자살로 내몰았다. 2003년, 김주익 지회장이 파업에 대한 동료들의 지지를 높이려 애쓰던 당시 노조 간부들은 회사의 7억4400만 원이라는 엄청난 액수의 손해배상 청구에 충격을 받고 낙담해 있었다. 김주익이 목숨을 끊기 나흘 전 회사는 200여 명의 노조원들에게 재산을 가압류할 것이라 통고했다(같은 책, 254, 365-66, 566). 2003년 민주노총 사업장 노동조합 51개에 대한 손해배상 요구액 총액이 575억 원에 달했고, 2011년이 되면 그 액수는 1582억7000만 원(민주노총 12개 사업장 대상)으로 늘어난다. 2016년 현재 57건, 1521억9295만 원의 손배 요구가 20개 민주노총 사업장을 겨누고 있고, 그중 1072억 원 가까이가 현대·기아·쌍용자동차와 한진중공업 등 10개의 금속 사업장(47건)에 부과된 것이다(Yi 2017).

[73] 2011년 당시 수빅 조선소는 한국인으로 구성된 소수의 정규직과 19개 하청업체 소속의 파견직 2만1000여 명으로 운영하고 있었다. 김도형, 「노동자의 무덤' 한진중 수빅 조선소 시위 격화」(『한겨레』 2011/06/30). 당시 한진의 수빅 조선소는 세계 4위 규모의 조선소로 현지 노동자 단체의 계속되는 도전에도 불구하고 노조 조직화를 막는 데 성공했다.

오지 못할 수도 있다고 생각했다.[74] 김진숙은 크레인 위에서의 고난을 끝내고 싶은 충동과 매일 싸웠다. 그는 가까운 친구이자 동료였던 김주익이 그랬던 것처럼 129일 동안은 버티고 싶다는 소망에 매달렸다. 5월이 되자 사람들은 그가 느끼는 절박감이 상상하기 싫은 결정으로 바뀔까 두려워하기 시작했다. 김주익을 비롯해 다른 작업장에서 수없이 되풀이된 노동 열사들의 발자취를 그 역시 따르지 않을까 하는 두려움이었다. 고공 농성이 173일째에 접어든 6월 27일, 1600명의 경찰 병력과 회사가 고용한 보안 요원들이 크레인 밑에 남아 있던 100여 명의 조합원들을 끌어내고 85호 크레인을 포위했다. '특공대'가 85호와 같은 레일을 쓰는 84호를 점령했고, 주로 야간에 85호로 당겨 붙여 김진숙을 제압하려는 시도를 되풀이했다. 김진숙은 서울대 강연에서 그들의 공격 때문에 10분을 이어서 자본 적이 없다고 당시 긴장된 상황을 특유의 유머를 섞어서 들려주었다. 6월 27일의 공격으로 인근 컨테이너에 숨어 있던 황이라(민주노총 부산지역 본부 상담부장)를 제외한 모든 노조원들이 크레인 아래서 쫓겨났다. 황이라는 부산 지하철에서 매표소원으로 일하다 자동화로 인해 해고된 비정규직 출신 노조 활동가로 2006년 김진숙이 지하철 노동자들의 복직 투쟁을 지원하러 갔을 때 둘은 처음 만났다.[75] 두 사람은 스물여섯 살에 해고되었다는 공통의 경험을 소중히 여기며 곧 동지이자 친구가 되었다. 황이라는 김진숙의 309일 고공 농성 동안 매일 식사를 올려 보내는 일을 맡았다. 크레인 주변을

---

[74]　김진숙 2017. 이 외에도 김진숙의 크레인 농성에 대한 회고는 허소희 외 2013과 2017년 김진숙이 시애틀의 워싱턴대학교에서 행한 두 강연(4월 15, 17일)에서 따왔다.

[75]　김진숙 2007, 151-57.

회사 용역들이 점거하고 있을 때는 크레인에 닿기 위해 경비 수백 명의 괴롭힘을 견뎌 내야 했다.[76] 크레인 주변이 점령당한 밤, 박영제를 비롯한 몇몇 노조원들이 아래로부터의 공격에서 김진숙을 보호하기 위해 85호 크레인 중앙으로 올라갔다. 그중 김진숙의 오랜 동지인 세 사람 — 박성호, 박영제, 정홍형 — 은 그가 내려오던 날까지 137일 동안 비바람에 노출된 채 크레인 중간에서 농성을 이어 갔다.

크레인에 올라간 후 김진숙은 황이라가 2월 하순에 몰래 올려 준 스마트폰의 사용법을 터득해 지지자들과 소통하고 있었다. 회사가 크레인에 공급되는 물과 전기를 끊은 이후 김진숙의 트위터를 통한 소통은 크레인 아래 경비 요원들의 철저한 검문을 용케 통과한 태양광 전지 덕분에 가능했는데 — 경비들은 음식을 밧줄로 올리도록 허용하기 전에 막대기로 저어 금지품이나 전략적 물품이 숨겨져 있는지 확인하곤 했다 — 시간이 지남에 따라 그가 매일 띄워 보내는 트윗은 노동운동의 장을 뛰어넘어 대중적 반향을 일으키기 시작했다.

농성 중 가장 위험했던 순간에 그의 목숨을 구한 것은 '희망버스'의 출현이었다. 희망버스의 탄생에는 김진숙의 트윗을 통한 호소가 큰 역할을 했다. 약 750명으로 구성된 1차 희망버스는 부산에 집결해 사측이 고용한 경비병력 700여 명과 밤새 싸운 끝에 농성 157일째인 6월 12일 새벽 1시에 크레인 아래 도착했다. 6월 27일의 공권력 투입으로 김진숙이 고립되자 7월 9일 나타난 2차 희망버스 탑승자는 차량 185대에 약 1만 명으로 늘어났다. 그해 여름과 가을 동안 김진숙의 목숨을 살리려는 소망으로 세 차례(7월 말, 8월 하순, 10월 초순) 더 희망버스가 조직

[76] 『한겨레』 2011/11/15.

되었다.[77]

　희망버스 활동가들은 영도조선소와 85호 크레인을 진보적 가치를 공유하는 축제의 장으로 만들었다. 젊은이들을 중심으로 한 다양한 참가자들의 창의적인 문화적 에너지가 부산 거리에 흘러넘쳤다. 경찰의 과격하고 종종 폭력적인 진압 속에서도 참가자들은 노래하고 춤추고 문화 공연을 펼쳤다.[78] 그것은 한국 노동운동 역사상 유례가 없는 놀라운 연대의 축제였다. 김진숙은 농성 166일차에 『한겨레』와 가진 인터뷰에서 희망버스는 그가 30년 가까이 노동운동을 하면서도 겪어 보지 못한 "아주 새롭고 신비로운 운동"이었다고 평했다.[79] 전국 각지에서 다양한 사회운동 단체와 개인들이 직접 농성 현장을 찾아 지지를 표명했다. 예를 들어 3차 희망버스에는 이주 노동자, 인권 운동가, 청소년, 장애인, 인디 밴드 뮤지션, 퀴어 활동가 등이 참가했으며, 전국 각지에서 모인 이들 1500여 명은 크레인에 닿기 위해 경찰의 물대포 공격과 최루액 살포를 견디며 장맛비 속을 걸었다. 조선소에 도착하지 못해 어느 공원에 모인 참가자들을 향한 전화 연설에서 김진숙은 정치권과 회사를

[77]　4차 희망버스는 부산이 아니라 서울 도심에서 8월 27~28일에 모였다. 김진숙의 크레인 농성과 관련된 희망버스의 활동은 허소희 외 2013에 자세히 기록돼 있다.

[78]　이후의 희망버스 시위는 7월 9~10일, 7월 30~31일, 8월 27~28일, 10월 8~9일에 열렸다(같은 책, 278-90). 희망버스 대열은 이후에도 울산의 현대자동차 비정규직 노동자들의 고공 농성 280일차(2013년 7월), 스타케미칼 노동자 차광호의 굴뚝 농성 89일차(2014년 8월) 등 주요 고공 농성 현장에 등장했다. 또 97대의 희망버스가 2014년 3월 서울-부산 고속도로 옥천 나들목에 등장해 유성기업 노조원들의 농성(295일간 지속됨)을 응원했다. 앙꼬 외 2015, 136; 이경석 외 2014, 224; 『한겨레』 2014/03/16 참조.

[79]　『한겨레』 2011/06/20.

< 그림 13 >
2011년 10월 10일 부산 영도. 희망버스로 도착한 지지자들과 김진숙이 서로를 향해 손을
흔들고 있다. 이 사진은 5차 희망버스 대오가 크레인을 떠난 직후에 찍은 것이다. 김진숙의
동지인 남성 노조원들이 김진숙을 보호하기 위해 시작한 농성 현장도 크레인 중간에 보인다.
ⓒ 장영식

향해 "무엇이 나를 내려오게 할 수 있는지 진심으로 생각해 보라"면서 "비정규직과 해고된 노동자들, 장애인들, 성적 소수자들, 여성들, 등록금 해결 못 하는 학생들, 짓밟히는 삶들"을 직시하라고 요구했다.[80] 나중에 당시 경험을 돌아보며 그는 이렇게 말한다. "희망버스가 가진 가장 큰 힘은 각자 다른 깃발을 들고도 한 버스에 탈 수 있다는 것을 알게 된 것이 아닐까."[81]

김진숙의 장기 고공 농성이 국내외적으로 자아낸 엄청난 압력 아래 회사는 결국 정리해고 계획을 철회해야 했다. 김진숙은 11월 10일, 크레인 아래 모인 사람들의 열렬한 환호 속에 무사히 땅을 밟았다.[82]

김진숙은 희망버스 운동이 그에게 살고자 하는 의지와 버틸 힘을 북돋아 주었을 뿐만 아니라 기존의 조직 노동보다 훨씬 더 넓은 범위의 연대의 가능성, 즉 노조원만이 아닌 더 많은 집단이 참여하는 연대의 가능성을 볼 수 있도록 새로운 지평을 열어 주었다고 회고했다. 희망버스 운동이 등장하던 때는 서울 홍익대학교 청소 노동자들의 투쟁이 사회적 관심을 불러일으키던 시점이었는데, 이 투쟁은 대학생들뿐만이 아니라 배우 김여진을 중심으로 조직된 '날라리 외부 세력' ─ 노동자들이 '외부 세력' 또는 '배후'에 조종당한다는 주장을 풍자해 만든 말이다 ─ 과 같은 새로운 사회운동 그룹들과의 연대 활동으로도 주목받았다. 이렇듯 노동운동에서 연대의 외연이 확장되고 창의적인 방식의 활

---

[80] 허소희 외 2013, 124.

[81] 김진숙, 「희망버스가 오지 않았다면 난 …… 이름 모를 그대들, 고맙습니다」 (『한겨레』 2011/12/25에 실린 12월 22일에 쓴 기고문).

[82] 합의 내용은 김진숙이 고공 농성을 끝내고 내려오는 것 외에 남은 정리해고자 94명의 1년 내 재취업, 그리고 그 기간 동안 2000만 원 이내의 생활비 지원 등을 담고 있었다(허소희 외 2013, 157).

동이 늘어나던 새로운 흐름의 한가운데에 희망버스 운동이 있었다. 희망버스 참가자들의 행동 방식과 그들이 지속적으로 만들어 낸 문화적 생산물은 여성인 김진숙을 투쟁과 새로운 연대 네트워크의 중심에 세우면서 기존의 남성 중심적인 노조 문화를 흔들었다. 김진숙을 위한 희망버스 운동은 종종 크고 선명한 분홍색 꽃으로 상징되었고, 분홍색이 희망버스 운동의 문화적 이벤트와 제작물의 지배적 색으로 등장했다.

309일 농성 이전에도 김진숙은 노조 운동 내의 남성 중심 문화를 비판하는 목소리를 점점 높이고 있었고, 조직 노동운동이 비정규직 문제를 외면하는 것에 대해서도 자주 비판하는 발언을 한 바 있었다.[83] 희망버스 활동가들과의 만남 이후 비정규직 노동자의 이해를 외면하는 민주노총의 태도에 대한 김진숙의 비판의 목소리는 점점 더 날카로워졌고, 젠더 이슈에 대해서도 더 직접적으로 언급하기 시작한다.

2017년 9월 서울대학교 여성학협동과정 특강 초청 강연에서 김진숙이 들려준 이야기와 답변은 서로 얽힌 두 가지 문제 — 비정규직과 정규직 노동자 사이의 연대의 필요성과 한국 노조 운동의 젠더 문제 — 에 대한 그의 생각이 그간 어떻게 발전해 왔는지 보여 준다. 강연에서 그는 만연한 성희롱과 저속한 성적 언사에 시달렸던 자신의 직장 생활 경험을 회상하며 최근에야 그것을 '여혐'(여성 혐오)이라는 개념으로 표현할 수 있었다고 한다. 한 학생의 질문에 답하며 그는 음담패설을 날리는 사람들이 평소 자신을 도와주고 믿어 주던 선량한 '아저씨' 노동자들이었기 때문에 당시 어떻게 대응해야 할지 몰라 갈등을 겪었다고

---

[83] 『소금꽃 나무』(김진숙 2007)에 실려 있는 「배달호 추모사」와 「김주익 추모사」, 부산역 앞 노동절 연설(2005/04/30), 그리고 김진숙, 「비정규직과 함께 밥 먹기 싫다니……」(『오마이뉴스』 2005/01/13) 참조.

설명했다. 이어 그는 학생들에게 모두가 이것이 왜 문제인지 "끊임없이 얘기해야" 하며, 나서고 떠들고 "그래야지 세상이 바뀐다"고 당부하면서 그것이 그가 트위터에 "어설프기는 하지만" 매일 여성과 관련된 얘기를 쓰려고 노력하는 이유라고, 그리고 그것은 과거에 자신의 말에 상처받았던 누군가가 있었다는 것을 모른 채 살았고 외면하기도 했던 데 대한 "자기반성"이라고 덧붙였다.

그날의 강연을 김진숙은 자신이 "여성 노동자였고, 지금도 여성 노동자로 살고 있"다는 말로 열면서 공장노동자로서 겪었던 착취와 성적 폭력의 실상을 자세히 묘사했다. 그리고 그는 이런 질문을 던졌다. "이 [여성] 노동자들은 뭐가 되어 있습니까?" 그가 제시한 답은 이랬다. "다 비정규직이 되어 있지요. 지하철에서 청소용역 노동자들, 학교에 청소하시는 노동자들 다 그 시절에 그렇게 일했던 노동자들이에요." 그는 강연을 마무리하며 앞으로 노조 운동이 가야 할 방향에 대한 명확한 처방을 제시했다. 현재 노조 운동의 한계 중 하나는 40세 이상의 남성 정규직 중공업 노동자들 위주의 운동이라는 점이고, 이는 비정규직 노동자들이 주도하는 운동으로 극복될 수 있다는 것이었다. 이어 바람직한 사회에 대한 비전을 말해 달라는 사회자의 요청에 그는 KTX 여승무원들과 쌍용차 노동자들의 농성을 언급하며 학생들에게 이렇게 말했다.

저는 그 농성장부터 가보셨으면 좋겠습니다. …… 그 노동자들하고 함께 연대하는 일이 그분들에게도 굉장히 큰 힘이 되겠지만, 굉장히 중요한 큰 배움이 될 거예요. 노동자라고 차별받지 않고, 비정규직이라고 마음대로 해고되지 않고, 노동자들이 더 이상 고공에 올라가지 않고, 해고되지 않고, 목숨을 걸지 않아도 되는 세상. 그게 여러분의 비전이길 바랍니다.

비정규직 노동의 현실과 체공녀의 기억

한국의 비정규직 노동자들은 최근 수십 년 동안 놀라운 수준의 투쟁성과 지구력을 보여 왔다. 하지만 그들이 이어 온 경영진과의 힘겨운 싸움은 한국 경제 전체를 집어삼킨 급속한 비정규직화 과정을 되돌릴 수 없었다. 정리해고와 위장 폐업의 피해를 입은 정규직 노동자들도 장기간 끈질기게 투쟁을 이어 갔다.[84] 비정규직 노동자들 사이에서도 그에 못지않게 치열하고 장기간 계속되는 투쟁이 자주 발생했는데, 그중에

---

[84] 가장 잘 알려진 예가 쌍용자동차, 콜트·콜텍, 그리고 스타케미칼의 쟁의이다. 장기간 지속되던 이들 노동쟁의 가운데 다수가 2018년과 2019년에 걸쳐 마침내 끝을 맺었다. 2018년 9월 쌍용자동차 해고 노동자들은 해고 노동자 전원을 일정한 시간에 걸쳐 복직시킨다는 회사의 약속을 얻어 내고 10년에 걸친 투쟁(2009~18년)을 끝냈다(『한겨레』 2019/06/24). 이명박·박근혜 정권하에서 집중적으로 탄압을 받던 오랜 투쟁 기간 동안 총 30명의 쌍용자동차 노동자와 가족이 자살로 생을 마감했다. 심각한 노사 갈등이 노조원과 그 가족에게 얼마나 큰 트라우마를 가하는지 드러내는 사례다. 2019년 4월, 기타를 만들던 콜트·콜텍 노동자들이 해고자 복직 문제에 대한 사측의 양보로 2007년부터 2019년까지 12년 넘게(4464일) 끌어온 투쟁을 끝냈다(『연합뉴스』 2019/04/22). 콜트-콜텍 투쟁은 국내외 뮤지션과 문화 활동가들의 광범위한 연대 네트워크를 구축하는 데 성공한 것으로도 잘 알려져 있다. 파업 참가자들이 모여 만든 아마추어 그룹인 '콜트-콜텍 기타 노동자 밴드'는 여러 공연장에서 인기를 얻었고, 2018년에는 투쟁 10주년을 기념해 6곡을 담은 앨범을 녹음하기도 했다. 타이틀 곡은 <고공>이라는 적절한 제목을 달고 있다. 2013년부터 7년을 이어 간 스타케미칼(나중에 파인텍) 투쟁은 국내외를 통틀어 최장기 고공 농성 ─ 2014년 구미산업공단의 45미터 높이 굴뚝 위에서 벌인 408일간의 농성, 그리고 2017년 서울의 목동 열병합발전소 75미터 굴뚝 위에서 벌인 426일간의 농성 ─ 이라는 기록을 낳았다. 이는 2019년 4월, 회사가 마침내 해고자 복직에 합의하면서 끝이 났다(『뉴스1』 2019/04/23; 이경석 외 2014; 앙꼬 외 2015).

는 수천 일 동안 지속되는 사례도 있었고 고공 농성과 단식투쟁이라는 위험한 전술에 의존하는 경우도 많았다. 최근 사회적 관심과 광범위한 연대 행동을 촉발한 비정규직에 의한 장기 투쟁은 대부분 여성 노동자 주도로 일어났다. 제니퍼 전과 유이지운이 분석한 청소 노동자의 투쟁 외에 사회적으로 널리 알려진 비정규직 투쟁으로는 KTX 고속철도 승무원들의 12년에 걸친 투쟁(2006~18년), 재능교육 학습지 교사들이 '노동자' 자격을 인정받기 위해 벌인 2822일간의 투쟁(2007~15년), 이랜드/홈플러스 노동자들의 510일간의 투쟁(2007~08년) — 이는 책『우리의 소박한 꿈을 응원해 줘: 이랜드 노동자 이야기』(2008), 영화 <카트>(부지영 감독, 2014년작), 웹툰 <송곳>(2015)과 동명의 드라마로도 만들어졌다 — 등이 있다.[85] 이런 투쟁은 모두 서비스 부문 비정규직 여성 노동자들의 투쟁이다. 제조업 부문에서는 위성 라디오, 네비게이션, GPS 설비 등을 생산하는 기룡전자 여성 노조원들이 2005년부터 2015년까지 10년 이상 끈질긴 투쟁을 지속했다. 기룡 여성 노조원들의 단식투쟁은 94일이라는 충격적으로 긴 기간 동안 지속된 일도 있다. 이들은 김진숙의 고공 농성 이전인 2008년과 2010년에 이미 몇 차례 고공 농성을 감행하기도 했는데, 이는 1931년 강주룡의 을밀대 농성 이래 여성으로서는 첫 고공 농성 사례였다.[86]

---

[85] Jennifer Jihye Chun 2009a와 2009b는 청소 노동자, KTX 승무원, 이랜드/홈플러스 계산원, 88컨트리클럽의 골프 경기 보조원, 현대자동차 식당 노동자를 비롯한 몇몇 여성 비정규직 노동자 투쟁 사례를 소개한다. 이경석 외 2014에는 재능교육 사례, 앙꼬 외 2015에는 기룡전자 사례가 소개돼 있다. KTX 여성 승무원들은 12년4526일에 걸친 끈질긴 싸움 끝에 2018년 7월 마침내 정규직 노동자로 복귀하게 되었고, 2019년 7월 1일 홈플러스는 비정규직 1만4283명 모두를 정규직으로 채용해 종업원의 99퍼센트를 정규직화하는 계획을 발표했다(『뉴스1』 2018/07/21; 『동아일보』 2019/07/01).

전체 고용에서 비정규직이 차지하는 비율은 지난 수십 년 동안 남녀 모두에서 증가했다. 하지만 성별 분절이 극심한 한국의 노동시장 시스템에서 고용 기간이나 수당 등의 법적·제도적 보호 규정, 사회보험 제공 의무, 노조 등의 부담 요인을 안고 있는 정규직 고용을 아예 없애려는 신경영전략의 공세를 가장 앞에서 마주한 것은 여성 노동자들이었다. 1997~98년 아시아 금융 위기 당시 여성 노동자들은 가장이 아니라는 이유로 가장 먼저 해고 통지를 받았고, 남성 노조원들은 자신의 일자리를 지키려는 필사적인 노력 속에서 여성 노조원 일자리를 비정규직으로 전환하겠다는 사측의 계획에 동의하는 입장을 취했다. 악명 높은 초기 사례로는 현대자동차 노조에서 일어난 일을 들 수 있는데, 1998년 비정규직화에 항의하는 파업에서 노조는 남성 일자리를 지키기 위해 여성 구내식당 노동자 144명의 희생에 동의한다. 상대적으로 연배가 높은 이 여성들은 대부분 가족을 부양하는 가장이자 남성 파업 노동자들을 위해 따뜻한 식사를 준비하며 파업을 열렬히 지지한 동료들이었다.[87] 이후 노조의 2000년 단체협약은 비정규직 비율을 생산직

[86] 앙꼬 외 2015, 163-99. 기륭전자 노조는 생산직 중 극소수였던 정규직 노동자를 비정규직 노동자와 하나로 묶는 데 성공했다. 기륭전자 파업 노동자들은 그동안 받은 지지와 연대에 대한 감사의 표현으로 2011년 김진숙을 위한 희망버스 캠페인에 동참했다. 김소연은 2000년 공장폐쇄를 앞둔 갑을전자에서 퇴직금 지급을 요구하며 노조 위원장으로서 농성을 이끈 바 있었고, 다른 노조 조직화 사건과 관련해 국가보안법 위반 혐의로 기소되어 2001년 징역 10개월에 집행유예 2년을 선고받았다. 이후 기륭전자에 계약직으로 입사해 2005년 노조 지회를 설립하고 2011년까지 지회장을 역임했다. 2012년 대통령 선거에서 김소연은 "노동자의 대통령"을 내걸고 출마한다(유경순 2011b, 182-287에 실린 김소연의 증언). 이 선거에는 여성 청소 노동자이자 민주노총 울산지역연대노조 울산과학대지부장인 김순자도 출마했다.

[87] 김경희 1999, 137-38. 이 과정은 다큐멘터리 <밥·꽃·양>(2001)에 기록돼

노동자의 16.9퍼센트로 한정하는 대신 정규직을 정리해고 하지 않는다는 노사 간 합의를 반영하고 있지만, 이런 타협은 실제로는 회사가 비정규직을 원하는 대로 고용할 수 있는 권한을 준 결과를 낳아 현대자동차의 비정규직 비율은 2002년 27.5퍼센트까지, 그리고 이후 30퍼센트 내외까지 증가했다.[88]

이런 비정규직 전환 추세에 대한 통계는 '비정규직'을 어떻게 정의하느냐에 따라 여러 가지 추산이 가능하다. 핵심 쟁점은 임시직이나 일용직 자리에 상시 고용된 노동자를 포함할 것인지, 그리고 소규모 자영업과 임금노동 사이의 회색 지대에 속한 '특수고용' 종사자를 어떻게 분류하느냐에 있다. 또한 하청업체가 파견해 대기업 정규직과 나란히 일하는 노동자들은 사실상 고용 안정성도 노조 조직의 혜택도 누리지 못하고 2등 노동자 신분을 감수하는 파견 비정규직임에도 불구하고 해당 하청업체의 정규직으로 집계되고 있다. 여러 통계자료들을 신중히 검토한 후에 요코타는 한국비정규노동센터가 집계한 통계가 가장 합리적이라 결론 내린다. 이에 따르면 2008년 남성 임금노동자의 56.9퍼

있다. 결국에는 170명의 여성 정규직 노동자가 해고되었는데, 이들 중 95퍼센트가 가족 생계를 책임지고 있었다. 현대자동차 노조가 받아들인 협상안은 7~9개월 임금에 해당하는 위로금과 함께 구내식당 노동자를 포함 총 277명의 정리해고와 1261명의 1년 반 무급 휴직 등을 핵심으로 하는 것으로, 지주형은 이를 "아마도 당시에는 최선이었던 대안"이라고 평가한다(지주형 2011, 302-5).

[88] 橫田伸子 2012, 153, 167[요코타 노부코 2021, 214, 234쪽]. 자기 이익을 우선시하는 중공업 대기업 노조들의 배타적 행태에 대해서는 조돈문 2012, 110-51과 장귀연 2009 참조. 지주형은 김대중 정부 노동정책이 '조정의 정치'에서 '통제의 정치'로 결정적으로 선회하는 분기점에 현대자동차의 노동쟁의가 놓여 있었다고 본다. 이 시점에서 노조의 타협은 결국 정리해고 원칙의 수용을 상징하는 것으로 노동시장 유연화라는 극히 중요한 문제를 둘러싼 투쟁에서 "노동의 패배를 완결지은 것"이었다(지주형 2011, 303-5).

센트가 정규직인 데 비해 여성 임금노동자는 64.4퍼센트가 비정규직으로 집계돼 한국의 비정규직화 과정이 성별에 따라 차이가 나는 것을 보여 준다.[89] 통계청 통계에 따르면 2013년 전체 한국 노동자의 45.7퍼센트인 832만8000명(남성 384만, 여성 444만8000)이 비정규직이었다. 남성 노동자의 37퍼센트, 여성 노동자의 57.2퍼센트가 각종 비정규직에 고용돼 있었는데, 가장 큰 비중을 차지하는 범주는 '임시직' 노동자로, '일반 임시직'이 비정규직 전체의 31.3퍼센트, '임시 파트타임'이 16퍼센트를 차지했다.[90]

한편, 1990년대부터 여성, 특히 기혼 여성의 고용이 급속히 늘어나는데, 임금노동자가 된 이들 여성 대부분은 영세 자영업체의 무급 가족노동 종사자에서 비정규직 노동자로 이전한 것으로 보인다.[91] 요코타의 분석에 따르면 2008년 비정규직 노동자의 상당수는 영세 자영업자에게 고용돼 있는 임시직 또는 일용직 노동자들이다. 그들의 사업장 다수는 5인 이하를 고용하고 있고 따라서 이들 노동자들은 근로기준법이 제공하는 법적 보호의 테두리 밖에 존재한다. 여성은 이런 처지에 놓인 노동자들의 다수를 차지한다.[92] 한국의 성별 임금격차는 조금씩 개선되고 있기는 하지만 전반적으로 여전히 매우 큰 편이다.[93] 여성

[89] 橫田伸子 2012, 174[요코타 노부코 2021, 241]; Yokota 2014, 76.

[90] 다른 비정규직 범주에는 기간제 고용(25.1퍼센트), 상용 파트타임(0.9퍼센트), 등록형 파견(온콜 9퍼센트), 특수고용(6.5퍼센트), 파견(2.4퍼센트), 용역(하청 7.8퍼센트), 가내노동(0.9퍼센트)이 있다(Yokota 2014, 76-77).

[91] 橫田伸子 2012, 168[요코타 노부코 2021, 236].

[92] 같은 책, 77-86.

[93] 1998년 여성 노동자의 평균임금은 남성 노동자 평균임금의 63.1퍼센트였지만, 2019년 7월 1일 발표된 정부 통계에 따르면 여성 노동자는 남성 임금의 69.8퍼센트를 받아서 약간의 진전을 본 것으로 나타났다(『연합뉴스』 2019/07/01).

비정규직과 남성 정규직 노동자 간의 임금격차는 엄청나다. 2013년 여성 비정규직의 평균임금은 남성 정규직 평균임금의 40.7퍼센트였고, 남성 비정규직의 임금은 남성 정규직의 53.3퍼센트였다.[94]

남성 '중핵 노동자'를 위한 소규모의 배타적 노동시장과 비정규직이나 소기업 종사자를 위한 대규모의 하위 시장이라는 두 개의 층위로 구성된 분절적 노동시장 구조가 IMF 이후 고착되어 가자 하위의 노동시장을 벗어나 상층의 노동시장으로 진입하는 것은 매우 힘든 일이 되었다.[95] 그리고 앞서 살펴본 바와 같이 여성 노동자의 상황은 남성보다 훨씬 열악했다. 이 하층 또는 '도시 하층' 노동자 그룹에 대한 민주노총을 비롯한 조직 노동운동의 외면은 노조 조직률에서 잘 드러난다. 2013년의 노조 조직률은 여성 비정규직의 경우 1.4퍼센트, 남성 비정규직의 경우 2.8퍼센트였던 데 비해 남성 정규직의 23퍼센트, 여성 정규직의 17.3퍼센트가 노조를 통해 권리를 보호받고 있었다.[96] 비정규직, 특히 여성 비정규직이 신자유주의하에서 진행돼 온 비정규직화 추세에 맞서 노조라는 보호막을 얻기 위해 필사적이고 끈질긴 투쟁을 벌여 온 것은 이런 맥락에서였다.

이렇듯 '젠더'는 새로운 세기를 맞이한 한국 노동시장의 변화를

---

[94] Yokota 2014, 78.

[95] 橫田伸子 2012, 195-97[요코타 노부코 2021, 274-76]. 이시균·윤진호의 분석에 따르면, 비정규직으로 4년이 경과한 후 정규직화 가능성은 9퍼센트 미만이다(조돈문 2012, 34에서 재인용).

[96] Yokota 2014, 81. 정규직 노동자의 노조 조직률은 2003년의 15.3퍼센트에서 2018년 17.1퍼센트로 올랐지만 비정규직의 조직률은 2009년(2.5퍼센트)부터 2018년(3.1퍼센트)까지도 3퍼센트 전후를 벗어나지 못하고 있다. 한국노동연구원 2018, 62 참조.

이끈 핵심적 조직 원리였다. 그 변화는 노동의 여성화라는 방향으로 진행돼 왔고 여성 노동자들이 새로운 종류의 착취적 노동통제 체제에 대한 저항의 핵심을 형성해 왔기 때문에, 노동시장 양극화 문제와 함께 노동운동에 퍼져 있는 성차별적 문화를 대면하지 않고서는 쇠락해 가는 노조 운동을 다시 일으켜 세우는 것은 불가능하다고 해도 과언이 아니다. 이런 현실을 마주할 때 기억의 정치와 역사의 힘을 다시 생각해 보게 된다.

'체공녀들'Women in the Sky이라는 이 책의 영어판 제목은 1920년대부터 2010년대까지 한 세기에 걸친 한국 여공들의 투쟁을 아우르는데, 역사적인 '체공녀'의 시간을 만들어 낸 강주룡과 김진숙이 이 서사의 시작과 끝에 있다. 이 두 여성이 책을 열고 닫도록 배치한 결정은 강주룡과 김진숙을 연결 짓는 최근의 움직임으로부터 영향을 받은 것이다. 강주룡은 1970년대 이후 몇몇 노동사 서술에 짤막하게 소개되기는 했지만 한국에서 오랫동안 잊힌 인물로 남아 있었다.[97] 강주룡 이야기에 대한 대중의 관심은 1990년대부터 노동운동에서 고공 농성 전술이 널리 활용되면서 촉발된 최근의 현상이다. 1990년 거대한 골리앗 크레인 위로 올라간 울산 현대조선소 남성 노동자들의 역사적 농성 이후 고공 농성은 노동운동의 중요한 무기가 되었다.[98] 하지만 강주룡에 대한 진지한 관심을 불러일으킨 것은 사상 최장기 고공 농성을 기록한 김진숙의 2011년 크레인 농성이었다.[99] 그의 고공 농성은 1931년 평양 을

[97] 이효재 1983이 한국에서 강주룡에 대해 어느 정도 상세한 서술을 제공한 첫 학술 문헌이다.
[98] 1990년에서 2013년 사이 한국의 고공 농성에 대해서는 Yoonkyung Lee 2015 참조.

밀대 지붕 위에 홀로 앉은 강주룡의 강렬한 이미지를 떠올리게 했다. 김진숙의 크레인 농성이 희망버스의 경이로운 등장 이후 세상에 널리 알려지게 되면서 강주룡의 을밀대 농성과 그의 크레인 고공 농성을 연결 짓는 학계 바깥의 논의들도 등장하기 시작했다. 2018년에는 강주룡의 삶을 그린 『체공녀 강주룡』이라는 제목의 장편소설도 발표되었다.[100] 두 영웅적인 여성 노동자를 연결 짓는 서사는, 어찌 보면 학계 연구자들보다 대중이 더 먼저였다.[101]

강주룡에 대한 기억 만들기의 새로운 방향은 이 책의 서문에서 언급한 대통령 광복절 연설로 가시화되었다. 아마도 지금까지 있어 온 강주룡을 기억하는 여러 언설 중 가장 강력했던 2018년 광복절 경축사를 통해 문재인 대통령은 강주룡을 국가가 발굴하고 기념해야 할 '여성 독립운동가'의 위치로 격상했다. 강주룡을 여성 독립운동가로 위치 지음으로써, 문 대통령의 연설은 그의 이야기를 민족의 저항을 기념하는 지배적 민족주의 서사에 자연스럽게 통합했다. 그리고 "을밀대 지붕에

[99] 이 장 각주 84에서 이미 언급했듯이 이 기록은 비극적이게도 이후 몇 차례에 걸쳐 갱신된다.

[100] 박서련 2018. 박서련 작가는 기존의 역사적 문헌들을 기반으로 만주 시절부터 을밀대 지붕에 올라간 순간까지 강주룡의 내면세계를 조명한다. 흡인력 있는 필치로 쓰인 이 역사소설은 강주룡을 스스로가 습득한 날카로운 페미니스트 의식을 지닌 유기적 지식인 영웅으로 묘사함으로써 21세기의 페미니스트 의식을 강주룡의 이야기에 투사한다.

[101] 최근 구해근 등 권위 있는 노동사회학자들이 편집해 낸 영어판 한국 노동사 자료집조차도 두 농성 사이의 인과적 연관성을 주장하고 있다. "[강주룡의] 을밀대 지붕 위 1인 시위는 2011년 한진중공업에 항의하며 영도(부산) 조선소 크레인 위에서 벌인 김진숙의 300일이 넘는 고공 농성에 영감을 주었다"(Koo et al. 편 2015, 16-17). 김진숙이 강주룡의 을밀대 농성에서 영감을 받았음을 보여주는 증거자료는 없으며, 따라서 이 주장은 역사적 근거를 결여한다.

올라 농성하며 '여성해방 노동해방'을 외쳤"던 강주룡의 이미지를 만들어 냄으로써 사실상 강주룡을 선구적인 페미니스트 노동운동가로 규정했다.

이렇듯 김진숙의 고공 농성은 잊혀 있던 식민지기 여공 투쟁과 체공녀의 기억을 여공에 대한 역사적 기억의 장에 되살려 내는 데 기여했다. 그러나 이런 기억 작업이 오늘날의 욕망과 정치를 투영하는 캔버스로 활용되는 동안 그 정치성은 거의 논의되지 않고 있다. 1931년 평양 을밀대 지붕 위의 강주룡과 80년 후인 2011년 부산 크레인 꼭대기의 김진숙을 나란히 놓음으로써 우리는 무엇을 묻고 있으며 어떤 답을 기대하고 있는 것일까? 이 둘을 연결짓는 최근의 대중적 서사들은 그들의 경험에서 어떤 측면을 부각하고 어떤 측면을 외면하고 있을까? 한 세기에 걸친 여공들의 투쟁에 대한 기억과 평가가 여전히 활동가와 학자들 사이에서 기억 전쟁의 장을 이루고 있는 것처럼 두 '체공녀'에 대해 형성되고 있는 기억들도 아직 유동적이고 명확히 정리되지 않은 상태로 남아 있다. 이 책에서 나는 1950년대의 조방 노조원, 1970, 80년대의 민주노조 활동가, 1990년대의 신발 산업 파업 노동자 등 수많은 여공 활동가들과 함께 강주룡과 김진숙이 활동한 시간과 장소를 이해하고 그들을 더 넓은 역사적 맥락 속에서 바라보기 위해 노력했다. 공장 여성들의 목소리와 행동을 제대로 이해하기 위해서는 그들의 삶과 저항, 그리고 그것을 둘러싼 복잡하고 역동적으로 변화하는 역사적 상황을 긴 시간에 걸쳐 살펴볼 필요가 있다는 것이 기본 전제였다. 그런 역사적 고찰을 통해 이 책은 '체공녀들'과 노동운동에 참여한 다른 수많은 여성들 사이의 오래된 연결망을 새롭게 그려 보고자 했다.

이 책의 여러 장에서 알 수 있듯이, 지난 100년 동안 많은 여공들이 강주룡이나 김진숙과 마찬가지로 자율적이고 대담하며 유능한 활동가로서의 자질과 능력을 보여 줬고, 노동하는 여성들의 공동체를 키우며 성장해 나갔다. 이들은 노동운동과 사회 전반의 뿌리 깊은 성차별적 문화와 위계질서에 항의하고 때로는 이를 극복하면서 중요한 고비마다 민주적 변화를 위한 중요한 계기를 제공했다. '여성해방'을 목표로 내세운 여성 노동운동가들은 1970년대 들어서야 소수가 등장하기 시작했지만, 사실 그 이전에도 이후에도 수많은 파업 여공들은 '여성' 노동자 또는 '여공'이라는 자신들의 젠더 위치를 분명히 인식하고 있었고 노조 활동에서 자율성과 연대의 힘을 믿었다.

"그때 그대들이 없었더라면……?" 이 마지막 장의 서두에서 민주노조 운동의 '큰언니' 격인 이철순이 던진 근본적인 질문은 이 책 전체를 관통하는 질문이자 책을 닫으며 독자들에게 남기고 싶은 질문이다. 이 책에서 소개한 여공들의 한 세기에 걸친 여정을 따라가면서, 경제 발전과 민주주의라는 두 가지 어려운 과제를 모두 달성한 대한민국의 '성공'을 상상할 때 사회의 양심과 민주적 약속에 호소하면서 노동자에 대한 정의와 존중을 요구하며 싸운 여성 노동자들의 역할을 독자들이 자연스럽게 떠올리게 되기를 바란다. 이 책을 통해 내가 소망한 것은 여공의 시선으로 한국의 근현대사를 새롭게 조명하고 그들의 기여를 재평가하는 것이었다. 이 책에서 마주한 여공들의 이야기가 오늘날 여전히 진행 중인 '민주주의'의 내용을 둘러싼 싸움에 대한 독자들의 관심을 높이고 계급 정치뿐만 아니라 젠더 정치의 중요성에 주목하는 데 도움이 되었으면 한다.

감사의 글

시애틀의 워싱턴대학교에서 역사학 박사과정을 시작한 1990년대 초부터 나는 20세기 한국사를 노동과 젠더에 초점을 맞춰 다시 쓰는 작업을 꿈꿔 왔다. 여성 노동자들이 주인공이 되어 독자를 한국 근현대사의 중요한 순간들로 안내하고 그 여정을 따라간 독자는 책을 닫고서 한국의 20세기 정치경제사를 새로운 눈으로 보게 되는, 그런 울림 있는 이야기를 쓰고 싶었다. 버거운 욕심이었지만 지난 20여 년간 내 연구의 방향을 규정한 것은 이 소망이었다. 조선소 남성 노동자들의 노동운동에 초점을 맞춘 박사 논문을 2009년 단행본으로 출간한 이후로는[1] 본격적으로 젠더 문제에 방점을 두면서 한국 노동운동사를 연구하기 시작했다. 이 책에 쓰인 한국 여성 노동자 운동에 관한 자료들은 첫 번째 책을 출간한 이후 기회가 될 때마다 아카이브를 뒤지며 차곡차곡 모은 것으로, 이 책의 기반이 된 초고들도 그때부터 꾸준히 쓰기 시작했다. 하지만 사실 교수직에 있는 동안은 여러 다른 일들 때문에 이 작업에 온전히 몰두하지 못하고 지지부진한 상황이었다.

느리게 진행되던 이 작업이 최우선 과제로 변하게 된 결정적 계기는 2017년 봄에 왔다. 당시 나는 한진중공업 고공 농성의 두 주역 김진숙·황이라를 시애틀로 초대해 이야기를 들어 보는 자리를 준비 중이었다. 워싱턴대학교의 해리브리지스노동학센터와 역사학과, 그리고 한국학센터의 지원이 있었고 지역 노조들과 재미 한인 커뮤니티의 후원도 컸다. 김진숙 민주노총 부산본부 지도위원과는 박사 논문을 쓰면서 했던 몇 번의 인터뷰를 통해 인연을 맺고 있던 터였다. 그의 시애틀 방문이 성사되면서 나는 이 책의 주인공 중 하나인 김진숙을 가까이서 보고 긴 대화를 나누는 소중한 기회를 가질 수 있었다. 나를 포함한 각계각층의 행사 참석자들은 김진숙·황이라와 소통하면서 감동을 받고 영감을 얻는 순간이 많았다. 그들이 지역 노조원, 학생, 교민들과 대화하는 모습을 보면서 나는 여성 노동자를 중심에 놓고 한국의 노동운동사를 다시 쓰는 작업을 빨리 진행해야겠다는 생각이 들었다.

당시 김 지도위원의 모습 중 특히 한 장면이 뇌리에 남아 이 책을 쓰는 내내 영향을 미쳤다. 워싱턴 대학교 교내에서 열린 한 워크숍에서

[1]   Nam 2009a.

방청객으로 한구석에 앉아 나를 포함한 학자들의 토론을 통역을 통해 경청하고 있던 그가 손을 들고 짧지만 인상적인 발언을 했다. 토론자들이 자신에 대해 이야기하고 있는 건 알겠는데 정확히 무슨 말을 하는지 전혀 이해할 수 없다는 요지였다. 이 말이 내게는 자신과 같은 노동자들이 내세우는 대의에 공감한다고 공언하면서도 실제 그 당사자들이 접근하기 어려운 언어로 말하는 고학력 엘리트 지식인들에 대한 깊은 의심에서 나온 항의로 느껴졌다. 그 장면이 내 마음속 깊이 자리 잡아 여성 노동자를 연구하는 나는 누구인가를 계속 묻게 만들었다. 이 같은 지식인과 노동자 사이의 거리와 권력관계는 한국 노동운동사의 중요한 주제로 이 책에서도 여러 장에 걸쳐 이에 대한 나의 고민과 성찰을 다뤄 보려 했다. 또 언젠가 김진숙·황이라를 비롯한 여성 노동자들이 이 책을 읽고 자신들의 비판적 견해를 밝힐 수 있기를 바라는 마음에서 최대한 비전공자도 쉽게 읽을 수 있는 책을 쓰려 노력했다.

오랜 시간 이 책을 준비하면서 많은 개인과 기관들로부터 도움을 받았다. 유타대학교와 워싱턴대학교에서 노동사와 한국사를 가르치면서 학생과 동료 학자들과의 수많은 유익한 토론을 통해 책에서 다루는 주제들에 대한 이해를 심화시킬 수 있었다. 워싱턴대학교에 자리 잡은 2007년부터 역사학과와 잭슨국제학과의 한국학센터로부터 여러 차례 연구 지원을 받았다. 2011년 가을 일본 야마구치 대학교의 동아시아대학원 방문교수로 초빙되어 노동사 강의를 하면서 김진숙의 역사적인 크레인 고공 농성의 마지막 몇 달을 집중해서 지켜볼 수 있었던 것도 큰 도움이 되었다. 방문교수로 초청하고 공개 강연까지 주선해 준 요코타 노부코 교수와 동아시아대학원에 감사를 표하고 싶다. 그 강연에서 노동자의 고공 농성 투쟁이라는 한국 특유의 현상을 다루면서 나는 처음으로 김진숙과 강주룡을 연결 짓는 시도를 했다. 2015~16년에 워싱턴

대학교에서 받은 안식년 혜택과 2015년 가을에 성균관대학교 역사학과가 제공해 준 방문교수직 덕분에 서울과 대전에서 성균관대학교 도서관, 서울대학교 도서관, 국립도서관, 국회도서관, 국가기록원 등의 도서관과 아카이브를 찾아 방대한 한국 사회사 관련 자료를 섭렵할 수 있었다. 소중한 기회를 준 성균관대학교 역사학과의 하원수·정현백 교수께 감사를 표한다. 구술사 자료를 열람하게 해준 성공회대학교 노동사연구소와 민주화운동기념사업회에도 고마움을 전하고 싶다.

한국학중앙연구원의 김경일 교수는 성공회대학교 구술사 자료와 식민지기 사법 자료의 디지털 버전을 공유해 주었고 카이스트의 이상경 교수는 식민지기 문학과 여성사에 관한 나의 수많은 질문에 항상 기꺼이 답해 주었다. 한국여성연구소 소장이던 여성사가 이남희 박사는 김진숙 지도위원의 서울대학교 여성학협동과정 특강을 주선하고 그 발표문과 토론문을 보내 주었다. 그 밖에도 한국에서의 연구 활동을 풍요롭고 즐거운 경험으로 만들어 준 많은 한국 학자들께 감사드린다. 한국어 문헌을 다수 소장하고 있고 한국의 여러 연구 데이터베이스와 연결돼 있는 워싱턴대학교 동아시아도서관은 언제나처럼 연구 의욕을 북돋는 환경을 제공해 주었다. 특히 이효경 사서의 다년간에 걸친 따뜻한 지원에 감사드린다. 노동사 전공자로서 나는 한국 노동운동을 비롯해 노동과 젠더 문제에 대해 좋은 책을 출간해 온 코넬대학교 출판부의 역할을 인지하고 있었고 주저 없이 투고했다. 출간에 이르기까지 전 과정을 잘 이끌어 준 편집팀, 그리고 날카롭고 유용한 코멘트와 수정 제안을 보내 준 익명의 두 검토자에게도 감사드린다.

공부할 내용은 늘어만 가고 막막한 순간이 닥칠 때마다 포기하지 않도록 힘을 실어 준 것은 동반자이자 동료 노동사학자인 척 베르퀴스트Chuck Bergquist였다. 내가 들려주는 한국 여성 노동자들의 이야기가 정말 중요하다고, 세상에 알려야 한다고 열정적으로 나를 격려하던 그의 모습이 눈에 선하다. 그의 변함없는 지원이 없었다면 이 책은 빛을 볼 수 없었을 것이다. 한국의 가족과 친구들은 좋은 시절이나 어려움이 닥쳤을 때나 변함없이 사랑과 응원을 보내 주었다. 아들 병하는 가끔씩 슬쩍 '작가' 엄마를 존중해 주는 마음을 보여 주곤 했는데, 그 역시 큰 힘이 되었고 그도 관심 있게 읽을 수 있는 책을 쓰자고 마음을 다지게 했다. 이 책은 혼자만의 고독한 노동의 결과라기보다는 주변의 많은 이들이 계속 함께해 준 진심이 깃든 노동의 산물이다. 물론 책의 부족한 점은 온전히 나의 책임이다.

> <

한국어판을 준비하면서 고마운 분들이 더 늘었다. 선뜻 출판을 맡아 준 후마니타스, 영어로 쓴 글을 매끈한 한글로 다듬어 준 동생 관숙, 그리고 영문판과는 달라진 독자층을 고려해 세심하게 글의 흐름과 표현을 정리해 준 편집진의 노고에 큰 감사를 표하고 싶다. 이 같은 과정에서 소소한 오류들도 바로잡을 수 있었고, 영어판보다 나은 책이 된 것 같아 기쁘다.

　　100여 년을 관통하는 여성 노동자의 이야기를 쓰는 것은 사실 내게 힘에 부치는 일이어서 주저하는 마음이 컸다. 그런 나를 책상 앞에 앉게 한 것은 일종의 책임감이었다. 1990년대부터 한국 노동사 연구에 몰두해 오면서 세상에 꼭 알리고 싶은 이야기들을 많이 만났고, 그 과정에서 여러 사람들의 응원과 정성 어린 도움을 받았다. 그렇게 모은 귀중한 이야기들을 서랍 속에 묵혀 두는 것이 못내 미안한 마음에 용기를 냈다.

책 속에 등장하는 여성 노동자들이 이 글을 읽는다면 어떤 생각을 하게 될까. 이 책이 세상에 나가 어떤 반응과 비판을 불러올지 궁금하다. 조금이라도 반향을 일으켜 노동과 젠더 문제에 대한 관심이 높아지는 데 작게나마 도움이 될 수 있기를 바란다.

2020년 시애틀,
그리고 2024년 서울에서

참고문헌

신문·잡지

『京城日報』. 1906년 9월~1945년 10월.

『경향신문』. 1946년 10월~현재.

『근우』. 창간호. 1929년 5월 10일.

『동광』. 1926년 5월~1933년 1월.

『동아일보』. 1920년 4월~1940년 8월; 1945년 12월~현재.

『매일신보』. 1910년 8월~1945년 11월.

『별건곤』. 1926년 11월~1934년 8월.

『삼천리』. 1929년 6월~1942년 1월.

『조선일보』. 1920년 3월~1940년 8월; 1945년 11월~현재.

『조선중앙일보』. 1933년 3월~1937년 11월.

『중앙일보』. 1931년 11월~1933년 2월. 『조선중앙일보』로 계속됨.

『중외일보』. 1926년 11월~1931년 6월. 『중앙일보』로 계속됨.

한국어 문헌

강경애. 2005/1934. 「인간문제」, 서정자 편, 『인간문제(외)』. 범우사.

강만길·성대경 편. 1996. 『한국 사회주의 운동 인명사전』. 창작과비평사.

강인순. 2001. 『한국 여성 노동자 운동사 2』. 한울.

경성제국대학 법문학부 법학과 부속정리실. 1928~40. 『신문절발:
  조선관계』. 서울대학교 중앙도서관 고문헌자료실 소장.

고무노동자협의회. 1995. 『고무 노동자 투쟁 자료집』. 고무노동자협의회.

곽건홍. 1995. 「1930년대 초반 조선질소비료공장 노동자 조직 운동」,
  『역사연구』 4호: 35-86.

_____. 2001. 『일제의 노동정책과 조선 노동자, 1938~1945』. 신서원.

권진관. 2006. 「1970년대 산업 선교 활동과 특징」, 이종구 외,
  『1960~70년대 노동자의 작업장 문화와 정체성』, 199-231. 한울.

근우회. 1929a. 「강령」, 『근우』 창간호.

_____. 1929b. 「근우회 선언」, 『근우』 창간호.

_____. 1929c. 「근우회 회황 일람」, 『근우』 창간호.

김경일. 1992. 『일제하 노동운동사』. 창작과비평사.

_____. 2004a. 『한국 근대 노동사와 노동운동』. 문학과지성사.

_____. 2004b. 『한국노동운동사 2: 일제하의 노동운동 1920~1945』.
  지식마당.

_____. 2004c. 『여성의 근대, 근대의 여성』. 푸른역사.

_____. 2005. 「1970년대 민주노조 운동의 쟁점: 여성과 지식의 문제를
  중심으로」, 『역사비평』 73호: 152-82.

_____. 2006. 「출세의 지식, 해방의 지식: 1970년대 민주 노동운동과 여성
  노동자」, 『민주사회와 정책연구』 9호: 158-88.

_____. 2007. 『이재유, 나의 시대 나의 혁명』. 푸른역사. 개정판.

_____. 2010.「1950년대 한국의 노동운동에서 대안적 전통」, 이종구 외,
『1950년대 한국 노동자의 생활세계』, 246-98. 한울.

김경일 편. 2002.『일제하 사회운동사 자료집』. 1-10권. KSI.

김경희. 1999.「한국 여성 노동조합운동의 출현: 노동운동의 새로운
패러다임을 향하여」,『경제와 사회』43호: 133-53.

김낙중. 1982.『한국노동운동사: 해방후 편』. 청사.

김무용. 2005.「1970년대 동일방직 노동운동의 조합 민주주의와 젠더
정치」, 차성환 외,『1970년대 민중운동 연구』, 193-306.
민주화운동기념사업회.

김봉우 편. 1989.『지방별 기사 모음: 일제하 사회운동사 자료집. 제4권
평안남도』. 한울.

김상숙. 2017.「신자유주의시대의 대안적 노동운동: 사회운동 노동조합주의
관점에서 본 전국여성노동조합의 활동과 전망」,『민주주의와 인권』
17권 2호: 199-236.

김상태. 1992.「1920~1930년대 동우회-흥업구락부 연구」,『한국사론』
28호: 209-62.

김석순. 2012.「가톨릭노동청년회JOC가 걸어온 길」,
광주인권평화재단·천주교광주대교구 정의평화위원회 편,
『광주대교구 사회운동단체 세미나』. 미출간 자료.

김수진. 2009『신여성, 근대의 과잉: 식민지 조선의 신여성 담론과 젠더
정치, 1920~1934』. 소명출판.

김승. 2009.「자료소개: 1950년대 조선방직주식회사 쟁의관련 문서해제」,
『항도부산』25호, 377-410.

김영근. 1959.「로동계급의 딸 강주룡 녀성」,『조선녀성』8호: 26-28.

김원. 2004.「1970년대 민주노조와 교회 단체: 도시산업선교회와 지오세
담론의 형성과 모순」,『산업 노동연구』10권 1호: 57-94.

_____. 2005.「1970년대 가톨릭노동청년회와 노동운동」, 차성환 외,
『1970년대 민중운동 연구』, 307-73. 민주화운동기념사업회.

_____. 2006.『여공: 그녀들의 反역사』. 이매진.

김원·김상숙·김영선·유경순·이광일·이남희·이재성·임송자. 2017.
『민주노조, 노학 연대 그리고 변혁』. 한국학중앙연구원 출판부.

김육훈. 2012.『민주공화국 대한민국의 탄생』. 휴머니스트.

김윤정. 1998.「1930년대 초 범태평양노동조합 계열의 혁명적
노동조합운동」,『역사연구』6호: 127-66.

김윤환. 1981.『한국노동운동사 1: 일제하 편』. 청사.

김주익·곽재규 열사 1주기 추모사업 추진위원회. 2004.『85호 크레인: 김주익·곽재규 열사 추모자료집』. 김주익·곽재규 추모사업위원회.

김준. 2002.「1970년대 여성 노동자의 일상생활과 의식: 이른바 '모범근로자'를 중심으로」,『역사연구』10호: 53-99.

_____. 2003.「민주노조 운동과 교회」, 한국산업사회학회 편,『노동과 발전의 사회학』, 101-31. 한울.

_____. 2006.「1950년대 철도노조의 조직과 활동: 파벌 투쟁 및 정부와의 관계를 중심으로」, 이종구 외,『1960~70년대 노동자의 작업장문화와 정체성』, 207-45, 한울.

김중열. 1975.「평양고무공장 파업」,『노동공론』5권 2호: 107-16.

김지태. 2003.『문항라 저고리는 비에 젖지 않았다』. 석필.

김진숙. 2007.『소금꽃나무』. 후마니타스.

_____. 2017.「여성학협동과정 특강」, 미출간 녹취록(2017/09/27), 서울대학교.

김창술. 1931.「을밀대상의 투사」,『동광』23호: 51.

김태수. 2005.『꼿 가치 피어 매혹케 하라: 신문 광고로 본 근대의 풍경』. 황소자리.

김현경·김주희. 2012.「'(여성)노동자' 김진숙에 대한 여성주의적 독해」,『페미니즘연구』12권 2호: 1-28.

김현미. 1999.「한국 노동운동의 담론 분석을 통해 본 성적 재현의 정치학」,『열린지성』6호: 128-48.

_____. 2006.「한국의 근대성과 여성의 노동권」,『한국여성학』16권 1호: 37-64.

김현생. 2013.「강경애의 '간도' 체험과 문학 텍스트의 역사성」,『한국사상과 문화』69호: 60-85.

나카오 미치코中尾美知子. 1990.「1951~52년 조선방직쟁의: 현대 한국 노사 관계의 스타트 라인」, 고려대학교 사학과 석사 학위논문.

_____. 1991.「1950년대 한국노동운동의 분기점: 조선방직 쟁의 연구」,『역사비평』14호: 151-57.

남화숙. 1989.「1920년대 여성운동에서의 협동전선론과 근우회」, 서울대학교 국사학과 석사 학위논문.

_____. 1991.「1920년대 여성운동에서의 협동전선론과 근우회」,『한국사론』25호: 201-49.

_____. 1992. 「근우회 운동」, 한국여성사연구회 역사분과 편,
    『한국여성사』, 146-77. 풀빛.

대한조선공사KSEC 노동조합 아카이브. 미출간 문서 모음. 성공회대학교
    노동사연구소 편, 『대한조선공사노동조합 활동』에 수록.

리기영. 2008/1929. 「월희」, 『1930년대 희곡선 (2)』, 19-106, 평양:
    문학예술출판사.

무호정인(오기영). 1931. 「을밀대상의 체공녀: 여류 투사 강주룡 회견기」,
    『동광』 23호: 40-42.

박민나. 2004. 『가시철망 위의 넝쿨장미』. 지식의날개.

박서련. 2018. 『체공녀 강주룡』. 한겨레출판.

박수정. 2004. 『숨겨진 한국 여성의 역사』. 아름다운사람들.

박순섭. 2017. 「1920~30년대 정칠성의 사회주의 운동과 여성해방론」,
    『여성과 역사』 26호: 245-69.

박승돈. 1969. 「한국 고무공업 50년 소사 1」, 『고무기술협회지』 4권 1호:
    8-11.

박영기·김정한. 2004. 『한국노동운동사3: 미군정기의 노동관계와
    노동운동, 1945~1948』. 지식마당.

박용옥. 1996. 『한국여성항일운동사연구』. 지식산업사.

박유희. 2013. 「또순이, 낙관과 통합의 경제적 여성 주체」,
    한국영상자료원KOFA 편, 『Ttosuni: The Birth of Happiness』 12-17,
    한국영상자료원.

박재화. 1993. 「1930년 조선방직 노동자들의 파업 연구」, 부산여자대학교
    사학과 석사 학위논문.

박찬승. 2013. 『대한민국은 민주공화국이다』. 돌베개.

박환·이상일 편. 1998. 『태평양로동자』, 제1권(1930), 제2권(1931~32).
    국학연구원.

배석만. 2001. 「해방 후 조선방직의 경영과 그 성격」, 『지역과 역사』 9호:
    81-108.

_____. 2009. 「조방사건의 정치적 고찰」, 『항도부산』 25호: 179-211.

백두산. 1998/1931. 「평양 평원고무 직공 파업의 혁명적 투쟁성과 그의
    교훈」, 박환·이상일 편, 『태평양로동자』 제2권 6-7호: 232-37.

서문석. 2011. 「1960년대 대표적 귀속기업체, 조선방직 부산공장의 몰락」,
    『경영사학』 26권 3호: 333-60.

서울역사편찬원 편. 2016. 『미싱은 돌고 도네 돌아가네』.

서울역사편찬위원회.

서중석. 1998. 「이승만 정권 초기의 일민주의와 파시즘」, 역사문제연구소
    편, 『1950년대 남북한의 선택과 굴절』, 17-71. 역사비평사.

서지영. 2013. 『경성의 모던 걸: 소비, 노동, 젠더로 본 식민지 근대』. 여이연.

서형실. 1989. 「식민지 시대 여성 노동운동에 관한 연구: 1930년대 전반기
    고무제품 제조업과 제사업을 중심으로」, 이화여자대학교 여성학과
    석사 학위논문.

성공회대학교 노동사연구소. 2002~05. 『한국 산업 노동자의 형성과
    생활세계 연구: 노동사 아카이브 구축과 생활사 연구를
    중심으로』(구술사 녹취 파일 및 녹취문).

성공회대학교 노동사연구소 편. 2014a. 『전국철도노동조합 활동』. 80권.
    한국노동자자료총서 시리즈. 한국학술정보, 2014.

_____. 2014b. 『대한조선공사노동조합 활동』. 63권. 한국노동자자료총서
    시리즈. 한국학술정보, 2014.

송기역. 2011. 「아름다운 투쟁: 가톨릭노동청년회」, iminju.tistory.com/717.
    민주화운동기념사업회.

송영. 1995/1931. 「오수향」, 안승현 편, 『일제 강점기 한국 노동소설 전집』
    제2권, 111-51. 보고사.

송종래·이덕재·이우현·정주연·강신준. 2004. 『한국노동운동사 4:
    정부수립기의 노동운동, 1948~1961』. 지식마당.

송지영. 1989/1959. 「1930년 평양고무공장 노동자들의 파업」, 김경일 편,
    『북한 학계의 1920, 30년대 노농운동 연구』, 235-53. 창작과비평사.

신원철. 2001. 「기업 내부노동시장의 형성과 전개: 한국 조선산업에 관한
    사례연구」, 서울대학교 사회학과 박사 학위논문.

_____. 2010. 「전시 노무동원과 그 유산: 고용관계를 중심으로」, 이종구 외,
    『1950년대 한국 노동자의 생활세계』, 166-206. 한울.

신인령. 1987. 『노동법과 노동운동』. 일월서각.

_____. 2016. 『나의 인연 이야기』. 지식공작소.

신주백. 2018. 「'민주공화제'론과 비자본주의를 지향한 '민족주의 운동
    좌파'(1919~45)」, 『역사와현실』 108호: 91-140.

아사히비정규지회. 2017. 『들꽃 공단에 피다』. 한티재.

안승현 편. 1995. 『일제 강점기 한국 노동소설 전집』. 전3권. 보고사.

안재성. 2004. 『경성 트로이카』. 사회평론.

_____. 2007. 『청계, 내 청춘: 청계피복 노조의 빛나는 기억』. 돌베개.

_____. 2015. 『잃어버린 한국 현대사: 피와 순수의 시대를 살아간 항일독립운동가 19인 이야기』. 인문서원.

안정남. 1992. 「부산 지역 여성 노동운동에서 나타난 여성 문제에 관한 연구」, 계명대학교 여성학과 석사 학위논문.

안종우. 1972a. 「조방쟁의 1」, 『노동공론』 2권 8호: 114-23.

_____. 1972b. 「조방쟁의 2」, 『노동공론』 2권 9호: 156-66.

안태정. 2002. 『조선노동조합전국평의회』. 현장에서미래를.

앙꼬·강혜민·조남준·송기역·원혜진·유명자·주호민 외. 2015. 『섬과 섬을 잇다 2』. 한겨레출판.

영진 편. 1989. 『일제하 조선관계 신문자료 집성』 1-6권.

오기영. 1930a. 「평양 고무쟁의 진상」 1-7, 『동아일보』. 1930년 9월 4일~9월 11일.

_____. 1930b. 「평양 고무공장 쟁의 전적」, 『별건곤』 33호: 56-59.

_____. 1931. 「평양 폭동 사건 회고」, 『동광』 25호: 10-12.

오미란·안진. 2015. 『민주장정 100년, 광주·전남 지역 사회운동 연구: 여성운동』. (주)휴먼컬처아리랑.

오미일. 1992. 「박진홍」, 『역사비평』 21호: 288-95.

_____. 1993. 「1920년대 말~1930년대 부산·경남 지역 당재건 및 혁명적 노동운동의 전개와 파업 투쟁」, 역사문제연구소 편, 『한국 근현대 지역운동사』, 95-188, 여강출판사.

_____. 1994. 「1910~1920년대 공업 발전 단계와 조선인 자본가층의 존재 양상: 평양 지역을 중심으로」, 『한국사연구』 87호: 193-233.

_____. 1995. 「1910~1920년대 평양 지역 민족운동과 조선인 자본가층」, 『역사비평』 30호: 269-304.

_____. 2002. 『한국 근대 자본가 연구』. 한울.

_____. 2007. 「평양 지역 조선인 자본가들의 조합 조직과 공업 발달」, 『한국사연구』 137호: 109-42.

_____. 2015. 『근대 한국의 자본가들』. 푸른역사.

오하나. 2010. 『학출: 80년대 공장으로 간 대학생들』. 이매진.

유경순. 2005. 「청계피복 노동조합의 활동과 특징」, 차성환 외, 『1970년대 민중운동 연구』, 97-191, 민주화운동기념사업회.

_____. 2007. 『아름다운 연대: 들불처럼 타오른 1985년 구로동맹파업』. 메이데이.

_____. 2013. 「학생운동가들의 노동운동 참여 양상과 영향: 1970년대를

중심으로」,『기억과 전망』29호: 52-96.

_____. 2017a.「젠더 관계에서 본 1970년대 민주노조의 유형별 특성」,
『기억과 전망』36호: 95-151.

_____. 2017b.「노동조합의 지도력과 젠더 정치: 청계피복 노조의
여성지도력 형성 시도와 좌절」,『역사문제연구』38호: 407-48.

유경순 편. 2011a.『나, 여성 노동자 1: 1970~80년대 민주노조와 함께한
삶을 말한다』. 그린비.

_____. 2011b.『나, 여성 노동자 2: 2000년대 오늘 비정규직 삶을 말한다』.
그린비.

윤경로. 1990.『105인 사건과 신민회 연구』. 일지사.

윤정란. 2006.「식민지 시대 제사공장 여공들의 근대적인 자아의식 성장과
노동쟁의의 변화 과정: 1920~1930년대 전반기를 중심으로」,『담론
201』9권 2호: 37-76.

이경석·이창근·유승하·희정·김성희·하종강·마영신 외. 2014.『섬과 섬을
잇다 1』. 한겨레출판.

이기훈. 2014.『청년아 청년아 우리 청년아』. 돌베개.

이길성·김한상·공영민. 2007.『김승호: 아버지의 얼굴, 한국 영화의 초상』.
한국영상자료원.

이상경. 2002.『한국근대여성문학사론』. 소명출판.

_____. 2009.『임순득: 대안적 여성 주체를 향하여』. 소명출판.

_____. 2017.「강경애 문학의 국제주의의 원천으로서의 만주 체험」,
『현대소설연구』66호: 337-82.

이상의. 2006.『일제하 조선의 노동정책 연구』. 혜안.

_____. 2015.「일제하 미국 유학생의 자본주의 근대화론과 노동관」,
최규진 편,『제국의 권력과 식민의 지식』, 411-56. 선인.

이소가야 스에지. 1988/1984.『우리 청춘의 조선: 일제하 노동운동의 기록』.
김계일 옮김. 사계절[磯谷季次. 1984.『わが青春の朝鮮』. 東京:
影書房].

이송희. 2003.「일제하 부산 지역 방직공장 고무공장 여성 노동자들의 쟁의
연구」,『이화사학연구』30호: 365-88.

이수애·한시내·박남순·송경자. 2004.『전남여성 100년』. 다지리.

이옥지. 2001.『한국여성 노동자운동사 1』. 한울.

이원보. 2004.『한국노동운동사 5: 경제개발기의 노동운동 1961~1987』.
지식마당.

이윤정. 2012. 「오월광주항쟁의 송백회 운동에 관한 연구: 참여와 연대의 동학을 중심으로」, 조선대학교 정치외교학과 박사 학위논문.

이임하. 2004. 『여성, 전쟁을 넘어 일어서다』. 서해문집.

_____. 2005. 「1970년대 크리스찬아카데미 사건 연구」, 차성환 외, 『1970년대 민중운동 연구』, 525-607, 민주화운동기념사업회.

이적효. 1995/1931. 「총동원」, 안승현 편, 『일제 강점기 한국 노동소설 전집』 제2권, 213-37, 보고사.

이정선. 2017. 「근대 한국의 '여성' 주체: 기표의 각축을 통해 본 일제시기 여성 개념」, 『개념과 소통』 19호: 93-137.

이정옥. 1990. 「일제하 공업노동에서 민족과 성, 1910~1945」, 서울대학교 박사 학위논문.

이정은. 2008. 「1950년대 노동 지배 담론과 노동자의 대응」, 『역사비평』 83호: 152-75.

이종구·강남식·권진관·김경희·박해광·임규찬·장미경·장상철·한홍구. 2006. 『1960~70년대 노동자의 작업장 문화와 정체성』. 한울.

이종구·박준엽·김원·신원철·김준·김경일·김현선·이희영·김순영. 2010. 『1950년대 한국노동자의 생활세계』. 한울.

이준식. 2009. 『조선공산당 성립과 활동』. 독립기념관.

이충렬. 2011. 『그림으로 읽는 한국 근대의 풍경』. 김영사.

이현주. 2003. 「일제하 (수양)동우회의 민족운동과 신간회」, 『정신문화연구』 26권 3호: 185-209.

이호룡. 2001. 『한국의 아나키즘: 사상편』. 지식산업사.

_____. 2015. 『한국의 아나키즘: 운동편』. 지식산업사.

이효재. 1983. 「일제하의 여성 노동문제」, 김윤환 외, 『한국 노동문제의 인식』, 131-79, 동녘.

이희영. 2008. 「1950년대 여성 노동자와 '공장노동'의 사회적 의미: 광주 전남방직 구술 사례를 중심으로」, 『산업 노동연구』 14권 1호: 165-206.

임송자. 2007. 『대한민국 노동운동의 보수적 기원: 1945년 해방~1961년까지』. 선인.

임종명. 1996. 「조선민족청년단과 미군정의 '장래 한국의 지도세력' 양성 정책」, 『한국사연구』 95호: 179-211.

장귀연. 2009. 「대기업 노조의 비정규노동자 배제」, 『기억과 전망』 21호: 213-341.

장규식. 2001. 『일제하 한국 기독교 민족주의 연구』. 혜안.

_____. 2006. 「'조선의 간디' 고당 조만식」, 『내일을 여는 역사』26호: 84-97.

_____. 2007. 『민중과 함께 한 조선의 간디: 조만식의 민족운동』. 역사공간.

_____. 2009. 「1920년대 개조론의 확산과 기독교사회주의의 수용·정착」, 『역사문제연구』21호: 111-34.

_____. 2011. 「미군정하 흥사단 계열 지식인의 냉전 인식과 국가건설 구상」, 『한국사상사학』38호: 245-84.

장석흥. 2009. 『6·10만세운동』. 한국독립운동사연구소.

장영은. 2008. 「아지트 키퍼와 하우스 키퍼: 여성 사회주의자의 연애와 입지」, 『대동문화연구』64호: 186-213.

전국민주노동조합총연맹 편. 2001. 『1970~2000 민주노조 투쟁과 탄압의 역사: 사례, 연표, 명단』. 현장에서미래를.

전국화학노동조합연맹. 1986. 『화학노조 20년사』. 전국화학노동조합연맹.

전봉관. 2008. 「평양 중국인 배척 폭동 사건」, 『신동아』51권 2호: 588-99.

정미숙. 1993. 「70년대 여성 노동운동의 활성화에 관한 경험세계적 연구: 섬유업을 중심으로」, 이화여자대학교 여성학과 석사 학위논문.

정병욱. 2013. 『식민지 불온 열전: 미친 생각이 뱃속에서 나온다』. 역사비평사.

정비석. 1954. 『자유부인』상·하. 정음사.

정연순. 1998. 「1970년대 노동교육 사례연구: 크리스챤아카데미 산업사회 중간집단 교육」, 서울대학교 교육학과 석사 학위논문.

정용욱. 2018. 「체공녀 강주룡 뒤엔 '사회부 기자' 오기영 있었다」, 『한겨레』 2018년 11월 25일.

정칠성. 1929. 「의식적 각성으로부터: 무산 부인 생활에서」, 『근우』창간호: 35-37.

_____. 1932. 「앞날을 바라보는 부인 노동자」, 『동광』29호: 70.

정호기. 2015. 『민주장정 100년, 광주·전남지역 사회운동 연구: 노동운동사』. (주)휴먼컬처아리랑.

조돈문. 2012. 『비정규직 주체형성과 전략적 선택』. 매일노동뉴스.

조영래. 1983. 『어느 청년 노동자의 삶과 죽음: 전태일 평전』. 돌베개.

주경미. 2003. 「80년대 부산 지역 여성운동에 나타난 지식인 활동가의 여성 문제 인식 및 평가에 관한 연구」, 『여성연구』5호: 155-74.

주익종. 1994. 「식민지 평양 메리야스 자본의 생산 합리화: 1920년대 중엽~1930년대 중엽을 중심으로」,『경제사학』18호: 91-128.

_____. 1995.「평양 조선인 기업가의 경영 이념」,『경제사학』19호: 137-66.

_____. 1997.「식민지 조선에서의 고무공업의 전개」,『경제사학』22호: 83-120.

지수걸. 1989.「식민지 시대 신문 자료: 김봉우 편, 일제하 사회운동사 자료집」,『역사와현실』2호: 274-83.

지주형. 2011.『한국 신자유주의의 기원과 형성』. 책세상.

차성환·유경순·김무용·김원·홍현영·김태일·이임하. 2005.『1970년대 민중운동 연구』. 민주화운동기념사업회.

채린. 1998/1930.「평양 고무 직공 공동 파업의 교훈」, 박환·이상일 편, 『태평양로동자』제1권 11-12호: 401-7. 국학자료원.

_____. 1998/1931.「신착취방법의 실현인 평양 공제 산업조합에 대하야」, 박환·이상일 편,『태평양로동자』제2권 4-5호: 176-80. 국학자료원.

천성호. 2009.『한국 야학운동사: 자유를 향한 여정 110년』. 학이시습.

최규진. 1997.「'콤뮤니스트 그룹'과 태평양 노동조합 계열의 노동운동 방침」,『역사연구』5호: 113-61.

_____. 2008.「1930년대 초 조선 사회주의자들의 '볼셰비키당' 건설론」, 『마르크스주의 연구』5권 1호: 224-51.

_____. 2009.『조선공산당 재건운동』. 독립기념관.

탁희준. 1966.『한국의 임금 문제와 임금정책』. 성균관대학교 노동문제연구원.

태혜숙·임옥희. 2004.『한국의 식민지 근대와 여성 공간』. 여성문화이론연구소.

통계청. 1994.『지난 20년간 고용 사정의 변화』. 통계청.

한국가톨릭노동청년회50년의기록출판위원회·민주화운동기념사업회(JOC·KDF). 2009.『한국가톨릭노동청년회 50년의 기록』. 민주화운동기념사업회.

한국노동연구원. 2018.『2003~18 KLI 비정규직 노동통계』. 한국노동연구원.

한국노동조합총연맹. 1962~1967.『한국노총 사업보고』. 한국노동조합총연맹.

_____. 1979.『한국노동조합운동사』. 한국노동조합총연맹.

_____. 2002.『한국노총 50년사』. 한국노동조합총연맹.

한국여성연구소 편.『여성 노동자와 임금』. 한국여성연구소, 1991.

한국은행. 2004.『일제시대 및 해방 이후 한국의 화폐』. 한국은행.

한상욱. 2015.「60년대 강화 직물노조사건과 가톨릭노동청년회」,
　　　『인천학연구』 23호: 127-73.

함인희. 2006.「한국전쟁, 가족 그리고 여성의 다중적 근대성」,『사회와
　　　이론』 9호: 159-89.

허소희·김은민·박지선·오도엽. 2013.『종이배를 접는 시간: 한진중공업
　　　3년의 기록』. 삼창.

허윤. 2016.「냉전아시아적 질서와 1950년대 한국의 여성 혐오」,
　　　『역사문제연구』 35호: 79-115.

허정숙. 1929.「근우회 운동의 역사적 지위와 당면 임무」,『근우』 창간호:
　　　5-13.

홍은랑. 2005.「파울로 프레이리 교육사상과 한국 민중교육운동」,
　　　역사학연구소 편,『노동자, 자기 역사를 말하다』, 350-400,
　　　서해문집.

홍현영. 2005.「도시산업선교회와 1970년대 노동운동」, 차성환 외,
　　　『1970년대 민중운동 연구』, 375-447. 민주화운동기념사업회.

황의남. 1964.「한국의 임금정책」, 성균관대학교 석사 학위논문.

황정미. 2014.「가족, 국가, 사회재생산」, 김혜경 편,『가족과 친밀성의
　　　사회학』, 31-52, 다산.

후지이 다케시藤井たけし. 2012.『파시즘과 제3세계주의의 사이에서:
　　　족청계의 형성과 몰락을 통해 본 해방 8년사』. 역사비평사.

일본어 문헌

林采成. 2005.『戦時経済と鉄道運営:
　　　「植民地」朝鮮から「分断」韓国への歴史的経路を探る』. 東京:
　　　東京大学出版会.

園部裕之. 1989.「在朝日本人の参加した共産主義運動:
　　　1930年代における」,『朝鮮史研究会論文集』 26: 213-39.

橋本哲哉. 1997.「煙突男 田辺潔小論」,『金沢大学経済学部論集』 17, no.
　　　2: 129-49. hdl.handle.net/2297/18303.

細井和喜藏. 1925.『女工哀史』. 東京: 改造社.

横田伸子. 2012.『韓國の都市下層と勞働者: 勞働の非正規化を中心に』.

東京: ミネルヴァ書房[요코타 노부코. 2021. 『한국 노동시장의 해부: 도시 하층과 비정규직 노동의 역사』. 그린비].

영어 문헌

Anderson, Benedict. 2005. *The Age of Globalization: Anarchists and the Anticolonial Imagination.* London: Verso.

Barraclough, Ruth. 2012. *Factory Girl Literature: Sexuality, Violence and Representation in Industrialising Korea.* Berkeley: University of California Press[루스 배러클러프. 2017. 『여공 문학: 섹슈얼리티, 폭력, 그리고 재현의 문제』. 김원·노지승 옮김. 후마니타스].

_____. 2014. "Red Love and Betrayal in the Making of North Korea: Comrade Hŏ Jŏng-suk." *History Workshop Journal* 77: 86-102.

Chakrabarty, Dipesh. 1989. *Rethinking Working-Class History: Bengal 1890~1940.* Princeton, NJ: Princeton University Press.

Cheon, Jung-Hwan. 2019. "Untimely Death and Martyrdom after May 1980: Suicide in the South Korean Democracy Movement Seen through the Case of Pak Sŭnghŭi." Kim et al., *Beyond Death*, 231-59.

Cho, Wha Soon. 1988. *Let the Weak Be Strong: A Woman's Struggle for Justice.* Bloomington, IN: Meyer-Stone.

Chun, Jennifer Jihye. 2009a. *Organizing at the Margins: The Symbolic Politics of Labor in South Korea and the United States.* Ithaca, NY: Cornell University Press.

_____. 2009b. "Legal Liminality: The Gender and Labour Politics of Organizing South Korea's Irregular Workforce." *Third World Quarterly* 30, no. 3: 535-50.

Chun, Soonok. 2003. *They Are Not Machines: Korean Women Workers and Their Fight for Democratic Trade Union in the 1970s.* Aldershot, UK: Ashgate[전순옥. 2004. 『끝나지 않은 시다의 노래』. 한겨레출판].

Cumings, Bruce. 2005. *Korea's Place in the Sun: A Modern History.* New York: W. W. Norton. Updated edition[브루스 커밍스. 2001. 『브루스 커밍스의 한국 현대사』. 이교선, 한기욱, 김동노, 이진준 옮김. 창비].

Eckert, Carter J. 1991. *Offspring of Empire: The Koch'ang Kims and the*

Colonial Origins of Korean Capitalism, 1876~1945. Seattle: University of Washington Press, 1991[카터 에커트. 2008. 『제국의 후예: 고창 김씨가와 한국 자본주의의 식민지 기원, 1876~1945』. 주익종 옮김. 푸른역사].

Gordon, Andrew. 1985. *The Evolution of Labor Relations in Japan: Heavy Industry, 1853~1955.* Cambridge, MA: Harvard University Press.

Hein, Laura E. 1990. *Fueling Growth: The Energy Revolution and Economic Policy in Postwar Japan.* Cambridge, MA: Council on East Asian Studies, Harvard University.

Hwang, Dongyoun. 2016. *Anarchism in Korea: Independence, Transnationalism, and the Question of National Development, 1919~1984.* Albany: State University of New York Press.

Jung, Byung Wook. 2017. "Migrant Labor and Massacres: A Comparison of the 1923 Massacre of Koreans and Chinese during the Great Kando Earthquake and the 1931 Anti-Chinese Riots and Massacre of Chinese in Colonial Korea." *Cross-Currents: East Asian History and Culture Review* 22: 30-53. cross-currents.berkeley.edu/e-journal/issue-22/jung.

Jung-Kim, Jennifer. 2005. "Gender and Modernity in Colonial Korea." PhD diss., University of California Los Angeles.

Kim, Charles R., Jungwon Kim, Hwasook Nam, and Serk-Bae Suh, eds. 2019. *Beyond Death: The Politics of Suicide and Martyrdom in Korea.* Seattle: University of Washington Press.

Kim, Janice C. H. 2009. *To Live to Work: Factory Women in Colonial Korea, 1910~1945.* Stanford, CA: Stanford University Press.

Kim, Seung-Kyung. 1997. *Class Struggle or Family Struggle? The Lives of Women Factory Workers in South Korea.* Cambridge: Cambridge University Press.

Kim, Sun-Chul. 2019. "The Construction of Martyrdom and Self-Immolation in South Korea." Kim et al., *Beyond Death*, 202-30.

Konishi, Sho. 2013. *Anarchist Modernity: Cooperatism and Japanese-Russian Intellectual Relations in Modern Japan.* Cambridge, MA: Harvard University Asia Center.

Koo, Hagen. 2001. *Korean Workers: The Culture and Politics of Class Formation.* Ithaca, NY: Cornell University Press[구해근. 2002. 『한국

노동계급의 형성』. 신광영 옮김. 창비].

Koo, Hagen, Keong-il Kim, and Jun Kim, eds. 2015. *Modern Korean Labor: A Sourcebook*. Sŏngnam: Academy of Korean Studies.

Kwon, Nayoung Aimee. 2015. *Intimate Empire: Collaboration and Colonial Modernity in Korea and Japan*. Durham, NC: Duke University Press.

Lee, Namhee. 2007. *The Making of Minjung: Democracy and the Politics of Representation in South Korea*. Ithaca, NY: Cornell University Press[이남희. 2015. 『민중 만들기: 한국의 민주화 운동과 재현의 정치학』. 유리·이경희 옮김. 후마니타스].

Lee, Yoonkyung. 2015. "Sky Protest: New Forms of Labour Resistance in Neo-Liberal Korea." *Journal of Contemporary Asia* 45, no. 3: 443-64. doi: 10.1080/00472336.2015.1012647.

Mackie, Vera. 1997. *Creating Socialist Women in Japan: Gender, Labor, and Activism, 1900~1937*. Cambridge: Cambridge University Press.

Moon, Seungsook. 2005. *Militarized Modernity and Gendered Citizenship in South Korea*. Durham, NC: Duke University Press[문승숙. 2007. 『군사주의에 갇힌 근대: 국민 만들기, 시민 되기, 그리고 성의 정치』. 이현정 옮김. 또하나의문화]

Nam, Hwasook. 2009a. *Building Ships, Building a Nation: Korea's Democratic Unionism under Park Chung Hee*. Seattle: University of Washington Press[남화숙. 2013. 『배 만들기, 나라 만들기: 박정희 시대의 민주노조 운동과 대한조선공사』. 남관숙·남화숙 옮김. 후마니타스].

_____. 2009b. "Narratives of Women Workers in South Korea's Minju Union Movement of the 1970s." *Review of Korean Studies* 12, no. 4: 13-36.

_____. 2009c. "Shipyard Women and the Politics of Gender: A Case Study of the KSEC Yard in South Korea." *Gender and Labor in Korea and Japan: Sexing Class*, edited by Elyssa Faison and Ruth Barraclough, 78-102. London: Routledge.

_____. 2019. "Reading Chun Tae-il: Making Sense of a Worker Self-Immolation in 1970s South Korea." Kim et al., *Beyond Death*, 167-201.

Notar, Ernest J. 1985. "Japan's Wartime Labor Policy: A Search for Method." *Journal of Asian Studies* 44, no. 2: 311-28.

O, Won-chol. 2009. *The Korea Story: President Park Jung-hee's Leadership and the Korean Industrial Revolution*. Seoul: Wisdom Tree.

Ogle, George E. 2015. *South Korea: Dissent within the Economic Miracle*. London: Zed, 1990.

Park, Albert L. 2015. *Building a Heaven on Earth: Religion, Activism, and Protest in Japanese Occupied Korea*. Honolulu: University of Hawai'i Press.

Park, Soon-Won. 1999. "Colonial Industrial Growth and the Emergence of the Korean Working Class." *Colonial Modernity in Korea*, edited by Gi-Wook Shin and Michael Edson Robinson, 128-60. Cambridge, MA: Harvard University Asia Center.

Park, Sunyoung. 2015. *The Proletarian Wave: Literature and Leftist Culture in Colonial Korea, 1910~1945*. Cambridge, MA: Harvard University Asia Center[박선영. 2022. 『프롤레타리아의 물결: 식민지 조선의 문학과 좌파 문화』. 나병철 옮김. 소명출판].

Perry, Samuel. 2014. *Recasting Red Culture in Proletarian Japan: Childhood, Korea, and the Historical Avant-Garde*. Honolulu: University of Hawai'i Press.

Robinson, Michael E. 1988. *Cultural Nationalism in Colonial Korea, 1920~1925*. Seattle: University of Washington Press.

Saguchi, Kazurō. 1998. "The Historical Significance of the Industrial Patriotic Association: Labor Relations in the Total-war State." *Total War and 'Modernization',"* edited by Yasushi Yamanouchi, J. Victor Koschmann, and Ryūichi Narita, 261-87. Ithaca, NY: Cornell University Press.

Song, Jiyeoun. 2014. *Inequality in the Workplace: Labor Market Reform in Japan and Korea*. Ithaca, NY: Cornell University Press.

Spencer, Robert. 1988. *Yogong: Factory Girl*. Seoul: RAS.

Standing, Guy. 1999. "Global Feminization through Flexible Labor: A Theme Revisited." *World Development* 27: 583-602.

Weinbaum, Alys Eve, ed. 2008. *The Modern Girl around the World: Consumption, Modernity, and Globalization*. Durham, NC: Duke University Press.

Yi Chongnae. 2017. "Damage Compensation Claims and Provisional Attachment: The Context and Problems." Paper presented at "'Sky

Protest' and 'Hope Bus': The South Korean Labor Movement Confronts Neoliberal Restructuring" workshop, University of Washington, April 17, 2017.

Yokota, Nobuko. 2014. "A New Attempt at Organizing Irregular Workers in Korea: Examining the Activities of the Korean Women's Trade Union." *Korean Journal of Sociology* 48, no. 6: 73-93.

Yoo, Theodore Jun. 2008. *The Politics of Gender in Colonial Korea: Education, Labor, and Health, 1910~1945.* Berkeley: University of California Press.

Yu-Lee, Jiwoon. 2018. "Expressive Struggles: Neoliberal Temporalities and the Social Reproduction of Feminized Labor in South Korea." PhD diss., University of Washington.

체공녀 연대기 1931~2011

1판 1쇄. 2024년 8월 19일

지은이. 남화숙
옮긴이. 남관숙

펴낸이. 안중철·정민용
책임편집. 이진실
편집. 윤상훈

펴낸 곳. 후마니타스(주)
등록. 2002년 2월 19일 제2002-000481호
주소. 서울 마포구 신촌로14안길 17, 2층(04057)

전화. 02-739-9929
메일. humanitasbooks@gmail.com
블로그. blog.naver.com/humabook
SNS. humanitasbook

인쇄. 천일인쇄
제본. 일진제책

값 20,000원

ISBN 978-89-6437-462-7 93910